THE IDEAS INDUSTRY

How Pessimists, Partisans,
and Plutocrats are Transforming the Marketplace of Ideas

話語權的世紀角力

從 TED、論壇到智庫，公共知識分子及意見領袖
面對「思想產業」的理念拉鋸與道德考驗

Daniel W. Drezner
丹尼爾．德雷茲納／著 翁尚均／譯

目次

第一部分

第二部分

第三部分

謹以此書獻給我在雅馮高中（Avon High School）和威廉姆斯學院（Williams College）的老師：伊芙琳．布利澤特（Evelyn Blitzer）、羅伯特．巴克利（Robert Buckley）、羅傑．鄧尼斯（Roger Dennis）、雷納塔．卡登（Renata Kadden）、肯．盧凱西維奇（Ken Lukasiewicz）、珍妮特．施瓦茲（Janet Schwartz）、艾麗西婭．威萊特（Alicia Willet）、山姆．克雷恩（Sam Crane）、羅伯特．懷特塞爾（Robert Whitesell），尤其是吉姆．雪帕爾（Jim Shepard）。感謝他們將我導引至現今忝為作家的道路上。

「理念不能代替工作。反過來看，工作或熱忱也無法代替或強迫一個理念。熱情以及工作，尤其是兩者加總起來時，便可誘發理念。」

馬克斯・韋伯（Max Weber），《學術作為一種志業》

第一部分

導論
澈底改變

本人認為，沒有什麼比美國的知識和道德的聯繫更值得我們關注了。

亞歷西斯·德·托克維爾

美國外交政策理念的市場已經改變。外交事務方面的知識分子一直致力將有關美國權力和意向的新觀念引入公眾辯論中。但是，成功傳播新理念的方法正在演變，甚至影響到最有權勢的行為者。如想了解這些轉變背後的意義，不妨參考巴拉克·歐巴馬和唐納·川普的外交政策思路。我們可以肯定，這兩個人對待理念的方式大相徑庭。然而有趣的是，理念市場對待這兩個人的情況卻十分相似。歐巴馬當選時，這第一位的非裔美國總統被譽為難能可貴的政治人物，因為他同時也是真正的知識分子[1]。在出馬競選國家公職之前，他是一位法學教授以及普受尊敬的作家。

他第一次競選總統的基礎乃建立於對現行外交政策的強烈批評上。他呼籲在外交事務中推出「新視野的領導」，亦即「一種從過去汲取經驗但不受過時思維束縛的視野」。[2]儘管如此，他還是很樂於接受反對派的觀點，在自己的施政中擁護「競爭對手團隊」（team of rivals）的原則。他留住喬治．布希最後一任的國防部長羅伯特．蓋茲（Robert Gates）在其內閣中任職。他任命了最先前與其激烈競爭的黨內對手希拉蕊．柯林頓（Hillary Clinton）擔任國務卿。他的第一位國家安全顧問在考慮接任這一職位之前，甚至從未見過總統。除了內閣之外，歐巴馬也作出了努力，接觸了輿論專欄作家和外交政策專家（而這些人不僅只是理念契合的盟友[3]）。身為新任總統，歐巴馬想參與外交政策理念的市場。

然而，在其任職期間，總統在嘗試影響主流外交政策論述的過程中卻越來越感挫折。一位不具名的歐巴馬顧問用「幕後操盤」（leading from behind）來形容美國在二〇一一年干預利比亞的作為[4]，而這說法似乎也能概括他第一個任期時的外交政策，但也引起了外交政策界相當的鄙視。在他第二任期中流行之外交政策的口號正是歐巴馬本身的觀點：「別幹蠢事。」[5]批評者嘲笑該口號，咸認那對於美國遠大的戰略而言未免太過狹隘[6]。甚至希拉蕊在接受採訪時也批評這個口號：「大國需要組織性的原則，『別幹蠢事』並非此種原則。」[7]總統對軍事干預的持續警惕心態（利比亞的後勢反而加劇了這種警惕）導致他拒絕接受採取更強而有力之軍事行動的呼籲、解決中東地區大量危機的呼籲。歐巴馬一再保證在外交政策方面，面對伊斯蘭國、爭取光復失地之俄羅斯以及分崩之中東地區的衝突時，一切都表現得不錯。眼見歐巴馬的冷靜，許多批評家紛紛拿「世界失火了」的說法加以回應。[8]

外交政策界越來越高漲的聲浪使得總統及其國家安全幕僚感到不安。歐巴馬任職期間一直是輿論新聞的狂熱讀者（即使他不同意其中很多的觀點）[9]。在外交政策領域尤其如此，正如他以前的國家安全委員會一位幕僚人員所觀察到的那樣：「只要華盛頓達成明智的共識，〔歐巴馬的〕第一本能就是不買帳。[10]」他的幕僚人員對華盛頓外交政策研究機構的想法越來越惱火。歐巴馬的副國家安全顧問兼外交政策秘書班・羅德斯（Ben Rhodes）發了幾句牢騷：「華盛頓的論述好像變成一種最高綱領主義的外交政策，只為撐下去而運作〔a self-licking ice cream cone of maximalist foreign policy〕……[11]」在另一次訪談中，羅德斯則以嘲諷的口吻稱華盛頓特區外交政策界為「一團糟」[12]。

到第二任任期結束前，歐巴馬在外交政策思想產業上的挫敗感已經滿到溢出來了。這點反映在他告訴《大西洋雜誌》的傑佛瑞・戈德伯格（Jeffrey Goldberg）有關美國外交事務各種看法的評論上。總統那段談話中最突出的一點是：他與外交政策界意見相左時所感到的沮喪。二〇一三年八月，當政府正謹慎處理對敘利亞發動軍事打擊的計畫時，歐巴馬同時感到自己被「總統必須拿出決心」的外交政策共識所包圍。他拒絕訴諸武力的立場惹惱了許多外交政策的觀察家（包括他施政團隊內部的一些人）。戈德伯格總結道：「歐巴馬通常認為，暗中被他瞧不起的華盛頓外交政策研究機構太迷戀『聲譽』了，尤其是那種用武力買來的『聲譽』。」面對外交政策界用來束縛他這位總統的那套觀點，歐巴馬也很直白說出自己的感受：

華盛頓有一本被視為總統理應照著走的劇本。這是一本來自外交政策研究機構的劇本。劇本規定了對不同事件的回應，而這些回應往往是武裝的回應。在美國直接受到威脅的地方，這個劇本是行得通的。但是這劇本也可能是陷阱，可能導致錯誤的決定。在國際的挑戰中……如果你不照著劇本走，而且即使你有不執行的充分理由，也會受到嚴厲的批判。

最後，歐巴馬因為不理會在敘利亞使用武力的普遍觀點而感到自豪。該決定的內在優點將會無休止地爭論下去。有趣的是，歐巴馬對戈德伯格承認了一點：他對外交政策界知識分子的蔑視使他在政治上付出了代價。的確，他在對敘利亞的政策上所做出的決定引發了有關「在國際事務中可靠性和聲譽的重要性」的激烈爭論，而這一爭論目前尚無結論[13]。這也許可以解釋為什麼在歐巴馬擔任總統期間，像敘利亞這樣的事情是例外而非通則。在美國訴諸武力這件事上，歐巴馬經常還是按照劇本走的[14]。身為總統，他試圖塑造外交政策理念的市場，但是他也發現，自己的政策受到該市場的限制，而且是以他不喜歡的方式受到限制。

歐巴馬在表達自己不滿情緒的同時，唐納·川普正在對抗外界預言他將以總統候選人的身分走入歷史的說法。與歐巴馬形成鮮明對比的地方是，川普醉心於發動過去半世紀以來數一數二異類的外交政策運動。這位紐約房地產大亨雖然無法掌握外交政策的細節，但他對外交政策如何運作的方式塑造了一貫的零和世界觀[15]。他推出「美國優先」的口號來解釋他的外交政策信念（儘管它讓人想起一九四五年之前的孤立主義）。川普輕視許多由美國主導創立的多邊組織（包括北約、世界貿易組織和聯合國），認為那些都不符合美國的國家利益[16]。他主張美國的盟國應該向美國所提供的安全保障支付更多的費用。他設想南韓、沙烏地阿拉伯和日本應該發展自己的核武器以便應對國家安全的威脅（不過他認為核擴散是世界上最大的威脅）。他也建議，自由主義的國際經濟秩序必須從有利於美國的立場澈底加以修正[17]。

川普的外交政策平台引起了外交政策研究機構的激烈反擊。自由主義者一致譴責川普的言論，而保守派知識分子批評的猛烈程度也不遑多讓[18]。大批經濟學家和歷史學者唾棄川普[19]。《國家評論》（*National Review*）等關鍵的保守派媒體發表了旨在反對川普的論點。例如大衛．布魯克斯（David Brooks）、羅伯特．卡根（Robert Kagan）、查爾斯．克勞特漢默（Charles Krauthammer）、馬克斯．博特（Max Boot）以及喬治．威爾（George Will）等共和黨專欄作家均揚言自己永遠不會支持川普。最保守的智庫也與他的政策保持距離[20]。二〇一六年三月，共和黨一百二十多名外交政策專業人士簽署了一封公開信，明確表示他們將不支持川普參加大選[21]。在大選期間，也出現類似的共和黨請願書。即使共和黨的國會領導人物默許了川普，共和黨的外交政策界仍然堅決反對他參選[22]。

美國的外交政策界對川普做出嚴厲的審判，但他也立即對其還以顏色。在共和黨的黨內初選中，他的競選活動拒絕了大多數對共和黨友好之智庫的好意，拒絕接受他們在世界政治的議題上對其進行輔導[23]。川普以自己的一套說詞明確否定了現行外交政策專業知識的價值。他在二〇一六年四月的外交政策演講中辯稱：「現在是為美國外交政策除鏽的時候了。現在是接受新聲音和新想法的時候了。」他接著說，他的外交政策顧問不會是「那些履歷雖很精采、卻交不出漂亮成績單的人，這些人真該為長期的策略失敗以及持續的戰爭損失負責。」[24]

在提出這些論點時，川普公開質疑了有關美國外交政策的主流論述，並至少取得了一定程度的成功。[25] 一些保守派的評論家很歡迎川普對共和黨外交政策正統觀念的質疑[26]。參議院外交關係委員會主席鮑勃・科克爾（Bob Corker）參議員曾稱讚川普「膽敢挑戰已經存在很長時間的外交政策研究機構」。也有一位政策分析師對他的外交政策表示欣賞：「川普是一個顛覆者，而國際關係肯定是一個需要被顛覆的領域。」《紐約時報》的瑪姬・哈伯曼（Maggie Haberman）和大衛・桑格（David Sanger）指出：「川普先生的論述最引人注目的一點是：美國安全的基本原則從來很少受到議論。」[27]

研究社會運動的學者澤內埔・杜菲其（Zeynep Tufekci）認為，川普民粹主義風格的競選活動深刻影響了理念市場。她總結道：「川普不僅說出荒謬絕倫的謊言，他也說出真相……只是這些真相大部分被忽視，尤其被共和黨的精英所忽視。」的確，川普在共和黨初選中的成功致使人們推測，新保守主義思想在共和黨外交政策論述中的主導地位即將結束。[28] 許多保守派得出「黨的整個知識體系都崩潰了」之結論[29]。歐巴馬敏銳地意識到理念市場的局限性，而川普卻高高興興地顛覆了外交政策劇本中所有的規範和成俗。

川普開展了歷史上數一數二強大的反智主義運動，但同時播下了自我毀滅的種子。政客可以對外交政策提出相反的觀點，但他們必須具備智識能力來應付公眾對那些觀點的批評。川普善於虛張聲勢來捍衛自身立場，但是缺少外交事務的必要知識，還缺少輔導他的專家。在整個共和黨初選的過程中，川普承諾宣步其外交政策顧問的人選，但卻遲遲不兌現這項承諾，堅持認定他就是自己最好的顧問。當他終於將自己的外交政策團隊介紹給外界時，那與川普最初宣稱將推出外交政策「最好團隊」的說詞似乎大相逕庭[30]。即使是外交政策專家中本應最贊同川普世界觀的務實主義者對他也避之唯恐不及[31]。少數願意在公開辯論中為他辯護的代理人也讓外界看不出有何過人之處[32]。

川普對於自己缺乏智識界支持的說法一笑置之，因為他認為自己最好的外交政策顧問就是他自己。然而，事實證明，這位電視節目真人實境秀的明星對政策細節的掌握說好聽一點是所知有限，說難聽一點則是滿頭霧水。他多次在關鍵的外交政策問題上走回頭路、推諉搪塞、反覆無常。他的古怪言論使外國資本和金融專家都深感不安[33]。經濟學人情報部（The Economist Intelligence Unit）甚至將川普列為二〇一六年地緣政治的十大風險之一[34]。在初次接受《華盛頓郵報》和《紐約時報》採訪時，川普表現出對世界政治所知甚少的窘況。而在針對該主題的後續採訪中，大家也幾乎沒有因此增廣見聞[35]。由於缺乏專業的外交策略建議，川普在競選期間回應外交政策問題時跌跌撞撞的狀況實在不勝枚舉，以致很快就傳出他策略無能的論述，一個永遠將與他如影隨形的論述[36]。意識型態光譜上的各種外交政策分析家都抨擊他的外交政策聲明[37]。川普不願依靠保守派的外交政策顧問提供專業知識的支持，這對他的競選造成不小的問題。

在川普整個選戰的過程中，他那無視於普遍看法並挑戰根深柢固之政治和策略信念的能力被認為是理念市場停滯不前和腐化的證據。關於外交政策，川普在主流之外另闢蹊徑，表達了另類的觀點。這可以被看作理念市場無關緊要的證據。但是，還有另一種詮釋這現象的方法。川普的非正統觀點使他能夠吸引一些狂熱的支持者，但是針對他而發的批評回應也限制了這種支持[38]。如果要說的話，他選戰的毒素最終使得公眾的注意力從他拿手的移民和安全結盟（security alliances）議題上轉移開了[39]。儘管川普不斷聲稱將要撼動體制，然而民意測驗顯示，絕大多數美國人在國家安全和外交政策問題上對於希拉蕊的信任度更高[40]。

歐巴馬和川普的故事反映了兩件事：首先，理念市場甚至對最有影響力的行為者也施加了束縛；其次，外交政策的理念市場可能無法完美運作。

在外交政策的理念市場上，我們正處於一個不尋常的時刻。對於思想領袖來說，這是最好的時刻。對於公共知識分子（public intellectuals）來說，這是最糟糕的時刻。而對其他的每個人來說都是最困惑的階段。

這些術語需要詳細解釋。我所說的「理念市場」（marketplace of ideas）是指關於外交事務之一系列的知識產出和觀點，以及決策者和公眾對這些理念的接受程度。當一位學者出版一本解釋為何美國外交政策需要重新思考的著作時，他就在為理念市場做出貢獻。當某個智庫發表一份評估治國方針的報告時，該報告即在充實理念市場[41]。當某位全球品牌策略專家發表TED的演講，主張國家的氣候變化政策應像對沖基金一樣納入管理時，這種論點將可能進入理念市場。

當這些人的外交政策理念接受考察時，這些意見即構成了權力走廊內「公認的」（accepted）智識界限。

就本書的目的而言，我指的「公共知識分子」是學有專精、訓練有素、能夠對廣泛的公共政策議題發表意見的人士。誠如弗里德里希·馮·海耶克（Friedrich von Hayek）所言，公共知識分子是「理念上專做二手買賣的」[42]。公共知識分子在民主論述中起著至關重要的作用：揭穿偽裝成公認之智慧的陳舊慣俗。公共知識分子是批評家，而對那些兜售劣質政策玩意兒的人進行批判乃是民主國家的必要功能。公共知識分子對理念市場的最大貢獻是指出國王何時沒穿衣服。當公共知識分子失去威望時，政治思想家或是假充內行的人就比較容易透過絕對的、堅定的意志將某種觀點（無論其內在的優點如何）灌入公眾意識中。

「思想領袖」（thought leader）一詞的起源遠不如「公共知識分子」一詞的起源久遠。然而，瀏覽一下谷歌趨勢便可看出，到了二〇一二年，前者的使用率已超過後者[43]。思想領袖是如何有別於公共知識分子的？對這領域十分熟稔的《紐約時報》專欄作家大衛·布魯克斯機巧地將前者定義為「在豪華遊艇間鑽進鑽出、雄心勃勃且業績不賴的理念販子」[44]。布魯克斯這譏諷味的描述可能會逗人開心，但是就我們的目的而言實在是不夠的。私營部門動不動就提到「思想領袖」，然而卻沒有賦予它精確的含義。

就本書而言，思想領袖是知識福音的傳播者。思想領袖發展出自己用來詮釋世界的獨特視野，然後將這種世界觀傳給身邊的人。公共知識分子和思想領袖都在從事創造知識的行為，但是

表一　公共知識分子VS.思想領袖

公共知識分子	思想領袖
批評家	創造者
狐狸	刺蝟
懷疑論者	福音傳播者
演繹的	歸納的
專業優先	經驗優先
悲觀主義者	樂觀主義者

他們的風格和目的是不同的。公共知識分子對許多事情都足夠了解，因此可以指出知識界的假充內行。思想領袖知道一件大事，並相信自己的重要理念將改變世界。

表一說明兩種原型之間的差異。我們不妨借用以撒・柏林（Isaiah Berlin）的說法：公共知識分子是狐狸，思想領袖是刺蝟。前者是懷疑論者，而後者是真正的信仰者。前者是批評家，後者是創作者。公共知識分子已準備就緒，願意並且有能力告訴你，其他人的世界觀有何錯誤。思想領袖則不顧一切要告訴你，他們的「遠大理念」（Big Idea）多麼正確。如果歐巴馬和川普算得上知識分子，那麼前者扮演的是公共知識分子的角色，後者則是檯面上最厚顏喧鬧的思想領袖。

公共知識分子和思想領袖並非完全不同。兩類知識分子在理念世界中流通互換。這兩類之間的二分法只是行事風格上的區別。在不同的時間和不同的場合裡，同一個人既可以充當公共知識分子，又可以充當思想領袖[45]。正如柏林在他那篇有名的論文中所主張的那樣，過度強調其二分法並不妥當。不過他也指出，如果二分法真能反映實情，那這將「成為真正調查研究的一個起點」[46]。將人區分為公共知識分子和思想領袖的作法有助於我們理解現代的理念市場。本書將論證的一個重點是：現代的理念市場能使所有知識分子獲利，但思想領袖受益的程度遠勝於其他知識分子。

為什麼會這樣呢？這是什麼意思？

如今正在發生的事情是：理念市場已經變成了理念市場。二十一世紀的公共領域比以往任何時候都更龐大、更響亮、更有利可圖。公共領域的這場產業革命已經持續一段時間了。大衛・布魯克斯在十五年前即強調：知識分子階層不再像一九五〇年代《黨派評論》（*Partisan Review*）的撰稿人那樣，與市場、社會或國家遠遠保持距離[47]。美國的《外交政策》（*Foreign Policy*）和英國的《前景》（*Prospect*）每年均會發表世界前一百名思想家的名單，有時會舉辦盛大的活動來公步這些名單。所舉辦之高級別的公開討論會以及巡迴演講使知識分子可以和政治、經濟以及文化界的其他精英進行交流，這是半個世紀前無法想像的情況。達沃斯（Davos）模式的「大創意」活動呈爆炸性的增長（例如TED、西南偏南*、亞斯彭創意節〔Aspen Ideas Festival〕、米爾肯研究所全球會議〔Milken Institute's Global Conference〕以及由《大西洋》雜誌社贊助的一系列活動）。這些活動吸引了「語不驚人死不休」的思想家來滿足與會者的好奇心，此外，渴望傳播能引發爭論之觀點的平台、論壇和其他出路的數量也大幅增加了。

---

* South by Southwest：每年在美國德州奧斯汀舉行的一系列電影、互動式多媒體和音樂的藝術節與大會。

顯然，令人眼花撩亂之發表新理念的管道在把理念市場轉變為理念市場方面功不可沒。這種需求的激增使整個知識階層受益，但是又產生了另一個值得注意的影響。現在，理念市場對思想領袖所帶來的好處遠遠超過了對公共知識分子的好處。這是由構成現代理念市場三個環環相扣的趨勢所造成的：對權威信任的減弱、美國政治的兩極分化以及經濟不平等的急劇上升。

在過去的半個世紀中，世人對素有威望的機構以及專業的信任正在緩慢地減弱，期間經歷了從越南戰爭、伊拉克解放行動一直到今天的一連串慘敗事件。大家在九一一事件後對權威機構和權威人物的信任曾經短暫飆升，但在二十一世紀接下來的時間裡，這份信心卻一直穩步下降，這在外交事務的領域中尤其明顯。信任度的下降使得理念市場更具競爭優勢。在一個權威人物普受尊重的世界中，知識同業公會的把關者可以用例如學位、著作或相關經驗等先決條件作為限制入會的門檻。隨著那些把關者的權威轉弱，思想領袖的後起之秀在迴避傳統權威方面的能力也有所提高。理念市場的民主化導致傳統的公共知識分子更難站在權威的立場上進行議論。

美國社會和美國政治體制的兩極分化是影響理念市場的另一種現象。由於出現平行的、分眾的、支持純粹意識型態知識分子的受眾，因此跟著產生新類型的思想領袖。保守派知識分子現在可以就讀希爾斯代爾學院（Hillsdale College）、在美國傳統基金會（Heritage Foundation）實習、在布萊巴特新聞網（Breitbart）工作、獲得美國科氏工業集團（Koch）獎助、為雷格納里出版公司（Regnery Publishing）撰書，從保守派發言人辦公室獲得一份合約，然後在福斯（Fox）新聞頻道上談論這件事。他們可以在沒有相反觀點的資訊生態系統中暢所欲言。如果你把上述的名稱換掉（例如用索羅斯代替科氏），那麼自由主義者同樣可以大顯身手。隨著更多資金被用於推升兩極分化的政治議程，雙方黨派的成員從理念市場這一部分獲利的機會將持續增長。

然而，最重要的趨勢還是：經濟不平等的加劇以及作為理念市場推動力的有錢贊助人日益重要。收入最高端階層的大量財富積累為產生和推廣新理念創造了新的資金來源。隨著美國精英階層的日益富裕，他們開始有能力做自己想做的任何事情。事實證明，他們當中有很多人想重返學校，或者更願意讓學校回到他們身邊。一個世紀前，美國的富豪們將他們的財富轉化為大學的捐贈基金、智庫或慈善基金會。當今的富人則建立了自己的知識沙龍以及出版平台，而且對於與自己同名之機構的知識輸出並非只是袖手旁觀。他們也參加了備受矚目的「遠大理念」集會。知識分子將會激烈競爭，以便爭取進入有錢贊助人的視野，因為這些贊助人可能會把金錢資源送到他們面前。思想領袖在推動能引起富豪共鳴的想法時，將比公共知識分子更具優勢。

上述這三個因素使得思想領袖將其商品賣給億萬富翁和廣大公眾時，變得越來越有利可圖。成功的知識分子成為擁有自己品牌的超級巨星，並且享受昔日只為權貴、名人和運動明星保留的空間。這樣的說法聽起來好像很誇張，但實則不然，比方大家都看到，獲獎作家尼爾・弗格森（Niall Ferguson）和阿亞安・希爾西・阿里（Ayaan Hirsi Ali）取代名人成為小報頭版上的人物，而諾貝爾經濟學獎得主、經濟學家保羅・克魯曼（Paul Krugman）則在大成本電影裡客串演出，還有，政治學家梅莉莎・哈里斯・佩里（Melissa Harris-Perry）因離開微軟全國廣播公司節目（MSNBC）而登上新聞頭條[48]。

這些例子有助於說明：思想領袖如何受到抬舉，而同時公共知識分子如何可能被貶低。從許多方面來看，這種轉變已經持續了很長時間。思想領袖的崛起讓我們看清，人類天生如何懂得處理理念。「自信」這種風格元素對於現代理念市場的成功至關重要。認知心理學顯示，人類喜歡一廂情願的預測勝過或然率的預測（儘管所有的經驗證據都表明，後一種方法可以產生更好的預測效果和更有彈性的理念）。正如《超級預測》（*Superforecasting*）的作者菲利浦・泰特羅克（Philip Tetlock）和丹・加德納（Dan Gardner）所指出的：「持續不斷的自我審視令人疲累，而知情的**感覺**則是誘人的。」[49]思想領袖善於對自己想法的絕對正確表現最大的信心，而公共知識分子則不然。這種自信使聽眾在認知上感到滿意。甚至連批評思想領袖的人也承認，他們那自信滿滿的銷售策略確實有其誘人之處。

這一切就公共領域而言到底意味什麼？由於這些構造力量（tectonic forces）均未顯現任何弱化的跡象，因此新的理念市場的誘因也不會弱化。但並不是所有人都樂見這個現象。許多人開始譴責知識分子的「公司化」（corporatization）。在當今知識界的行話裡，「理念市場」比「思想產業」要好聽一點[50]。前者讓人想起熟練的工匠，後者則是只有煩悶勞動的工廠。對於大多數讀者而言，手工藝總是比工業化好聽一些。思想領袖受嘲諷的程度遠遠超過公共知識分子。批評者總在哀嘆這些趨勢改變了公共論述的方式[51]。我們很容易推斷，這種轉變是件壞事。

但是如要進一步擴大這個比喻，我們就該記住如下的事：真實的工業革命能造成大眾的普遍富裕，但也導致狄更斯筆下的那類恐怖故事[52]。在理念的世界中，現實遠比「今非昔比」來得複雜。「思想領袖降低了公共論述之威信」的觀點實在是奇怪的批評。思想領袖正回應了各界對新思維的真誠渴望，同時反映出對外交政策機構信任度下降的正當理由。評論家一方面抱怨這幾十年來美國文化變得粗俗，但是另一方面，當出現一種渴望得到更多東西的亞文化時，他們卻又表現得很不屑。任何關心理念世界的人都不應該因別人的興趣勃發而感到懊惱。

二十一世紀的理念市場可以帶來很多好處。值得注意的是：世人對新理念以及思考世界之朝氣蓬勃的方式產生了強烈需求。然而，就像任何革命一樣，總會出現勝者和敗者。這些趨勢也阻礙了大學或智庫中走比較傳統路線的思想傳播者。公共知識分子比較依賴的資金來源已經停滯或者減少。這些機構中有些並沒有很快適應新的思想體系（即使其中的一些人已經適應了也一樣）。就像以前的農業和製造業革命一樣，其結果是造成知識分子階層的巨大動盪。

有些人因遭受這種知識界之創造性的破壞所影響，所以對當前狀況感到失望，這點並不令人訝異，但是這並不意味他們的批評就完全是錯誤的。從這種現象中隱隱約約傳出一些令人憂心的隆隆聲。最突出的問題是：理念市場是否能對被傳播的理念進行批判性的反駁，同時產出什麼正面的東西。例如，當一個人觀看TED影片時，所看到的就只是行銷。一半以上的TED演講是在聽眾起立熱烈鼓掌的聲音中結束的。所有的反應全是肯定的，看不到建設性的批評[53]。理念如何能在批評的衝擊中存續下來才是真正重要的。對於理念，尤其是外交政策的理念，最好有個公共領域戳刺一下每個新的事物，對它進行壓力測試。

我們需要的是共生關係，也就是說，不僅只有TED的演講，還要有應邀參加討論的人。

解決理念市場問題的方法並不是重新仰賴更權威的把關者，而是導入更多的異議和更多的辯論。實際上，現在比以往任何時候都更需要公共知識分子。他們能為全新的、緊要的目的效力。他們需要分析和批評那些受歡迎的思想領袖。必須有公共知識分子才能將高素質的思想家與假充內行、招搖撞騙的分子區分開來。

理念市場不僅影響知識分子，還影響更多的人。儘管有人對美國社會的反智主義唏噓不已，但理念對於美國政策和政治是至關重要的。正如《華盛頓郵報》專欄作家喬治．威爾曾經指出的那樣：「儘管許多知識分子認為美國的政治理論不夠細膩，但它在政治上的實踐比起理論之於其他任何國家都更重要。」[54]我們可以說，外交政策是最能突顯理念重要性的地方。從冷戰的「圍堵學說」*、自由主義者和現實主義者之間的不斷拔河，到新保守主義的興衰，再到新古典主義經濟學對涉外經濟政策的影響，理念在在深刻地影響著外交事務。最近一項學術評估所得出的結論是：「從二十世紀初到二十一世紀初，美國擁有全世界知識成色最高的外交政策。」[55]

知識分子曾在美國外交政策的發展中起到至關重要的作用，而且未來亦將如此。即使是最博學多才的官員在探索深刻理念方面也會顯得捉襟見肘。比爾．柯林頓任上最後一位國家安全顧問桑迪．貝爾傑（Sandy Berger）指出：「在華盛頓這座城市中，『緊急』總是優先於『重要』。」[56]貝爾傑的繼任者康多莉札．萊斯（Condoleezza Rice）曾經告訴我：「決策者的知識本錢從上任後的那一刻起開始貶值。」當年，身為候選人的歐巴馬尚能夠挑戰主流的外交政策論述，然而當選總統之後，他就開始顯得局促了。姑且不論好壞，政策制定者都需要理念市場來補充說明、清楚表達以及質疑自己在世界政治中為何做出某某事的緣由。[57]

遠大理念以及表達這些理念的知識分子尤其值得詳細檢視，因為他們與行使權力的人越走越近。官員仰仗或濫用理念市場的情況是相當有可能的。喬治・布希政府成為民主和平理論†如此有力的推動者，以致該理論的主要學者之一承認：「民主和平的許多倡導者現在的感受可能和許多原子科學家在一九四五年時的感受很像……我們的創造被歪曲了。」[58]現實主義者目睹小布希政府對「現實政治」‡概念和言論的不當挪用時也表現了類似的沮喪。[59]

就算掌權者不曾利用理念為自己的行動辯護，一些知識分子也渴望為權力服務。有些人會為知識分子與權勢者的結盟而辯護。這些論點的範圍從為棘手的政策問題提供專家意見到對當權

---

* Doctrine of containment：指美國在冷戰的外交戰略，其政策始於美國駐蘇聯的外交官喬治・凱南。他認為美蘇必成為敵手，而在對峙中美國實力明顯強過蘇聯。要擊敗蘇聯就得採取堅強圍堵的政策，建議美國應從政治、經濟、軍事及意識型態各層面遏止蘇聯的對外擴張。該計畫受到了美國當局高層的認同，促成了「杜魯門主義」與「馬歇爾計畫」的產生。

† Democratic peace：一種國際關係、政治學、和哲學的理論。該理論認為，所有實行民主制度的國家（更正確的說，所有自由民主制國家）不會或極少與另一個民主國家發生戰爭。此外，民主國家之間也較少發生衝突、同時規模性的暴力行為也較少出現，相反的，政治外交的衝突會增加。

‡ realpolitik：現實政治主張，當政者應以國家利益作為從事內政外交的最高考量，而不應該受到當政者的感情、道德倫理觀、理想、甚至意識型態的左右，所有的一切都應為國家利益服務。

者說真話的關鍵任務都有。[60]這些都是有力的論點，然而歷史卻提供了教人不寒而慄的反證。正如理察・霍夫士達特（Richard Hofstadter）在《美國的反智傳統》一書中所認清的那樣：「沒有辦法保證知識分子階級在運用其影響力時會曉得謹慎和節制。」[61]有許多專門著作都在探討知識分子抨擊貶抑其他知識分子的事，整體簡直構成了一本政治犯罪的目錄。[62]二十世紀的歷史證明了，當知識分子在接近權勢中心時可以幹出什麼令人髮指的勾當。[63]二十一世紀稍微好一點。在九一一恐怖攻擊之後，許多保守派知識分子重新主張支持美國帝國的論點。知識分子在外交政策的領域中所造成的危害同其貢獻一樣可觀。一個人越接近權力，就越有理由為不道德的行為辯護或脫罪。正如賈妮絲・格羅斯・斯坦（Janice Gross Stein）警告同儕的國際關係學者那樣：「〔我們〕會因有機會接近權力而受到誘惑，並且為了保有這個機會，我們會逐漸改變自己所說的話。」[64]正因為理念市場與有錢有勢的人關係密切，所以才值得解釋清楚。

在剖析理念市場的時候，我們遇到的一個困難是：我們用來思考這問題的分析工具十分有限。即使在大數據的世界中，評估公共領域的趨勢仍然是一項草創的、主觀印象掛帥的工作。我將重點介紹自己最了解的面向，亦即美國經濟和外交政策論述的領域。為了描述理念市場的發展和影響，我將仰賴對公共領域現狀的現有評論、對現代理念市場背後驅動力的同行審查研究、輿論數據以及對特定公共知識分子和思想領袖的描述。我對理念市場的諸多議題也進行調查，觀察了兩百多位參與者。我還親自採訪了現代理念市場上各類的參與者[65]。

我同時也參考了自己的經驗。我自己第一手見識到之現代理念市場所帶來的變化，其中包括：學術界對於「影響力」（impact）的探究、如雨後春筍般出現之有關「遠大理念」的會議、在線平台的發展、身為億萬富翁之贊助者的出現、外交政策界營利部門的增長，這些都是我親眼目睹的現象。我在大學任教已有二十年了，但我也開發了自己的線上課程[66]。我發表了五十多篇經同行審查的期刊文章和書籍章節，但我也寫了十多年的部落格（其中一半時間用在《外交政策》和《華盛頓郵報》）。我參加了許多學術會議並在許多大學出版社出版著作，同時也曾在TED發表演講並參加聖地牙哥國際漫畫展（ComicCon）的小組委員會。我已經擺脫了較為保守的世界觀，但是也得到了保守立場之基金會的資助。說到理念市場，我對自己所寫的東西還是胸有成竹的。

我自己的經驗不能替代實際的民族志研究。仰仗自己背景的危險是，它們可能無法推及到其他所描述的現象。確實，這是思想領袖之間的共同缺陷。但是，這種承認即會產生一份特別的關注態度。麥克・波蘭尼（Michael Polanyi）將某些內部資訊標記為「內隱知識」*。[67]這是可以透過經驗獲得的最佳知識。在撰寫有關理念市場轉變的文章時，我將運用自己參與公共領域時所具

* tacit knowledge：波蘭尼認為：「人類的知識有兩種。通常被描述為知識的，即以書面文字、圖表和數學公式加以表述的，只是一種類型的知識。而未被表述的知識，像我們在做某事的行動中所擁有的知識，是另一種知識。」他把前者稱為顯性知識，而將後者稱為內隱知識。按照波蘭尼的理解，顯性知識是能夠被人類以一定符碼系統（最典型的是語言，也包括數學公式、各類圖表、盲文、手勢語、旗語等諸種符號形式）加以完整表述的知識。內隱知識和顯性知識相對，是指那種我們知道但難以言述的知識。

備的各種內隱知識。

最後一點：儘管我將專注於美國外交政策的理念市場，但是我也提出一點：影響特定理念市場的力量也存在於其他政策領域和其他國家中。這本書側重介紹美國的外交政策，因為那是我最熟悉的領域，而且就其本質而言也很重要。同樣，信任感的減弱、兩極分化的加劇以及經濟不平等的惡化並不僅限於美國。其他國家／地區的理念市場雖然不是美國的翻版，然而其結構性的力量強大到足以表明我在此描述的東西也可能在全球範圍內發生。

本書其餘部分的章節安排如下。第一部分先為全書定調。我們將在下一章說明為什麼應該關注理念市場。對愛挖苦的人來說，知識事務是可以一言以蔽之、用「似是而非的詭辯」打發掉的。這種定義雖然直白易懂，卻也十分愚蠢並且自欺欺人。當然，理念十分重要，否則專家和社會科學家就不會將寫作視為第一要務。[68] 一個可運作的理念市場對於「動態民主」＊是不可或缺的。在第二章中，我們深入探討了塑造新理念市場的三大系統性力量，亦即對既有權威之信任感的減弱、受眾在政治上的兩極分化以及（這點最重要）經濟不平等的加劇提升了富豪的能力。這三個趨勢結合起來便增加了各界對知識分子的需求，但是對於思想領袖來說尤其有益。

本書的第二部分探討了現代理念市場的興起如何影響了市場上一些主要的供給者。第三章檢視了學術界這個最古老的源頭。大學被指控犯下無數的罪過，包括蒙昧主義、難與時代接軌以及政治上的同質化。真相其實更為複雜。象牙塔內的許多教授都設法在理念市場中生存下來並且順利發展。然而，塑造現代理念市場的力量使得高等教育的知識環境更具挑戰性。我們在第四章裡比較和對照了兩種社會科學學科的命運。經濟學在現代的理念市場中蓬勃發展，而政治科學只能勉強存活下來。這不是由於經濟學模型或方法的優越性，而是因為經濟學家的思想風格和實質與理念市場之新的驅動力能更好地融合在一起。在第五章裡，我們從象牙塔的超然轉向狂熱的美國國務院智庫。理念市場的發展給智庫造成了新的壓力，唯有承受這種壓力，他們方能保持其身為抽象理論與具體政策之間橋樑的地位。

儘管智庫迅速適應了理念市場的變化，但是如此一來卻損害了最初賦予他們正統性和自治性的初衷。第六章著眼於公共理念的私人市場。不管是「麥肯錫全球研究所」（McKinsey Global Institute）這樣的企業智庫、「歐亞集團」（Eurasia Group）這樣的政治風險顧問公司，還是像「拼圖公司」†（Jigsaw）一樣的混合機構，私營部門都將思想領導力視為一種商業策略。理念市場已經使得該策略成為可行的選項。

* Dynamic democracy：動態民主是直接民主和代表民主的混合體，就像直接民主一樣，每個人對每個問題都有投票權，但它也允許我們每個人選出代表為我們投票。動態民主是一個系統，可讓我們將投票權委託給自己信任的人，以便在專業領域內代表我們表示意見，但同時我們仍保留對自己最熟悉之議題的投票權。在這套系統下，我們無需成為每個主題的專家即可成為有見識的選民。

† Jigsaw：以前稱為Google Ideas，是由谷歌創建的技術育成中心，現在作為Alphabet的子公司營運。

本書的第三部分探討了作為市場之理念市場的運作情況，以及該市場是否有改善的可能。第七章將介紹「超級巨星」級的知識分子。現代的理念市場會回報那些能夠自我塑造品牌的知識分子。理念市場已讓許多理念企業家變成巨人，也就是說，在理念和批評的天地裡，成為一個品牌會使一個人易受過度曝光的影響。例如法理德．札卡利亞*或尼爾．弗格森†等超級巨星在這個世界上跌跌撞撞後倖存下來的有多少？在某種程度上，這取決於他們自認為思想領袖或是公共知識分子。我們在第八章中主張：現代理念市場與金融部門一樣容易泡沫化。公共知識分子的影響力如果減弱，思想領袖便能將其思想的影響力擴大到超過恰當的範圍。就像資產的泡沫化一樣，知識一時的流行風潮乃源於一個引發各界興趣之理念的萌芽，然後迅速膨脹，最後潰解。第九章探討了理念市場與網路世界之間的關係。在二十一世紀，所有知識分子都必須與社交媒體互動以便推廣其政策思想。然而，數位環境中的有毒面向使得知識分子更容易拒絕在線批評。令人遺憾的是，這個現象造成了「滑坡謬誤」‡，同時也更容易使知識分子排斥更多的實質性批評。最後一章從我的經驗出發，反映了我在所要描述之世界中自己所積累的經歷。它還為有志在理念市場中發展的個人提供一些建議，並探討是否可能改善現代的理念市場。

但是，在思考能讓現代理念市場邁步向前的因素之前，值得先提出一個簡單的問題：這一切真的那麼重要嗎？

* Fareed Zakaria：美國著名印度裔記者、時事評論家和作家，現為著名雜誌《時代雜誌》主編、CNN人氣時評類節目《法理德・札卡利亞的環球公共廣場》（*Fareed Zakaria GPS*）的製片人及主持人。他的節目和文章，多以分析和評論世界各國的經濟、政治局勢而聞名。

† Niall Ferguson：英國籍歷史學者，現任職哈佛大學講座教授、牛津大學耶穌學院等大學機構資深研究員。專長是世界史、經濟史、惡性通貨膨脹、基金市場、美國暨英國帝國主義等相關研究。

‡ Slippery slope：在運用連串的因果推論時，誇大了每個環節的因果強度，造成得到不合理的結論（因為事實不一定照著線性推論發生，而有其他的可能性）。一般所說的「無限上綱」有時也牽涉到此種謬誤。

第一章
理念是否依然重要？

國際關係是冷戰期間公認之一種可替代的知識產業，
其中的專家基於專業需要必須活在充滿幻想和投機之虛無縹緲的世界裡。

潘卡吉・米什拉

傑佛瑞・薩克斯*（Jeffrey Sachs）是一位傑出的經濟學神童，而且他會很高興親口告訴你這個事實。一個會寫出如下文字的人顯然沒有嚐過沒沒無聞之苦：「身為大學裡的年輕教師，我開

* Jeffrey Sachs：美國經濟學家，專長於發展經濟學，以擔任拉丁美洲、東歐、前南斯拉夫、前蘇聯、亞洲和非洲的經濟顧問而聞名。

的課範圍廣泛而且備受讚譽，此外我學術發表的成績有目共睹，所以很快便獲得終身教職，那是一九八三年我二十八歲時的事。」[1]

但是，這種誇耀並不是他在《終結貧窮》中寫出的最大膽的東西。薩克斯對自己分析能力的信心使他這位發展經濟學的後起之秀宣告已經找到了消除全球極端貧困的方法。他建議在未來的二十年中，世界富裕國家的外國援助預算總額每年增加到一千五百億美元。薩克斯認為，到了二〇二五年，適當分配之發展援助的激增將能幫助全球每天生活費不足一美元的人走出極度貧困的窘境。

薩克斯表示，這樣一個大膽的計畫幾乎不能算是特立獨行，畢竟許多學者、智庫成員以及政策制定者都很樂意提出能使世界變得更美好的遠大計畫。然而，有幾件事令薩克斯得以脫穎而出。首先，他提出了發展援助可以真正發揮作用的可能性。這與二〇〇〇年代中期的共識觀點相反：政府的腐敗是發展的主要障礙，因此增加援助只是徒勞之舉。用外交政策的話來說，這種觀點是「一種非常悲觀的思維方式，只會阻礙世人對於此事的全新思考」。[2]在援助發展的事業上，「希望」乃是一帖強效的靈丹妙藥。

其次，薩克斯具有知識才具以及政治資本來迫使他人傾聽。當他發表反貧困宣言時，正擔任聯合國秘書長的顧問，負責制定對付貧困的國際對策。此外，哥倫比亞大學那時才剛把薩克斯從哈佛大學挖角過去。哥大授予薩克斯四個不同的頭銜，其中包括地球研究所所長，其營運預算超過一千萬美元[3]。這位優秀的教授也開始擔任撒哈拉以南非洲多個國家的顧問，包括衣索匹亞、肯亞、奈及利亞和烏干達。[4]

第三，薩克斯擁有自信心，並且堅定不移地將自己的觀點傳播給任何願意聽他講話的人。尼娜·蒙克（Nina Munk）恰如其分地在《理想主義者》（*The Idealist*）一書中記載了薩克斯為實現自己的政策思想而採取的行動[5]：

> 薩克斯似乎不曾停下來好好喘口氣，只是日復一日發表一場又一場的演講，有時一天之內多達三場。同時，他也遊說多位國家元首、在國會中作證、舉行新聞發布會、參加專題討論會、為政府官員和立法者提供建議、接受採訪、在學術期刊上發表論文、為報紙和雜誌撰寫社論，以及尋找可以幫助他傳播訊息的任何人。他似乎只有在睡覺時才放慢腳步，但每晚也從不超過四、五個小時。

他的宣傳和營銷工作碩果累累。例如，《終結貧窮》一書印在《時代雜誌》的封面。對於發展經濟學的書籍而言（或是只就書籍而言），這是很不尋常的事。

第四，薩克斯擅長結交盟友，特別是名人和慈善家。U2樂團的負責人波諾（Bono）為《終結貧窮》撰寫序言，並稱呼他為「我的教授」。在某部全球音樂電視台（MTV）的紀錄片中，安潔莉娜·裘莉將他形容為「世界上數一數二聰明的人」。[6]他結交喬治·索羅斯和湯米·希爾菲格（Tommy Hilfiger）並獲得對方的資助，試圖透過「千禧年鄉村計畫」（Millennium

Villages Project，簡稱MVP）將其發展理論付諸實踐。[7]索羅斯確實被他說服了，甚至不顧自己那些持懷疑態度之慈善事業顧問的阻止。薩克斯從各種國際組織和私人基金會獲得了數億美元的資金。於是，他的地球研究所便嘗試在東非的村莊中落實自己的一連串計畫。

薩克斯在尋求實踐自己計畫的過程中，面臨了來自四面八方的巨大反擊。習慣於標準操作程序的援助發展界認為，薩克斯那救世主式的目標說得好聽一點是幼稚，說得難聽一點便是幫倒忙了。[8]他終究能夠克服官僚主義的障礙。發展經濟學家的批評更為嚴厲。威廉・伊斯特利（William Easterly）因發表一系列相反意見的著作而聲名大噪。他認為，援助發展的事業具有「技術官僚幻想」的盲點，亦即誤以為貧困純粹只是技術官僚的問題，可以用諸如肥料、抗生素或營養補品等技術予以解決。[9]伊斯特利特別警告，薩克斯的援助因為沒有良好的管理機構為輔，所以他的提議說它「窒礙難行」還算客氣的了。麻省理工學院「抗貧實驗室」（Poverty Lab）的主持人兼《窮人的經濟學》一書的共同作者艾絲特・杜芙若（Esther Duflo）也擔心薩克斯的論點僅僅是推廣發展經濟學的最新風潮而已。她警告說，如果不將薩克斯的干預措施與不接受任何干預措施的村莊作為對照組進行比較，就無法確定他的努力是否會帶來任何改善。[10]「全球發展中心」（Center for Global Development）的主任南希・伯德索爾（Nancy Birdsall）同意杜弗洛的批評，並敦促薩克斯採用對照組。

薩克斯就像負責發展之官僚機構那樣毫不費力地駁回了這些反對意見。他明確拒絕了藉由對照比較的方式來衡量村莊進步與否的想法。[11]他和地球研究所奮力向前，而初期的結果似乎充滿希望。薩克斯認為，MVP令人們養成廣泛採用免費抗瘧疾蚊帳的習慣，從而減少了該疾病的傳播。[12]二〇一二年，薩克斯及其共同撰文者在《刺胳針》（*The Lancet*）雜誌上發表一篇論文，聲稱撒哈拉以南非洲地區實行MVP地區的兒童死亡率降低的速度，比該地區相對應的總死亡率快上三倍。[13]薩克斯在CNN的社論中盛讚這種「科學成就」，並稱：「我們只要採用最新的發明，每年便可以挽救數百萬條兒童和母親的性命。」[14]

然而，到了二〇一三年，該計畫的光環不見了。薩克斯和地球研究所設法只從紐約管理該計畫。當決策者向村莊提供建議時，他們並無法獲悉那些村莊實際執行的情況。這種管理方式不可避免地使當地代表深感挫折。[15]薩克斯無視自己顧問委員會的建議，即興式地對不利的結果或負面的報導做出回應，有時竟與先前的計畫相互矛盾。外部評估所得出的結論是：沒有辦法確定施行MVP的村莊是否比其他村莊更好，因為薩克斯的團隊從未將他們的村莊與沒有得到援助的村莊進行對照比較。在此期間，撒哈拉以南非洲的經濟發展勢頭十分強勁，整個非洲大陸的嬰兒死亡率都在急劇下降。[16]根本沒有辦法確定所謂MVP的積極影響是由薩克斯的介入所引起還是由強勁的經濟增長所導致。實際上，根據某項估算，MVP執行點嬰兒死亡率下降的幅度還小於東道國的全國平均水準。[17]這個問題再加上其他方法上的錯誤，在在迫使薩克斯論文的主要作者不得不在《刺胳針》上發表公開信，承認所謂兒童死亡率減低「快三倍」的說法非但空穴來風且有誤導之嫌。[18]隨後，該主要作者離開了薩克斯的研究團隊。

薩克斯設法藉由追溯MVP以往顯著的成效加以回應，並邀請外部專家來協助他。儘管如此，這種努力不太可能恢復該計畫的信譽。薩克斯手下的一位研究人員告訴《自然》（*Nature*）雜誌有關該計畫的情況：「儘管我們無法證明MVP是否奏效，但我們也不能硬說它行不通。」[19]與十年前薩克斯夸夸其談的言論相比，這種野心還真縮水了。薩克斯自己帶來的一位健康專家也承認，不可能評估MVP過去所產生的影響。他的一位前任研究助理（現在是柏克萊大學的一名經濟學家）告訴《外交政策》：「在發展經濟學的領域中，沒有人會把MVP視為一項嚴肅的研究計畫。」[20]拒絕資助薩克斯計畫的比爾．蓋茲總結道：「薩克斯似乎帶著眼罩。」[21]我曾親口問過薩克斯，他認為地球研究所最大的成就是什麼，他的答案並未包括「千禧年鄉村計畫」。[22]

薩克斯後來出版的書銷量都不及《終結貧窮》，而且他後來爭取成為世界銀行總裁的努力也未能獲得任何關注。在《理想主義者》的書末，薩克斯似乎已經有所長進。當作者蒙克詢問薩克斯關於這一切的感受時，他回答道：「就是這樣……即使在一個不確定的世界中，你仍然可以保有堅定的信念，這實際上是你能做的最好的事，這就是我堅定的信念。」[23]之後，他寫的專欄文章就不比以往那麼關注發展經濟學了。他的文章開始側重宏觀經濟學、外交政策以及解釋甘迺迪遇刺案的理論。[24]如此看來，薩克斯已經從思想領袖轉型為公共知識分子。薩克斯可能是發展經濟學史上最成功的思想領袖。然而，在他走紅的十年後，現實世界的結果似乎依然未有定論。

薩克斯的興起和衰落為知識分子提出了一個令人困擾的問題：理念真的重要嗎？主張「目前美國知識分子的辯論毫無意義」的說法有四種。第一個論點是唯物論的：在一個由更深刻之物質力量所支配的世界中，理念毫無意義。因此，薩克斯企圖扭轉現狀中的強大慣性是愚不可及的。第二個論點是失敗主義的：媒體平台的氾濫使得世人無法聽到任何公共知識分子的聲音。即使薩克斯的「千禧村計畫」取得成功，該消息也會被大量不明就裡的批評所淹沒，就像疫苗、氣候變化或基因改造食品那些被操弄的爭議一樣。第三個論點是民粹主義的：宏偉的、抽象的理念註定終要失敗。薩克斯計畫的失敗證明了知識分子只會把事情弄糟罷了。最後一個論點則是懷舊的：與過去相比，當前的理念市場如此墮落，以至於除了將有錢人或是反動派加以合理化之外，理念已經失去任何意義。根據這種說法，根本就不可能再有偉大的知識分子。薩克斯的成功一部分是靠他與音樂家以及明星的相互抬舉而獲致的。毫無疑問，這是二十世紀中葉紐約那些受人景仰之知識分子應該不願意看到的局面。

本章將概述並評估這四種觀點。有劇透，慎入：理念仍然非常重要，而且，分析那些使理念市場產生變化之因素的行動比以往任何時候都更重要。但是為求公平起見，還是讓我們仔細聽聽這些批評的聲音吧。

唯物論觀點是社會科學家所熟悉的，因為他們當中有許多人在談論理念的作用時都會採用唯物論觀點的某種變異形式。經濟學家和政治學家首先把權力和利益視為能使世界運作的前提。幾乎所有的經濟學理論都圍繞著「約束優化」（constrained optimization）的問題打轉，亦即個體如何在資源受約束的世界中將自己的效益予以最大化。這種模式對於「理念是否重要」這議題的看法並不是那麼友善。政治科學的立場也幾乎沒有什麼不同：推動整個學科發展的假定是，所有政治人物都對獲得權力和保持權力感興趣，因為那是一種稀缺的零和商品。在這種假定中，理念並不是重要的部分。用社會科學的語彙來說，如能改變「行為者的偏好」（actor preferences），理念才顯得重要。用普通英語來說，如能改變世人想法，理念才顯得重要。然而，大多數的社會科學都假定：個人和制度的偏好都是固定的、僵化的。換句話說，大多數的社會科學家認為，除非世人的物質誘因發生變化，否則大多數人是不會改變想法的。理念本身並無法說服人。

唯物主義的觀點對美國外交政策界的影響尤其深遠。例如，為什麼二〇〇一年後布希總統的言論經常強調單邊主義和「民主輸出」*？根據許多學者和專家的看法，美國霸權力量的增長可以解釋該國為何願意單方面採取行動[25]。對於一些現實政治的學者而言，強大而且資金充裕的親以色列遊說者可以解釋美國在中東外交政策的失誤。[26]如果有人認為例如新保守主義這樣的理念對美國在中東的外交政策的確產生一些影響，這種看法往往立刻受到排斥。但即使對布希政府的說詞進行公正的解讀，我們也很難忽視新保守主義的理念如何戰勝了「現實政治」。[27]大多數外交政策分析家都將理念視為「釣鉤」，因為他們認為，強大的利益將促使抱持理念的人追求唯物主義的目的。

唯物主義者目睹了薩克斯的作為，並將其視為知識分子嘗試標新立異的客觀教訓。他們可能會注意到三個明顯的事實，這些事實令薩克斯在著手進行計畫之前就註定失敗。首先，薩克斯認為自己能夠以不可抗拒之勢輕而易舉應付代表發展現狀的複雜政治脈絡。也難怪這會產生強大的反擊力。其次，薩克斯操弄的都是別人的錢，都是難以獲得的錢。由於對外國的發展援助向來是政治上不受歡迎的預算項目，因此始終不可能產生必要的政治意願來實現他想要達成的目標。此外，缺乏政治上的支持也註定連MVP微小的缺陷也足以破壞薩克斯的待辦事項。

失敗主義的首要主張是：任何理念都需要受眾方能有所作為。然而，我們生活在一個媒體平台數量遽增、導致受眾分散的世界中。在以往的外交政策理念市場上，寫出一些引起注意的東西是很容易的。《紐約時報》或《金融時報》上的一篇社論保證可以引發討論。一篇與外交事務有關的論述更是如此。那時平台數量有限，這意味每個平台的價值都很高。這些平台的把關人在理念市場上都能發揮巨大的影響力。

有線電視新聞、電台談話節目以及網上內容的激增改變了所有這一切。如今，Medium[†]上的帖子所吸引的關注足以媲美《紐約時報》的專欄。內容提供者（content providers）的激增也意味著受眾分裂成百種不同的亞文化。為了對付這種分裂現象，知識分子便有動力採取更極端論述的方式來吸引注意。大衛·弗魯姆（David Frum）曾抱怨部落格圈慘不忍睹的書寫方式。他指

---

* Democracy promotion：是政府和國際組織採取的一種外部政策，力圖在世界各地廣泛地傳播與建立民主的政治體制。

† Medium是一個網誌發步平台，由推特聯合創辦人埃文·威廉姆斯（Evan Williams）與其他合夥人於二〇一二年八月創辦。該平台有專業和非專業的貢獻者，亦有受雇的編者，是社會新聞報導的例子之一。

出：「如此人身攻擊、如此粗魯、不合語法的批評只會引起他們目標受眾的蔑視。」雅各・海爾布倫（Jacob Heilbrunn）悲嘆道：「從前，〔公共〕知識分子可以根據他們的產出來受人論斷；如今，只由他們所引發的聲量以及批評來受人論斷。」[28]這兩個怨言都是在將近十年前發出的，亦即社交媒體數量爆炸之前的事。現在，一些評論員認為部落格「只是在一個本來就荒腔走板的理念市場裡加入更多的喧囂」。[29]失敗主義者對此得出的結論是：當小販霸占公共廣場、高聲叫賣時，清醒的知識分子根本無從開口。

失敗主義的觀點主要藉由擴大涵蓋其他所有東西的公共領域來影響外交政策之理念市場。在二十世紀中葉的「三網時代」*，傳統媒體覺得有義務將注意力集中在國際事務上，以便教育對此不甚關心的公民，而新媒體的爆炸性發展很大程度上是在迎合公眾感興趣的事物。然而，公眾是不太關心世界政治的。例如，當「芝加哥全球事務理事會」（Chicago Council on Global Affairs）向美國人宣傳其外交政策的世界觀時，結果非常明確：大多數美國人希望美國政府減少對世界其他地區的關注，而將更多精力放在國內。[30]這種情況也迫使傳統的對外政治機構轉移他們的注意力。《外交事務》的編輯吉迪恩・羅斯（Gideon Rose）明確地告訴我：「所謂的外交政策期刊已經不存在了。外交政策期刊只在二十世紀才有功用。」[31]在他任職期間，《外交事務》的內容已擴展到國際關係的傳統領域之外了。

由於公眾對外交事務不感興趣，因此更多的媒體可以忽略世界政治。在這個充滿漠視的公共領域中，唯一能引起共鳴的外交政策論點都是走極端的。例如使用軍事力量殺害恐怖分子家人或是在墨西哥邊境修建隔離牆的建議就有人聽。至於如何重新配置國際維和部隊或是如何加強多邊貿易措施等細膩步驟就乏人問津了。例如，在二〇一五年夏天的伊朗核協議進行談判之後，諸如「美國以色列公共事務委員會」（AIPAC）之類的利益團體以及諸如「民主政體捍衛基金會」（Foundation for the Defense of Democracies）之類的智庫就聯手做出巨大的努力來批評該協議。所有的報告均顯示，懷疑這項協議的人在宣傳上輕易便壓倒支持它的人。[32]這場閃電戰產生了一種影響。在隨後的民意調查中，「皮尤研究中心」（Pew Research Center）發現反對這項協議的人數明顯增加。但是該中心還發現了其他事情：儘管圍繞伊朗協議的廣告和媒體報導引起了軒然大波，但受訪者表示，在爭議開始的兩個月後，他們對協議內容的了解反而更少了。這個問題「並沒有引起公眾的廣泛共鳴」。[33]因此，失敗主義的觀點得出結論，認為媒體平台的七嘴八舌導致真相混淆不清。那些聲音相互抵銷，從而模糊了有關外交政策的任何紀錄。當知識分子唯一的選擇只有「言過其實」一途時，理念市場就變成了一場向下沉淪的競逐。

失敗主義者看到薩克斯計畫的下場，便得出「他始終沒機會」的結論。如果公眾不太關心外交政策，那麼他們對外國援助和經濟發展等問題的興趣就更少了。確實，絕大多數美國人希望削減對外國的援助，這是輿論研究的主要結論。與此同時，還有更多的美國人根本就高估了美國在

* Three-network era：即美國三大電視網，通常指的是國家廣播公司（NBC）、哥倫比亞廣播公司（CBS）和美國廣播公司（ABC）這三家最資深的商業無線電視聯播網。

對外經濟援助上的支出。當美國人被問到「富裕國家應該在對外援助上花多少錢」的問題時，他們的答案如果真要付諸實行，美國對外援助的金額恐將增加十倍[34]。公眾態度上的這種矛盾現象已持續存在了數十年，但從未有人能夠終結它。薩克斯單純只是另一個陣亡者罷了。他唯一可以嘗試改變的方法就是利用自己的盛名讓他的事業博得同情，但甚至這個策略註定也會陷入憐憫的疲乏中[35]。

民粹主義的觀點提出了一個簡單的問題：誰一死，知識分子便掌管世界了？二十一世紀的美國見證了沒完沒了的戰爭、金融危機和停滯的經濟增長。精英階級自己也注意到別人對於他們的怒意。[36]根據民粹主義者的看法，這是因為我們的精英社會只獎勵非常狹窄的學術技能。[37]精英依靠的是不切實際的思維方式。理念（尤其是有關外交政策的遠大理念）都是抽象的東西，禁不起仔細的檢視，都會化為虛有。談論外交政策學說的精英人士與這些理念在現實世界中的後果是脫節的。因此，難怪公共政策的辯論便顯得高深而且遙遠。理念越是宏大，就越有可能脫離現實，因此比派不上用場更糟糕。正如幽默作家魯爾克（P. J. O'Rourke）所言：「我不喜歡遠大理念，而且不只我有這種看法。對於浮誇理念的嫌惡已經深深沁入我們的語言中。」[38]

民粹主義者可能認為，美國後冷戰時期的外交政策思想史證明了遠大理念的負面作用。沒有遠大理念的政府還能得過且過，而懷抱宏偉理念的政府反而在有關戰爭與和平的重大問題上表現拙劣。例如，柯林頓政府顯然缺乏關於如何執行外交政策的遠大理念。柯林頓的國家安全顧問桑迪．貝爾傑也確實曾向媒體誇耀自己不需宏偉戰略以及對於外交政策採取臨時措施的優點。[39]在他任職期間，美國設法避免了任何曠日持久的暴力衝突。

相較之下，布希政府在九一一恐怖攻擊後則制定了雄心勃勃的、影響深遠的國家安全戰略。冷戰歷史的權威約翰．路易士．加迪斯（John Lewis Gaddis）稱讚布希的戰略是「更加有力、更加精心設計，而且……與嚴肅的學術思想十分合拍」。他下結論道，這是「半個多世紀以來美國最宏偉戰略之最重要的重新擬定」。[40]同樣，布希第二次的就職演說主打推動民主輸出，其志向十分高遠，充滿了不平凡的抱負。布希就如何重塑二十一世紀的世界提出了清晰、連貫而且雄心勃勃的宏偉戰略。當然，在設法落實這些理念的過程中，美國陷入了兩次代價高昂的災難性戰爭。與布希政府志在必得的想法相比，柯林頓那種見招拆招的方案或是歐巴馬那種「別幹蠢事」的口頭禪似乎更具吸引力。

民粹主義者得出的結論是：知識分子對於公共政策的影響主要是惡性的，因此應該澈底揚棄，改採植基於輿論的常識原則。他們可能還會主張，美國大眾在這方面都會站在他們那邊。根據二〇一四年芝加哥全球事務理事會的一項調查，美國人認為自己的聲音在外交事務中應該更具份量，而大學和智庫的作用應較減少。[41]正如我們在導論中已交代過的，川普二〇一六年競選活動的核心吸引力在於他不買理念共識（或與此有關的任何想法）的帳。儘管共和黨知識分子強烈反對，川普仍在共和黨其他的整個領域中以不可抗拒之姿大舉推進。同樣，儘管希拉蕊幾乎握有民主黨所有的決策精英，但伯尼．桑德斯（Bernie Sanders）還是對她造成了嚴峻的挑戰。桑德斯和川普儘管缺乏外交政策經驗或是外交顧問，但還是成功了。事實上，兩位候選人在競選期間都把「無需專家建議」當成自己的一股力量[42]。

民粹主義的復興表明了美國人民在多大的程度上拒絕了知識分子的體制機構。民粹主義糾正了精英人士傾向於採用放諸四海皆準之世界觀的習慣，因為那與本國其他公民的觀點是不協調的。正如美國企業研究院（AEI）的查爾斯．默里（Charles Murray）所指出的，當前的精英人士與其他的美國人隔閡過大，以至於無法理解後者：「新精英階級的成員也許深愛美國，但是他們越來越不屬於美國。」[43]如果想將自己視為國際化組織體制的一部分，最佳的途徑就是作個知識分子。

就民粹主義者關心的程度而言，他們應會指出，薩克斯為消除貧困所進行的長征計畫象徵了知識分子遠大計畫的所有錯誤。最後，對於撒哈拉以南非洲最貧窮的人來說，更強勁的經濟增長被證明具有更大的紓困作用。為了消滅赤貧，薩克斯只要一開口就能獲得巨額的補助。難怪民意調查歷來表明，美國人認為聯邦政府在對外援助上的支出過多，應該予以削減。[44]薩克斯的失敗不僅代表他的理念失敗，還代表所有遠大理念的失敗。

然而，最常見的批評還是**懷舊的**論點。公眾那類「理念以前都比較好」的看法始終流步於輿論中，因此這種斷言並非全然是新的。自從精英被發明出來以後，知識精英便一直譴責知識生活不斷衰落的狀態。[45]這是一個世紀以來美國論述中一個常見的說法。從托斯丹．范伯倫*的

《有閒階級論》†到理察・霍夫士達特‡的《美國的反智傳統》§，從艾倫・布魯姆¶的《走向封閉的美國精神》**到托馬斯・索維爾††的《知識分子與社會》，似乎任何在為這個主題撰寫文

---

* Thorstein Veblen：挪威裔美國人，經濟學家，被推崇為制度經濟學的創始者。著名作品為一八九九年出版的《有閒階級論》及一九〇四年出版的《企業理論》（*The Theory of Business Enterprise*）

† Theory of the Leisure Class：該書批判在十九世紀末的美國上流階級中，那些與企業密切往來的暴發戶，並稱其為「有閒階級」（leisure class）。范伯倫認為，這些有閒階級透過消費非維生所需的昂貴物品來保持、展現身分地位，同時也脫離勞動關係，輕視普通勞動者的生產貢獻。並且，這個階級的消費習性將會影響其它階級，無形中成就一個浪費時間、金錢的社會風氣。

‡ Richard Hofstadter：一九五〇年代的美國公共知識分子、歷史學家，其代表作為《美國思想中的社會達爾文主義》（1944）、《美國政治傳統》（1948）、《改革的時代》（1955）、《美國的反智傳統》（1963）以及《美國政治中的偏執》（1964）。

§ *Anti-Intellectualism in American Life*：該書曾經於一九六四年獲得歷史學普立茲獎，其主題是「美國人厭惡和懷疑思想生活以及那些代表這種生活的人」。

¶ Allan Bloom：美國政治哲學家、古典派著作家、學者。

** *Closing of the American Mind*：源自德國而流行於當時美國的歷史主義、相對主義、科學主義，正在使美國人陷於虛無主義的泥潭。美國人不再關心自然權利，喪失了善惡是非標準，忘卻了立國文本的宗旨，在開放、多元的幌子下，美國人的心靈越來越無緣窺見真、善、美的生活。在此意義上，美國心靈正在走向封閉。而與這一衰勢相伴的，則是美國大學教育的危機，是美國大學生心靈的封閉，美國的年輕一代已經無意聆聽偉大作品中的教誨，無意追隨偉大心靈走出「洞穴」。

†† Thomas Sowell：美國著名經濟學家，芝加哥經濟學派的代表人物之一。

章的人都只能哀嘆知識精英素質以及聲望的下降。許多次團體都為失去「他們的」公共知識分子、導致無人可為其利益說話而感到沮喪。[46]關於美國文學現狀的悲觀討論，例如蘇珊・雅各比（Susan Jacoby）的《美國的無理性時代》（*The Age of American Unreason*）或是威廉・德雷西維茲（William Deresiewicz）的《優秀的綿羊》*，通常得出這樣的結論：目前的知識地景一片荒蕪。

懷舊的論點使大家可以輕鬆地將公共知識分子的衰落以及思想領袖的崛起視為該國論爭狀況出問題的跡象，更糟糕的是，還得出一切都無法改變的結論。的確，這些悲觀的知識分子爭論的重點在於追溯這種衰退現象的起始年代。對於某些人來說，它始於網際網路的誕生。對於其他人而言，它始於冷戰的開端。還有不少作家將這日期定得更早，從約翰・斯圖亞特・彌爾（John Stuart Mill）的鼎盛時期到蘇格拉底去世的年代都有。

過去十年來，許多公共知識分子的逝世增強了懷舊的論點，並導致公共論述的衰落。自本世紀初以來，米爾頓・傅利曼（Milton Friedman）、大衛・哈爾伯斯塔姆（David Halberstam）、約翰・肯尼士・加爾布雷斯（John Kenneth Galbraith）、諾曼・梅勒（Norman Mailer）、小威廉・巴克利（William F. Buckley, Jr.）以及戈爾・維達爾（Gore Vidal）等人先後離開人生舞台，這讓那些仍然在世的人發出感嘆，認為他們將後繼無人了。《紐約時報》前書評薩姆・塔南豪斯（Sam Tanenhaus）寫道：「巴克利和梅勒先生代表一些不同的東西。他們不僅是公共知識分子，而且還是公民知識分子（citizen intellectuals），積極參與他們那時代的重大事件，有時渴望在較殘酷的民主場域中追求自己的理念。」「聲音傳媒」（Vox）的聯合創始人艾斯拉・克萊恩（Ezra Klein）

感嘆道：「他們會寫政治分析的嚴肅作品，並且賣個幾百萬本。當年，你如果想自詡為真正的政治迷，你就必須遍讀這些作家的書。如今，他們在論述中一度享有的空間已由〔安〕・庫爾特（〔Ann〕Coulters）和〔比爾〕・歐瑞利（〔Bill〕O'Reilly）之流的人占據。」[47]《紐約時報》專欄作家大衛・布魯克斯在對米爾頓・傅利曼的悼詞中指出：「從一九四〇年代到一九九〇年代中期，美國的政治生活受到一系列具有里程碑意義的著作所影響，例如《見證》（*Witness*）、《生命中心》（*The Vital Center*）、《資本主義與自由》（*Capitalism and Freedom*）、《偉大城市的誕生與衰亡》（*The Death and Life of American Cities*）、《美國思想的終結》（*The Closing of the American Mind*）。然而到了一九九〇年代，這類偉大的書不再出現。」[48]

在外交政策界中也有類似的討論。喬治・肯南（George Kennan）十年前去世即引發了一陣惋惜，因為再也產生不了像他這樣的外交政策思想家。[49] 肯南是美國國務院第一位政策規劃的主管。他的「圍堵學說」是指導冷戰期間美國外交政策的有用框架。肯南是一位真正的公共知識分子。他離開國務院轉往普林斯頓高等研究院任職之後，便針對美國外交政策和許多其他主題寫出優美的文章。他在思想界取得了罕見的成就，在歷史上的關鍵時刻提出了一個既有影響力又正確

* *Excellent Sheep*：副標題為「美國精英的錯誤教育以及通往有意義生活之道路」（The Miseducation of the American Elite and the Way to a Meaningful Life），二〇一五年出版之針對美國精英大學所扮演角色的社會批評。書中論述學生為了擠進一流大學而承受來自父母和社會的壓力。

的遠大理念。各屆政府雖然曾以「圍堵」之名犯下錯誤，但是整體而言，收效遠遠超過傷害，這是肯南這理念值得推崇的原因。

當前國際關係辯論中反覆出現的主題是：目前的外交政策界缺乏像肯南及其同儕的機敏。[50]回顧過去，「圍堵政策」的建構者設法制定出一套靈活的一貫戰略。作為一個理念，該政策足以產生兩黨強而有力的冷戰共識。[51]然而，後冷戰時代的美國外交政策卻招致了兩黨一致的蔑視。自由主義者和保守主義者都認定，柏林圍牆倒塌之後，美國的那一代人失去了不可估量的優勢。[52]這似乎是對外交政策思想家的控訴，就像對美國歷屆政府的控訴一樣。像格倫・格林瓦爾德（Glenn Greenwald）這樣的激進批評家特別強調這一點，反對在二十世紀外交事務辯論中仍占主導地位之「冷戰以來僵化了五十年的骨董級正統觀念」[53]。

作為支持該論據的數據點集，不妨思考一下「普林斯頓國家安全計畫」（Princeton Project on National Security）。這是一個為期多年的、多面向的努力，旨在發展出一套在二十一世紀可以媲美冷戰期間「圍堵政策」所達成之目標的學說。建立一個「符合肯南精神」的委員會需要動員數百名外交政策分析家，其中包括我自己。經過數十次會議後，最終報告得出如下結論：「如此一種像圍堵、擴大、平衡或民主輸出等組織性的原則將不會很快出現。」[54]事實證明，符合肯南精神的委員會所產出的東西遠比肯南單獨的創作更加令人難忘。

懷舊的論點也適用於薩克斯的故事。儘管薩克斯一再強調自己的原創性，然而他在《終結貧窮》一書中提出的論點都與冷戰時期流行之「大推動」（Big Push）的經濟發展理論相呼應。薩克斯的許多論點確實可以借用沃爾特・羅斯托（Walt Rostow）一九六〇年的著作《經濟成長之階段》（*The Stages of Economic Growth*）裡的這一段話加以總結：「傳統社會的核心事實是，每個人可達成的產出水準存在著上限。這種上限是由以下的事實造成的：現代科學和技術所產生的潛能要麼無法呈現，要麼沒有得到規律以及有系統的應用。」[55]薩克斯未能承認自己只是拿新瓶來裝舊酒，這是很不幸的事情，否則他應該能避開羅斯托所採方法的陷阱。那個時代的浪費和腐敗滋養了聯合國機構和受援國的政府，這一切都是以犧牲窮人為代價的。

綜上所述，共有四種觀點主張理念市場並不適合我們現在的生活方式。第一種，理念根本無關緊要。第二種，平台的氾濫意味新理念不可能出頭。第三種，民粹主義者對知識精英的排斥導致遠大理念的實用性不獲肯定。第四種，當前的理念市場不過是過去理念市場的翻版。

不難聽見這類對於理念市場的批評，只是它們並不是那麼有說服力。

唯物主義的論證最容易反駁，因為它實在太偏激了。知識史學家和社會科學家已經翔實記錄了理念在政策界中產生實際影響的多種方式。[56]強而有力的理念可以證明新政策實有道理或令現行政策失去信譽。在局勢不明朗的時期，理念可以作為指導重大策略的路線圖或讓不同的國際行為者達成共識。[57]在危機時期中，外交政策的主事者通常會尋求新理念來幫助解釋其奮鬥的目標並且指出可能的解決方案[58]。如果專家群對一套理念達成共識，則該共識會成為對政策制定者的有力約束。[59]

「理念很重要」的結論並不等於權力就無關緊要。這反而強調：權力和理念不能像唯物主義者所希望的那樣清楚地分割開來。權力數一數二重要的面向是「定義已知事物」（define the given）的能力，開展一個被每個人視為真理的概念。[60]當行為者定義其利益以及其目標或策略時，他們會將立足點定在特定理念的基礎上。

當知識分子將新理念導入政治體制時，這些理念就有可能擴大為真正的變革。例如，「自由貿易可使各國受益」的理念並不是容易懂的。經過幾代經濟學家的努力，這些理念已發展到了在政治上可被接受的地步。經濟史家已經證明，像自由貿易這樣真正的劃時代觀念與澈底的技術創新一樣重要。[61]同樣，任何關於同性婚姻合法化之恰當的歷史紀錄都必須包括安德魯・沙利文（Andrew Sullivan）於一九八九年在《新共和》發表的那篇頗具爭議的封面文章。[62]有關伊拉克戰爭的任何論點都承認，知識分子在國防政策制定戰略上發揮了關鍵作用，那時甚至連布希政府都未能意識到戰略的確有其必要。[63]

最後，唯物主義者反對理念市場的觀點乃建立在一個狹隘的視野上。有太多的觀察家並不同意這種觀點，因為他們指出理念是具有獨立自主之政治力量的。這些觀察家不是知識分子。亞伯拉罕・林肯認為：「塑造公眾感受的人比制定法規或宣步決定的人更為深刻。」[64]差不多八十年後，約翰・梅納德・凱因斯（John Maynard Keynes）也回應了這些觀點：

> 經濟學家和政治哲學家的理念（無論是正確的還是錯誤的）都比一般人理解的更加有力。

> 世界確實很少受其他任何事物的支配。以為自己可以不受任何知識界影響的務實者通常是一些過時經濟學家的奴隸。掌權的狂人正在從多年前的一些學術塗鴉者那裡汲取狂熱的養分。[65]

專注於最終效益的生意人或是認為「物質利益驅動一切」的人可能會譏笑凱因斯所說的感受。然而，從學者和政治家所表現出的偏好可以看出，凱因斯對理念力量的主張在本世紀要比在上一世紀具有更大的影響力。回想二〇一二年初，諾貝爾經濟學獎得主保羅．克魯曼在被任命為下一任的財政部長時，曾他在《紐約時報》的部落格裡回應各方在線上對這樁消息表現的熱情。克魯曼坦率說道：「擔任〔專欄作家〕這職位的人，如果他們知道如何有效率地加以運用，將比起大多數的參議員對國內辯論的影響更大。有人懷疑白宮會注意我寫的東西嗎？」[66]

甚至一些前參議員也同意克魯曼的觀點。二〇一二年底，南卡羅萊納州的參議員吉姆．迪明特（Jim DeMint）明明四平八穩安坐他的席次，卻辭職改任保守派智庫「美國傳統基金會」的主席。基金會支付的較高酬勞似乎在他的這項決定中只起了次要的作用。[67]最主要的原因還是，迪明特相信，自己經營智庫後可以比在國會任職時行使更大的政治權力。在主持基金會不到一年的時間後，迪明特告訴全國公共廣播電台（NPR）：「毫無疑問，我現在對公共政策的影響力比擔任參議員時要大。」[68]各界對他在基金會所付出的努力有褒有貶，這點我們會在第四章再加說明。但是，克魯曼和迪明特一致同意自己知識產出之重要性的事實，即是對唯物主義論證的最佳反擊。如果必須在政治力量和知識力量之間做出選擇，他們倆都傾向於後者。

顯然，至少有一些精英仍在採取行動，理念市場似乎依然有用。當薩克斯能夠募得數億美元來追求自己的願景時，他成功地反抗了傳統根深柢固的價值。即使後來他的政策沒能達到自己的預期，他的嘗試過程也成功地反駁了唯物主義的論點。

失敗主義的論點也很容易被證明為假，因為它立基於錯誤的前提。失敗主義者認為，媒體平台的發展會稀釋每個平台的力量，從而使公共知識分子和思想領袖難以接觸到受眾。但是所有證據都顯示相反的情況。內容提供者的激增為知識分子提供了新的論證平台。正如本書其餘部分將論述的那樣，理念市場的每個環節（大學以及智庫、非營利組織和營利組織），都在每個可利用的發布平台上加倍投入。

更多的意見流通管道可以提升而非削弱理念市場。正如金融評論家費利克斯・薩爾蒙（Felix Salmon）指出的那樣：「政策專家圈也和紐約第四十七街上的那些鑽石店一樣：儘管附近競爭激烈，每個人還是都賺了錢，賺錢原因反而是因為競爭激烈……在社交網絡的時代，此類材料的潛在受眾已經大幅成長，而且更重要的是，他們恰恰是廣告商渴望之受過高等教育的富裕受眾。」[69]社交媒體網站（例如推特、臉書或是紅迪〔Reddit〕）不會彼此磨耗力量，反而會放大從背景的絮叨瞎談中脫穎而出的論點。誠如前「卡內基國際和平基金會」（Carnegie Endowment for International Peace）主席傑西卡・塔赫曼・馬修斯（Jessica Tuchman Matthews）所指出的：「未經編輯之新媒體的大量湧現使如下的事變容易了：找出高素質的作品並辨別持續將其生產出來的個人和機構。這與大家的看法正好相反。」[70]與失敗主義者所擔心的恰好相反，最偏激的想法並不一定能在線上討論中嶄露頭角。取而代之的是一個良性循環，社交媒體抬舉了值得關注的論證，而非將其排擠出去。

放大效應之所以重要，是因為理念市場並非嚴格只保留給新的事物。埃里奧特・科恩（Eliot Cohen）是由學者轉任為決策者，然後又回任學者的例子。他曾撰文主張來自外部的理念在外交政策制定中的作用。科恩認為，外人藉由新理念的表達所產生的影響要少於對既有思想的重新構架所發揮的影響[71]：

> 最佳的評論能產生影響，與其說是因為它提供了新的理念（大多數的理念已從內部被考慮過，只是不完整罷了），倒不如說因為它將內部人員只是模糊認知或考慮未臻完善的問題或解決方案講得更加清楚。針對政策問題寫出之嚴整、精心措辭且經過認真推理的檢討報告能夠準確掌握問題的焦點，因此彌補了官員時間倉促或者通常文筆欠佳的缺點。這類分析很值得一讀。

最好的理念具有「啟發的衝擊力」，如果它夠清晰，就容易理解並且具備說服的效力。具「啟發衝擊力」的理念甚至能點醒那些長期思考某一問題、但很難從不同角度切入問題的當權者。同樣，理念可以引導以前漠不關心的公眾開始注意現有的政策問題。具「啟發衝擊力」的理念甚至可以激發原本興趣缺缺的公民重新考慮自己在特定議題上的立場。

在現代的理念市場中，「供」創造了自己的「需」。這無疑適用於國際關係發表著作的生態系統。在過去的十年中，嚴肅之外交政策書寫的發表途徑增加了許多。《外交政策》在二〇〇九年大舉進軍網路世界，在吸引流量方面取得了巨大的成功，並在其他發表管道中引發了模仿現象。不久之後，《外交事務》（*Foreign Affairs*）和《國家利益》（*The National Interest*）等其他期刊也加強了其線上內容。此外還出現了一系列僅在線上出版的專門討論國際關係的刊物，包括《外交官》（*The Diplomat*）、《開放民主》（*Open Democracy*）、《岩上戰爭》（*War on the Rocks*）和《世界政治評論》（*World Politics Review*）。[72] 其他的政治媒體，例如《政治》（*Politico*）、《赫芬頓郵報》（*Huffington Post*）和《太平洋標準》（*Pacific Standard*）也都擴大了自己國際關係相關部分的篇幅，甚至增加了線上發表管道的數量。

薩克斯正因能充分利用許多這類的平台，所以成功擬定了發展經濟學的計畫。現代理念市場面臨許多問題，不過缺乏發表管道並不是其中之一。聲稱「平台數量增加致使知識分子很難施展」，這就好像主張「電視頻道數量增加造成演員很難有所作為」。

民粹主義批評的缺陷也就是民粹主義者共同的缺陷：他們對知識分子表達過激的憤怒。例如，他們主張自由貿易和移民問題引發節節高升的不滿情緒，但是民意調查的數據都表明沒有這種現象。蓋洛普和皮尤的民意調查數據均顯示，自二〇〇八年金融危機以來，美國人對自由貿易的接受程度越來越高。[73]芝加哥全球事務協會的民意調查也表明，與直到二〇一六年大選的最後準備階段相比，一九九〇年代對非法移民擔憂的程度要大得多了。[74]儘管二〇一六年大選中主要政黨的候選人都採取了貿易保護主義立場，但在輿論數據中，支持貿易保護主義的情緒並沒有高漲。民粹主義者動不動就宣稱自己是群眾表達憤怒的喉舌，但要指出民粹主義真正對於哪些特定理念表現反感則有一些困難。

這並不是要否認美國的反智主義確實出現過週期性的爆發。不過，更準確地說，美國對知識分子精英的態度是週期性的，隨著時間的流逝而增強或是減弱。正如理察·霍夫士達特以及其他知識史學家所記述的那樣，美國長期以來一直在依賴或是排拒知識分子的趨勢之間游移。[75]與其他經濟市場一樣，理念市場也容易出現商業週期的起伏。

民粹主義者正確注意到當前的反智主義浪潮，這一現象將在下一章中詳加討論。但是，如果真要說點什麼，民粹主義者對知識分子的不滿正表明了後者的重要性。攻擊遠大理念意味這些理念實際上影響了現實世界的出路。可以確定的是，理念市場的成員與外國人或者政府官員一樣，都成了民粹主義者理想的代罪羔羊。然而，在一個感受即可創造現實的生活領域中，民粹主義對知識分子的憤怒實際上可以增強後者能被察覺出來的影響力。

民粹主義的批評是在如下這個錯誤的前提下開展的：一個沒有理念、沒有知識分子的世界是行得通的。所有的個人，尤其是所有的決策者，都在傳播思想，問題僅僅在於，他們對激發自己行為的理念究竟意識到何種程度。那些講求實效至上或是以即興態度解決問題而感到自豪的人，會排斥以明確方式表達抽象概念的辦法。他們渴望使用（或濫用）神話、類比或隱喻，彷彿這些概念與抽象理念完全不同似的。民粹主義者對外交政策應該如何運作抱有強勢的想法，只是他們不喜歡稱其為理念罷了。正如霍夫士達特所言：「反智潮流的領導人物通常才是深受理念吸引的人，可惜所沉迷的常是某個已經過時或是被摒棄的觀念。」[76] 民粹主義者聲稱自己依靠的是常識而不是理念，這是錯誤的說法。的確，不經大腦便提倡類比或是經驗法則作為制定政策的手段，這只會突顯一個有效運作之理念市場的重要性。外交政策界的知識分子可以揭露那些被民粹主義政策制定者隱藏起來的理論假設（通常導致他們犯下錯誤的假設）。

蓬勃發展的公共領域不僅應該獎勵新的、有價值的想法，還應該揭發壞的想法。正如查姆・考夫曼（Chaim Kaufmann）關於國際事務所指出的：「理念市場有助於消除毫無根據、虛假或私心為用的外交政策論點，因為這些論點的擁護者無法避免將其推理和證據公開交付大眾進行廣泛辯論。」[77] 如果沒有這種辯論，決策者和公眾可能成為神話和誤解的受害者，而這反過來又助長了災難性的決策。[78] 外交政策知識分子的一大先天優勢便是強勢斥退愚蠢或是空洞的想法。[79] 一個有效運作的理念市場既涵義深遠又不可或缺。

最後，單靠公眾輿論是很難為決策者提供指導的，這大部分得歸因於公眾通常並不關心國際政治。大多數美國人對外交事務可說是「有理性的無知」，畢竟身為忙碌的人，根本不值得他們花很多時間來了解世界政治。結果，在需要專門知識的領域中卻冀求公眾意向來引導，這樣可能會出問題。例如，很多美國人認定聯邦政府在援助外國發展的方面支出過多，但他們也遠遠高估了政府實際支出的金額。最近的民意調查顯示，美國人平均認為聯邦政府的外援金額占到總支出的百分之二十八。實際上，這一比例還不到百分之一。[80]的確，當得知實際支出的數字時，大多數美國人都會支持增加對外援助的預算。[81]公眾可能會下結論，認為薩克斯促進經濟發展的想法沒能奏效，然而當得知援外預算的實際規模時，大多數美國人應該都不想放棄這項努力。

懷舊的主張站在懷舊通常產生之誤解的立足點上。隨著時間的流逝，比較次要的見解會從世人的眼界中消失，唯有那些足堪作為表率的保留了下來。當世人回顧過去時，就會看到最偉大的思想家，而不是那些已從視界中消失的宣傳者。像桑塔格（Sontag）或傅利曼（Friedman）這樣的知識分子由於在歷史爐火的淬鍊中倖存下來，因此方能在當今享有崇高的地位。正如理察·波斯納（Richard Posner）所認同的那樣：「文化悲觀主義的主要根源之一就是傾向於將過去的最好（因為時間的流逝會濾掉過去最糟粕的成分）與現在的平均值進行比較。」[82]因此，許多人便自然而然假定，過去時代裡的所有作家都是偉大的。每一位經受得住時間考驗的沃爾特·利普曼*（Walter Lippmann），背後都有十個經受不住時間考驗的沃爾特·溫徹爾斯†。

---

* Walter Lippmann：美國作家、記者、政治評論家，傳播學史上具有重要影響的學者之一，代表作為《輿論》（*Public Opinion*）。

† Walter Winchell：美國報紙八卦專欄作家以及廣播新聞評論。

即使只側重於過去的知識界巨人，當前的公共評論也很有可能掩蓋那些人曾經犯下的重大錯誤，而只專注於他們最輝煌的成就。小威廉・F・巴克利*的訃聞很大程度地掩蓋了他在《國家評論》初期對種族隔離政策的正面評價。對約翰・肯尼士・加爾布雷斯†之知識遺緒的讚美往往掩蓋了他在社會經濟預測上的觀點（後來被證明大大偏離了事實）。若說民粹主義者誇大美國人對精英階層的反感程度，那麼懷舊主義者則誇大昔日知識分子的優點。不管憎惡知識分子的人提出何種看法，鮮少看到有全體國民陷入不學無術或瘋狂狀態的情形。

外交政策亦復如此。讚揚肯南外交政策之敏銳度的著作也略去了他的一些瑕疵。[83]儘管肯南提出的概念十分清楚，但是他有許多預言仍犯了錯誤。他反對建立北大西洋公約組織，然而這卻是世界歷史上最成功的聯盟。到了九〇年代初，當他撰寫《圍繞崎嶇之丘》（*Around the Cragged Hill*）一書時，他明白認定美國註定要步上衰途。他斷言美國不存在「任何形式的歧視性質政府」，卻提出好幾項限制民主的措施。[84]肯南對「非白人盎格魯─撒克遜新教徒」‡的看法我們不提也罷。他是傑出的蘇聯分析家，但對自己的國家卻知之甚少。

那些抱持懷舊觀點的人的最後一個疑問是：「現在誰才是知識界的頂尖人物？」然而，不難列舉出目前可以與肯南名列同一等級的外交政策思想家。難處不在能否舉出一個名字，而是要舉的名字太多了。我不見得同意下列人士所說的每一件事：安妮・阿普鮑姆（Anna Applebaum）、羅莎・布魯克斯（Rosa Brooks）、艾略特・科恩（Eliot Cohen）、羅斯・杜塔特（Ross Douthat）、詹姆斯・法洛斯（James Fallows）、尼爾・弗格森、法蘭西斯・福山（Francis Fukuyama）、約翰·路易士·加迪斯、詹姆斯·戈德基爾（James Goldgeier）、理察·哈斯（Richard Haass）、朱莉婭·約菲（Julia Ioffe）、約翰·艾肯伯里（John Ikenberry）、羅伯特·卡根、羅伯特·D·卡普蘭（Robert D. Kaplan）、保羅·克魯曼（Paul Krugman）、梅爾文·萊夫勒（Melvyn Leffler）、沃爾特·羅素·米德（Walter Russell Mead）、約翰·米爾斯海默（John Mearsheimer）、佩吉·努南（Peggy Noonan）、約瑟夫·奈（Joseph Nye）、薩曼莎·鮑爾（Samantha Power）、巴里·波森（Barry Posen）、羅伯特·普特南（Robert Putnam）、大衛·雷姆尼克（David Remnick）、丹尼·羅德立克（Dani Rodrik）、諾里爾·魯比尼（Nuriel Roubini）、安妮—瑪麗·斯勞特（Anne-Marie Slaughter）、勞倫斯·薩默斯（Laurence Summers）、凱斯·桑斯坦（Cass Sunstein）或者法理德·札卡利亞。但是他們夠格可同肯南一辯高下，而且還挺得住。肯南的鼎盛年代和當前時刻之間的區別不在當前缺少一流的領頭人物，而是這種人物多到不可勝數。

懷舊觀點像是一部過濾器，有助於解釋如下的想法：當前的外交政策界和當年「最優秀、最

---

* William F. Buckley Jr.：美國媒體人、作家、保守主義政治評論家、政論雜誌《國家評論》創辦人。

† John Kenneth Galbraith：生於加拿大安大略省，蘇格蘭裔美國經濟學家（制度經濟學家、凱因斯學派、美國進步主義學者）。

‡ Non-WASP：WASP（White Anglo-Saxon Protestant）本義是指美國當權的精英群體及其文化、習俗和道德行為標準，現在可以泛指信奉基督新教、精通英文的歐裔美國人，此群體擁有龐大的經濟、政治勢力，構成美國上流社會和中上階層的絕大部分。儘管美國社會日益多元化，但他們的文化、道德觀和價值取向仍在很大程度上影響著美國的發展。

聰明的人」相比簡直黯然失色。值得我們回憶一下所謂「最優秀、最聰明的人」指的是誰。原來都是「東部權勢集團」*裡最好的人堅持要將越戰打到底的，而這場衝突使美國遭受的撕裂遠遠超過二十一世紀的任何戰爭。在大衛．哈爾伯斯坦（David Halberstam）的《最好的和最聰明的人》（*The Best and Brightest*）出版不到十五年之後，埃文．托馬斯（Evan Thomas）和沃爾特．艾薩克森（Walter Isaacson）合撰的《智者》（*The Wise Men*）也問世了，其中提出了對冷戰時期政策制定者更為有利的看法，這仍是懷舊觀點在作祟。換句話說，回顧過去，法蘭西斯．福山的《歷史的終結與最後一人》看起來也許是錯的，但它並不比丹尼爾．貝爾（Daniel Bell）的《意識型態之終結》（*The End of Ideology*）錯得更離譜。同樣，薩克斯在解決赤貧問題上的失敗似乎也不比冷戰時期經濟發展的慘敗更為糟糕。[85]

姑且不論好壞，理念在公共領域中仍然十分重要。薩克斯將關於經濟發展有爭議的理念導入現實世界公共政策辯論中的能力，即展示了理念的力量。薩克斯的理念未能產生他自己和他的支持者所期望的結果，這僅能證明並非所有的理念都能成功，而不能因此否定整個理念市場。

如上所述，一般會提出四個標準論據來解釋為何思想產業中的一切都是無意義的或可怕的。然而沒有任何一種是具說服力的。唯物主義的觀點雖正確指出權力和利益在影響國家事務上的重要性，但是大多數研究理念之重要性的學者並不反對這一觀點。即使權力和偏好很重要，理念仍然會對世界產生關鍵而獨立的影響。失敗主義者看到了發表意見的平台過於氾濫，而且這反過來又可能導致混亂的分歧。這個看法同樣沒錯，但這是新的理念市場的特徵，不是它的瑕疵。對於新內容的需求一直是促進理念市場增長的驅動力之一。民粹主義的觀點雖正確地反映了當前對知識精英的蔑視，但這並不意味著理念本身並不重要，而只是民粹主義者不喜歡現代理念市場中居領導地位的權威。懷舊的觀點只是一味斷言，當年紐約知識分子†或是先驗主義者‡獨領美國知識界的風騷時，一切才是最為美好。這種主張具有所有懷舊論點都存在的問題：扭曲的歷史觀以及對於當今之過度憤世嫉俗的態度。

對公共論述的這種不屑態度正在加重的同時，對思想領袖的供求也在激增。分析理念市場的發展是一項值得著手的任務。是什麼關鍵因素推動了現代的理念市場？為什麼思想領袖會取代公共知識分子？這對理念市場而言意味著什麼？這對美國而言又代表了什麼？

---

* Eastern Establishment：美國東北部主要城市的精英大學和金融機構。這些機構憑藉其長期的經濟和社會主導地位，經常被認為所施加的影響與其規模不成比例。在美國政治中，東部權勢集團通常採取自由派共和黨的立場。

† New York intellectuals：於二十世紀中葉出生於紐約布魯克林等貧民窟、並憑藉作家和文學評論家的知識成為美國文化核心的人物。

‡ Transcendentalists：先驗主義又稱「新英格蘭超越主義」或「美國文藝復興」，是美國的一種文學和哲學運動。它興起於一八三〇年代的新英格蘭地區，經過不斷發展成為美國思想史上一次重要的思想解放運動，它強調人與上帝間的直接交流和人性中的神性，具有強烈的批判精神。其社會目標是建立一個道德完滿的烏托邦式理想社會。

第二章

悲觀分子、黨派意識以及富豪階級如何改變理念市場？

知識分子已經開始以資本主義的眼光看待自己的職業。
他們尋找市場利基。他們爭著引人注意。
他們曾經將理念視為武器，
但是如今更傾向於將理念視為財產。

大衛・布魯克斯

大衛・羅斯科夫（David Rothkopf）的履歷幾乎完美無缺，足以扮演外交政策專家的角色。他是比爾・柯林頓政府的商務部官員，隨後在所有適合他的諮詢公司工作，並與所有適合他的智庫建立聯繫。他撰寫一些有關外交政策的嚴肅大部頭著作，也出版如《上流階級》（*Superclass*）和《權力公司》（*Power, Inc.*）之類比較輕鬆的東西。他目前是嘉騰・羅斯科夫顧問公司（Garten Rothkopf）以及FP集團（經營《外交政策》這個外交事務界數一數二重要的發表管道）的總裁兼執行長。他每週撰寫專欄文章，標題常是像〈十字路口上的美國權勢〉（*American Power at a Crossroads*）這樣驚人的東西。他認真對待外交政策以及令外交政策活絡起來的理念。如果要說有誰最能適應首都圈外交政策界知識漩渦和潮流的微妙變化，那就非羅斯科夫莫屬了。

二〇一四年秋，羅斯科夫曾哀嘆華盛頓陳舊的知識環境。他認為在美國首都，「原創性非但不受歡迎，而實際也從體制上被廢除了」。[1]他針對這種罪過提出了多種解釋，而且特別集中火力瞄準最近的一種現象：

> 其中一個特別令人厭惡的元素是所謂的「大眾智識主義」（pop intellectualism）。令人興奮的遠大理念被濃縮成薄薄的一本書，其中提供的更多是雞尾酒會式的閒聊，畢竟重要的理念是需要做點功課才能掌握的。想想《引爆趨勢》（*The Tipping Point*）和《黑天鵝效應》（*The Black Swan*）吧……
>
> 更糟糕的是TED演講會的整個現象，它提供了一種相當於節食的求知方法。在那種節食方法中，你不須割捨霜淇淋、聖代或披薩也能在兩週內減重十磅。同樣，在短短的十八分鐘內，你就可以接觸到能教人屏息聆聽的天才。

這是為大腦準備的、巧妙行銷的雞塊品牌。

羅斯科夫的批評並非完全原創。長期以來，知識界早在該專欄發表前便已針對整個TED現象進行批判，而TED無處不在的品牌使它容易受人諷刺挖苦。[2]不尋常的是，在撰寫該專欄後，羅斯科夫被邀請在二〇一五年度的TED上發表演講。他接受邀請並發表關於華盛頓外交政策思想貧乏的演講。[3]

隨後，羅斯科夫又撰寫了一篇後續專欄，表示對於TED現象的全面改觀。[4]與大多數皈依者一樣，他對自己新發現的信仰充滿熱情：

> 我覺得TED是了不起的活動，參加的都是傑出人士，這是我有幸參加過的同類活動中經營與構思都是最好的計畫，但實際上它對我的影響遠遠不止於此。我在幾次場合中聽了一些科學家和技術專家談起自己的工作，我真的感動到熱淚盈眶。實際上，它更像是存在主義式的當頭棒喝。當這些人真正在為改變世界而努力時，我覺得自己卻在華盛頓的廢話工廠裡虛擲生命……
>
> 與會嘉賓和演講者一樣，都是該活動吸引人的地方。他們會後餐聚的討論也和演講本身一樣充滿活力以及啟發性。我認為這是因為對於所有參加者來說，TED之行至少有一部分的目的是在尋找新理念，尋找陳腐思想的解毒劑，因為如果你日復一日在同一地點、同一行

業上班就會掉進這種陳腐思想的陷阱。

羅斯科夫堅定認為，他的改變與TED的演講邀請無關。公平地說，他說的可能是真心話。羅斯科夫經常抱怨的是，華盛頓未能意識到科技變革在世界政治中的重要性。若說TED擅長一件事，那就是在樹立一種觀念：科技會破壞每一種現狀，並且能解決每一個政策問題。難怪羅斯科夫會下這樣的結論：「真正在重塑全球事務的人……是本週在溫哥華的那些人，而不是辦公室裡有掛國旗的人或是被華盛頓新聞集團報導的人。」[5]羅斯科夫的這一主張呼應了歐普拉·溫弗瑞（Oprah Winfrey）的話：「TED是傑出人士去聽取其他傑出人士分享自己想法的地方。」[6]

我們將在第八章討論羅斯科夫關於「顛覆」（disruption）之立論的妥當性。同樣值得注意的是TED的經驗對羅斯科夫知性態度所發揮的影響。在短短的六個月中，首都特區這位愛挖苦的人改變了立場。他成為新的理念市場的熱情宣道人。到了二〇一六年，他以類似的手法撰寫為「世界經濟論壇」辯護的專欄文章。[7]羅斯科夫的皈依經驗證明了，思想領袖正在取代比較傳統的公共知識分子。不過，TED只是將理念傳播到公共領域的一種管道。那麼，TED以及與其相類似的管道，其背後的驅動力是什麼？為什麼思想領袖突然變得如此時髦？

本章將探究驅動新的理念市場的三大潛在力量：對既有權威之信任的減弱、政治兩極化的增長以及經濟不平等的加劇。應該強調的是，這些力量在歷史上都不是獨一無二的。即使對美國歷史只有粗淺認識的人也了解，該國曾出現過體制悲觀主義（institutional pessimism）、政治黨派關係（political partisanship）以及財閥富裕（plutocratic opulence）等現象。確實至少有一些證據表明，政治黨派和不平等現象是相關的[8]。然而，前所未見的是，這三個趨勢現在都同時出現了[9]。

這些趨勢的結合從兩個方面影響了理念市場。首先，它們很矛盾地提升了對所有知識分子的需求。這些力量中的每一股都會增加受眾的規模，而這些受眾都願意聽取與傳統觀點不同的理念。這為有抱負的外交政策知識分子提供了多種途徑，以便在理念市場中開拓永續的活動範圍。其次，這些結構轉變的本質為思想領袖創造了比為傳統公共知識分子所提供的更友好的環境。公共知識分子樂於對傳統觀念表示反對意見。然而，就其本質而言，他們將不願提供吸引任何大眾的替代理念。思想領袖則不然：他們毫無困難便寄望自己的理念將破壞或者改變現狀。本章討論的轉變只會讓一些人更渴望清晰的、吸引人的答案。

對權威以及專業知識之信心的減弱是新理念市場背後最明顯的趨勢。輿論數據表明，對重要機構以及專業人士的悲觀感受不斷上升。過去半個世紀以來，公眾幾乎對於每個主要公共機構的信任感都在下降。如圖2.1所示，總體而言，對聯邦政府的信心也在減弱。根據皮尤研究中心的說法，一九六四年是戰後公眾對政府信任的最高點，達到百分之七十七。在接下來的十年中，越南戰爭的擴大以及水門事件的發生使得這一數字減少了一半。信心指數在接下來的幾十年間時有反彈，在本世紀九一一攻擊事件爆發後達到了百分之五十四的峰值。然而，在那之後，在本世紀其

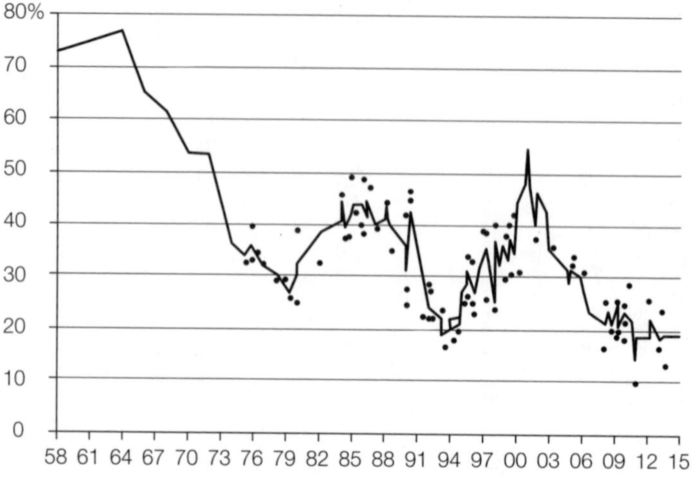

圖2.1　公眾對政府的信任：一九五八至二〇一五年

資料來源：皮尤研究中心

餘的時間裡，該數據一直持續下降，尤其在二〇一三年十一月政府一些機關停止辦公後，已滑到百分之十九的低點[10]。一項與此同時進行的蓋洛普調查發現，百分之七十九的美國人認為政府中普遍存在貪污腐敗現象，這是前所未見的高點。[11]難怪皮尤會得出這樣的結論：「對政府的信任仍然陷於破紀錄的低點附近。」[12]

這種對當局信心的降低不僅針對作為一個整體的聯邦政府。如圖2.2所示，蓋洛普反覆調查美國人對特定公共機構的信任，結果並不令人樂觀。幾乎所有人都表現出信任水準的下降。對國會的信任度下降得最快、最低，從一九七三年的百分之四十二下降到二〇一四年中的百分之七。此外，對行政和司法部門的信任也下降了。對最高法院的信任在一九八八年達到顛峰，為百分之五十六，但是到二

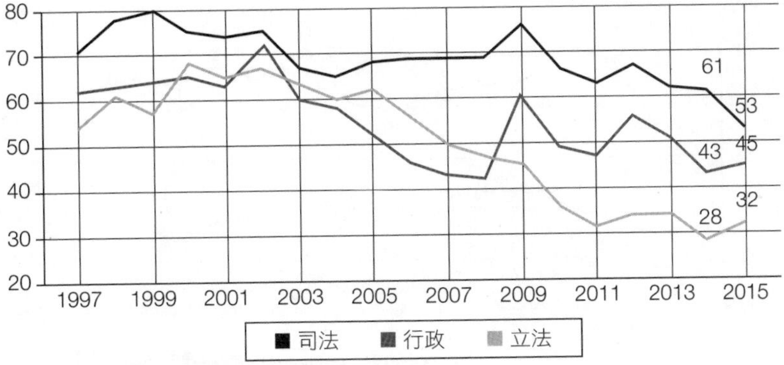

圖2.2　美國人對聯邦政府三個部門的信任：一九九七至二〇一五年

備註：數字表示的是「非常信任」或「相當信任」的百分比

資料來源：蓋洛普公司

〇一五年，該數字已下降到百分之三十二，是蓋洛普測得的歷史新低。一九九一年對總統的信任度為百分之七十二，但是到二〇一四年，這一數字也跌落到百分之二十九。對政府處理國際問題的總體信任度則從二〇〇一年九月的百分之八十三下降到二〇一五年九月的百分之四十五。後來蓋洛普重新修改問題，以較籠統的方式探詢大眾對行政、立法和司法部門的信任，結果也是相同的：整個世紀以來信任水準都在緩步下降。[13] 其他的民意測驗，例如「綜合社會調查」（General Social Survey）也證實了這一趨勢。[14] 最近幾十年來，唯一獲得信任度提高殊榮的聯邦政府機構是軍事部門。然而，即便是這個部門也面臨了千禧世代日益減弱的信任度。對於所有的公共機構（包括作為一種政府形式的民主制度），十八至二十四歲年齡段的人的確最為悲觀。[15]

信任度的下降不僅針對聯邦政府而已。蓋洛普還調查美國人對其他機構的信任：地方員警、工

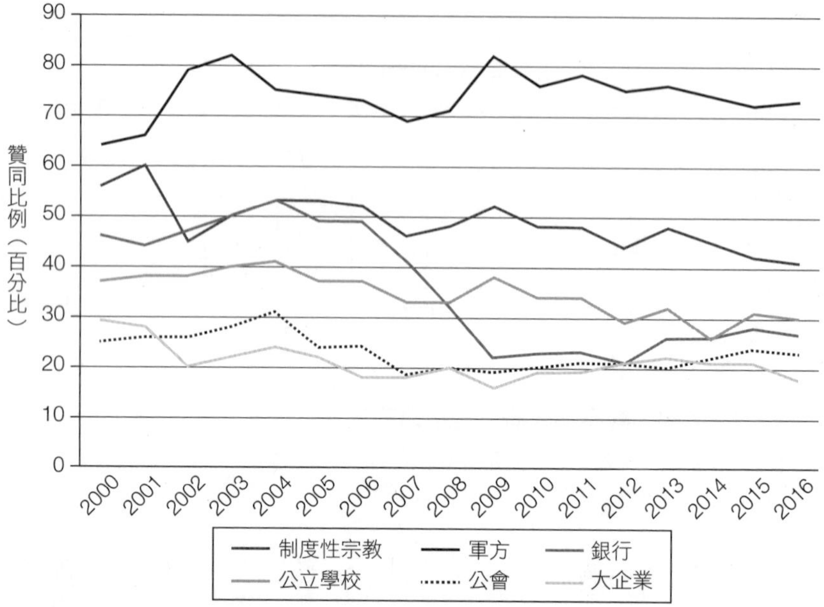

圖2.3　美國人對機構的信心：二〇〇〇至二〇一六年

資料來源：蓋洛普公司，對機構的信任，http://www.gallup.com/poll/1597/confidence-institutions.aspx

會、公立學校、制度性宗教*、企業以及衛生保健體系。如圖2.3所示，所有的結果都是相同的：長期的趨勢都是不信任感持續上升。事實上，根據蓋洛普的說法，在過去十年中，絕大部分受調查的機構都沒有達到比歷史平均水準更高的信任度。同樣，對包括電視新聞和報紙在內的大多數主要資訊來源的信任度也創了歷史新低。[16]在過去十年中，對於作為專業人士之新聞工作者的信任度也在滑落，遠低於對脊椎治療師的信任度。[17]「綜合社會調查」的數據同樣顯示出信心的全面潰退。[18]基本上，本世紀除了軍方之外，大家對美國其他所有機構的懷疑程度也在上升。

有關公眾對社會科學信心的調查數據並不存在，但是很容易從其他數據中推斷出大家對社會科學專業知識的不信任可能也增加了。「綜合社會調查」對美國人進行了調查，以探知他們對與學習和知識相關之機構的信心：科學界、醫療機構、教育以及制度性宗教。一九七四年時，這些機構的平均信任水準達到了約百分之五十的峰值。到了二〇一二年，對這四個機構的信任平均下降到百分之三十一。[19]這種信心下降沒有像公眾對政府的信任侵蝕得那樣嚴重。[20]也就是說，民意調查也顯示出，對於科學界的不信任度雖然較小，但是也呈上升態勢[21]。美國人也更願意接受被專家嗤之以鼻的另類信仰體系。例如，二〇一二年，越來越多的美國人相信占星術具有一定的科學基礎，這比過去三十年中的任何時候都多。[22]在從氣候變化到兒童接種疫苗之一系列的科學問題上，公眾的不信任感和懷疑態度一直持續存在。[23]在政治方面，公眾抱持的觀點與政治學家的共識大相逕庭。[24]

我自己在二〇一六年針對輿論領袖所做的調查表明，過去十年來，大家對社會科學的信心正在下降。二〇一六年一月，我對四百四十多名學者、智庫研究員、報紙記者、民意專欄作家和外交政策方面的公司人員進行調查，以探知他們對理念市場的態度。[25]我問他們，與十年前相比，

---

* Organized religion：宗教類型學概念，指自身具有獨特神學或宇宙解釋系統、形式化崇拜祭祀系統及其崇拜象徵（例如神明），並具有獨立人事組織去促成神學觀點闡釋和祭祀活動進行的宗教。

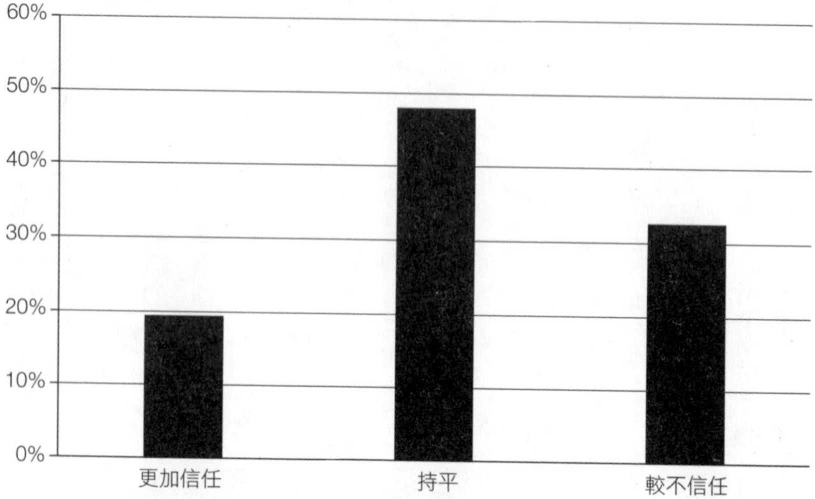

圖2.4　精英對社會科學研究的信任度

備註：調查理念市場精英對下列問題的回應：「與十年前相比，你對社會科學研究的信任是增加還是減少？」（受訪者數量＝196）

資料來源：作者調查

他們對社會科學研究的信任是增加還是減少。如圖2.4所示，百分之四十八的受訪者表示，他們的信任感沒有改變。不過有百分之三十三的受訪者表示，他們現在的信心比十年前要低，這絕對高於百分之十九表示信任感增加的受訪者。

我們應該強調：對權威的日益悲觀不僅是美國的現象。在發達的工業化經濟體中，對政府的信任度在二〇〇七年至二〇一二年之間下降了大約十個百分點。[26]依傳統而言，在經濟下滑時期，人民對政府的信任度也會跟著下降，然而上述這一波的不信任感卻不是此一理由解釋得通的。在整個發達的工業化世界中，對於作為一種政府形式之民主的信任感也逐漸消失。[27]愛德曼公司（Edelman）繪製了一份年度信任感的一覽表，指出各國人民對政府、企業、媒體和非政府組織的態度。他們在二〇一五年的調查顯示，「仍擁有受信任之機構的國家，其數目已降至歷史最低水準」。[28]

對權威信任的減低不僅是發生在美國的現象，也許二〇一六年六月英國的脫歐公投以及之前的辯論就是最好的例證。在投票前夕，眾多聲望卓著的經濟組織發表了對英國退出歐盟後會發生的情況進行的分析。國際貨幣基金組織、經濟合作與發展組織、英格蘭銀行、美國聯準會、資誠（Price Waterhouse Coopers）、巴克萊、穆迪（Moody's）以及經濟學人智庫都警告：英國脫歐的代價將是可觀的。有人問脫歐運動的一位領導人物麥克．戈夫（Michael Gove）對這些分析的看法，他自信滿滿地回答：「我很高興那些組織不站在我這一邊。我認為英國的專家已經夠多了。」[29]有位保守黨的下議院議員告訴英國的《金融時報》：「不僅選民對政客的信任崩解，連他們對英國廣播公司、英格蘭銀行、倫敦市政府等機構的信任也發生了根本性的變化。」[30]由於對專家不信任，多數英國選民支持了脫歐行動。

整個政治領域的觀察家並非沒有注意到公眾對權威信心喪失的現象。史蒂文．特萊斯（Steven Teles）、希瑟．赫爾伯特（Heather Hurlburt）和馬克．施密特（Mark Schmitt）寫道：「科學界、新聞界以及其他權威機構在一九六〇以及一九七〇年代前後遭受左傾以及右傾勢力的沉重打擊。國家的這些機構失去了在公共話語權上的調解能力，尤其失去證實事情真偽的這種基本能力。」[31]正如「微軟全國廣播公司節目」評論員克里斯．海斯（Chris Hayes）在《精英沒落》（*The Twilight of the Elites*）一書中指出的那樣，這種不信任感是對該系統的一種嚴厲控訴。說句公道話，原先受人尊敬的機構遭受一連串醜聞的影響，從天主教教會到哈佛大學再到美國特勤局（U.S. Secret Service），在在都成為高度懷疑態度的標的。但是正如海斯所指出的，這種懷疑必須付出沉重的代價：「我們現在生活在一個無法設想權威機構仍具有能力或是真誠的時代中，而這種簡單且具破壞性的理解所造成的後果，乃是當今這整段低下的、不誠實的十年走到盡頭時的關鍵特徵。」他警告說：「如果公眾對整個專家界都失去了信任，那麼我們將面臨無止盡的江湖騙術。」[32]

海斯的立場是中間偏左，但是對權威信任崩解的擔憂卻是兩黨皆有的。在過去的幾十年中，尤瓦爾．萊文（Yuval Levin）在《華爾街日報》上重申「對機構信心的喪失」。[33] 海軍戰爭學院（Naval War College）教授湯姆．尼可斯（Tom Nichols）在保守派《聯邦主義者》上撰文，也發表了非常相似的怨言：[34]

> 我擔心大家正在經歷「專業知識的滅亡」：這崩潰由谷歌、維基百科以及部落格聯手促成，導致專業人士與非專業人士、學生和教師、知識淵博者和好奇者之間的分野消失於無形，換句話說，就是在任何特定領域中，專業成就與不學無術之間似乎沒有兩樣。我這樣說並不是指真正專業知識（在各領域中，對特定事物的知識使某些人與其他人區分開來）的消亡，畢竟總會存在醫生、律師、工程師以及各領域中的其他專家。我擔心的是世人已不承認任何專業知識的價值，不再承認任何專業知識都能改變我們的思想或是生活方式。

對專業知識的不信任和排斥與日俱增，這對外交政策思想的市場產生了深遠的影響。對精英人士普遍的不信任以及對公眾無能為力之觀點的結合可能是有害的。在過去的三十年中，一般公眾與精英公眾對於美國外交政策問題之態度的差距越來越大。[35]勞倫斯・雅各布斯和班傑明・佩奇主張，關鍵精英群體的偏好比廣大民眾的偏好對於政策制定者的影響要大得多。[36]精英與決策者之間偏好的關連性如此緊密，以至於雅各布斯和佩奇主張，在美國仍然存在「外交政策權威」，且其地位舉足輕重。[37]

一般民眾的缺乏影響力可能導致疏離。這種疏離深化了大眾對外交政策精英之能力的懷疑。這是因為本世紀以來，美國的外交政策精英沒能做出任何令人刮目相看的事。無論是負責越南戰爭的「最優秀、最聰明的人」，還是負責第二次波灣戰爭的「火神幫」*，還是負責二〇〇八年後外交政策的「對手團隊」†，結果都令人沮喪：一群受人景仰的精英政策制定者上台後就把事情弄得一團糟。冷戰後沒有任何一位總統在運用武力方面表現出一貫的勝任能力。他們唯一的區別在於所犯錯誤的嚴重程度。伊拉克戰爭慘敗之後，新保守主義者變得聲名狼藉。[38]其他外交政策思想家的表現也強不到哪裡去。《國家利益》雜誌諮詢小組的發行人兼主席說：「在過去的三

* Vulcans：該綽號係指由萊斯（Condoleezza Rice）領導之共和黨總統候選人喬治・W・布希的外交政策諮詢小組，負責在二〇〇〇年美國總統大選之前向他匯報情況。

† Team of Rivals：指歐巴馬在勝選之後晉用包括希拉蕊・柯林頓在內之選戰期間的對手。

十年中，美國外交政策討論的素質明顯下降了。」[39]

說來矛盾，對公共權威機構越來越悲觀的看法反而有利於理念市場。信任的削弱在某些方面激發了美國理念市場的活力。當權威機構不再受人信任時，意味著將重啟針對最基本命題的辯論。對於像約翰．彌爾這樣的思想家來說，排斥專家的共識可使世人開始質疑傳統上被視為天經地義的事，從而重新引發公眾的辯論。[40]例如，以美國外交政策為例，二〇一六年總統大選的大鳴大放重新點燃了先前已有定論之議題的辯論，例如「公民出生地原則」（birthright citizenship）之延續、貿易自由化以及國際事務結盟之效益等。對於任何批評現狀的人來說，對共識的不信任是非常健康的事情。

然而，出於某些原因，信任的削弱使思想領袖比公共知識分子獲利更多。傳統的公共知識分子在理念市場上的相對優勢是他們有能力站在權威的立場進行辯論，比方他們主持某某講座或是身為麥克阿瑟獎*、普立茲獎的得主。用克里斯多弗．希欽斯（Christopher Hitchens）的話來說，公共知識分子過去獲得這些成就時能夠「從遠處提供別人意見並在各種事務上展現份量」。[41]當公共知識分子可以站在權威角度發表主張時，特別是如果他們能超出自己的本業進行議論時，他們便能從中獲利。這也就是為何法理德．札卡利亞可以寫葡萄酒專欄，而葛雷格．伊斯特布魯克（Gregg Easterbrook）可以寫關於職業足球的部落格，或者凱斯．桑斯坦可以寫關於《星際大戰》的書。

只有在權威被他人認可並且名正言順的情況下，從權威立場發表議論方能奏效。在傳統頭銜、獎項和認證已不再享有如此高聲望的世界中，公共知識分子必須加倍努力，才可使自己的聲音壓過一片喧囂。信任的削弱也為理念市場提供公平的競爭環境。它還允許思想領袖的看法受人認可。即使思想領袖缺乏傳統的資格，他們也可以根據個人的經驗進行議論。在任何一個「真實性」（authenticity）成為珍貴商品的時代中，這種策略使得思想領袖（他們經常從自身經驗中歸納出論點）可以比公共知識分子（他們經常運用演繹分析得出自己的論點）更有效地發揮。

儘管對於學術專業知識的不信任感普遍上升，但許多分析人士指出，這現象在保守派之間尤其顯著。[42] 確實，在我對意見領袖進行的調查中，保守派分子以及自由意志主義者[†]若與其他人相比，他們對社會科學的信任感明顯較低。如圖2.5所示，與十年前相比，他們當中大部分人對社會科學研究的信心較低。這反映了令新的理念市場生氣勃勃的第二種趨勢：美國政治體的兩極分化。

---

* MacArthur grants：是由麥克阿瑟基金會頒發的一個獎項，每年獎勵二十至四十名美國人或定居於美國的外國人。頒發對象是各領域、不同年齡、「在持續進行創造性工作方面顯示出非凡能力和前途」的人。該獎不是獎勵過去的成就，而是獎勵有創意、有膽識、有潛力的人。

† Libertarians：自由意志主義是一種主張只要個人不侵犯他人的同等自由，個人應該享有絕對的自由以其自身和財產從事任何活動的政治哲學，其基本準則為：任何人類的互動行為都應該出於雙方的自願和同意，任何利用暴力或詐欺手段侵犯他人權利和財產的舉動都不應當。

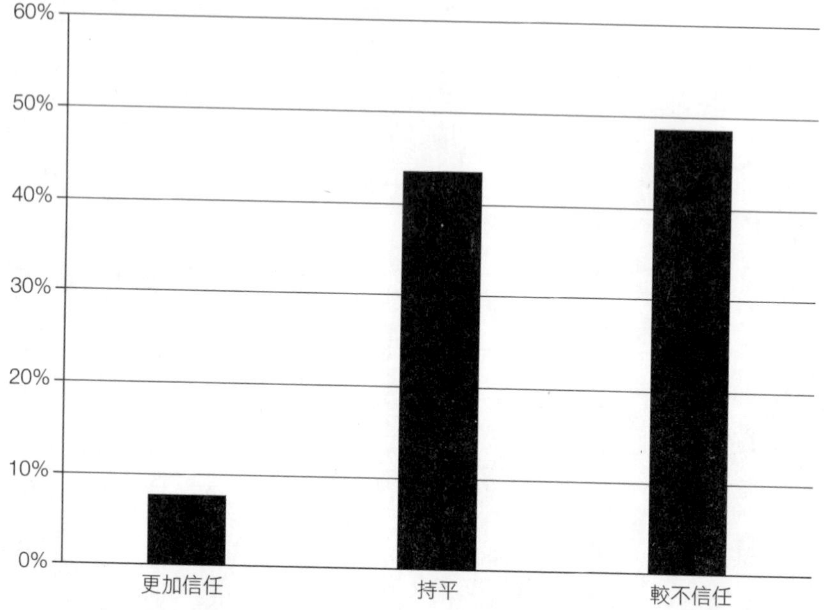

圖2.5 保守派對社會科學的信任

備註：參見圖2.4，自我定義為「保守派」或「自由意志主義者」的答案（受訪者數＝39）

資料來源：作者調查

黨派心態的高漲在美國並不是新鮮事。在過去的幾十年中，兩極化現象時強時弱。關於政治兩極分化的增強，相關論述以及持中立立場人士的哀嘆多得不勝枚舉。[43]但是，太多證據表明，我們目前正經歷兩極分化的高峰時期。關於兩極化如山的鐵證來自國會的投票方式。從一九七〇年代中期開始，黨派分裂可以解釋為何國會「唱名表決」（roll call votes）的比例越來越高。政治學的意識型態測度表明，在過去的四十年中，民主黨整體向左傾斜，而共和黨則整體向右偏移。如圖2.6所示，過去

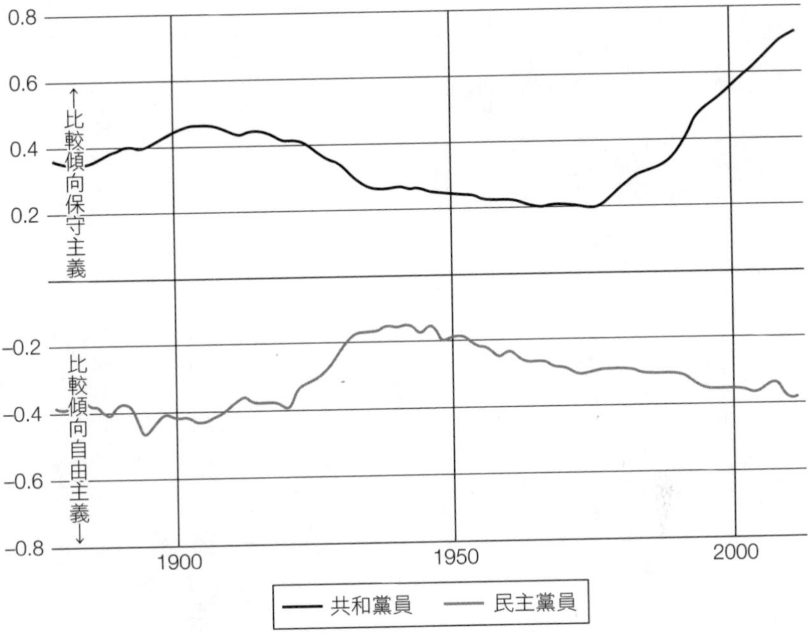

圖2.6　眾議院的兩極分化

備註：第一維度上之政黨和區域的DW-NOMINATE平均得分

資料來源：VoteView.com https://www.washingtonpost.com/news/the-fix/wp/2015/06/02/congress-sets-a-new-record-for-polarization-but-why/

一百二十五年來，今日的國會比起任何時候都更要兩極化。

有些評論家喜歡對這一趨勢主張「兩面」觀點。[44] 誠然，最近幾十年來，兩黨都已從中間移動出去。不過，有關黨派兩極化之不對稱性的數據是不容辯駁的。最近的一篇評述得出這樣的結論：「最明顯的趨勢是共和黨向右偏移明顯。」[45] 評論兩極分化現象的一位先鋒基思．普爾（Keith Poole）得出如下結論：「一百年來，共和黨人偏右程度現在最大。」[46]

黨派心態不斷升高的證據遠遠不只局限於國會。測量黨派衝突的其他方法也顯示出相似程度的政治兩極分化。[47]根據二〇一四年皮尤的一項調查，在過去的一代人中，一貫表現出自由主義或保守主義觀點的公民數量翻了一倍。[48]無論在民主黨或是共和黨，黨內精英比起一般黨員都更極端。[49]在戰後的歷史上，今天政治精英的意識型態比以往任何時候都更極端。正如皮尤一項調查的結論所言：「在政治進程中，最積極和最活躍的分子其間的差別最大。」[50]最近幾十年來，兩個政黨的意識型態組成也變得更加同質。民主黨選民更可能認同民主黨在不同政策上的立場，而共和黨選民對共和黨的政黨平台也有類似的看法。政治學家稱這種現象為「黨派分選」（partisan sorting）。

一些政治學家認為，較大的黨派分選現象並不代表公眾逐漸走上兩極分化的道路。不過，即使是兩極分化懷疑論者所調查出的數據也表明，自本世紀初以來，一般公眾之間的政治兩極分化趨勢一直都在加劇。[51]此外，即使僅是黨派分選也會產生影響理念市場的心理效果。[52]一個人若藉由意識型態來定義自己的身分認同，那麼他會更容易對持相反觀點的人加以污名化。最近一項民意分析得出的結論是：「黨派認同感越來越與針對政治世界那種摩尼教式之善惡二元對立的看法聯繫起來（「我們對上他們」）。」[53]簡而言之，一個人若認同某一黨派團體，那麼他就更容易妖魔化另一黨派的成員。

大量證據表明，這一黨的成員越來越不喜歡、不信任那一黨的成員。如今，任一黨的活躍分子都承認自己比早一世代的前輩更不喜歡另一黨的活躍分子。[54]在一九九四至二〇一四年之間，認為另一黨「威脅國家福祉」的共和黨員和民主黨員所占之百分比都倍增了。若和三十年前相比，他們還認為敵對政黨的成員不那麼聰明。[55]最近的一項實驗研究得出結論：美國人基於政治黨派的歧視比基於種族或性別的歧視更嚴重。[56]或者，正如大衛．布魯克斯所言：「成為共和黨員或成為民主黨員已經成為類似於種族的問題了。」[57]

兩極分化的加劇還令政黨的訊息來源變得破碎。儘管媒體的傳播範圍快速擴大，但是許多此類平台之受眾被分裂的現象，已經遠遠超出二十世紀中葉傳統電視的「三網世界」。有線新聞、電台談話節目、演講經紀公司（speaker bureaus）以及在線內容的爆炸式增長，已使個人可以依自己的胃口選擇喜歡的媒體。其結果導致了媒體世界的巴爾幹化，因為在那其中，世人可以「作繭自縛」起來，只選擇能迎合自己既有之興趣和信念的新聞和訊息。[58]保守派人士可以收看福斯新聞，聽拉什．林博（Rush Limbaugh）或是休．海維特（Hugh Hewitt），讀布萊巴特新聞網或是《國家評論》，專門購買雷格納里出版公司以及自由出版社（Free Press）的書籍。自由主義者可以收看微軟全國廣播公司的節目，聽比爾．普雷斯（Bill Press）或是愛德．舒茲（Ed Schultz），讀《沙龍》（*Salon*）或是《國家》（*The Nation*）等雜誌，購買澤德（Zed）或是維爾索（Verso）出版的書籍。皮尤發現，保守主義者更有可能不相信幾乎所有現存的主流媒體。自由主義者則對福斯新聞抱持同樣的看法。

黨派歸屬感的增強與媒體作繭心態的上升之間存在反饋效應。前者令後者加劇，而後者又強化了前者。這現象如果發展到極致，結局便是卡托研究所（Cato Institute）的朱利安・桑切斯（Julian Sanchez）所稱的「知識閉合」（epistemic closure）：[59]

當代保守主義運動最顯著的一項特徵就是它逐步走向「知識閉合」的嚴重程度。現實是由相互關連、彼此拉抬之保守精神的部落格、廣播節目、雜誌（當然還有福斯新聞）等多媒體陣仗加以定義的。任何與該現實相衝突的事物都立刻受到拒斥，因為那是來自自由主義媒體，想當然耳便不值得信任。

當然，反方向的事也會發生。居領導地位的自由主義者比較容易駁斥源自保守派新聞界的報導，而不管那些報導是否基於事實。二〇一一年，《紐約時報》專欄作家保羅・克魯曼曾談起自己對保守派資訊管道的態度：[60]

有人問我，是否我也會固定瀏覽保守派的哪個網站。我說實話，沒有。我會去讀所有就我知道值得注意或是具啟發性的內容，但我不知道他們有哪個經濟或政治網站能不斷提供我可以認真看待的分析或是訊息。我知道，我們應該相信雙方總會有論點。但事實是，大多數時候並非如此。

我們應當指出，政治兩極分化現象的興起不僅限於美國。可以肯定的是，後冷戰年代的大部分時間裡，證據指出歐洲政黨實際上已經去兩極化了。[61]然而，英國獨立黨（ＵＫＩＰ）的崛起和英國脫歐公投的結果表明，歐洲政治中的極端主義復甦了。但是，自二〇〇八年金融危機以來，發達工業化經濟體中的現任政府都面臨不斷惡化的動盪狀態。[62]所有歐洲大型經濟體的本土至上主義政黨的數量均有所增加：法國的「國民陣線」（National Front）、英國的「獨立黨」、波蘭的「法律與正義黨」（Law and Justice）以及德國的「德國另類選擇」*。許多因歐元區危機而停滯的經濟體都見證了激進左派政黨的崛起，例如西班牙的「我們能」†、希臘的「激進左翼聯盟」‡和義大利的「五星運動」§。在各種全球性的問題上，反動運動和激進運動都已全球化了。二〇〇八年後全球各地發起的「占領運動」（occupy movement）旨在抗議全球化現象和世界級的精英。保守黨在各種文化和法規問題上建立了「浸信會—布爾加網絡」（Baptist-Burqua

---

* AfP：Alternative für Deutschland的縮寫，德國的一個右翼民粹主義政黨，二〇一三年於柏林成立。該黨派懷疑歐洲一體化，並反對歐盟單一貨幣政策。該黨由經濟學家貝恩德·盧克（Bernd Lucke）創立。

† Podemos：西班牙的一個左翼民粹主義政黨，由大學教授巴勃羅·伊格萊西亞斯（Pablo Iglesias）創立，現為西班牙第三大黨。

‡ Syriza：激進左翼聯盟原為由多個反對財政緊縮政策的左翼政黨和獨立人士組成的聯盟，後改組為統一的政黨。

§ Five-Star Movement：義大利的民粹主義政黨，為目前議會的第一大黨，由著名喜劇演員畢普·格里洛（Beppe Grillo）和吉安羅伯托·卡塞雷吉奧（Gianroberto Casaleggio）創立於二〇〇九年。五星運動核心價值是歐洲懷疑主義、民粹主義與環境保護主義，並反對歐盟擴大權力。

networks）。[63]俄羅斯和伊朗的反美運動也致力於在有爭議的問題上強化發達工業化國家內部的兩極分化。[64]

黨派意識的上升對試圖推銷自己理念的知識分子有兩個明顯意義的影響。一方面，它擴大了對知識分子的整體需求。原因很簡單：每個意識型態團體都希望在內部擁有自己的知識分子。保守派分子對保守派的政策主張感興趣，自由主義者則想了解具有自由主義精神的解決方案。與那些觀念和自己不同的人相比，他們更可能信任與自己具有相同意識型態和背景的知識分子。[65]在任何特定的政策場域中，都有分別可以對左派和右派講話的知識分子，甚至也有設法爭取溫和派信任的人。因此，現在檯面上已不再有太多中間派的思想家，而是有更多的思想家意識型態可供選擇。

另一方面，兩極分化不相稱地令那些對意識型態有好感的思想領袖獲益。每個意識型態群體對理念的強烈需求都是特定的：完全只欣賞他們心頭好的知識分子。某一黨的人很容易拒斥與另一黨有關連的人所提出的批評。他們可能會被視為敵黨一員而非思想家。這使得抱持相異觀點的公共知識分子很難有效地批判對方所珍視的信念。黨人具備一整套抵禦這種批評的心理防禦機制，而的確這種態度通常會加深現有的誤解。[66]凡是願意強化既有信念的思想領袖將被捧為原創性的思想家，同陣營的人並不在乎較寬廣的理念市場如何看待他們的觀點。

第內緒·德索薩（Dinesh D’Souza）是現代黨性堅強知識分子的成功典範。德索薩身為保守派旗手的職業生涯始於達特茅斯（Dartmouth）學院。他隨後成為《政策評論》的編輯，出任雷根政府的內政政策顧問，然後又成為美國企業研究所的研究員。他第一本成功的著作是《非自由主義之教育》（*Illiberal Education*），摘錄於《大西洋》這本通常不被視為保守派的雜誌。[67]即使在不贊同他保守世界觀的媒體（如《新共和》和《紐約評論》）之間，這本書也贏得了如潮的佳評。德索薩將這本書的成功歸因於該書編輯，因為後者敦促他「為批評家們寫書」，並且「以高規格的論點說服聰慧而開放的對手」。[68]在一九九〇年代初，德索薩極為保守，但就是有本事引起政治光譜各部位的關注。

一個世代之後，德索薩的知性聲譽似乎不同往日。在一九九五年至二〇一六年間一般描述他著作的禮貌用語是「頗有爭議」，但更準確的遣詞應是「歇斯底里」。在這些著作中，他認為種族主義在美國已經不復存在、美國因傳統家庭價值觀崩潰才導致了九一一恐怖攻擊、歐巴馬的施政理念是基於所謂的「肯亞反殖民主義」，還有美國已從內部被好萊塢、學術界和主流媒體的第五縱隊圍攻了。[69]

這些書在知識分子圈中並不那麼受歡迎。《新共和》撤銷刊登《種族主義的終結》（*The End of Racism*）一書摘錄的邀約，因為該雜誌的編輯安德魯・沙利文（Andrew Sullivan）認為該書的水準低於預期[70]。《旗幟週刊》（*Weekly Standard*）指責德索薩那本評論歐巴馬施政的書為錯誤陳述、邏輯跳針以及無意義的抽絲剝繭[71]。德索薩後來的著作受到了如紐特・金里奇*等政治人物

* Newt Gingrich：美國共和黨籍政治人物，曾於一九九五年至一九九九年間擔任美國國會眾議院議長，是美國國會歷史上最具權勢的眾議院議長之一。

的讚揚，然而，保守派的知識分子大都否定或忽視德索薩的論點。在最近的採訪中，德索薩甚至承認自己過分誇大了一些說法。[72]

值得注意的是，這些批評都無法損及德索薩在職場上的成功。他在某次採訪時解釋道：「《非自由主義之教育》的問世造成出版業的轉變，另外我還發現，你不必為迎合批評家而寫作也可以賺錢，而且書評根本無關痛癢。」[73]在另一次採訪中，他更進一步表明：[74]

我發現有兩種比書評好得多的賣書方法：演講以及媒體。《非自由主義之教育》問世後，我獲得大量的演講邀請。有一陣子，我甚至覺得自己是一名政治候選人。我每天都在說話……然後我察覺到還有廣播和電視兩種管道。人家直接就你寫的書採訪你。不必有中間人告訴聽眾他們是不是喜歡你寫的書……我在九〇年代後期發現的一件事：有大量的民粹主義保守派聽眾渴求新知，只是不知如何學習。典型的「茶黨」（Tea Party）成員不是知識分子，但是他們卻與美國的創建有著密不可分的關係。他們相信回歸初衷原則可以拯救自己，而且也想知道那些原則是什麼。不僅只想知道大概輪廓，還要明白深入充實的細節。我就對自己說，我可以幫助那些人，並且這種貢獻會比以前更大。

具黨派色彩之演講經紀公司的設置，使德索薩在知識的層面上更容易應對保守派運動的各種問題，同時也更有利可圖，這比以往費心介入較廣闊的理念市場受用得多。[75]

德索薩個人近年來遇上許多醜聞的麻煩。由於性關係失當，他辭去了紐約國王學院校長的職務。他對一項非法運用競選捐款的犯罪指控表示認罪。[76]他也無庸置疑地喪失了作為黨派思想領袖的威信。現在，大多數觀察家都將記者大衛・韋格爾（David Weigel）對德索薩的評語視為最中肯的論斷：「曾是右派旗手，後來回歸中庸。」[77]其他的保守派分子則隨意貶低他著作的知識品質。[78]儘管如此，他最新出版的一些著作依然還是《紐約時報》排行榜上的暢銷書，而且根據這些書所錄製的兩部紀錄片也都非常賺錢。即使在被監禁的時候，他仍然很高興接受採訪，迎合了保守派，並使其中一幫人將他捧為政治烈士而加以捍衛。[79]

兩極分化對外交政策理念市場的影響是類似的。有人可能會主張，近幾十年來，美國外交政策界的主流共識是自由派精神的國際主義。該學說將保守主義對「力量投射」*的偏愛與自由主義在夥伴關係、結盟關係和多邊支援上發揮影響力的偏愛結合起來。然而，根據許多分析，這種國際主義共識已經磨耗得差不多了。[80]查爾斯・庫普昌（Charles Kupchan）和彼得・特魯伯維茨（Peter Trubowitz）寫道：「美國的兩極分化嚴重打擊了兩黨原本都支持之權力與合作並重的默契。選出來的官員沒能堅持最要緊的中間立場，而是與公眾一起揚棄自由派精神的國際主義默契，選邊支持美國權力或是國際合作，絕少兩者兼顧。」[81]

---

* Power projection：政治學術語，指一個國家可以在遠離本土的地方表現出武力和其他一些威脅。這種能力在國際關係上是一個國家權力的重要組成成分。

與上述結論一致的是，我們很容易在民意調查中看到美國外交政策的這種分歧現象。在一系列的外交政策問題中，包括氣候變化、反恐、移民、中東局勢以及武力使用等，美國公眾的態度都是兩極化的。[82]這種兩極分化導致公共知識分子很難影響民眾的態度。政治學家亞歷山大・吉辛格（Alexandra Guisinger）與伊麗莎白・桑德斯（Elizabeth Saunders）進行了調查實驗，以了解公眾如何在一系列外交政策的問題上回應精英人士的看法。[83]他們發現，專家的共識可以扭轉尚未兩極分化之公眾的態度。然而，當公眾已經像在氣候變化的問題上一樣，沿著黨的路線分裂開來時，兩極分化使精英們的建議變成「不要提出還比較好」。確實，來自黨外的專家意見反而只令黨內的人加倍堅持自己既有的信念。兩極分化的增強致使公共知識分子影響民眾態度的能力須承受更嚴苛的考驗。然而，同樣的兩極分化卻為新的思想領袖打開大門，讓他們得以提出意識型態上可靠的外交政策學說。

然而，理念市場轉型背後最重要的驅動力還是經濟不平等現象的激增。無論就薪資、收入還是財富而論，美國呈現的數據都是清清楚楚的：在過去的三十至四十年中，最富有的美國人比起其他任何人都為自己賺更多錢。實際上，今天美國的經濟不平等現象是第二次世界大戰以來最嚴重的。

圖2.7顯示了近幾十年來收入不平等加劇的情況。一九七五年，收入最高前百分之十的美國人其總收入占比不到國民總收入的百分之三十，但是到了二〇一〇年，此一數字已攀升至百分之四十五以上。[84]在此期間，收入最高的百分之一表現得最為亮眼。在過去的四十年中，它在國民收

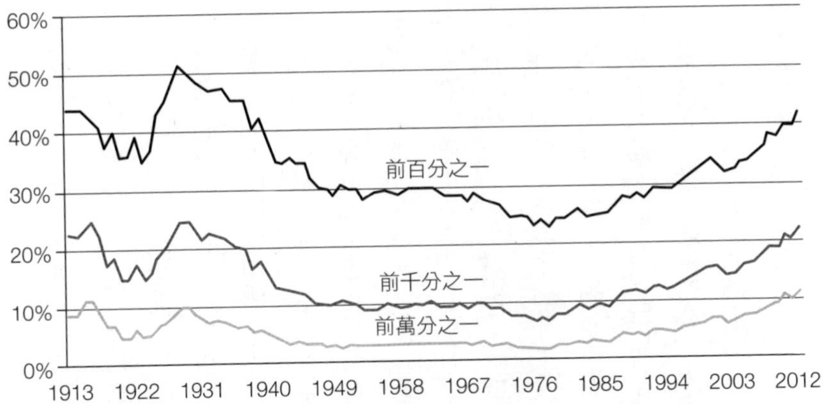

圖2.7　美國一九一三至二〇一二年的財富分配

資料來源：《自一九一三年以來美國財富的不平等現象：折合成當前價值之所得稅的證據資料》（*Wealth Inequality in the United States since 1913: Evidence from Capitalized Income Tax Data*），伊曼紐爾．薩斯（Emmanuel Saez）與加布里埃爾．祖克曼（Gabriel Zucman），二〇一五年八月

入總額中所占的比例翻了一倍，從不到百分之十增至百分之二十以上。[85]一九九三年至二〇〇八年間，在國家總收入所增加的金額中，前百分之一國民的收入即占了百分之五十二，而在二〇〇九年至二〇一二年間，這一比例更上升到百分之九十五。[86]正如前百分之一的人比前百分之十的人表現得更好，這前百分之一中的前十分之一表現得甚至比前百分之一整體更亮眼。在同一時期裡，這批富中之富的國民收入從原來占總額大約百分之二增長到現在的百分之十一，攀升了五倍有餘。[87]同樣，在一九七四年至二〇一四年間，最富有的前萬分之一，其收入在國民收入總額中所占的比例增加了六倍，來到大約百分之五。美國目前的財富分配已回到一九一〇年所謂「鍍金年代」的水準，而這種現象也不僅限於美國。[88]

在一九八〇年至二〇〇五年間，基尼係數（衡量收入不平等現象最常用的標準）在百分之八十的發達工業化經濟體中都上升了。據瑞士信貸稱，二〇〇八年至二〇一四年間，億萬富翁的數量增加了一倍以上。[89]雖然不平等現象的增加主要集中在美國，但它也反映出一種較為普遍的全球現象。[90]其肇因是否與全球化、金融的崛起、巨星經濟學（economics of superstars）或者資本主義不可避免的法則有關，並非我們討論的重點。須注意的是，財富以及收入的不平等都在上升。我們有充分的理由可以預測，隨著時間的流逝，金字塔頂端的財富集中現象可能會再進一步增加。[91]

隨著美國財富不平等現象的加劇，參與政治生活的不平等現象也日益加劇。調查數據顯示，有錢人比其他公眾更具政治的知情度和積極性。政治學家菲・洛瑪克斯・庫克（Fay Lomax Cook）、班傑明・佩吉（Benjamin Page）和瑞秋・摩斯柯維茲（Rachel Moskowitz）得出的結論是：「在美國的政體中，富有的人才是真正的超級公民。他們參與政治的程度遠遠超過學者所調查的其他任何人。」[92]佩吉、拉里・巴特爾斯（Larry Bartels）與傑森・西賴特（Jason Seawright）在一件相似的研究案中對非常富裕的美國人進行了民意調查，結果發現百分之八十四的人經常關注政治，百分之九十九的人在上屆總統大選中投了票，而百分之四十的人則有過親身與美國參議員接觸的經驗。[93]所有這些百分比都遠遠高於整個美國公眾的平均值。這反映出在參與政治活動方面的落差。據《紐約時報》報導，在二〇一六年大選活動的第一階段中，只有不到一百六十個家庭分擔了將近一半的競選捐款，「政治獻金者集中的現象在現代是前所未見的」。[94]根據《華盛頓郵報》的報導，在選戰初期，只有五十個家庭負責所有「政治行動委員會」（SuperPAC）百分之四十以上的資金。[95]

經濟和政治上的不平等對理念市場的影響是深遠的。一方面，收入不平等的加劇以及收入流動性（income mobility）的下降，導致人民對「美國夢」的幻滅。自二十一世紀初以來，一項又一項的民意調查表明，美國人認為自己的國家正朝著錯誤的方向前進。自二〇〇四年一月以來，蓋洛普每個月針對美國前景的調查顯示，大多數公民對國內狀況的發展並不滿意。[96]這種不滿的情緒激化了「占領華爾街」和「另類右派」*的運動。它也促使民眾渴望找出適合的理念，以診斷出困擾美國的問題並且對症下藥。如今，人民普遍會討論例如「公平稅」（FairTax）和大型銀行國有化這樣極端的想法。

日益嚴重的經濟不平等對理念市場的供應端產生了更深遠的影響。金字塔頂端的財富大量積累創造了新一類的捐助者，為新理念的產生和推廣提供資金。[97]大家確實很難找出一個對理念不感興趣的億萬富翁。比爾．蓋茲因聆聽了「教學公司」†的精采課程系列而感到自豪。他受到其中一個課程的啟發，透過「大歷史計畫」（Big History Project）贊助了高中歷史課程的改造。蓋

---

* Alt-right：美國右派政治思想中反對主流保守主義的一個派別，總體上並無正式確定的政治理念，但其擁護者多支持川普，贊同其公開反對非法移民、反對多元文化及反對政治正確的思想。其內部對具體理念亦有分歧，部分支持者有支持白人優越主義、反猶太主義和種族主義的元素，但反對左派是另類右派的共同點。

† The Teaching Company：一家製造全美國頂級教授演講錄音及錄影的公司。這些教授在華盛頓特區外的一家特別的工作室錄製這些課程，然後課程被轉製成磁帶、CD、DVD、MPEG-4、MP3等格式出售。

茲在資助和推動「共同核心課程行動」（Common Core curriculum movement）中也發揮了關鍵作用。[98]馬克‧祖克柏第一批著名的慈善行動就包括向「紐瓦克學校系統」（Newark school system）捐贈一億美元的項目。後來他在臉書上開設了每月一次的讀書俱樂部。[99]查爾斯‧科赫（Charles Koch）則向《金融時報》透露，每個星期日晚上他都要指導自己的孩子研習亞里斯多德、傅利曼和海耶克的理念。[100]一批富有的金主使得《華盛頓郵報》或《波士頓環球報》（*Boston Globe*）等傳統報紙活化起來，或者創建例如《攔截》（*Intercept*）等新聞事業。

二十一世紀的捐助者與二十世紀的前輩相當不同，這點足以令其引以為傲。上個世紀的捐助者常成立基金會，在他們死後仍長期存在的基金會。儘管這些富豪當中有許多人對於基金會的宗旨具有自己的一套想法，但大部分還是願意信任他們所任命的董事會[101]。例如，約翰‧麥克阿瑟（John D. MacArthur）根本不給董事會下任何指示：「我會盡我所能賺錢。等我死後，你們就要學會如何花錢。」[102]霍華德‧皮尤和亨利‧福特建立的基金會也會停止獎助與捐款人的政治哲學相違背的理念。[103]

本世紀的贊助人在投入理念時扮演更直接參與的角色。他們呼應億萬富翁西恩‧帕克（Sean Parker）的想法，在很大程度上排斥「傳統慈善事業這個由過時機構組成之陌生而疏離的世界」。[104]對於二十一世紀的富豪而言，過去的贊助者所犯的錯誤是將過多的自治權賦予他們死後的受託人。於是出現了一批新的「風險慈善家」（venture philanthropists）或是「慈善資本家」（philanthrocapitalists），其目的在激發世人對一系列公共政策問題進行革新思考。[105]與較舊的基金會相比，這些新實體旨在實踐一種符合現存贊助者意圖的一貫哲學。蓋茲基金會（Gates Foundation）和奧米迪亞網絡（Omidyar Network）等組織已經在重要的公共政策領域中發揮重大作用。

這些新的慈善基金會大多數都沉迷於「三個M」，亦即金錢（money）、市場（markets）和衡量標準（measurement）。[106]富豪們都醉心於可能改變世界遊戲規則的理念。矽谷社區基金會（Silicon Valley Community Foundation）是美國數一數二有錢的慈善機構，它的負責人對《紐約時報》說：「西海岸慈善事業的特色是創新，它要顛覆，它想改變。」[107]一位富有的捐助者向我解釋：「金錢會流向正確的理念。」這些場所和組織每一個都吸引大膽的思想家來滿足與會者的好奇心。不要忘記，TED令羅斯科夫感到驚奇的不僅是演講會本身，那些成就卓著的與會者也是。

想取悅贊助者的渴望會影響理念的內容和提供者。正如哈佛商學院教授高塔姆·穆坤達（Gautam Mukunda）指出的那樣，一小批富豪的巨大影響可以對公共領域產生顯著的影響：[108]

> 一個強大團體有能力獎勵那些與其意見相同的人，並且懲罰那些意見與其相左的人，而這種能力也扭曲了理念市場。這與腐敗無關，畢竟信念自然會隨著利益而變化。正如厄普頓·辛克萊爾（Upton Sinclair）所言：「如果一個人拿薪水是因他不理解某事，那就很難使他了解那事。」結果可能是整個社會都轉而為其中最有權勢群體的利益服務，從而進一步增加了這一群體的勢力，形成惡性循環。

在理念市場中，思想領袖進行激烈競爭，以爭取有錢贊助者的注意。一項學術分析指出，知識類型組織（大學、智庫以及類似的機構）的負責人會自發性地重塑自己，以便「盡量符合主要慈善事業機構之捐助者的需求、偏好以及特質」。[109]許多新的慈善事業對傳統社會科學懷有戒心，而傾向支持其他的理念來源。誠如某位觀察家所言：「最令我感到驚訝的是：『大型慈善事業』（mega-philanthropies）會聘用社會科學家的例子寥寥無幾。最受青睞的人反而是管理顧問、商界人士、卸任後的產業領袖或是說客與科學家。」[110]

然而，如果這個新的捐助者階層所抱持的獎勵理念彼此類似，那就會引發另一層憂慮。正如達勒爾·韋斯特（Darrell West）所言：「作為一個整體，超級富豪所抱持的政策觀點與普通公民的觀點截然不同。」[111]雖說巨富階級的興起對於知識分子而言是個良機，但這良機是朝比較自由意志主義的方向傾斜的。這是藉由觀察富裕美國人及其世界觀所得出的結論。根據佩吉、巴特爾斯與西賴特的說法，富裕的美國人強烈支持削減政府在社會保險、醫療補助以及國防上的支出。僅有百分之三十五富裕的美國人支持可以確保公立學校良好運作的必需開銷，這與普通公眾百分之八十七的支持度形成鮮明的對比。可以肯定的是，與普通公眾相比，富裕的美國人更偏好將公共支出用於基礎設施和科學研究上。而且，平均來看，富裕的美國人對於失業保險、工人再培訓、經濟法規或政府收入再分配的支持度遠不如普通公眾。[112]

全球富豪的生活經驗又進一步改變了他們對公共政策的看法。當今的慈善家喜歡高調參加萬眾矚目的知識分子集會、建立自己的知識分子沙龍或是基金會，同時贊助其他高知名度的會議。

他們之中有許多人會參加相同的一些盛會，彼此混在一起，從而將來自不同經濟階層的所有人排除在外。[113]結果，所謂「遠大理念」的活動此起彼落，從PopTech大會、阿斯本創意節（Aspen Ideas Festival）、TED再到世界經濟論壇。正如克里斯蒂亞·弗里蘭（Chrystia Freeland）所指出的：「二十一世紀富豪實際的群落生活是在國際會議的會場上開展的。」[114]

在持續參加全球性的會議後，某些人的心態開始僵化。正如弗里蘭所言：「一種憑自身本事而獲得成就的感覺，也許會造成那些超級精英的自大，而這種自大（尤其會因他們與同類的孤立處境而加重）會導致他們對別人的痛苦無動於衷。」[115]心理學的研究證實，由於富裕人士的來往對象主要還是其他富裕人士，他們經常高估了他人的財力，同時低估了社會保險政策的益處。[116]隨著不平等程度的增加，這一問題變得更加嚴重。[117]此種孤立情況會導致政治觸角萎縮。以下便是一個例子：企業家埃隆·馬斯克（Elon Musk）告訴餐會同伴，南非的貧窮問題並不是那麼嚴重。[118]還有另一個例子：有些億萬富翁寫信給《華爾街日報》，將政治反感之於富人比擬為水晶之夜*最初那幾天的行動。[119]

慈善資本主義的興起為外交政策理念的市場帶來了一些值得注意的機遇和挑戰。與一般大眾相比，大多數的富豪對於全球問題更感興趣。這為外交事務界的知識分子提供了一個機會，讓他

* Kristallnacht：指一九三八年十一月初納粹黨員與黨衛隊襲擊德國全境猶太人的事件，被認為是對猶太人有組織屠殺的開始。

們得以吸引富豪的注意並激發對方為當務之急議題的研究或行動提供資金。

另一方面，許多富豪也對困擾世界政治之棘手的政策問題持厭惡的態度。格雷格．費倫斯坦（Greg Ferenstein）對一百多位矽谷的企業創辦人進行調查，以釐清他們與大眾之間在政治態度上的差距。[120]矽谷精英不太可能將政治衝突視為一個根深柢固的問題，僅會將它當成一個有待修正的錯誤代碼罷了。有超過三倍的創辦人認為：「社會上的主要群體之間（工人與公司、公民與政府、美國與其他國家）不存在固有的衝突。」許多富豪寧願選擇能避開國家政策的解決方案，而不是設法改革現有的政策。正如弗里蘭所指出的：「慈善資本家的壯志不僅限於改變經營慈善事業的方式，他們也想改變國家的運作方式。」[121]但是，非官方行為者執行政策解決方案的能力顯然是好壞參半的。[122]而且，富豪們那「無摩擦政治」（frictionless politics）的理論多少有些問題。正如《紐約客》記者喬治．帕克（George Packer）所指出的：「無摩擦的理想世界意味在那其中，科技既是進步的力量又是財富的源頭。但這就忽略了政治即是利益衝突、必有輸家贏家此一不可避免的事實。」[123]即使富豪和知識分子具有共同的目標，他們也可能彼此不同意實現這些目標的最佳方法。

希望迎合這一群人的知識分子將發現，很難反駁對方「憑自身本事獲取成就」（meritocratic achievement）的論述，或者，說得直白一點，他們無法對錢說真話。正如大衛．弗魯姆在談到共和黨贊助者階層時指出的那樣：「擁有巨量財富最大、但也最危險的一個樂趣是，你永遠不必聽到有誰敢指出你完全錯了。」[124]因此不難理解，能在這種環境中一帆風順的知識分子就是那些強調顛覆、自我賦權（self-empowerment）和創業能力等這些慈善資本家核心價值觀的人。

難怪經濟不平等的加劇使得思想領袖比公共知識分子更受青睞。思想領袖擅長以提升敘述手法的方式來推廣新的理念。正如我們將在第八章進一步討論的那樣，他們會推動那些提倡破壞性創新的理念或是政策。這些觀念最能吸引那些設法要在全球經濟中保持領先地位的人。相較之下，公共知識分子會更傾向於批評那些能使百分之一的人功成名就的體制結構。公共知識分子更有可能質疑富豪那種「身分地位全憑一己本事掙來」的觀念。在能為變革提出積極議程的思想家與只會事事抱怨的思想家之間，新的捐助者階層會對前者較感興趣。

現代理念市場的發展受到三大構造力量的驅動。對於傳統權威的悲觀情緒使得美國人開始質疑那些從權威內部發聲的知識分子。這使得那些有本事提出主張、吸引更多受眾的思想家擁有更多揮灑的空間。政治兩極分化程度的增強使得任一黨的黨員更難以自己的論點說服另一黨的黨員。黨的支持者越來越需要黨內專屬的知識分子，從而擴大了在意識型態上值得信賴之思想家的需求。最後，經濟不平等的加劇造就了一類渴望獲得引人入勝之新觀點的富豪階層。隨著富豪越來越有錢，他們越有能力做自己想做的任何事情。其結果是，他們想聽引人入勝思想家的意見。與過去相比，迎合這些受眾的知識分子便能賺取更多的收入。

再次強調，這些趨勢每個孤立來看都不是新的。正如理察・霍夫士達特和其他思想史學家所記述的那樣，美國以前也曾經歷因為對既有機構不信任轉而對信條充滿激情。[125] 對權威的不信任也不是美國當前特有的現象。美國政治的次領域中有許多顯示美國過去政治兩極化勢力的研究。

同樣，在過去很長的一段時間裡，知識界的泰斗也是靠有錢的贊助者來賺錢的。[126]比較新穎的是，在不斷發展的媒體平台世界中，這三種力量結合起來了。

基於本章所概述的原因，所有這三種趨勢對思想家的需求都增加了。對於傳統專家的不信任已為非傳統的思想家鋪平了一條進入公共領域的坦途。政治兩極分化為意識型態更加激進的知識分子提供了尋找受眾的機會。贊助者階級的興起不僅對於自由意志主義者的思想家來說是一大福音，對於那些願意飛往達沃斯或是阿斯本與富豪交流的人來說亦復如此。其結果便形成了一個多樣性遠遠超過幾十年前的理念市場。在外交政策領域中尤其如此。

這些驅動力中的每一種都令思想領袖比公共知識分子更獲青睞。從許多方面來看，過去比較激進的公共知識分子的問題是：他們付出極大的犧牲才贏得了勝利。他們對霸權主義理念的批評已成為主流，但是並非按照他們想要的方式達成這結果。對專業知識傳統來源的不信任感也有所增加。保守主義者不再信任自由主義者，反之亦然。有錢的捐助者通常只對解決全球問題的新理念感到興趣。這些趨勢中的每一個都會獎賞那些面對困難問題時能拿出樂觀態度、自信心和具吸引力之解決方案的思想家。傳統的公共知識分子充其量只會具備這三個標準其中的一個。無論思想領袖的意識型態傾向如何，這些驅動力中的每一個都會令他們的風格和實質內涵獲得回報。

新的理念市場對公共領域的另一個影響是：需要一次又一次地辯論基本原則。丹尼爾・帕特里克・莫伊尼漢（Daniel Patrick Moynihan）說過一句有名的話：「你有權發表自己的意見，但無權陳述你自己認定的事實。」公共政策的辯論只發生在事實已無爭辯餘地、而如何改變這些事實的方式仍未有定論的地方。莫伊尼漢這番話在當時可能說對了，但是拿到二十一世紀卻是錯誤的。對專家信任感的削弱以及政治兩極化的興起意味著：即使知識分子之間已經達成共識，也並不是每個人都會接受一套普遍的「標準化事實」（stylized facts）。一些思想領袖為了傳播自己的政策理念，明顯會有依據並不明顯的事實而提出論點的動機。結果，在外交政策的許多領域中，對於通常構成辯論框架的「標準化事實」並無法達成共識。[127]這意味著知識分子也對這些辯論所植基的根本原則爭論不休。結果是增加更多辯論，但不一定是更有成效的辯論。

這些構造力量的綜合作用還在外交政策的思想領袖中造成值得注意的分歧。一方面，他們從某些層面激發了過度的悲觀情緒。對公共機構的信心喪失、將意識型態對手加以妖魔化以及中產階級的停滯，在在使思想領袖很容易斷言世局處於水深火熱之中。正如我之前所指出的，在外交事務的生態系統中，悲觀立場最能令人豎耳傾聽。[128]本章討論的三個驅動因素其妙處在於，它們提供了現成的有利藉口，讓人可以解釋為何國際關係日趨惡化。有企圖心的思想領袖可以指責一個腐敗和沒信譽的體制或是對手政黨或是百分之一*的崛起。這些負面對象中的任何一個或全部比起「當前情勢並非那麼糟糕」的嚴肅宣稱更能有效引起二十一世紀受眾的共鳴。

另一方面，這些驅動因素也有助於解釋TED演講的風靡。TED演講的本質在於能讓思想領袖吸引富豪的注意。謝天謝地，演講很短，壓縮在不到二十分鐘的時間內。這對潛在顧客而

---

* One Percent：從占領華爾街運動的口號「我們是百分之九十九」而來，指美國最富有的百分之一人口。

言是最理想的長度。在職的有錢人很是忙碌，時間表通常排得很滿。時間是他們最稀缺的資源，因此他們注意力的跨度是有限的。與TED長度相似的演講有可能比細膩的、深入的演講更令聽眾產生共鳴。演講格式本身也比較適合烏托邦式的思想。TED演講沒有與談人，沒有批評性的反饋。正如納森．海勒（Nathan Heller）在《紐約客》中所剖析的那樣，若說TED擁有政策性的世界觀，那麼就是「以泛泛的、不容否認的各種善為框架，例如教育、環境的永續性、平等權利等。」[129] 這完全符合矽谷的「無衝突理論」（conflict-free politics），也就是科技層面的解決方案最終可以取得勝利。作為回報情感訴求和個人真實性（personal authenticity）的一種媒介，TED給思想領袖帶來的好處遠遠超過它為公共知識分子帶來的好處。

本書的其餘部分將探討這些構造力如何影響當前理念市場中較為成熟以及較為新起的部分。在下面的章節中，我們的重點將壓倒性地放在美國理念市場的現狀上，尤其是在外交政策這個領域。不過值得注意的是，在美國以外的地區，也發現了我們在此處找出的三個驅動因素。美國以外的人很容易便可看出，現代理念市場乃是美國特有的發明。這種講法當然說得過去。但是，同樣有可能的是，對於全球理念市場的未來，與其說美國人獨樹一幟，倒不如說他們只是較早跨出一步而已。

第二部分

第三章
對學院的標準控訴

就像所有年代都會發生的情況一樣，
如要讓門外漢印象深刻，甚至讓他們覺得你了不起，
那麼知識中的奧秘成分就是十分有效的、吸引人的。

梭爾斯坦・范伯倫

《紐約時報》的專欄作家也許是站在觀察和闡述美國理念市場現狀最佳位置的人。即使媒體分散支離，當《紐約時報》的專欄作家發表意見時，知識分子階層的其他人也會傾聽。因此，當尼古拉斯・克里斯多夫（Nicholas Kristof）在二〇一四年二月的專欄文章中寫道「一些在國內外問題上最聰明的思想家都是大學教授，但其中大多數在今天的激烈辯論中都顯得無足輕重」時，理念市場確實注意到了。[1]

根據克里斯多夫的說法，學院中人承擔了各式各樣的罪過。象牙塔內部由於缺乏政策的多樣性，以致社會科學和人文科學領域走上自我邊緣化的道路。學術上的正統觀念致使教授排斥像社交媒體之類的新科技。同樣，克里斯多夫還斷言，量化方法以及「行文枯燥乏味」的趨勢令社會科學家無法與大眾交流。學院「只顧培養出一種推崇晦澀難懂東西的文化，對於有沒有人聽或者是否能發揮什麼效用根本不屑一顧」。在「不發表就淘汰」的嚴酷壓力下，他們只專注於同行審查的學術期刊，此舉扼殺了為廣大讀者寫作的動力。克里斯多夫的這段控訴儘管還不到八百個字，其內容卻是詳盡而透徹的。

克里斯多夫幾乎不是第一個反對學院的人。然而類似的指責確實頻繁出現，因此我才把克里斯多夫的這套論點稱為「標準控訴」。在克里斯多夫這篇文章發表前的十八個月，麥克阿瑟基金會負責人還提出了他自己的「標準控訴」版本：「社會科學界和人文科學界的理論特徵使學術論述與普通人和在職專業人士的講話及思考方式脫節。」在克里斯多夫那篇專欄發表的前五年，約瑟夫．奈（Joseph Nye）在《華盛頓郵報》上說：「學者較少關注自己的工作與政策領域之間的關係，尤其在許多單位中，對政策的過度關注反而不利自己的職涯。對於那些用決策者難以理解的術語來建構數學模型、新方法學或理論的人來說，這會讓他們更快取得成就。」[2] 甚至更早於此，有一位公共評論員得出如下的結論：「學院中的政治學家和經濟學者已在很大程度上加入了瑞士雇傭衛隊，並放棄了推測性思考賦予他們的特權。體現當今美國思想的唯有一些作家……」最後這個引述來自一九三〇年，這證明「標準控訴」已經存在相當長的時間了。[3]

克里斯多夫的文章發表後幾天，外交政策界的許多傑出評論家都表態認可他的看法。「議題談論清單」（Talking Points Memo）網路新聞網站的創辦人喬什・馬歇爾（Josh Marshall）寫道：「學術生活中每一項激勵措施的設計都阻礙了學者對外部世界的投入。除此之外別無其他辦法可以形容。」[4]外交關係委員會主席理察・哈斯（Richard Haass）在推特上說：「社會科學的學術圈所關注的是可量化的東西而不是重要的東西。」《外交政策》雜誌的執行長羅斯科夫把話說得更重。他全心全意支持克里斯多夫的看法，並且指出：「克里斯多夫明白為什麼我們《外交政策》雜誌要回絕學術性的稿件，太多文章是有欠透明的、抽象的、枯燥的。」[5]

不過，在克里斯多夫的文章發表後也出現其他的情況：一群社會科學的專家在各種媒體上全力予以還擊，例如出現在《華盛頓郵報》、《外交政策》、《政治》等頁面上的那一些。意識型態各異的學者，例如科瑞・羅賓（Corey Robin）和塞繆爾・戈德曼（Samuel Goldman）都駁斥了這份「標準訴狀」，並列舉出許多社會科學家為公共領域做出貢獻的具體反例。喬治城大學的教授埃里克・沃滕（Erik Voeten）在《華盛頓郵報》上寫道：「〔克里斯多夫的〕專欄只是不留情面的、刻板印象的文字遊戲罷了。也就是說，這位專欄作家只是從計程車司機那裡道聽塗說一些故事，很少或根本不顧及事實。好幾百位學術界政治學家的研究絕非無關緊要，他們設法藉由部落格、社交媒體、社論專欄文章、線上講座等管道將自己的見解傳達給公眾。」[6]

沃滕的論點僅是挑戰克里斯多夫及其支持者之眾多論點中的一種。[7]對於克里斯多夫最明顯的批評是，他把「具實質性的」（relevant）一詞的標準訂得太狹窄了。一個教授要發揮其影響力的方法有許多種，並不只限於和高層決策者密切來往而已。更何況這種情形也很少發生在政府以外的任何人身上。學術可以藉由多種途徑影響理念市場。[8]正如研究「非暴力時刻」（nonviolent moments）的先驅艾麗卡．謝諾維斯（Erica Chenoweth）所言：「克里斯多夫的文章最讓我驚訝的部分是：我們的著作必須能直接影響『重要人物』才夠格被稱為『具實質性的』，但是如果有人寫出的書可以訴諸傳統權力廳堂之外呢？這種影響力只算『不具實質性的』嗎？」[9]

由於外界持續反擊，克里斯多夫承認學術界「爆發怒氣了」，但通常還是堅持自己的立場。《紐約客》的約書亞．羅斯曼（Joshua Rothman）觀察這場論爭，並得出如下結論：「教授群的回應迅速、嚴厲、準確且經深思熟慮……要說他們並未贏得決定性的勝利，至少在某些論點上已占了上風。克里斯多夫的專欄發表一年後，我問克里斯多夫是否已改變對這問題的看法，他說並沒有，但是承認『至少出現一些進步的跡象，特別是在政治學領域』。」[10]

至少，學界人士對克里斯多夫及其支持者進行了一次無人輸贏的辯論。但這也引出了一個問題：為什麼那份「標準訴狀」會一而再、再而三地被提出來？這是「主觀真相」壓倒實際真相的情況嗎？還是克里斯多夫及其支持者的結論說得沒錯：「總體而言，今天美國大學校園中的……公共知識分子比上一代要少？」

我是一名學者，如果要我簡短回答，那麼我的答案也和其他所有學者的答案同樣令人洩氣：這問題很複雜。我要利用本章接下來的篇幅交代一個比較長的答案。許多學者的確已經善加利用我在第一章中討論過的那些現代理念市場的變化。然而，對於更多藏身於象牙塔中的人來說，理念市場的現狀為任何想成為公共知識分子的人造成了可觀的新障礙。換句話說，「標準訴狀」雖然對許多個別的學者而言並非都是正確，但是對學術圈整體的描述卻是真實的。與理念市場其他的組成部分相比，學術圈在適應前一章所討論的根本變化上是落後的。

諷刺的是，上一代的社會評論家卻都在哀嘆如下這個事實：學者是唯一還能夠向理念市場提供一些東西的知識分子。一九八七年，羅素．雅各比（Russell Jacoby）在《最後的知識分子》（*The Last Intellectuals*）一書中主張，學院已排擠掉其他所有的思想家。雅各比認為，社會經濟的變化使得不隸屬於任何團體或機構、過著放蕩不羈生活的知識分子在收入上難以為繼。從一九六〇年代開始，城市結構的調整引發了市民移居郊區的風尚，進而危及城市知識分子一切自主的亞文化。[11]於是獨立的知識分子自然而然便進入了學院，這現象在一九六〇年代不斷擴大，以收容嬰兒潮世代上大學的人潮。在這種生態系統中，一九五〇年代的紐約知識分子就後繼無人了。另一方面，學術界也正在蓬勃發展。象牙塔是有抱負的知識分子最後的庇護所。正如雅各比在《最後的知識分子》中感嘆的那樣，「要想成為知識分子，需要先進校園」。[12]

對於國際政治方面的公共論述，學院的重要性又更明顯。在二十世紀上半葉，美國實力的增長造成了對專家和知識分子的需求，讓他們來勾勒美國在世界上扮演的角色。[13]冷戰的爆發意味聯邦政府需要能夠為美國提供蘇聯問題建言的專家，例如在總體戰略、核子威懾理論和國際經濟學等方面。蘇聯發射史普尼克人造衛星之後，美國一九五八年的《國家教育法》大大提高了聯邦政府對大學教育的補助。一九六五年的《高等教育法》以及隨後的計畫又進一步推動了這種補助政策。[14]大學獲得了數百萬美元的研究經費以培養所有社會科學領域的研究生。賴特・米爾斯（C. Wright Mills）在《權力精英》（*The Power Elite*）中強調：「實際上，有些大學就是軍事機構的援助對象，從軍方獲得的資金是所有其他來源加總起來的三到四倍。」[15]米爾斯這話有些誇大，但是最近的報導也證實了，冷戰期間學院與聯邦政府之間的關係十分緊密。[16]其結果是，關於國家安全和外交政策的論述中充滿了教授的言論。

象牙塔和國家之間財務和個人的連結，對學術在理念市場上的貢獻產生了深遠的影響。一些著名學者將其描述為「黃金時代」。在這時代中，「學術成就影響了美國的作為，特別是在核子戰略和軍備控制的領域中。」[17]喬治城大學政府學系系主任最近談到冷戰時期曾帶著懷舊心態寫道：「美國真正的霸權在於它對其他國家（語言和文化、歷史和政治制度、地方經濟和人文地理）內部無人可及的了解。」[18]一九五〇年代和一九六〇年代也見證了「行為革命」（behavioral revolution）的誕生，也就是說，學界相信匯總起來的數據將使社會科學家能夠推得社會通則。「理性選擇理論」*源自於學術界欲建立決策科學理論的努力。一個由賽局理論專家以及其他社會科學家所組成的小團體幫助大家釐清了核子威懾的理論。[19]約翰・甘迺迪身邊「最優秀、最聰明的人」包括來自哈佛大學的大批謀士。西奧多・懷特（Theodore White）在《生活》雜誌上熱情洋溢地評論了「行動知識分子」（action intellectuals），他認為：「學者的這種友好情誼已對整個美國政府和政治產生了最具激勵性和推動力的影響。」[20]

並非每個人都將這些趨勢視為百分之百正面的東西。當年也有許多紐約的知識分子瞧不起自己那些放蕩不羈的夥伴走進了學院。歐文·豪（Irving Howe）在他的論文〈順從的年代〉中感嘆道：[21]

> 一旦被受認可的社會機構所吸收，他們不僅會失去傳統的叛逆性，而且在某種程度上不會再當知識分子。因為他們是知識分子，體制世界也正需要知識分子，但是那個世界不希望他們以後再當知識分子……
>
> 如果你與學院中那班抑鬱的人談談，你就會發現，博士學位制度如何將人格壓縮到一個謹慎運作的常規模子裡。幾十年來，這個制度都沒有今天這麼強大，因為很少有供年輕學者選擇的其他方式。

豪的說法有些誇大。越南戰爭期間，帶頭反對衝突的是學院而非不隸屬於任何團體或機構的知識分子。[22]但是，學者和學生欣然同意豪的批評，並反對學院與國家之間那因冷戰而締結的安逸關係。諾姆·杭士基（Noam Chomsky）最初是因他在《紐約書評》（*New York Review of*

---

* Rational choice theory：政治科學及社會科學的一系列理論，主張行動本質上都是理性的，世人在行動前會考量利害得失來做出決定。

Books）上發表〈知識分子的責任〉一文後才聲譽鵲起的。杭士基連珠炮響般極力反對學術界支持越南戰爭的立場，是與更早十年豪的觀點相呼應的。他看不起「取代過去無黨無派知識分子的學者專家」，那些「為解決當代社會出現之技術問題而構建『價值中立』（value-free）技術的學者專家」。[23]

校園政治動盪的擴大以及專業關注焦點的狹窄等因素，導致學術界知識分子從公共領域退縮到與之較無關的學術辯論中。[24]越南戰爭之後，在《美國政治科學評論》（*American Political Science Review*）中出現之具體政策建議的文章數量直線下滑。[25]托馬斯・謝林（Thomas Schelling）指出：東南亞的衝突結束後，「我失去了管道，我失去了聽眾，我失去了影響決策者的動力」。[26]學術界轉向自我。一個世代之後，雅各比寫道：「學術事業同時擴張與緊縮，它穩步侵入更廣面的文化，為獲得認可的會員設立私人俱樂部。你很難讓受過教育的成年美國人說出一個政治學家、社會學家或哲學家的名字，但這並不完全是他（或她）的錯。」[27]

這些批評提出了一個重要的觀點，即學者如何才能為外交政策理念的市場做出貢獻。一種可能性是建議國家、知識分子和政府可以緊密地結合在一起（就像許多知識史學家實際觀察到的那樣）。[28]而另一種選擇就是批評國家的作為。在整個越戰時代，對於美國外交政策之學術評論的數量增加，從而導致在該學科範圍內創建了「新政治學核心小組」（Caucus for a New Political Science）。在冷戰期間，激進的學術評論甚至也引起了政府的關注。[29]一九五七年，伯特蘭・羅素（Bertrand Russell）向這兩個超級大國的領導人寫了一封公開信，呼籲他們舉行一次高峰會議，討論「共存的條件」。尼基塔．赫魯雪夫和約翰．福特．杜勒斯分別代表蘇聯和美國回應了羅素。信件往返並沒有改變任何政策，但至少兩國政府都覺得有義務回覆羅素。這一事實表明，學術圈知識分子在此期間的影響力是不容小覷的。

冷戰的結束對學術界產生的影響好壞參半。毫無疑問，越南戰爭和隨後雷根革命的遺緒之一就是使學院與政府疏遠。正如雅各比所指出的，教授們越來越謹慎看待踏入政治領域的事。他們從這領域打退堂鼓後，其他非學術圈的理念發想者便上台彌補了這一缺口。正如下一章即將討論的，智庫已成為政府另一種專業知識和分析的資源。[30]

同時，可以斷定這也是學術界對美國外交政策思想產生影響的全盛時期。蘇聯崩解之後，原先強調圍堵的主體戰略便過時了。為了建構新的政策，美國官員開始「向學院徵詢意見」。[31]這令知識分子在描述冷戰後的世局以及為美國外交政策制定戰略等方面認真地付出了心血。眾多學術思想領袖挺身而出，為世界政治提供了新的思維方式。福山認為這是歷史的終結。約翰．米爾斯海默則主張，冷戰的結束將把導致動盪的因素重新引入歐洲。約瑟夫．奈提出了「軟實力」概念幾種說法中的第一種，亦即「讓別人想要我們想要的」。塞繆爾．杭廷頓警告，文明衝突即將發生。整批相關的著作都清楚宣告了民主和平的出現，而且隨著更多國家走上民主化的道路，民主和平的趨勢可能會慢慢擴大起來。另一個導致激烈辯論的主題則圍繞著美國霸權在世界政治上是否將能持久和穩定。[32]甚至懷疑學術圈能對美國外交政策產生影響的人也承認，這些辯論構建了政策制定者對後冷戰世界的看法。[33]

這系列的爭論有一些值得注意的面向。首先，它們不僅發表於學術期刊中。上一段有許多想法都出現在學術期刊裡，但是所有這些想法也全部都出現在更容易接觸到的媒體管道中，例如《大西洋》或《外交事務》。它們極具爭議性，因此足以引起媒體對每個理念進行報導並且發表評論。這些備受爭論的議題每一個都有足夠的影響力，以致可以引起政策界和學術界以外的廣泛討論。的確，它們的遺緒如此強大，以至於這些理念的作者過了一個世代之後又重新回頭加以審視。[34]他們與其他外交政策的思想領袖一樣，仍繼續推銷自己的論點。

其次，許多論據最終被證明其中的一部分或全部都是錯的。像米爾斯海默這樣的現實主義者對後冷戰時代的秩序將如何影響北約、核子擴散、暴力衝突以及針對美國而發的國際平衡等議題，做出了過於悲觀的預測。[35]實際上，在蘇聯解體後的二十年間，幾乎所有類型的政治暴力都急劇降低，尤其是國對國的戰爭。[36]杭廷頓的預言問題又更大了。儘管這些預言更常成為頭條新聞，但文明之間的衝突遠遠沒有文明內部的衝突來得普遍。雖然巴爾幹地區的文明衝突時有所聞，但文明內部的衝突都導致更加血腥的戰爭（例如遜尼派與什葉派之間或是盧安達的圖西族與胡圖族之間）。一位歷史學家認為，杭廷頓的論文「證明了為什麼政治家永遠不應該聽信政治學家的話」。[37]福山對歷史終結的樂觀態度可能是錯誤的。他最近將注意力聚焦在「政治衰敗」（political decay）的概念上，承認即使是成功和穩定的自由民主制度也不一定能永久存續。[38]事實證明，甚至如軟實力或民主和平等更廣為大家接受的概念，也很難轉化為切實可行的外交政策。

然而，儘管學者們對後冷戰時期的主軸策略進行了辯論，但蘇聯的瓦解也意味著政府對國際關係學界的財務支持也部分瓦解了。冷戰的結束發生在聯邦政府破紀錄的預算赤字時期。在財政講求公正誠信的氛圍中，最簡單的作法便是削減與國際事務有關的計畫，例如對外援助、情報工作以及外交事務。[39]「國家安全教育計畫」以及「外語協助計畫」等計畫的經費遭到削減。[40]這些削減在美國公眾中引起正面回響，因為公眾對外部世界不再感到興趣。一九八六年，有百分之二十六的美國人認為國際問題也是美國面臨的問題，到了一九九八年，只有百分之七的人維持相同的主張。[41]隨著美國公眾將目光轉投國內，國際事務的慈善募款成績也直線滑落。在一九九〇年代，對大多數事業的基金會捐款增加了一倍以上，但在安全研究、慈善資助等領域則下降了百分之七。大學中安全研究方面的課程數量甚至下降了百分之三十。[42]

九一一恐怖襲擊事件對於學院在公共領域的作用產生了難以捉摸的影響。一方面，學院為復興越戰時代激進的知性批判所做的集體努力是欲振乏力的。喬治．W．布希任上在外交政策上種種意想不到的阻礙即清楚說明了這點。在第二次波灣戰爭的醞釀期間，政治學家顯然未能影響理念市場，但這並非由於努力不夠。在二〇〇二年秋天，一群著名的國際關係學者在《紐約時報》的專頁上刊登了一則廣告，警告政府不要入侵伊拉克。這些學者中有許多發表了反對戰爭的社論和專文。這些情緒反映了多數國際關係學者的感受。儘管如此，他們的努力卻很少招來新聞報導，甚至在權力場域中也未獲得認可。正如薩伊姆．考夫曼總結的：「〔學者專家〕很少提出全面的批評，而受到媒體廣泛關注的人又更少了。」[43]

另一方面，聯邦政府確實重新體認到向學術界諮詢的必要性。新「反叛亂學說」＊的出現絕大部分來自接觸過社會科學的軍官。[44]二〇〇九年，美國國防部啟動了「密涅瓦計畫」（Minerva program），向政治學家提供數百萬美元的捐助，以便進一步了解「戰略對美國國家安全政策的重要性」。國防部長羅伯特．蓋茲宣布這項倡議時明確地回顧了冷戰時代，當時聯邦政府也接受了「有見識的理論家及其理念」。[45]二〇一一年，美國國務院設置了專門向高級官員提供外部意見的外交事務政策協會。協會由學者和卸任的外交官組成。而且，正如我們將會討論到的，一系列制度化和非正式的管道也出現了，而透過這些管道，學術界可以向政策制定者和感興趣的公眾表達意見。

因此，學者過去曾在影響外交政策的理念市場中發揮重要的作用。至少有一些證據顯示，他們目前也可以繼續執行這種工作。但很明顯的是，學院在提供國家意見的時候陷入了由來已久的緊張氣氛。有些社會科學家渴望扮演這一角色，而其他人則對此感到排斥。整體看來，政治學家對「密涅瓦計畫」是頗感滿意的。然而，人類學家卻對此表示反對。美國人類學協會明確拒絕了「人文地帶系統」（Human Terrain System）。這是一項陸軍行動計畫，目的是讓學術界進一步了解恐怖主義多發地區的土著民族。結果，該計畫於二〇一五年終止。[46]

雖然偶爾有人主張學院並不影響外交政策的理念市場，但實際上，數十年來它在當中的實質作用一直很強。[47]那麼，學院的實質作用會持續下去嗎？要了解學院在現代理念市場中的角色困境，有必要回顧一下「標準訴狀」的細節，以便了解其中所言是否件件為真。

「標準訴狀」最準確的部分是，學者的專業動機與投身更廣闊理念市場的作法不能完美契合。對於一個學者而言，最重要的受眾仍然是其他學者。正如克里斯多夫以外的眾多評論家所觀察到的，學院的專業化會優先考量同行審查的著作，而非其他寫作形式。教授將大部分精力投入自己領域專業期刊的研究、寫作和出版上。任何一位教授，尤其是新進教授，其首要任務是透過享有聲譽且具同行審查制度的管道發表自己的著作。即使是對受眾具有一定吸引力的學者，也要提醒自己，這會占去原本用於研究的時間。[48]學者如果能將自己的想法傳達給更多的讀者，這是很好的事。然而，基於專業精進的考量，這種兼顧廣大讀者的作法始終只能是業餘愛好，不能算是本業。[49]

在本世紀，大多數學術論文實際上普通大眾是讀不到的。嚴格的網上付費專區可確保沒有大學電子郵件地址的人，大部分時間都無法閱覽大多數的期刊文章。[50]不過經常有「研究手稿」可供參考。引人注目的論文摘錄和摘要也會出現在通俗的報紙和雜誌上。現在有些出版商會在有利的時機開放某些文章讓感興趣的公眾自由瀏覽。但是在網路的時代裡，出版業的經濟考量導致這種情況極少發生。如果學術出版商一直讓所有人都能免費閱覽所有期刊，那麼想必他們很快就會破產。

---

* Counterinsurgency doctrine：美國國務院將「反叛亂」定義為「為同時擊敗和遏制叛亂並解決其根本原因，而採取之民間與軍方的綜合性措施」。

即使網上付費專區取消了，大多數的非專業人士面對同行審查的期刊文章仍可說是不得其門而入。一個簡單的事實是，大多數學者都不會、或無法為一般讀者寫作。[51]原因如何尚有爭議。許多批評家痛批學院文章「膨大、沉悶、笨拙、晦澀、讀起來不暢快並且讓人滿頭霧水」。[52]每隔幾年，就會流傳如下這種故事：某某學者寫出一篇後現代冗繁費解且空洞無物的文章，但竟被接受了。[53]

當學者撰寫學術文章時，他們最重要的目標受眾乃是同一個專業領域的其他學者。這些讀者對於撰文學者的任期、升遷、獎勵、榮譽和補助至關重要。教授在為該受眾撰寫文章時，使用術語對他們而言會更容易。所有學門、專業和職場都會發展出自己的一套術語，以方便溝通和交流。[54]加州大學洛杉磯分校的政治學家林恩・瓦夫雷克（Lynn Vavreck）指出：「學科之中存在術語是為促進專家之間快速且有效地交換知識或訊息。」[55]換句話說，對外行人沒有用的術語卻是專家們好用的速記法。

比方說，如果我寫道：「美國與越南的新盟約可能引發與中國的『安全困境』（security dilemma）」，那麼每位國際關係專家都會立刻理解我的意思。但是，如果我在旨在迎合較多受眾的文章中論述同樣的事，那麼就需要用多個句子來解釋我的意思。「安全困境」會在如下的情況中發生：

(1) 一個國家意識到對自身安全的威脅，因此提升其防禦能力。

(2) 這種行動反過來使對手感到緊張，因為後者認為此舉威脅到了他們。
(3) 這些對手國家乃以擴充軍備與相互結盟的方式來因應。
(4) 一國為增強安全所做的努力反而矛盾地加劇了自身的不安全感。

如果我的受眾只是我的同行，我只需說「安全困境」，他們即能確切知道我的用意。藉由專業術語的使用，社會科學家以及一般學者便能夠比使用直白語言更快地進行寫作和溝通。

非學術界人士不喜歡學術論文的許多用語，也反映出學術界避談明確答案的傾向。比方說，我學術研究的主要領域之一是經濟制裁。我研究並撰寫了同行審查的文章和書籍，內容涉及何時使用經濟強迫、在何種條件下可以產生政治讓步、制裁的負面影響以及制裁手段如何隨著時間而演變。但是，當我被要求為更多的讀者撰寫關於這個主題的文章時，編輯不可避免地會要我提出論點來回答一個簡單的問題：「制裁有效嗎？」他們想要一個簡單的答案，而我卻希望更細膩的論述方式。

當被問及某事是否真會發生或是某重大事件具有什麼意義時，學者的經典答案是：「要視情況而定」。在學術期刊中，社會科學家可以闡明其核心論點所附帶的所有條件、例外情況以及補充說明。但是，學者這種避險本能會使學術文章轉通俗化的過程變得棘手。編輯和讀者希望作家以清晰、有力的行文表達他們所期待的目標。某位政治學家在提及如何透過主流媒體進行交流時，建議「使用清晰、乾淨的語言，外加生動豐富的比喻」，並在論證中訴諸「感性內涵」。[56]學術界人士通常會對這種表達方法持懷疑態度，因為它們傳達的訊息會令學者最初的論據走樣。這就是學界和大眾溝通時一種固有的緊張關係，而且此種緊張關係會讓學者和讀者雙方都不滿意：前者設法要吸引更廣泛的受眾，而後者則必須艱難地辨讀複雜的、步步為營的行文。

學者應如何回應外界對於術語繁瑣、避談明確答案的指責呢？首先，說實在話，有許多權威和政治家本身也在抱怨學者的語言枯燥乏味。對政治學論文語言風格的批評早於對其它學術論述的任何批評，這是其來有自的。學術術語的目的至少能使學者之間的交流變得更加容易，但是太多的政治術語反而妨礙公眾對簡單字詞的理解。正如喬治·奧威爾在一九四六年指出的那樣：「政治語言（包括從保守派到無政府主義者在內的所有政黨都存在這種情況）旨在使謊言聽起來像是實話，使謀殺者受人尊敬，並使空穴來風披上堅實表象。」[57]現代政治的術語更容易使人暈頭轉向而非受其啟發。二十一世紀的美國政治家使用「生存威脅」（existential threat）、「動態手段」（kinetic action）、「充分提防」（abundance of caution）和「政治上不正確」（politically incorrect）等短語的狀況表明，學者們絕不是最糟糕的濫用英語者。

比較務實的回應是，學術界有可能為不同的受眾編寫同一論點的不同版本。從《華盛頓郵報》網站到「五三八」*到「聲音傳媒」等眾多傳播管道都渴望社會科學研究能為大眾寫出適合其程度的內容。隨著學者群擴大其公眾影響力，他們已經深入了主流媒體。近年來，《華盛頓郵報》網站亦收進例如「猴籠」（The Monkey Cage）和「弗洛克陰謀」（Volokh Conspiracy）等多個由社會科學學者經營的多作者部落格。[58]在克里斯多夫發表他那篇專欄文章的同一週，《紐約時報》聘請了兩名政治學家和一名經濟學家來協助創建名為「要點」（Upshot）的新聞分析網站。學術界藉由這些新管道對外交政策理念市場的貢獻產生了有益的影響。

「標準訴狀」聲稱，教授鄙視主流媒體而且認為社交媒體特別地不入流。其實學者欣然接受新的線上平台，並歡迎同行審查這種傳統發表管道之外其他發表園地數量的成長，以便將其看家本領推銷給廣大群眾。從「外交官」（Diplomat）到「防禦」（Defense One）再到「岩上戰爭」（War on the Rocks），各式各樣的媒體擴大了國際關係學者的影響範圍。部落格已經存在很長一段時間，以至於現在已經被視為教授可在本業之外從事的項目。政治學家很樂意在「猴籠」、「派系禍害」（Mischiefs of Faction）、「一瞥」（Glance）或「政治暴力」（Political Violence）等網站上發表文章。社會學和經濟學等其他學科也同樣跟進。[59]學界人士也欣然接受其他社交媒體（例如推特和TEDx）以作為自己與決策者和公眾進行交流的管道。克里斯多夫關於學者無視於新媒體的說法完全是錯誤的。在自己那篇專欄文章發表後，他已多次在推特上回應時承認這項錯誤。

然而，即使可以吸引公眾參與，這樣做是否符合該學者的職涯利益？這是「標準訴狀」著墨的另一個重點。正如史蒂芬・沃爾特（Stephen Walt）所指出的：「〔國際關係的〕學術領域是一種自我調節的事業，一個人在其中的成功與否幾乎完全取決於他在同行中的聲譽。因此，該領域的學者有很大的動機去遵守規範，並且主要為該領域其他的學者寫作。」[60]沃爾特對國際關係的

---

* FiveThirtyEight：美國一個專注於民意調查分析、政治、經濟與體育的部落格。

描述也適用於整個學術界。

要了解「標準訴狀」對象牙塔中的憂心，請參考一下過去十年裡如下這兩個人的軼事。二〇〇四年，我因為運氣不錯而且時機也對，剛在《外交事務》投了一篇探討離岸外包公司的文章，而恰巧那個議題當時又在全國的媒體走紅起來。我後來得知自己首次投在那本權威刊物上的文章將成該期的重點文章。對於一個尚未獲得終身職的學者來說，這是多麼令人興奮的消息。當天傍晚，我在芝加哥大學系裡碰見一位資深同事。我自然而然便告訴他有關自己的文章被《外交事務》選為重點文章的事。只見這位資深學者抬起頭看著我問道：「為什麼？」[61] 我沒能回答這個問題。在我看來，能在讀者最多的國際關係刊物中發表文章顯然是一件好事。回想起來，當時我應該已意識到自己在芝加哥大學的前景岌岌可危。在他們拒絕了我的終身職後，我的名字成為想為公眾寫作的資淺學者的一個警惕。[62]

幾年之後，身為一名正教授，我參加了一個讓學者與決策者共處一室、面對面討論的小型會議，而討論的主題則是美國對另一個姑隱其名之大國的政策。要讓政學兩界坐下來談的出發點是：政府官員常會強調教授可能忽略的問題，反之亦然。一切都進行得很順利，直到會議裡某位決策者抱怨其中一份學術備忘錄篇幅太長時，情況方才改觀。此刻，有位傑出的國際關係學者（她在學院內部非常知名，但在學院之外很少有人認識）義憤填膺地叫嚷道：「為什麼華盛頓的人不認真讀讀專家對特定問題的看法呢？政治學家不僅是被邊緣化而已。」她繼續宣洩道：「我們空有好的見識，人家卻完全視而不見。」

這頓牢騷引發了一場良性的辯論。事後，許多出席會議的學者聚集在那位傑出的政治學家身邊，並讚揚她的那番言論。接著，我們也聊到政治學家該如何拿出更多活力來參與公共領域。有人主張，如果年輕學者確認自己可以參加公共論爭而又不須擔心遭到專業圈子的排擠，那麼情況可能會改善一些。聽到這一點，她皺了皺眉，然後評論了幾句：「哦，不可以。除非已經獲得終身教職，並且具備完整的出版資歷，否則不應該發表公開講話。」

這種情形絕對不是孤例。在過去的十年間，《高等教育紀事報》*中滿滿都是警告學者不要冒險投身公眾圈的文章。[63]政治學家謝里爾．布德羅（Cheryl Boudreau）在一篇旨在鼓勵資淺學者與更廣大受眾互動的文章中指出：「不少資淺的學者以為，外界只應閱讀他們寫的東西，而非聽他們講話。」[64]林恩．瓦夫雷克經常在學術期刊上發表文章，同時定期為《紐約時報》撰稿。然而她也提醒了後輩同事：[65]

> 顯然，我為《紐約時報》撰稿所耗去的時間就是我沒能拿來為同行審查期刊、撰寫文章的時間，因此這是一種成本。你們必須有所權衡。因此，我建議助理教授不要從事這項工作。研究需要時間，而我們正需要年輕的學者從事研究。

---

* *The Chronicle of Higher Education*：一份以學院、大學和學生事務為主要報導內容的英語週報，總部位於美國華盛頓特區，是美國學術界主要新聞報刊之一。

如今看來，瓦夫雷克的建議犯了幾點錯誤。首先，年輕學者通常處於社會科學研究的最前沿。例如，在政治學領域的頂級期刊上，所有單一作者的文章或是合著文章中出力占到三分之二的，都是出自年輕學者之手。[66]正是由於年輕學者經常發表創新性的著作，他們應該設法使外部世界更容易獲知這類著作的內容。其次，資深學者常常認為，為社論專欄或部落格撰寫一篇文章與撰寫一篇學術論文所花費的時間相等。就我自己的經驗來看，這根本不是事實。產出一篇只有一萬字的學術論文需要花我數月甚至數年的時間來研究、撰稿和修改。一篇刊在《外交事務》的四千字文章則只需花我不到兩週的時間。至於《華盛頓郵報》的專欄更只需花我三十到九十分鐘的時間。並非所有文章都需要付出同樣的心血。這種誤解導致對公共參與的耗時被過度高估，然後又以喪失學術成就的理由來誇大其機會成本。

甚至還有更嚴重的誤解：參與公共領域會完全取代學術的耕耘。媒體平台數量的擴增已經以多種方式幫助了各門學科。學院之所以如此迅速地適應社交媒體和線上發表，部分原因是這些平台還以多種方式促進了傳統的學術研究計畫。[67]部落格文章或推特發文可以取代在期刊中通信的傳統作法。特別對於政治學家而言，與公眾或政策制定者互動可以使學者發現公眾或是政策共識與公認之政治科學理念不一致的問題點。這為政治學家創造了進一步參與的機會。一切現有證據都表明，由於社會科學家越來越常為主流媒體撰寫文章，學術圈參與這種活動的回報提升了，而任何形式的懲罰則減少了。

即使這種態度正在改變，但以上的例子也揭示了問題的嚴重性。瓦夫雷克的錯誤建議造成了負面的影響。大多數在社會科學領域中想獲得博士學位的人，在進入研究所時多少即帶有影響公眾辯論的渴望。不過學者也是慣性動物。在其職涯的成長過程中，他們被訓練成只專注於有同行審查制度的刊物，並且僅為同儕學者寫作。他們所需要的只是一些資深學者的幾句建言，鼓勵年輕學者進行自我審查的建言。如果一位社會科學家既傑出又幸運，那麼大概需要十到十五年的時間才能獲得博士學位，接著站上有望獲得終身職的位置，最後正式取得終身職。走入公眾一事其實很難，就好比期待他們突然開始鍛煉那已經萎縮數十年的「溝通肌肉」。這就像硬要世界一流的籃球員同樣在棒球比賽中表現出色一樣，原因只是他小時候喜歡打棒球。

這裡有個相關的問題：理念市場的聲望等級與只存在於學院內的等級並不完全匹配。在公共領域中生存和發展所需的技能與在傳統學術界生存所需的技能有所不同。後者建立在原創性研究、仔細的事實核對、嚴格的同行審查以及引用相關權威學術文獻的基石上。擅長參與公眾領域的作家具有一些不同的相對優勢：快速、清晰、機智以及提供自信之即時分析的能力。這種技能組合在學術層級結構中分步並不平均。兼職教授、研究生或非專業人士可能在傳統的學院範圍內處於邊緣地位，但在更廣闊的理念市場中，他們的力量也許要大得多。

現代理念市場會回報那些願意與更多受眾互動的知識分子，而學術界強調研究成果，較少關注與外界的接觸。儘管有些學者可能在這兩項任務上都表現出色，但有些教授更有可能在接觸公眾方面比其他教授做得更好。這些技能開創了公眾認可的新途徑，超越了傳統學術守門者的控制範圍。對學術權威的任何僭越都會令那些從學術現狀中受益最大的人心生憤慨。如果有哪種新的規範或是等級違背了既存的學術結構，那麼自然會引發懷疑和不滿。加入社交媒體宣傳自己學術成果的資深學者必須面對如下這個現實：儘管他們的學術聲譽來之不易，但研究生可能會比他們擁有更多的推特粉絲。

如果某些學者確實與更廣泛的受眾產生互動了，他們也會有罪惡感。我的學界同事偶爾會稱讚我是個好作家，但這種話聽在我耳裡總像是挖苦的恭維。如果一個人以出色作家的身分著稱，那麼其中微妙的弦外之音是：他的陳述能力要比理念發想更勝一籌（後面這點才是令教授發光發熱的要素）。許多學者將清晰與頭腦簡單混為一談。很久以前，加爾布雷斯即警告過經濟學家：「任何膽敢以容易理解之方式撰寫有關金錢主題的人必冒嚴重的道義風險，因為別人會指責他過分簡化。」[68]謝麗爾．布德羅下面的這段話正好回應了上述的觀點：「有些資淺學者擔心，如果自己的研究以通俗用語撰寫或發表，這種研究將不會被視為『真正的』政治學。」[69]

曾經有人告訴我，有些同事認為我得益於寫作能力，因此我的二流文章才有機會刊登在一流期刊上。想像一下：我的行文流暢到同行的審核專家受了迷惑，於是不願發揮他們的批判能力了。這不是很好笑嗎？這種指控實際上是很荒謬的。加爾布雷斯觀察到：「在社會科學的領域中，很多教人費解的文章都是因為作者的思路不清晰或不完整所致。從技術上來講，對於你尚未思考周全的事情，你可能會因保險起見而故作模糊。對於你自己都還只是一知半解的事，你不可能以讓人一目了然的方式呈現出來。萬一行文直白，豈不自暴其短了？」[70]除非那些負責同行審查的專家願意承認某些模式、估算技術或是批判性的分析沒有道理，否則蹩腳的作家就可以利用同儕審查的機制叫賣差勁的想法。[71]然而，當人家說我是一位好作家時，我內心的學者面還是感到一絲忐忑。

如果學者的專業動機與投入公眾的作法是背道而馳的，那麼為什麼每次克里斯多夫重複「標準訴狀」時，會有那麼多學者反對呢？第一個原因是，即使只在過去的十年中，規範也發生了很大的變化。大學裡的行政人員以及學術主管對有能力為普通讀者寫作的教授越來越讚賞了，而且還採取了一系列措施來確保資淺學者能將其學術研究轉化為更容易被外界接納的形式，尤其在社會科學領域方面。例如，「托賓計畫」（Tobin Project）贊助了與政策辯論有關的學術研究。他們還安排決策者和學者之間的會議，以促進思想交流。同樣，卡內基公司也資助了「彌合差距倡議」（Bridging the Gap Initiative）組織，這是由三所大學組成的財團，目的在於對資淺學者進行輔導，並將他們與外交、國防和情報界的決策者聯繫起來。由著名社會學家兼政治學家提達．史可波勒（Theda Skocpol）領導、由學者和研究人員組成的協會「學者戰略網絡」（The Scholars Strategy Network），在國家、州和地方議題上也採用類似的策略。[72]「社論專欄計畫」（Op-Ed Project）則致力於培訓女性學者，期待她們為更廣大的受眾撰寫論文。

過去十年中發生了很多變化。先前討論的許多墨守學術成規的趨勢似乎在本世紀初達到頂峰。甚至有些批評家也承認，這些趨勢已經有所逆轉。[73]針對國際關係學者所進行之一項又一項的調查顯示，大家已普遍接受與公共領域的互動。大多數國際關係學者表示，他們已經與政壇人士進行意見交流、倡導自己的專業觀點，並針對現實世界的事件來改變研究的標的。[74]根據二〇一二年對國際關係學門教授的一項調查，百分之五十一的人認為部落格改善了學術圈的局面。整整百分之九十的受訪者認為部落格優化了外交政策的制定。[75]企圖阻止此類發表管道的反動勢力輕而易舉就被擊退了。許多學者藉由其經營方式備受推崇的部落格將自己的職涯推向更高的境界。沒有人會因為僅擅長運用社交媒體就獲得終身教職的殊榮，但是公共參與不再被視為學院內部的負面行為。

如前所述，媒體的大格局也發生了變化。史丹佛大學政治學家詹姆斯・費倫（James Fearon）在直接回應克里斯多夫的專欄文章時證明，政治學家實際上已經提高了他們在新聞界的知名度，然而與此同時，克里斯多夫卻聲稱情況正好相反。[76]二〇一〇年，艾茲拉・克萊因在《華盛頓郵報》上指出政治科學邊緣化的現象，但四年後，他在「聲音傳媒」中改口聲稱：「也許我從事政治新聞業以來發生過最好的事就是政治科學的興起。」[77]諷刺的是，就在批評「學者過度依賴深奧之量化技術」的聲量逐漸增強的時候，正好也是走入公眾的工作開始獲得主流認可的時候。

即使過去「標準訴狀」的部分內容十分重要，它對學院的影響也已有所減弱。但是，如果學院的困境不能歸咎於庸劣的寫作以及範圍的局限，那該歸咎於什麼呢？創造出現代理念市場的那些變化也影響學院作用於理念市場的能力，只是大多數的方式都不是很好。

世人對迄今為止一直受人尊敬的機構已減低了信任感，這是象牙塔面臨的一大問題。試圖積極參與公共事務的學者會面臨外界欲使學院無法遂願的攻擊（通稱「學院戰爭」）。由於大學學費漲幅持續高過通貨膨脹以及薪資成長，經濟學作家紛紛抨擊學貸的爆炸式增加，並宣布高等教育已有「泡沫化」的現象。越來越多不同身分的批評家持續挑剔學院的諸多缺失。一段時間以來，「學院戰爭」一直是政治右派的主軸訴求。自從威廉・F・巴克利的《耶魯的神與人》（*God and Man at Yale*）一書問世以來，保守派就為象牙塔貼上無神論、左派與孤芳自賞的標籤。保守派對學院砲火全開的作法是代代相傳的，從巴克利到艾倫・布魯姆（Allan Bloom）的《美國思想的終結》，再到羅斯・杜塔特的《特權》和娜歐米・謝弗・里萊（Naomi Schaefer Riley）的《學院休息室》（*The Faculty Lounges*），這些都是一條脈絡下來的。

最近保守派對學院的批評集中在言論的限制上。格雷格・盧基安諾夫（Greg Lukianoff）與喬納森・海特（Jonathan Haidt）譴責了學院出於嬌寵學生的考量而講求言論的得體性，亦即「清洗校園內可能引起不快或是冒犯性的言語、理念以及議題」。盧基安諾夫所領導的「教育體系內之個人權利基金會」（FIRE）專門忙著記錄「政治正確性」四處氾濫的案例。盧基安諾夫和海特並不是唯一指出這點的觀察家。[78]他們筆下多的是令人震驚的秘辛：從西北大學的一位教授因公開批評其大學的性騷擾案處理過程而面臨《教育法修正案》第九條*的調查，再到衛斯理大學

* Title IX：於一九七二年六月二十三日實施的美國法律。簡而言之，這個條款禁止接受聯邦經費的各級教育機構有任何性別歧視行為，它適用於由聯邦資助的教育機構的任何教育計畫，包括入學、招生、課程設置、職業教育、體育等各個方面。

的學生因校園報紙刊登有爭議的社論而發起停止補助該出版物的運動。[79]每個案例都證明了如下的假設：校園正在扼殺知性探索的精神。

保守派對學院的批評並不是新鮮事。但連左派也發出不平之鳴則是前所未見。女權主義者抨擊大學是猖獗性侵犯罪的避風港。少數族群則批評結構性的特權，宣稱這種特權存在於大多數白人和亞洲學生就讀的學校中。隨著終身教職機會減少以及工作人員與行政職缺的爆增，教授自身也開始哀嘆大學本末倒置的措施。[80]左派批評家惋惜大學成為精英主義、新自由主義和社團主義（corporatism）的堡壘，因為他們認為高等教育的目標已轉為取悅出錢贊助的企業。

例如，威廉·德瑞西維奇《優秀的綿羊》這本書的核心內容即在批評大學對新自由主義原則的屈服。[81]他因大學只讓學生為市場經濟做準備卻犧牲了更高知識的學習而感遺憾。德瑞西維奇在自己那篇作為哈珀（Harper）文章續篇的論述中更進一步加重他在《優秀的綿羊》中對名牌大學的批評，指責這些大學將知識和道德探究的目的拿來當作市場原則祭壇上的犧牲品：「這就是新自由主義時代的教育……一種將所有價值貶低為金錢價值的意識型態。一件東西的價值就是它的價格。一個人的價值就取決於他的財富。新自由主義告訴你：你的價值完全按照你在市場上的活躍程度而定，套用華茲華斯的話，就是你的收入以及支出。」發出這種批評聲音的人，並非只有德瑞西維奇而已。其他人則為「美國大學中不斷攀升的社團主義」感到悲哀。[82]

這些來自保守主義和社團主義的批評處於完全緊張的狀態。正如盧基安諾夫與海特所觀察到的，政治正確性「教導學生以非常不同的方式思考。這為他們職業生涯所做的準備是很不理想的，因為職業生涯要求知性投入，以便他們能與不合情理或錯誤的人和理念進行智力較量」。如果這是真的，那麼德瑞西維奇指責大學是新自由主義的培育箱則是錯的。如果德瑞西維奇的說法是正確的，那麼盧基安諾夫和海特的假設就是誇大其詞了。儘管如此，這兩種批評並行不悖的事實表明，兩派都支持對大學發動的戰爭，並且對安坐在象牙塔中的教授不屑一顧。這使決策者和公民更容易將學術干預排除在公共領域之外。難怪「標準訴狀」能持續引發同情。

即使有人認為學術研究不受高等教育一般的弊端所牽連，然而對學術研究的信任感一樣也已遭受蝕害。許多頂尖教授的名聲因為抄襲醜聞而受損。在本世紀，像史蒂芬・安布羅斯（Stephen Ambrose）、多麗絲・基恩斯・古德溫（Doris Kearns Goodwin）、查爾斯・奧格里特里（Charles Ogletree）、勞倫斯・特里布（Laurence Tribe）和馬修・惠特克（Matthew Whitaker）這樣高高在上的學者都被人逮到剽竊較不知名學者的研究成果。金融經濟學家也被指控在其學術工作與諮詢工作之間存在重大利益衝突。[83] 近幾年來，也發現了其他學術詐欺的手法。二〇一〇年，著名的社會心理學家狄德里克・史塔佩勒（Diederik Stapel）承認自己的數據是完全偽造的。二〇一五年，有一篇在《科學》雜誌上發表的政治學論文被撤銷後，《紐約時報》報導說：「此案不僅動搖了政治科學界，而且也動搖了公眾對科學機構審查學術新發現之方式的信任。」[84]「撤文監督」（Retraction Watch）是一個致力於揭發學術詐欺案件的部落格，它的編輯發現，這類案件更有可能發生在素孚眾望的期刊上。[85]

即使在沒有發生學術詐欺的情況下，社會科學研究的穩健性也日益受到質疑。兩位美國聯準會的經濟學家對頂尖經濟學期刊可仿擬再現的研究發現（replicable findings）進行了調查，發現他們自己只能仿擬再現三分之一的案例。他們於是得出結論：「由於我們即使在作者的協助下，也僅能成功仿擬再現樣本中不到一半的研究成果，因此我們發現：經濟學的研究成果通常是無法複製的。」[86]最近有一項針對心理學期刊所做的研究成了頭條新聞，因為它發現這類期刊中僅有三分之一的研究成果禁得住仿擬再現方法的檢驗。當然，這項研究本身也引起了有關其研究方法的爭議。[87]對於任何非專業的讀者而言，這種你來我往的互駁又進一步削弱了該學科的權威。許多社會科學學科都設法提高仿擬再現研究結果的能力，但這些舉措也被懷疑誤用標準而遭到結實的反擊。[88]由於這類醜聞、爆料以及爭議層出不窮，外部的觀察者便很容易懷疑學院的價值。

理念市場的其他變化（政治兩極分化和經濟不平等情況加劇）也削弱了學者在現代理念市場中大展雄圖的能力。克里斯多夫對學院中政治同質性的責難的確是無法反駁的，難怪他在隨後的專欄文章中又繼續關注這個議題。[89]政治兩極化的問題是，學者們幾乎普遍都處於政治光譜的一端。無論看民意調查還是競選捐款的流量，如下的事實是無可爭議的：作為一個整體，美國學者比起其他的美國人更傾向自由主義。[90]過去針對學者所做的調查表明：大學教授也始終比美國普通民眾更具自由主義色彩。但是，在過去的二十五年中，這種分歧更進一步加深了。據加州大學洛杉磯分校的高等教育研究所每三年一次對學者進行的意見調查顯示，在一九九〇年，象牙塔中自認為自由主義者和左派分子的人數總和約略等於溫和派的人數。如圖3.1所示，到二〇一〇年，自由主義派的人數卻已是溫和派的兩倍，更幾乎是保守派的六倍了。如果只看社會科學和人文學

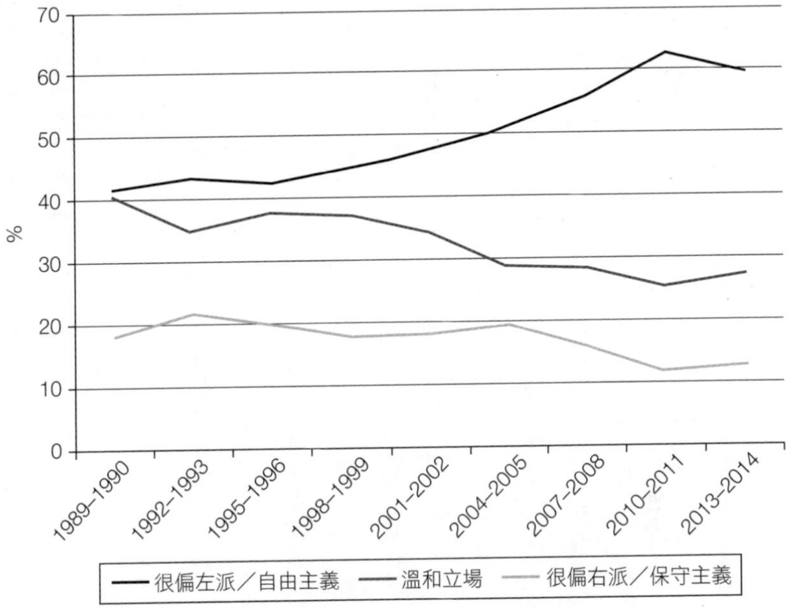

圖3.1　學院中的政治偏好，一九八九至二〇一四年

資料來源：http://heterodoxacademy.org/problems

科，自由主義者和左派分子的比例甚至更高。[91]

需要清楚交代的是：學院的這種向左傾移並不一定使學術研究沾染政治偏見，就像武裝部隊官兵的向右傾移並不會損害軍民關係那樣。軍事以及教授職業都屬專業。不論政治或個人的喜好如何，專業人員都是根據自己的專業培訓來完成工作的，而培訓的內容與過程又是由該學科的規範和標準所決定的。自馬克斯．韋伯（Max Weber）的時代以來，這就是學者們普遍接受的想法。[92]在軍隊裡，這意味士兵尊重指揮系統並遵守自己的榮譽守則。在學院裡，這代表個人的政治觀點必須與自己的研究結果還有在教室裡教的東西分開。例如，科里・羅賓（Corey Robin）恰好位於美國政治光譜的左側，並且在課堂外從事活躍的政治活動。然而，他會嚴格地將這種活躍行動與他教學和研究的專業職責區分開來。[93]

雖然專業精神可以確保左傾學者仍能進行出色的研究，但是政治異質性的缺乏卻也帶來更深層次的問題。有一項對社會心理學的觀察得出如下結論：自由主義的政治偏見並不會使現有的研究失效，但它會導致未來的研究方向走歪。最重要的是：「研究人員可能專注於驗證自由主義進步的論述，而規避面對那些質疑該類論述的議題。」[94]社會學也面臨著類似的問題。有篇文章得出如下的結論：公共社會學向左傾移「壓縮了可接受的學術範疇，並妨礙了社會學的洞察力」。[95]這些問題並非上述子領域所獨有。其他的研究也證明，學者的政治傾向與其在國際關係和法學的研究軌跡之間存在著一定程度的關連。[96]學院的向左漂移很容易使保守派人士忽略或譏笑學者的公共介入。

校園中向左傾移的趨勢也對校友的捐款產生負面的影響[97]，並且使大學在向現代理念市場尋求經濟援助的過程中遭遇更大問題。與其他機構相比，學院與慈善資本家的關係惡化了。美國的富豪過去是象牙塔最大的推動力。在上一個「鍍金時代」，洛克菲勒、摩根、福特和卡內基等巨擘創建或資助了美國一些最重要的大學。大學當然仍舊從極富有的校友那裡獲得很多金援，但是目前的富豪們對「影響力投資」（impact investments）、甚至對慈善事業都更感到興趣。[98]贊助者希望他們的捐款對現實世界以及理念市場雙雙產生直接影響。但正如布魯金斯學會（Brookings

Institution）的達雷爾・韋斯特所指出的，學院並不能與這種倡導完美配合：[99]

> 隨著大學陷入越來越深分歧的政策爭論中，捐錢給學術機構的行為也越來越難與宣傳行為劃清界限。許多具有強烈意識型態的捐助者都希望教育機構能根據其意向舉辦活動、出版報告，甚至提供符合其興趣的主題課程。這樣的要求會使想設法保持中立機構身分的學院陷入困境。

另外還有一群億萬富翁暗示，大學的優點太被高估了。這種想法的形成有一部分來自如下這個活生生的例子：比爾・蓋茲、史蒂夫・賈伯斯和馬克・祖克柏並未從大學畢業，但都在矽谷揚眉吐氣。政治評論部落格Instapundit的格林・雷諾茲（Glenn Reynolds）之類的評論家甚至斷定，儘管存在大量相反的證據，仍應證明大學是一種被嚴重高估的機構。[100]

一些億萬富翁說得更直白，因為他們認為當前的象牙塔實際上令理念市場停滯。按照這種思路，大學存在的目的僅為生產畢業證書。貝寶（PayPal）的創始人彼得・提爾（Peter Thiel）做得最透徹。他設立了「提爾獎學金」，如果獲獎者願意在執行該計畫的兩年中「跳過或停止大學學業」，即可獲得十萬美元的獎勵。[101]提爾認為：「大學可以幫助以前的人做出研究成果，但也可能妨礙他們做出新的東西，畢竟他們為了讀大學而背負龐大的學貸壓力。」提爾還透過無數次的採訪和評論，一而再、再而三強調這個論點。在一次接受《旗幟週刊》編輯威廉・克里斯多夫的採

訪時，提爾說道：[102]

二〇一四年的大學體制就像一五一四年前後的天主教教會……教授群和教士階級沒有兩樣，他們工作的負擔不重，而學子則背負大筆學貸以購買代表凡間救贖的文憑，這和贖罪券的性質頗為近似。我和十六世紀觀點相呼應的地方是：宗教改革主要將會來自外部世界。

在其他接受採訪的場合和著作中，提爾還使用了不同的比喻，將名牌大學說成零和競賽或是時尚夜店。[103]

為什麼學院與地理中心位於史丹佛大學的行業之間存在敵意？說句公道話，與經濟的其他領域相比，大學文憑對技術領域而言，其必要性是低很多的。但是我認為，富豪們對學者的敵意很大程度源自另外兩個方面：首先是大多數社會科學研究傾向於摒棄事件的「偉人理論」（"Great Man" theory）。我將在下一章對此進行更多討論，但在這裡先強調的是：大多數學者傾向於認定，大多數富豪之所以能成功，是因為他們站在巨人的肩膀上。他們的能力很重要沒錯，但是這些能力不足以說明他們為何成功。這點與富豪們白手起家的標準論述相牴觸，因此可能會在思想上與生活經驗上使他們感到不快。

學院與富裕階級之間的最後一個衝突是文化上的。雙方都對理念非常好奇，但是他們的知性態度是天差地遠的。二十一世紀的慈善家對行動很感興趣，但教授則對分析較感興趣。這種差距可以追溯到馬克斯・韋伯的《學術作為一種志業》。在其中，韋伯懇請教授將自己的學術任務與生活的其他領域（尤其是政治領域）分開。這倒不是說學者不能參與公共領域。韋伯指出：教授的主要任務是「教學生認識『麻煩的事實』」。韋伯進一步認為政治行動完全是另一回事：「能使人成為優秀學者以及學院教師的特質並不足以使他在實際生活中成為一名領導者，尤其是政治領導者。」[104]扮演公共知識分子角色的學者會試圖跨越這兩種身分，並冒著任何一種都做不好的風險。[105]

教授在職務上很大程度地秉持了韋伯那遠離政治圈的告誡。學術界將社會視為可供其研究、調查、分析甚至是發表意見的對象，而非供其施與作為的目標。外界看待學術方法的觀點已經改變了。如今，在某些方面，世人對那些方法已非尊重，而是不屑一顧。例如，湯姆・沃爾夫（Tom Wolfe）在一篇關於學術知識分子之措辭險奇的文章中總結道：「知識分子想要的無非就是堅守一個世紀前某個輝煌時刻人家如魔法般賦予他的那些東西。他只想保持高高在上的立場，並且就像瑞維爾（Revel）曾經說過的：遠離暴民、沒教養的市儈……『中產階級』。」[106]對於批評家來說，學院的視野似乎是精英主義的。看在潛在捐助者的眼裡，這不啻是無所作為的同義詞。

針對象牙塔的這份「標準訴狀」既是對的也是錯的。毫無疑問，學院的確有許多怪現象和缺點，例如滿紙術語的論文和職場野心。但是，克里斯多夫及其支持者認為這些特質導致學院無法影響理念市場的說法卻是錯的。許多個別學者都充分利用了新的理念市場。有一些人利用快速成長的媒體平台以便與更多的受眾互動。另外有一些社會科學家進入了黨派的軌道，在政府裡任職或在整個政治光譜中維持自己的聲譽。還有一些學者設法吸引有興趣金援其研究的富有贊助人。

有個問題是：最有可能在理念市場中出人頭地的學者是那擺出思想領袖姿態的學者。學者相對流露出的自信程度對於他人如何看待其主張具有不容否認的影響。儘管發表學術成果應該重於一切，但有自信的學者可以影響輿論也是不爭的事實。我知道有些同事好做驚人的大膽預測，儘管有充分的理由懷疑他們所言為真，他們依然氣定神閒，我好羨慕這點。

雖然有個別的學者已學會如何在理念市場中生存和發展，但我們很難說整個學術界都群起效尤了。其中一個理由即是被「標準訴狀」指責之學院裡的規範。另外一個理由則是：學院很容易受黨派攻擊。而後面這理由大部分的成因又是學術研究人員推出來的許多結論與政策制定者、媒體以及潛在贊助者的世界觀大異其趣。學者經常以傳統公共知識分子的身分介入理念市場，摩拳擦掌準備解釋何以某某新的政策理念可能窒礙難行。贊助人寧願為思想領袖提供資金。思想領袖具有兩種贊助人偏愛的特質：對於變革抱持積極態度，以及堅信自己將能有所作為。

當然，「學院」一詞涵蓋許多不同的學門，其中一些對外交政策理念的市場尤顯重要。這些學門中有一些（例如經濟學）在理念市場中的表現要優於另一些（例如政治學）。這是為什麼呢？

第四章
為何經濟學一枝獨秀而政治學卻僅勉強圖存？

想像一下，就業市場對社會學家或政治學家要比對經濟學家更有利。這會讓經濟學家非常氣餒。

理察·弗里曼

當我還在研究所讀經濟學和政治學時，我一次又一次聽到這個相同的笑話：如果一個經濟學家跳槽到政治學系，那麼它就提升了這兩個系的平均水準。這個機巧的笑話恰好是錯的。問題是，許多原本聰明的人都信以為真。

尼古拉斯·克里斯多夫抨擊的目標是放大來看的象牙塔，不過他也將大部分火力集中在政治科學上。克里斯多夫感嘆：「政治學這門我曾經最愛的學科是個特殊的冒犯者，而且就實際的影響力而言，它似乎正企圖自殺。」[1]並非只有他一個人提出這種指控。的確，在克里斯多夫的「標準訴狀」發表不到六個月之後，湯姆・里克斯（Tom Ricks）也發出幾乎相同的怨言，直指在外交政策中「政治學澈底無關緊要」。[2]

政治學家經常對該學科所謂的罪行進行自我鞭笞。羅伯特・普特南於二〇〇二年在對美國政治科學協會發表的主席講話中指出[3]：「為公眾（還有公共利益）服務已成為我們專業權利和義務之外又添加上去的東西。」幾年後，艾倫・沃夫（Alan Wolfe）在《高等教育紀事報》中也寫道：「大家只能盼望政治學家能決定……回到過去那個搞清現實比提倡自己拿手方法更重要的年代。」最近，研究國際安全的學者史蒂文・范・埃弗拉（Steven Van Evera）寫道：「美國社會科學被凝固在毒琥珀中……這種結構的學科貯存塔導致了心胸狹窄、了無新意的學術單一文化。」[4]麥可・戴須（Michael Desch）總結道：「簡而言之，問題是學者們越來越將嚴密性與特定技術（數學和模式）等同起來，而忽略了更廣泛、具實質意義的標準。」[5]這一切觀點似乎正中克里斯多夫下懷。

但是，這種說法有兩個問題。首先是對政治科學不具實質意義的怨言可以追溯到克里斯多夫那篇專欄發表的好幾十年前。一九二七年，美國政治科學協會主席查爾斯・比爾德（Charles Beard）已抱怨過「細密卻無關緊要的學術研究」如何「在積累訊息的過程中導致視界窄化」的危險。一九三九年，羅伯特・S・林德（Robert S. Lynd）也觀察到，政治學的問題在於它沒能足夠快速地跟上政策制定者的步伐。他得出的結論是：「學術界的政治學家生活在安逸的文雅圈子裡，這和選區政客只求快不求好的原則格格不入。」一九五一年，大衛・伊斯頓（David Easton）在《政治雜誌》上寫道：「社會科學家與政客之任務區隔過於鮮明又過於不自然。」[6]早在「形式建模」（formal modelling）或「貝氏統計學」（Bayesian statistics）之類的工具被廣泛運用於該學科之前，政治學家就一直抱怨政治學被視為無關緊要。「新近的方法學潮流才是造成政治學被邊緣化的原因」，說這話的人是貪圖方便而選擇健忘罷了。

第二個問題是：在經濟學的領域中，一切所謂政治學的罪惡都以更加濃縮的形式存在。經濟學由於採用賽局理論、先進的計量經濟學、隨機對照試驗（randomized control trials）和更多奧妙的方法，所以在社會科學領域裡一直走在最前沿。對社會科學的關鍵怨言（令人困惑的技術、複雜的方程式、古怪的論文書寫風格）同樣迴盪在對經濟學領域的批判裡。至於那些寫出一般公眾都看得懂的文章的經濟學家，那算讀者走運。保羅・克魯曼是一位頭腦清楚的詞匠，但有一次他向讀者坦白道：「我希望各位認為我還算一位過得去的作家，但是說到經濟學，英文只是我的第二語言，因為我首先用圖表和方程式進行思考，然後才會譯成英文。」[7]克魯曼是數一數二具自覺意識的經濟學家。大多數其他人可能不太在乎自己文筆的素質。如果克里斯多夫對學院的指控在因果上是正確的，那麼經濟學應該是社會科學中影響力**最小**的一門。但是，正如我們將要讀到的，相反的說法似乎也行得通。確實，影響力和聲望差距是如此之大，以至於那些回想起比爾德觀點的政治學家都渴望與經濟學建立更緊密的聯繫。然而，像加爾布雷斯和戈登・圖洛克（Gordon Tullock）這兩位差異性如此大的經濟學家還是有一個共同點：瞧不起政治科學。[8]

這種矛盾突顯了對於政治科學的批判還有個更深層次的問題，亦即對於決策者而言，它過於深奧或者技術門檻太高。倒不是說這門學科的特徵必然是錯的，而是它不具實質上的意義。儘管學院整體而言都已提升了與外界親近的程度，但是經濟學是最符合克里斯多夫諷刺對象的社會科學學門，並且在理念市場上最具影響力。當政治學在理念的現代市場中勉強圖存時，為什麼經濟學卻能蓬勃發展？答案指向了現代理念市場「如何」並且「為何」獎勵和懲罰社會科學的不同學門。

評估經濟學和政治學的相對影響是一項容易的任務。所有可用的證據在在表明，經濟學家在學院的內部和外部都有特大的聲量。根據社會學家瑪莉恩・富卡德（Marion Fourcade）的說法，經濟學家處於社會科學啄食秩序的頂端。[9]經濟學家的平均薪資是社會科學各學門的同儕中最高的。他們擅長在整個學院環境中安身立命。他們不僅在自己的系所中謀求職位而已。該學科在大多數商學院和公共政策學院中也占了教席，並且將觸手伸進了法學院。其他學科也經常引用經濟學家的話，但是後者卻沒有同樣頻繁地與其他學科禮尚往來。著名的經濟學家丹尼・羅德里克（Dani Rodrik）解釋道：「由於經濟學家使用一種語言和一種方法，因此他們容易無視或貶低非經濟學家的觀點。」[10]富卡德及其同事得出的結論是：[11]

> 大多數經濟學家對自己的附加價值十分自信。在他們背後支持的是相當統一的學科框

架，而且他們當中有許多人認為較高的薪資也反映了某些實在的基本價值，此外，從報紙到國會委員會再到國際政策界的整個體制結構都在向其徵詢意見（在艱困時期尤其如此），凡此種種都使他們感到欣慰。

經濟學的影響遠遠超出學院之外。如上一章所述，政治學家的知名度有所提高，但該學科的影響力和經濟學比起來就黯然失色了。政策制定者、媒體管道和廣大公眾似乎比較看重經濟學家說的話，而非其他社會科學學科專家的觀點。財政部或美國聯準會官員在國會作證時，也經常參考經濟學的學術文獻來證明自己的想法正確無誤。國務院和五角大廈的官員都不會引用國際關係學界的看法。政治學家雅各布·哈克（Jacob Hacker）指出：「當你去和決策者談話時，如果在場還有其他的社會科學家，那麼那個人是經濟學家的可能性高達百分之九十。」[12]媒體管道的感受與此相似。韋克佛瑞斯特大學（Wake Forest）的政治學教授、前微軟全國廣播公司評論員梅莉莎—哈里斯·裴瑞（Melissa-Harris Perry）解釋道：「媒體對各種專家的看待並不相同，比方經濟學家承擔的責任是巨大的，是該學科天生固有的。有人認定，經濟學家就是有本事知道自己所言何物。」[13]難怪在二〇〇六年之後的十年中，《紐約時報》提到「經濟學家」的頻率是提到「政治學家」頻率的七·五倍。這並不奇怪。自二〇〇八年以來，這種差距已擴大成一道鴻溝[14]。

媒體之外，對現任和卸任外交政策制定者的調查表明，他們對經濟研究的重視遠高於政治科學研究，這讓那些認為經濟學技術令人生厭的研究人員大感詫異。[15]我本人對公共政策意見領袖

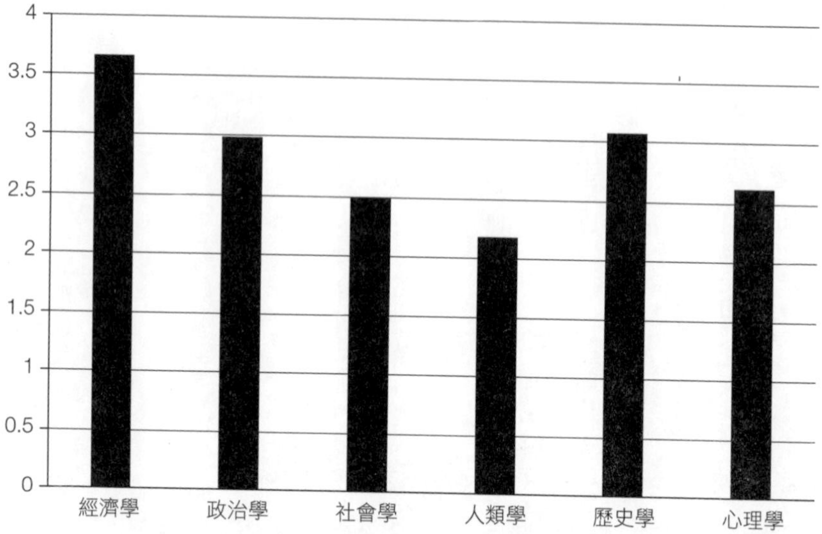

圖4.1　社會科學對外交政策的影響：精英階層的感受

備註：理念市場精英針對如下問題所做出的回應：「你認為如下這些社會科學學門對公共政策和外交政策有多大的影響？」（受訪者人數＝196，可信任的等級從1到4）
資料來源：作者調查

的調查也證實了這一發現（如圖4.1所示）。我問他們，不同的社會科學學科對公共政策和外交政策的影響有多大時，經濟學很容易脫穎而出，超過政治學、歷史學、社會學和其他種種。政治學是僅次於經濟學和歷史學的第三大相關學科。

至少從本世紀初開始，傑出知識分子擁有經濟學背景的遠多於擁有人文學門背景的。在理察・波斯納所列出世紀之交以來前一百名知識分子的排行榜中，經濟學家的人數超過了其他任何學科。[16]在年度《外交政策》全球前一百強思想家排行榜上，經濟學家的人數超過了藝術家和小說家的人數。對思想領袖線上影響力的分析表明，經濟學家輕而易舉便勝過所有其他的學科，站上了領先的地位。[17]上一個十年，史蒂文・李維特（Steven Levitt）的《蘋果橘子經濟學》（*Freakonomics*）在出版界引起了轟動。近十年來，托瑪・皮凱提（Thomas Piketty）撰寫的那本長達八百餘頁有關不平等的專著《二十一世紀資本論》（*Capital in the Twenty-First Century*）（譯自法文）躍升至亞馬遜的銷售榜首。[18]經濟學似乎已取代文學批評，成為知識分子登上超級巨星地位的「普遍方法」。與其他社會科學相比，被戲稱為「鬱悶科學」（dismal science）的經濟學已在理念市場上占了主導地位。

經濟學與政治科學以及國際關係的對比是極其鮮明的。當經濟學家對緊急政策議題達成壓倒性共識時（例如二〇〇八年秋季需要凱因斯思想來刺激經濟時），他們的建議可能會產生可觀的政策效果。[19]當政治學家形成共識時，其對公共政策的影響仍然可以忽略不計。例如，二〇〇四年秋天，一大批國際關係理論家組成了「明智外交政策安全學者團」。該組織起草並簽署了一份請願書，要求改變美國的外交政策，並委託一家公關公司幫助媒體宣傳。這項工作顯然旨在影響二〇〇四年的總統大選。這種被其組織者稱為「韋伯式行動主義」的型態很值得我們注意，最主要因為它沒能成功。這份請願書極少引起媒體的關注與報導。「明智外交政策安全學者團」的幾位主要推手後來總結道：「從公共教育的較大目標來看，我們的努力是一個慘痛的失敗……那封信對國家理念市場的貢獻微乎其微。」[20]

對於政治科學的鄙視不止於此。在一項對資深決策者的調查中，政治學家麥可・戴須和保羅・亞韋（Paul Avey）發現，政治學的理論和方法經常被歸入「不是很有用」或是「根本沒有用」

的等級。[21]這批相同的決策者都發現經濟學具有價值。布魯斯．詹特森（Bruce Jentleson）和伊利．拉特納（Ely Ratner）發起了「縮小差距行動」，旨在加強政治學學界與政策界之間的聯繫。他們仍須承認：「政策界對於與華盛頓特區之外的學者聯繫並且消費學術研究的興趣依然有限。」[22]

並非只有政策制定者才有觀感差別的問題。廣大公眾似乎也加入決策者對政治科學鄙視的隊伍。二〇一四年，美國政治科學協會委託一個工作小組調查公眾對該學科的看法。該小組的結論非常悲觀：「廣大群眾似乎並未將政治學視為能幫助自己進一步理解政治或幫助解決公共問題的有用資源……在某種程度上，美國人所理解的政治學就是：這只是大學裡教的東西，而不具有更廣泛的用途。」[23]

政治學家已內化了該學科在公共政策辯論中無足輕重的情況。政治學家有關該主題的論文大多數都對自己的束手無策發出自卑消沉的哀嘆。史蒂芬．沃爾特是數一數二知名的國際關係理論家，是那本有爭議的《以色列大廳》（*Israel Lobby*）的合著者，也是《外交政策》的定期撰稿人。儘管如此，他還是在二〇一二年寫道：「學術理論（包括我自己的著作在內）對國家實際作為的影響（直接或間接的）相對較小。學者們可能相信自己是在『對權威當局說實話』，但在大多數情況下，權威當局是聽不進去的。」[24]史蒂芬．克拉斯納（Stephen D. Krasner）是著名的國際關係理論家，曾在美國國務院擔任國務卿萊斯的國家政策規劃總監，他也提出了類似的評估[25]。多項研究和調查得出如下的結論：「儘管大多數學者認為自己的研究仍與政策息息相關，國際關係學者卻認為該學科已經從有實質政策價值的學術領域轉向更基礎的研究。」[26]美國政治科學協會承認：「各方都有一個強烈共識……學者其實不必與許多想了解更多政治科學知識的讀者脫節。」[27]即使像「猴籠」這樣的部落格也擴大了政治學家可以影響理念市場的方式。經濟學家泰勒・科恩（Tyler Cowen）總結道：「政治學仍然遠遠落後於經濟學。」[28]

總而言之，所有證據都表明了：經濟學高踞在社會科學金字塔的頂端，是理念市場上最重要的學科。即使在國際事務領域，政治學的重要性也比較低。

經濟學在理念市場上的卓越地位有一點尤其令人印象深刻：該專業在過去十年中陷入的境地多麼糟糕。在二〇〇八年之前，許多經濟學家聲稱宏觀經濟學的思想狀態非常好，並且已經達成了廣泛的意見共識。諾貝爾獎得主羅伯特・盧卡斯（Robert Lucas）曾寫道：「原始意義上的宏觀經濟學已取得了成功：它那如何預防不景氣的核心問題已經在所有的執行面上得到解決，而且實際上已經解決數十年了。」[29]這段話等於具體呈現了上述那種共識。國際貨幣基金組織的首席經濟學家奧利維耶・布蘭查德（Olivier Blanchard）在二〇〇八年八月發表一篇時機特別不對的論文，並且劈頭便斷言道：「宏觀經濟學的狀況十分良好」。[30]很少有金融經濟學家準確地警告過二〇〇八年金融危機之前房地產泡沫化的危險。[31]實際上，當經濟學家拉格胡拉姆・拉詹（Raghuram Rajan）在二〇〇五年對金融工程化*的程度表現憂慮時，拉里・薩默斯（Larry

* Financial engineering：用數學和工程學的方法建立金融模型，側重於衍生金融產品的定價和實際作用。它最關心的是如何利用創新金融工具，更有效地分配和再分配個體所面臨之形形色色的經濟風險。

Summers）指責他是「盧德主義分子」＊。「效率市場假說」†等理念有助於從一開始就激勵造成經濟泡沫化的政策條件。[32]

二〇〇八年金融危機以來的這些年，在經濟理念市場中貢獻的人並不太吃得開。所有類別的預測都失敗了。行為經濟學家理察・泰勒（Richard Thaler）得出如下結論：「經濟模型做出了許多錯誤的預測。」[33]雷曼兄弟倒閉以來，美國聯準會的經濟學家一直高估了預期的增長率。國際貨幣基金組織的預測人員不得不繼續下調其對全球經濟增長的短期預測。失敗率如此之高，以至於該基金會特地研究為何需要進行如此多修正的原因。[34]問題在於經濟學界的獎勵機制並未對預測的準確性給予很高重視。正如經濟學家諾亞・史密斯（Noah Smith）在彭博社中指出的那樣：「受到高度重視的那些理論通常是最新穎的（比方使用最新數學計算的理論），而不是經驗上行得通的。」[35]有些經濟學家甚至開始關切辯論中「數學濫用」的問題‡[36]。

宏觀經濟學領域犯的錯誤尤其嚴重。有位經濟學家甚至表示，它的主要模型其實是「對普通民眾的花巧詐騙」。[37]在雷曼兄弟破產後曾短暫出現過建立在凱因斯主義上的共識，但後來一群較為保守的經濟學家開始提出異議。有兩篇重要的經濟學論文為財政撙節政策提供了知識原理上的幫助。二〇〇九年十月，阿爾貝托・阿萊西納（Alberto Alesina）和西爾維亞・阿爾達尼亞（Silvia Ardagna）發表了一篇國家經濟研究局（NBER）的論文，提出了多個緊縮財政的主張。[38]二〇一〇年一月，卡門・萊因哈特（Carmen Reinhart）和肯尼思・羅格夫（Kenneth Rogoff）也共同發表了一篇NBER論文，以支持美國緊縮財政的觀點，其核心論據是：債務與國內生產總值比率高於百分之九十的國家將經歷嚴重的經濟增長放緩。保羅．克魯曼甚至斷言：萊因哈特和羅格夫的論文「可能比經濟學史上的任何一篇論文更能對公共辯論產生更直接的影響」。[39] 身為思想領袖，這些經濟學家在提供政策建議方面超越了他們的研究成果。這些緊縮政策的影響從促成緊縮性財政政策到造成破壞不等。[40] 後來的研究表明，其中有篇論文犯了不少錯誤。

至於金融經濟學，芝加哥大學經濟學家路易吉．辛格萊斯（Luigi Zingales）抨擊了他自己所隸屬的子領域，承認「我們對金融收益的看法太誇大了」。[41] 史丹佛大學教授保羅．普萊德勒（Paul Pfleiderer）指責金融學者將模型用得像變色龍一樣，「專挑對自己最有利的理論」，提出不一定基於現實的觀點。[42] 投資顧問巴里．里特霍爾茲（Barry Ritholz）一再抨擊經濟學家在二〇〇

---

* Luddite：十九世紀英國民間對抗工業革命、反對紡織工業化的社會運動者。後世也將反對任何新科技的人稱為盧德主義者。

† Efficient-market hypothesis：一種經濟學說，由尤金．法馬（Eugene Fama）於一九七〇年深化並提出的，是金融學中最重要的七個理念之一，其對有效市場的定義是：如果在一個證券市場中，價格完全反映了所有可以獲得的資訊，那麼就稱這樣的市場為有效市場。

‡ Mathiness：保羅．羅默（Paul Romer）創造的一個術語，用來描述經濟分析中特定的數學濫用。一個致力於符合科學規範的作者應使用數學推理來闡明自己的分析。「數學濫用」的目的不在澄清，而是誤導。根據羅默的說法，有些研究人員使用不切實際的假設和對結果的歪曲解釋來推動意識型態，並使用複雜的數學煙幕來掩蓋自己的意圖。

八年金融危機前後所提出之「了無生氣的理念」。[43]其他經濟學家也承認，對金融變數的褊狹關注使他們錯過了危機及其後果的政治根源。[44]這些失敗支撐著艾倫．布蘭德（Alan Blinder）已風行了幾十年的基本原理：世人總在經濟學家彼此意見最分歧的時候最聽信他們。[45]

即使在經濟學家共識最強的議題上（例如自由貿易）依然會犯錯誤。對於經濟學家一次又一次的調查都顯示出他們普遍支持貿易的自由化。經濟學家一面倒地同意，自由貿易可提高生產力並增加消費者的選擇，而且從長遠來看，這些益處遠大於對就業的任何影響。[46]儘管如此，經濟學家經常在政策辯論中誇大自由貿易的好處。[47]例如，有充分的證據表明，中國加入世界貿易組織對美國經濟產生了嚴重的分配性的影響。在中國貿易衝擊開始後的十年中，薪資一直停滯不前，失業率也居高不下。此外，從中國進口商品的策略導致工人失去工作，令這些人經歷更劇烈的工作變動，而且收入一直下滑。[48]幾位經濟學家哀嘆如下事實：儘管經濟學家同行之間對自由貿易的確切利益進行辯論，但對公眾的論述卻過度簡化。[49]《紐約時報》經濟記者班雅明．阿佩爾鮑姆（Binyamin Appelbaum）得出如下結論：「經濟學家把自由貿易說得天花亂墜。」[50]

如此倍受議論的錯誤真是多不勝數，而且圈子裡也越來越多人認清這個事實。[51]巴里．艾興格林（Barry Eichengreen）承認：「二〇〇八年的金融危機已使我們對經濟學自以為了解的很多內容產生疑問……如今我們知道，原本以為真實的事很多皆非如此。」保羅．克魯曼寫道：「據我所知，經濟學界誤入歧途，許多經濟學家還以為披上數學這件華麗外衣的美人便是真理。」[52]心有戚戚焉的專家甚至撰文揭露該領域內部的缺陷。[53]但是，就學科本身而言，能產生的變化很有限。對二〇〇八年金融危機做出最錯誤陳述的經濟學家看到自己被引用的次數增加了。作者得出如下的結論：經濟學「看起來像是一個封閉的、效率低下的市場，但進入其中的門檻卻很高」。[54]

政治學顯然也好不到哪裡去。冷戰的和平終結、二〇一一年的阿拉伯之春和二〇一六年共和黨總統大選黨內初選等重大衝擊使政治學家感到驚訝。[55]即使是對次要事件的預言，該學科也同樣頻頻出錯。[56]儘管如此，政治學也非常正確地猜準一些大事。政治學家帶頭反駁「暴力衝突中的平民傷亡全都與『夙仇』（ancient hatreds）有關」的論點。[57]例如，大多數國際關係學者都反對二〇〇三年入侵伊拉克，並抵制為入侵暖身的「團結在旗幟下」（rally round the flag）的活動。[58]美國政治學家還大大改善了對大選的預測模型。的確，過去幾個選舉週期顯示的情況始終是：敗方的黨員一直強烈抗議專家的預測，而事實證明這些預測大多是正確的。在某些領域中，政治學界已經形成與首都圈不同的強大共識：政策制定者對於世界政治聲譽的重視過度誇張，或者外國持有美國國債一事對美國外交政策的影響有限。儘管如此，決策者在這些問題上幾乎忽略了政治學家。

外交政策界的精英隱約認識到，經濟學也許能收穫一些成效。如圖4.1所示，我對輿論精英的調查表明，他們認為經濟學是最具影響力的學科。但是，如圖4.2所示，面對「哪種學科對於個人最有用」這一問題時，他們卻認為經濟學落後於歷史學。儘管如此，經濟學家仍然是社會科學領域中的佼佼者，排擠了其他同樣可以提供政策建議的學科。[59]正如塔勒指出的那樣：「在所有的社會科學家中，經濟學家在影響公共政策這方面作用最大。說實話，他們在提供政策建議這件事

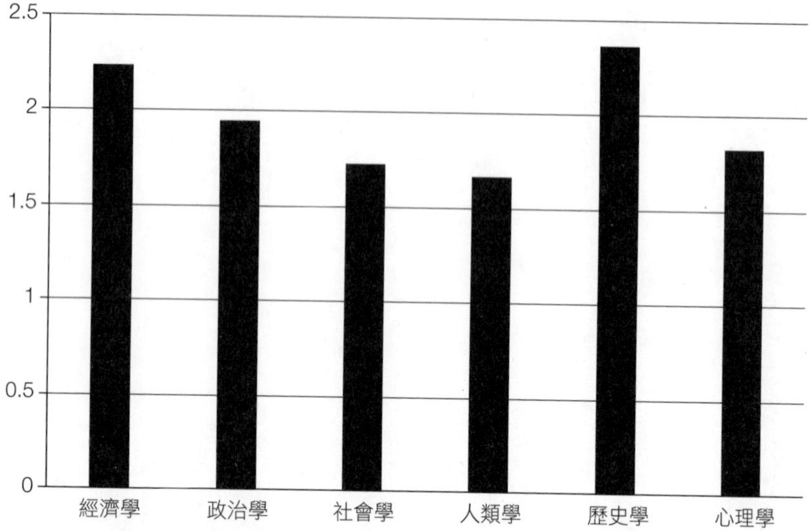

圖4.2　精英對社會科學學科的信心

備註：理念市場精英回答如下問題：「你目前對以下各社會科學學科的研究有多少信心？」（受訪者人數＝198）

資料來源：作者調查

上可說是處於壟斷地位的。直到最近，很少人會邀請其他社會科學家來參加會議。」[60]或者，就像哈里斯·佩里（Harris-Perry）解釋過的，主流媒體的看法是：「一般人不會認為，政治學家擁有經濟學家無法提供的獨門訊息。」[61]

特別引人注目的是經濟學在一九七〇年代對知識危機的反應與過去這十年之反應的對比。一九七〇年代，經濟學因未能解決停滯性通貨膨脹的現象而導致學科發生巨大的變化。戰後時代占據了主導地位的凱因斯主義後來由於無法控制薪資、物價並改善經濟增長停滯，因此被冷落在一旁了。[62]基於個人選擇、理性預期和市場力量的方法很快就占了上風。但是這些方法後來也無法應對二〇〇八年金融危機的動盪及其後果。然而，奇怪的是，這種失敗並未導致該學科發生任何觀念上的轉變。

經濟學家犯下了克里斯多夫指責整個學院的一切可能罪過。在現實世界發生令人不安的動盪之後，在一些核心假設開始受到質疑之後，這門學科依然沒有發生太大的變化。儘管如此，經濟學家仍然在理念市場中蓬勃發展。為什麼呢？

正如富卡德等人所觀察到的，由於經濟學對於核心原則的正確性具有高度的信心，因此經濟學才會對理念市場產生重大影響。[63]經濟學家認為，與社會科學中其他的兄弟學門相比，他們擁有整套出色的分析工具。這種信心確實有時會助長傲慢之心。經濟學家都懷著輕蔑的態度對待社會科學的其他分支。[64]丹尼．羅德里克即是明顯例子。不容否認，他在自己的許多著作中都對社會科學其他學門的價值表示讚賞。然而，在《經濟學規則》中，他也說了一些離題話，認為經濟學比其他社會科學學門更為嚴謹，比方他說：「在很大程度上，經濟學是唯一一門對那些不曾在研究所接受必要訓練的人而言幾乎完全無法理解的社會科學。」[65]即使有些經濟學家承認，非經濟的因素也很重要，他們對這些因素的描述也是貶義的。卡門．萊因哈特和肯尼思．羅格夫在他們合撰的《時代不同了》中認為：「體制、貪腐和治理」在決定國家相對富庶的程度上比資本／勞動比率*重要得多，但他們仍將這些因素描述為「軟因素」。[66]若說社會科學家不願自己的研究

---

* capital／labor ratios：資本—勞動比率是指用資本總量除以勞動總量得到的平均每個工人擁有的資本量。

牽扯上某個字眼，那個字眼便是「軟」了。

由於我本人修過經濟學和政治學兩種博士課程，因此根據我個人經驗，前者比後者姿態更高。在一個經濟知識不普及且計算能力又低的國家中，這種自信本身就是一種知性力量。經濟學家的自信心還呈現逐漸增強的態勢。由於他們的收入最豐厚而且普受尊重，因此有理由肯定他們是靠自己的能力掙來這一切的。

儘管經濟學家在數學方面所受的訓練不如數學家來得扎實，但他們的收入卻超過後者。[67] 這點表明：經濟學家的較高地位並不是嚴格取決於更好的分析工具。然而，其他社會科學學門也試圖模仿經濟學的方法、技術和風格。這在政治科學和國際關係領域尤其如此。《美國政治學報》中的定量性質文章（quantitative articles）從一九六八年的不到百分之四十增長到一九九八年的百分之六十。[68] 經濟學家在一九七〇年代開始接受賽局理論，而政治學家很快就跟進了。隨著一九九〇年代經濟學家轉向實驗方法以及隨機對照試驗，政治學家在二〇〇〇年代也開始接受這些技術。

至少，這種科學轉向使得同儕學者比較能尊重政治學。當國會削減國家科學基金會對政治科學的資助時，美國國家科學院在國會山莊外舉行活動，抗議此舉對社會科學的打擊。[69]《科學》和《自然》（涵蓋所有科學領域的重要期刊）都發表了譴責這些措施的社論[70]。眾多科學協會（從「美國物理學會」到「憂思科學家聯盟」＊）也發表了延續這一舉動的聲明。[71]

隨著政治學家採用了經濟學的方法論，他們也試圖學經濟學家那樣增強自信。政治學家在與公眾、決策者以及同行的人互動時，越來越為自己塑造出科學專家的派頭。有些人將其稱為「新實證主義的復興」。[72]這種新實證主義對政治學家彼此如何溝通的方式產生了一些值得注意的影響。在國際關係學界中，一些學者同心協力主張，「範式辯論」（paradigmatic debates）已是落伍的東西。按照這種邏輯，例如現實主義、女權主義或建構主義中的「主義」並不像科學學術研究那麼重要。[73]這已在有關國際關係的著名教科書中反映出來了。這些教科書不談範式方法，而是強調利益和體制。[74]正如勞倫斯．米德談及政治學論述時所說的：「以往，在研討會或會議上發表論文可能引發對論點的質疑，然後針對所提出的問題進行廣泛討論。時至今日，問題更多集中在方法論上，與會的人對於論點本身已經較無興趣。若與前輩相比，當今的政治科學家在技術上更加熟練，但對政治和政府的了解卻更少，而且知識分子的成色也不如從前。」[75]這種態度是完全與經濟學家之間的對話方式相吻合的。這還會影響政治學家如何與公眾互動（或是如何避免與其互動）。舉例來說，瓦夫雷克主張，學術界的政治學家無需以平易近人的方式發表他們的研究成果，因為「任何科學家都沒有義務讓外行人看懂其科學工作的成果」。[76]

然而，在此點上，這兩個學科之間的根本區別在於，經濟政策制定者和企業領袖接受如下的觀念：經濟學的方法論以及創建理論的計畫具有價值，值得作為決策指南。政策制定者將經濟學

---

* The Union of Concerned Scientists：成立於一九六九年，是一個非營利的非政府組織，由全球十萬多名科學家組成。該組織最初由美國麻省理工學院的教授們倡議創建，主要目的是提出一些報告和忠告，避免科學技術遭到濫用。

家視為專家，卻把政治學家當作走江湖的。外交政策界有許多成員斷然排斥如下的觀念：政治學的方法論和技術可以讓世界政治不少事情解釋得通。然而曾在政府任職的政治學家的確證實了這一觀念不假。[77]經濟政策制定者吸收了經濟學家的方法和術語，而外交事務官員卻不了解國際關係。當然，外交政策領袖對國際關係如何運作有自己一套不明講的理論，而且這些理論常與學術方法背道而馳。[78]甚至其他知識分子也看不起政治學家。在《美國的無理性時代》一書中，蘇珊．雅各比抨擊公共官員樂意以犧牲自然科學為代價來採納「垃圾思想」。不過，她還是痛斥了政治學家，因為「他們常根據過去的行為推測人類未來的行為並下結論，但他們的推理常常是很不科學的。」[79]

因此，政治學家似乎只碰上最壞的一面。他們試圖複製使經濟學家在學界內吃得開的褊狹特質，但卻未能獲得同樣的專業聲譽。政治學家面臨的受眾對於他們的看法與對經濟學家的看法在信任度上是不同的。也許（我是說也許）政治學家誤解了經濟學家在理念市場上欣欣向榮的原因。

經濟學家一直處於社會科學金字塔的頂端，因為當他們參與公共領域時，其作為不像公共知識分子而像思想領袖。經濟學家對自由市場、自由貿易、資本流動性和企業家精神有著強大的共識。從亞當．斯密開始，經濟學已經能夠宣揚「雙贏」的信念。個人追求自身利益時，整個社會也將因此受益，彷彿有一隻隱形的手在指引似的。凱因斯主義在一九七〇年代沒落之後，人們更加強調市場的解放力量。像約瑟夫・史迪格里茲或者保羅・克魯曼這樣的自由市場評論家普遍贊成讓國家利用市場力量來治療市場的弊端，甚至連自由主義經濟學的教科書也談到法令規章效率不彰的現象。[80]丹尼・羅德里克在《經濟學規則》中指出：「今天在公共辯論中提倡市場幾乎成為一種專業義務……在公共場合裡，趨勢走向是取消等級並支持自由市場以及自由貿易。」[81]

經濟學家能夠傳播那些熱衷現代理念市場的人愛聽的想法。懷疑國家出手干預經濟的保守派人士全心全意接受放任主義的訊息。懷疑自由市場的自由主義人士仍然會接受經濟學的建議，以便了解如何使用市場手段來調整法規以及刺激行為。相信經濟活力和技術創新力量的富豪欣然接受了新古典經濟學提出的理念。

現代理念市場的發展為經濟學專業提供了有力支持。正如托瑪・皮凱提在他那本關於不平等問題的書中所指出的：「美國學界的經濟學家躋身高收入的階層，其中許多人認為美國經濟狀況良好，特別是它回報了那些具備才能和優勢的人。」[82]正如克里斯蒂亞・弗里蘭所觀察到的：「在備受富豪階層看重之領域內的學者可以藉由擔任顧問或是對超級精英聽眾演講的方式來倍增自己的收入……即使這些學者從上流人士那裡收取演講費，他們仍在塑造我們所有人對經濟的思考方式。」[83]史丹佛大學某位金融學教授曾對記者承認：「在經濟學和金融學中，如果我想決定自己到底要寫對銀行家有利還是不利的東西……好吧，如果寫有利的東西就可能讓我在曼哈頓與權勢人物一起吃頓晚餐。」[84]

反過來看，批評家指責政治學忽視了「現實世界」，而且算不上真正的科學。[85]更重要的是，該學科對實證主義的加倍研究存在兩個問題。首先，政治學家缺乏經濟學在規範上強而有力的共識。姑且不論是意識型態還是方法，幾乎所有的經濟學家都一致強調「帕累托最優化」（Pareto optimization）。在經濟學中，帕累托最優化的核心理念是：如果一項經濟政策可以至少使一個人的境況變得更好，而不會令其他人的境況變得更糟，那麼世界上每一位經濟學家都會讚揚這一舉動。這種分配效率原則是所有主流經濟學的根源。這樣的原則大大縮小了辯論的範圍，而且也讓經濟學家更方便在彼此之間辯論政策。

政治學缺乏共同的規範核心，但這現象理由充分。除了「高效」的體制外，還有其他許多不同的政治價值被認為是好的。像民主、主權、平等、秩序、安全、正義和自由等概念都受到重視，但彼此也可能產生衝突。政治科學學科內部沒有就應該優先考慮哪些價值觀達成共識。如果沒有那種基本的規範共識，政治學家通常在基本原則上就已抱持不同意見。這使該學科對外行人的吸引力降低了。

信任度的減低，再加上政治學對自身科學地位的堅持，進一步削弱了它影響廣大公眾的能力。例如，當國會迫使國家科學基金會刪減對政治科學的資助時，批評該措施的《自然》雜誌社論便指出：「『應由政客決定什麼值得研究』的想法是危險的。民主固有的功能是建立於公正專家機構之上的。」[86]這種政府理論可能與某些進步主義者情投意合，但對許多公民來說，這聽起來彷彿是精英式的、教人領情似的、反民主的。難怪《國家評論》回應該社論時便指出：「《自然》雜誌公然擁護技術專家治理，此舉直接牴觸美國《憲法》的內容和原則。」[87]政治學家可能辯稱自己提供的是專業知識。但是在政治領域中，主張專業知識可能意味公民不應該有或沒有決定權。在民主制度中，這可能有點令人懊惱。

政治學也比經濟學更容易受到黨派偏見的傷害。可以肯定的是，學術界的經濟學家不如美國公眾來得保守。許多（例如保羅．克魯曼和約瑟夫．史迪格里茲等）最傑出的經濟學家都是自由主義者。儘管如此，調查數據仍然清楚地表明，與政治學相比，經濟學家所抱持的政策觀點相對還是比較保守的。[88]無論比的是涉入黨派的程度、投票模式還是政策偏好，結果都是一樣的。若與社會科學其他學門相比，經濟學的專業還要更加保守，並且呈現出更大的觀點異質性。此外，就像丹尼爾．克萊因和夏洛塔．斯特恩所下的結論：「幾乎在每種情況下，兩黨各自學界的經濟學家都比其他學科的同行更不支持經濟干預。」[89]有趣的是，保守派更有可能涉足宏觀經濟學或者金融領域，而這也是經濟學對公共政策影響最大的領域中的兩個。[90]

相較之下，政治學家的自由主義色彩更濃，且其信奉之自由主義的同質性亦較高。在公共領域產生重大實質影響的公共知識分子通常是傑出的自由主義者。[91]因此，他們的政策建議更容易被當作為一黨之私發言而被嘲諷。政治學家羅傑斯．史密斯指出：「如果政治學家特別關注窮人以及邊緣化的社區，他們很可能會受到指責……說他們除了大肆鼓吹自由主義的偏見外，其他就一籌莫展了。」[92]資深政治學家羅納．羅戈夫斯基表示同意，並且指出：「當代政治學受制於太多而非太少的政策關連性（policy relevance）。政客根本不喜歡有學術研究支持的政策，而是更喜歡適合自己……意識型態的政策（通常由半調子的人所提出）。」[93]羅伯特．傑維斯這位數一數二博學的國際關係學者也承認：「我們大多數人都是自由主義者，這使我們的研究與眾不同。」[94]

保守派非常高興地強調政治學界與美國其他領域脫節的情況。[95]難怪國會限制國家科學基金會資助政治科學的舉措是由保守派的共和黨人率先倡議的。[96]目前，保守派令理念市場中任何政治科學干預失去聲譽的最簡單方法就是將其描述為源自學術界的，也就是中間偏左的。正如美國政治科學協會特別工作組的一篇報告所總結的：「政治科學通常只在公共領域中占一個不自在的位置。正如華盛頓最近發生的事件所提醒我們的，政策和政府中的黨派參與者並沒有義務給予政治學很多尊重，就算政治學家具有寶貴的專業知識並且設法要以中立的方式將其傳播出去，情況也不會有所改變。」[97]

當政治學學者在某些領域中集體擁有的通達觀點與大多數美國選民的觀點有所不同時，外界尤其會指責他們具有黨派偏見。例如在幾個議題上，國際關係學者是與政策制定者或公眾持有不同態度的。學院中的政治學家對訴諸武力的懷疑程度要比公眾高得多。二〇一五年對政治學家和公眾進行的比較民意調查顯示，美國公眾對於使用武力處理烏克蘭、蘇丹、緬甸和中東的問題更為樂觀。伊朗差距最大：百分之六十三的美國人支持對準核武國家伊朗使用軍事手段。相較之下，這種辦法僅獲得國際關係學者百分之二十二的支持。[98]此類分歧恰恰發生在學術專長希望能對民意產生影響的領域中。但是，由於政治的兩極分化現象加劇了，黨派中人很難將政治學視為客觀的知識體系。[99]

然而，政治學與理念市場之間最大的文化衝突是伴隨著新富豪階層的崛起而產生的。問題來自於該學科許多結論的性質。正如艾茲拉．克萊因的適切觀察：[100]

> 政治學家販賣的是對美國政治的結構性解釋。他們無法告訴你個別參議員的想法或者總統競選活動接下來將傳達的訊息，但他們通常可以告訴你，參議院中政黨兩極分化的程度如何、獨立選舉人是否只是掩飾起來的黨派人士，以及可預測結果的選舉通常如何。

這是真的。在二〇一二年的選舉週期中，有兩本書形成了鮮明對比：記者約翰．海勒曼（John Heilemann）和馬克．哈珀林（Mark Halperin）的《雙重挫敗》（*Double Down*）以及政治學家約翰．西德斯（John Sides）和林恩．瓦夫雷克的《賭博》（*The Gamble*）。海勒曼和哈珀林的書似乎強調，二〇一二年競選期間所做的每項決定都對結果至關重要。而西德斯和瓦夫雷克得出的結論則是：一些結構性因素（例如美國經濟表現）在米特．羅姆尼（Mitt Romney）失言*之

---

* Mitt Romney's gaffes：選舉時他曾經失言聲稱美國有百分之四十七的人不用繳稅，羅姆尼說：「這百分之四十七的人會支持歐巴馬。他們依賴政府、相信自己是受害者。他們認為政府有責任照顧自己，認定自己有權享受醫療、食品、住房補助。」但無黨派機構稅務政策中心發布的數據顯示，百分之四十六的美國人二〇一二年無需向聯邦政府繳納個人所得稅，但其中大多數人繳納其他種類稅款。超過一千六百萬美國老年人得益於政府稅收政策，可免繳個人所得稅。

前很久便已決定了二〇一二年的大選結果。這反映了政治科學家與美國公眾在政策結果方面的差距。普通美國人一貫高估個別政客對政策的影響，而政治學家則更傾向於強調結構。[101]

國際關係學者也強調結構性因素。很少有國際關係研究關注如領導才能等個人層面的變數，而關注個別領導人的例子更是少之又少了。[102]近幾十年來，主要的國際關係範式在本質上是系統性的。它們大多主張，國際體系對各國的所作所為施加了強大的結構性約束。肯尼思．沃爾茨（Kenneth Waltz）的《國際政治理論》（*Theory of International Politics*）是學界現實主義者必讀的經典著作。沃爾茨明確指出：「國際政治的結構維持高度恆常的狀態，模式一再重複，事件不斷再現。在國際上占主導地位的關係很少會在類型上或質量上迅速變化。它們反而具有令人沮喪的持久性。」他補充說：「幾個世紀以來，國家已經在許多方面發生了變化，但是國際關係的質量卻保持不變。」[103]對於現實主義者而言，自那時以來，國際關係從修昔底德的年代以來幾乎沒有改變。同樣，國際政治經濟學的主要方法是「開放經濟政治」（open economy politics）。這種範式強調在沒有外來衝擊的情況下，國內的利益和體制會防止強勢決策者偏離政策的各種作為。它與現實主義不同，它不是系統性的，然而它仍塑造出一種世界：在這種世界中，結構和體制會對行動個體施加強大的約束。決策者在開放經濟政治範式中的自主權十分有限。[104]

政治的結構性解釋無論是碰上決策者還是富豪階級都不太吃得開。結構主義敘事的本質強調的是：個人在此時此刻幾乎起不了什麼作用。相反地，決策者傾向於嘗試做出某事。因此，他們對積極行動的最佳途徑感到興趣，而對無所作為的一切原因嗤之以鼻。正如史蒂芬．沃爾特所指出的：「決策者對解釋某種普遍趨勢的興趣通常比不上如何克服這一趨勢的興趣。」[105]國際關係學界的重點在於匯總數據。大家都知道，企業家和政策制定者都會過分強調自己握有特定的第一手訊息。[106]然而，問題比這更為現實。大多數國際關係學者認為沒有哪種特定的政策原則是極其重要的。但這是任何決策者都不想聽到的世界觀。前國務卿迪安·阿奇森（Dean Acheson）在一項研究中發現自己被視為「從屬變數」（dependent variable）時便極力反對，因為他覺得自己是一個「自變變數」（independent variable）。[107]媒體對這種決定論（deterministic）的世界觀也興趣缺缺。政治學家做的專業批評十分乏味，因為他們對大多數頭條新聞的標準回答是：「沒那麼重要吧。」

決策者和主流媒體可能不喜歡聽結構主義的政治學家講話，而潛在的贊助者則更避之唯恐不及。富豪抱持的政治世界觀與實際的政治運作方式有些許差異。他們認為政策問題主要是可以迅速解決的技術問題，或者時機已成熟到可交由矽谷顛覆性文化去處理的狀況。喬治·帕克幾年前曾指出：「在一個理想無摩擦的世界中，科技既是進步的動力，又是財富的來源。此一理想排除了如下事實：政治不可避免代表利益衝突，代表造就出贏家與輸家。」[108]大多數慈善資本家根本不理解利益衝突這一概念。為了讓富豪們改變對政治運作方式的看法，他們就必須聽聽政治學家的意見。但是他們基本上不這麼做。

成功的企業家認為，自己能爬到眼前的地位全拜自己的努力、創造力和冒險精神所賜。[109]換句話說，富豪們非常相信自己的行動能力。他們對那些不像他們那麼有錢的學者所提出的不同意見其實是沒有耐心傾聽的。此外，還有許多慈善家對於花錢影響理念市場一事深感興趣。如果政治學家是誠實的，他們可能會告訴對方，其「政治行動委員會」*或是激進立場的基金會的影響力是被過度誇大了。但是，當政治學家這樣說話時，實際上等於告訴富豪，他們並不像自己認為的那麼重要。這是億萬富翁很不想聽到的一件事。

有些經濟學家認識到，儘管自己是理念市場中最有力的中間人，但這也許未必是什麼好事。羅德里克承認：「在當今的問題上，〔經濟學家〕的觀點經常趨同，然而趨同的方式並無法被現有證據證明為合理。」[110]他繼續指出，那些與公眾互動的經濟學家（被他貼上「刺蝟」的標籤）與該學科其他的成員（狐狸）大不相同：[111]

> 刺蝟面對的問題總是可以預測的：解決方案在於更自由的市場，而不管經濟問題的確切性質和背景如何。而狐狸會回答：「要看情況而定。」有時他們推薦更多的市場，有時推薦更多的管理。參與經濟學公眾辯論的刺蝟最好少一點，而狐狸最好多一點。

羅德里克可能會說，更多的狐狸會帶來更細膩的經濟建議，這倒是正確的，但他也誤解了自己學科影響力的來源。經濟學家認為，他們的力量歸功於自己學科的固有優勢。然而真相可不那麼令人愉快。他們之所以成功，恰恰是因為他們扮演了自信的思想領袖的角色。其他社會科學學門缺乏的是能讓新理念市場贊助者產生共鳴的訊息。結果，像政治學這樣的學科在與公眾接觸方面雖已向前走了許多步，但也退後了不少步。許多政治學家在適應現代理念市場方面也做得很好。不過整體而言，該學科卻從經濟學成功吸取了錯誤的教訓。

如果要說點什麼，學院中政治學的論述確實已轉向更科學的調性，但這也令問題惡化了。這影響了許多想要吸引公眾關注政治議題的政治科學家。僅使用學科專業語言與普通大眾談論政治會產生不好的後果。當政治學家是在彼此交流、而不是與更廣泛的公眾溝通時，使用學科術語來討論政治現象是有意義的。但是，當政治學家使用中性的學科語言討論種族滅絕或警察暴行時，公眾實際上會認為他們在談論可怕的事情。[112] 一般而言，當有關社會現象的公開辯論圍繞方法論的爭端開展時，公眾就不願理睬了。

經濟學家在新的理念市場上吃得很開。總體而言，在新的理念市場中，社會科學其餘的學門情況就沒那麼好。這些學門也具備經濟學那種封閉的、外行人不得其門而入的特性，但偏偏沒享受到任何公眾聲望。因此，政治學家和社會學家似乎有很大的問題。

不過，情況可能更不理想。他們可能在智庫裡工作。下一章討論智庫的處境，以及為何智庫成員的處境甚至比政治學家更糟。

---

* SuperPACS：美國政治組織，旨在籌募及分配競選經費給角逐公職的候選人。

第五章
這不是你爸的智庫

智庫就是一個可於其中思考的……容器……

傑里・塞芬德

吉姆・狄明特（Jim DeMint）於二〇一三年初接替創始人埃德溫・費納（Edwin Feulner）擔任美國傳統基金會主席的職位時，他接管的是保守派運動首屈一指的智庫。自一九七三年成立以來，該基金會一直積極並成功地吸引了國會的關注。該智庫以撰寫簡短、犀利且具分析性的政策摘要而聞名。二〇一二年秋天，卡托研究所的埃德・克萊恩（Ed Crane）將傳統基金會描述為「居領導地位的美國保守派組織」。即使是「進步政策研究所」（Progressive Policy Institute）的威爾・馬歇爾（Will Marshall）等自由主義者也承認：在費納領導下，傳統基金會出版了有關如何推銷與普及政治理念的書。[1] 報章雜誌如果提到該基金會就少不得要將它描述為「國會保守派實際的政策核心小組」，或是「保守派前瞻性思想的金本位」，或是「為華盛頓共和黨提供藍圖的組織」等等。[2]

支持這些主張的論據很有說服力。傳統基金會的經濟自由指數一直是衡量世界各國政策中市場友好性的重要指標，也是美國「千禧挑戰合作計畫」（Millennium Challenge Corporation）分配美國外援標準的組成要素。該基金會的數據分析中心握有必要的知識火力，足以與「管理暨預算辦公室」和「國會預算辦公室」平起平坐，對於擬議入法之案件的經濟影響進行建模評估。從醫療保健到導彈防禦等問題，傳統基金會的報告都對共和黨及民主黨政府發揮了影響。無論政客喜不喜歡該基金會的理念內容，他們都無法視而不見。

狄明特接任的消息一宣布，保守派的知識分子對此不免感到有些恐懼。[3]費納一直被視為發揮得淋漓盡致的政策狂熱者。眾所周知，狄明特具有不少特色，但知識分子身分卻不是其中一項。《評論》（*Commentary*）雜誌的編輯約翰・波德雷茲（John Podhoretz）聽到狄明特被任命的消息後警告：「如果理念不發揮核心作用的話，該基金會將空洞化，這將是極大的遺憾。」《旗幟週刊》編輯威廉・克里斯托（William Kristol）同樣戒慎以對：「我擔憂的也許是做得太多（我當然不反對這點），想得太少。」[4]自由主義者更加直言不諱，例如艾茲拉・克萊因即指出：「如果你想努力提高學術質量，就不該任命狄明特為智庫的負責人。」[5]

然而，基金會和狄明特都認為這項任命代表完美的組合。基金會的一位資深研究員認為，狄明特的就職只是基金會傳統優勢的自然延伸：「這意味我們的學者與研究人員的嚴謹與創新思想，還有我們強大的會員基礎，如今將與國會山莊那些較有效率、較有原則的政治領袖結合在一起。」[6]狄明特呼應了這些觀點。他宣告說：「保守派運動在理念戰中需要強而有力的領導人物」，並向《華爾街日報》保證自己將「保護我們基金會研究的誠實性，而不是將政策內容加以政治化。這基金會並不是又一個草根政治團體。」[7]他對《華盛頓郵報》說：「在我看來，關鍵是確保我們基金會不會以某種方式來實現政治化。它永遠不會推出任何旨在實現某些政治目標利益的政策。」[8]一年之後，狄明特仍然堅持這一信念，因為他告訴《紐約時報》：「我無意在政治上涉入得更深。整個保守派運動都指望我們這個基金會保持知性的誠實。」[9]

但是，狄明特上任後，傳統基金會的企業文化發生了一些變化。[10]狄明特推動了一系列的組織改革，從而改變了基金會的運作方式。狄明特在不同的平台上加碼投入對於基金會研究的行銷。智庫推出了「每日信號」（The Daily Signal）這個植基於傳統基金會分析成果、旨在迎合年輕保守派分子的數位新聞網站。[11]他們在社交媒體上設計並且宣傳政策簡報。狄明特解釋說：「保守主義的理念令人鼓舞，只是以前我們讓那些理念變得太嚴肅了。」[12]傳統基金會的資源也被用來推廣狄明特本人的理念。二〇一三年，他與參議員泰德·克魯茲（Ted Cruz）一起走遍全國，號召反對歐巴馬醫改的集會。二〇一四年，狄明特曾巡迴各地宣傳自己的新書。[13]

然而，這些變化遠遠超出了行銷作為。在舊制度下，傳統基金會被建構為許多分散的政策節點，例如教育、醫療保健和國家安全。在狄明特的領導下，智庫成立了臨時任務團隊，專門負責他當下想推動的任何議題。狄明特的員工會負責審核所有基金會文件，以確保文件內容符合智庫的官方政策。他還提升了智庫「501(c)4政治行動部門」的形象。[14]傳統行動（Heritage Action）是傳統基金會董事會主席、私募股權大富豪喬治・桑德斯三世（George Saunders III）的創意發想。根據《華爾街日報》宣布其創立的那篇社論，傳統行動將成為傳統基金會這頭「野獸」的「新獠牙」。[15]在狄明特的領導下，傳統行動設計出一張計分表，以對國會議員意識型態的忠誠度進行評分。傳統行動的負責人具有政治運動的背景，但沒有政策經驗。傳統基金會一位經驗豐富的工作人員如此描述了傳統行動的領導風格：「他們完全沒有知識分子的謙虛，這點總是讓我感到震驚。他們自以為能和在該領域工作了三十年並獲得博士學位的人平起平坐。」[16]

即使對狄明特在傳統基金會所作所為的紀錄進行最寬容的評估，我們仍會得出「好壞參半」的結論。在狄明特任職的第一年中，幾位受人尊敬的資深研究人員離開了政策部門，其中包括基金會數據分析中心、政策創新中心的負責人以及國家安全的資深學者。然而，更有爭議的問題是傳統基金會在研究中所犯的錯誤。該智庫發布了一項研究，聲稱全面的移民改革將耗資超過六兆美元。[17]人們很快就看出破綻，這一數字是基於荒謬假設而得出的結果。國會預算辦公室對該法案的分析得出的結論是，這實際上能在十年內減少二千億美元的赤字。《商業內幕》（*Business Insider*）稱該基金會的該項報告「徹頭徹尾錯誤」。[18]保守派經濟學家對它的批評更為嚴厲。卡托研究所稱其為「天大謬誤」。「美國行動論壇」（American Action Forum）的經濟學家道格拉斯・霍爾茨—埃金（Douglas Holtz-Eakin）總結道：這項研究「偏見太深，不足採信」。胡佛研究所研究員基思・軒尼詩（Keith Hennessy）表示，傳統基金會的那篇研究報告「對於政策決定毫無助益」。[19]基金會以前的員工同樣抱持懷疑態度。其數據分析中心的前負責人稱該報告「看法失之偏頗」。曾為該組織撰寫有關移民問題文章的前員工蒂姆．凱恩（Tim Kane）在自己的部落格中寫道：他對該報告的「低劣品質感到失望」，還有「傳統基金會拙劣粗魯的估算件件堆累，毫無可信的餘地」。[20]最終，該篇報告其中一位合撰者在外界揭露其文章強調所謂的拉丁裔移民的基因劣勢後，已從傳統基金會辭職了。[21]

然而，移民問題並不是傳統基金會唯一出差錯的地方。智庫委託前布希政府法律顧問辦公室負責人史蒂文．布拉德伯里（Steven Bradbury）撰寫兩篇有關國家安全局那具爭議性之監視管制計畫的論文。布拉德伯里的結論是，該監視管制計畫實際上是於法有據的。但是，根據多份報告所言，狄明特並不喜歡該論文的結論，因此不願它由基金會發表。[22]最後，布魯金斯學會發表了布拉德伯里兩篇論文的其中一篇，此舉和傳統基金會僵化的意識型態形成了鮮明對比。隨著該基金會對狄明特立場的擁護不斷加強，政治和思想上的反擊也隨之而來。二〇一三年，傳統行動在《農場法案》中如何計算票數的問題與保守派國會議員產生摩擦。傳統基金會和狄明特都發現自己受到眾多保守派政治家的批評，其中包括參議員湯姆．柯布恩（Tom Coburn）、馬可．魯比歐（Marco Rubio）以及歐林．赫區（Orrin Hatch）。[23]在狄明特任職不到一年的時間裡，傳統基金會的員工即被禁止參加共和黨研究委員會每週的午餐聚會，而該委員會正是保守派的核心組織之一。根據國會工作人員的說法，他們較少依賴傳統基金會的分析資料。到了二〇一六年，智庫陷入了奇怪的狀況，即一面舉行招待會歡迎眾議院議長保羅．瑞安（Paul Ryan）的幕僚長，一面又讓傳統行動以遊說的方式破壞瑞安所提出的預算規劃。[24]

許多自由主義派的知識分子過去都嘲笑傳統基金會的知識素養。[25]在狄明特就任後，連保守派也開始這樣做了。許多保守派人士在《新共和》、《大西洋雜誌》和《紐約時報》上抱怨，表示對該基金會研究質量的降低感到不滿。[26]一位共和黨的訊息專家沮喪地指出：「傳統基金會曾經是一個大家辯論理念的地方。現在它只講求如何籌集資金的策略。」他警告說：「我敢保證，當狄明特與他們弄壞關係後，他們將不會再支持自由貿易。」[27]後來，狄明特在二〇一五年六月為《國家利益》撰寫了一篇文章，反對歐巴馬總統促進貿易的權力，並聲稱立法機構已「變成為特別利益撐腰的蠢貨」。[28]傳統基金會對川普總統競選活動的影響力超過了其他任何的右傾智庫。[29]

傳統基金會的新風格並未提升其影響力。在外交和公共政策知識分子之間，該智庫的地位直線下降。在我二〇一六年對意見領袖所做的調查中，絕大多數（百分之七十九）的受訪者表示對該基金會的報告不具信心，是調查範圍內任何其他智庫百分比的兩倍以上。這不僅是自由主義派對保守派智庫的成見而已。在明確被認定為保守派意見領袖的群體中，有百分之七十四的人對傳統基金會的報告表示不夠信任。該基金會地位的降低可以直接追溯到最近的權力移轉。在費納擔任傳統基金會總裁的最後一年中，賓夕法尼亞大學的「全球智庫指數」（Global Go To Think Tank Index）在安全、外交和國際經濟關係等領域將其列為前十五名的一個智庫。[30]狄明特接掌基金會的三年後，傳統基金會在上述三項領域中都跌出了前二十名之外。在外交政策的議題上，例如「捍衛民主基金會」（Foundation for the Defense of Democracies）等規模較小的右翼智庫已取代了傳統基金會的影響力[31]。無論往日傳統基金會曾對自由主義派及溫和派的政治家發揮過什麼影響，反正今天都煙消雲散了。

在頭三年的任期中，狄明特沒有任何可以讓他自豪的政治勝利。儘管如此，傳統基金會的新領導階層依然堅持其新的策略，認為共和黨政客對他們的背後中傷始終是「顛覆性的理念所必須付出的代價」。[32]傳統行動的負責人主張，他們藉由改善通訊科技而得以利用草根階層支持的能力，致使智庫能夠發揮更大的政治影響力。傳統基金會的營運長指出，除非政治家能感受到政治壓力，否則出版政策報告根本沒有意義，而傳統行動設計計分表之類的活動正好能產生這種壓力：「我們的作用不是要讓政治家高興或是生氣。我們的目標在於讓自己為國家發想出來的最佳政策能獲採用。」傳統基金會的資深副總裁詹姆士・傑・卡拉法諾（James Jay Carafano）認為，基金會實際上可以充作其他智庫效法的榜樣：「將來，具有競爭力且效率高的智庫將更有可能與姐妹組織結合……以便進行遊說和基層組織活動。」[33]

即使傳統基金會的知識聲譽已不復往日，它的影響力仍然存在。在狄明特上任後的頭三年內，傳統基金會在「全球智庫指數」排名中突飛猛進的兩個領域是「最佳宣傳活動」以及「對公共政策的重大影響」。[34]參議院裡民主黨的第二把交椅迪克・德賓（Dick Durbin）說過：在狄明特領導傳統基金會期間，「他有本事拿進來的錢已創造了一股政治力量」。此外，基於我們將在下文解釋的原因，傳統基金會留意避免因利益衝突的指控而引起的麻煩（這類指控更常困擾布魯金斯或是戰略與國際研究中心等主流智庫）。隨著傳統基金會對強硬保守派的政治控制力增強，其智識影響力也跟著下降。儘管有人對傳統行動抱持反對態度，但它的影響力仍足以吸引大多數二〇一六年共和黨總統候選人參加其在二〇一五年九月舉辦的名為「奪回美國」的候選人論壇。

近年來，沒有其他智庫經歷過狄明特在傳統基金會所倡導的那種顛覆性行動。這是否意味著該基金會正是此類組織的異數或是先鋒？

美國知識分子與智庫之間存在著愛恨交加的關係。一方面，根據定義，這些機構應該參與公共領域。它們確實與學者不同，因為前者的主要目的是在公共政策的現實世界中施展抱負。「戰略與國際研究中心」的資深副總裁告訴《華盛頓郵報》：「我們的首要目標在於對政策發揮影響。」[35]另一方面，有相當多的知識分子瞧不起智庫。社會學家湯姆．梅德韋茲（Tom Medvetz）在其二〇一二年出版的《美國智庫》一書中指出：「智庫必須實現微妙的平衡，既要向普通受眾傳達他們知識的自主權，同時又要向較有限的受眾表明自己的異質性（或是願意依照顧客的要求調整自己的產品）。」[36]總而言之，梅德韋茲認為，智庫的相對優勢在於他們有能力和意願向有錢有勢的贊助者叩頭。在這種情況下，他們壟斷了梅德韋茲所稱之學術理念天地與公共政策間的「間隙場域」（interstitial field）。對於華盛頓特區唯一的本地產業而言，這種描述可不是什麼中聽的話。

我對智庫有些了解。我目前在布魯金斯學會和芝加哥全球事務協會擔任非常駐的資深研究員。過去我曾在另外兩個智庫工作，即蘭德（RAND）和「美國外交關係協會」（Council on

Foreign Relations）。我曾受委託撰寫專文、發表演講並參加許多圓桌會議。就我的第一手觀察，我會認為實際情況要比梅德韋茲所認為的更加細膩複雜。與我合作的智庫感覺像是學院裡的系所和律師事務所的混合體。其實質性的討論既認真又具有分析性，正如我可能在芝加哥大學或弗萊徹學院（Fletcher School）遇到的那樣。但是也有一些教人不安的時刻。至少有一次，我覺得我的智庫老闆想對我寫的報告進行逆向工程*。他知道自己希望那份報告得出何種結論，並且想確定我的分析是否與該結論一致。此外，還有理念應該如何呈現以及營銷等相關討論，這些都是學院中人根本不會經歷到的。我第一次接觸PowerPoint是在蘭德工作的時候。到了一九九〇年代中期，他們已經制定了關於如何發揮該軟體最大效益的操作指南。然而過了一個世代以後，大多數的學院在這方面都還沒能趕上智庫。

對智庫百年歷史的一種較為敦厚的看法是：他們始終游走在兩個範疇之間。他們努力想爭取符合最高研究標準之嚴格的、與政策相關的學術成就。[37]正如前「美國企業研究所」（American Enterprise Institute）主席克里斯多夫．德穆特（Christopher DeMuth）所言：「智庫即是理念的倉庫，經過耐心地發展和培育，就等危機出現時，為那些不惜一切、尋求新方法的務實人士拿主

* Reverse-engineer：是一種技術過程，即對一項目標產品進行逆向分析及研究，從而演繹並得出該產品的處理流程、組織結構、功能性能規格等設計要素，以製作出功能相近，但又不完全一樣的產品。其主要目的是，在無法輕易獲得必要的生產資訊下，直接從成品的分析，推導產品的設計原理。

意。」[38]智庫認為，決策者會因為其理念的品質而聽取他們的意見，而嚴格的分析工作則是維持這種品質的一種方法。智庫在最好的情況下可以為政策辯論提供訊息，將它加以組織並且提升它的層次，同時拿出其知識資本來影響政策產出。智庫是政府在面對嚴峻的政策挑戰時可以利用的重要專業知識寶庫與培育人才的搖籃。最後，種類繁多的智庫可以向或許受到小集團思想牽制的政策團體提供相左的意見。二〇〇六年，麥基納中心（Mackinac Center）的一名研究員創造了「奧弗頓之窗」（Overton window）一詞，用以指代任何特定時刻在政治上可接受之政策的選擇範圍。他認為，智庫的一個目的是強力闡明與自己政治哲學相一致的理念，即使這些政策理念不在那個窗口之內也無所謂：智庫可以藉著將「何謂健全之公共政策」灌輸給立法者和公眾的方式來形塑公眾輿論，同時改變「奧弗頓之窗」[39]。這樣一來，智庫就可以孕育出足以打破既存共識且最終在政治上變成饒富滋味的理念。

這些都是崇高的目標。但是，無論是作為機構的智庫，還是受雇於智庫的分析師個人，都必須滿足客戶的需求，甚至做得比最能說服人的學者還要多。大學擁有更多的固有資產，並從學費中獲得額外收入，但智庫的資金來源則更依賴贊助者、出資人和補助款。這些機構中的個人研究人員也更願意為政府服務，從而使他們更加關注官僚體制的需求。[40]這種誘因結構表明，智庫為了在決策機構中占有一席之地，對權勢組織的批評力道會不及學界人士。[41]此外，智庫會藉由自己在重要辯論中的公眾能見度以及對關鍵決策者的私人影響力來明確衡量自己的價值。一流的學院單位和公共政策學校希望影響理念市場，智庫也需要如此。在爭取公眾關注的競爭中，那樣做是多多益善的。

自出現以來，智庫就一直在努力克服如今困擾理念市場其他部分的交叉壓力。在某些時期中，他們極好地舒緩了這種緊張狀態。然而，最近華盛頓內部越來越多人感嘆美國的智庫今非昔比了。兩黨都對昔日智庫在外交政策辯論中舉足輕重的情況懷念不已，這表明智庫目前可能沒有發揮出自己的潛力。[42] 大衛・羅斯科夫宣稱：「美國的智庫能進行大膽思考的實在太少了。」[43] 歐巴馬政府中的資深官員認為，許多智庫都躲在阿拉伯或以色列出資人的荷包裡。[44] 智庫過去與現在之間的脫節情況可能是懷舊偏見所造成的。隨著光陰流逝，大家很容易忘記智庫對於政策成果那些比較無法清楚辨別的影響。儘管如此，學者、記者、政策制定者和智庫本身也認為，美國的智庫生態系統已然發生了變化。

如果說學院覺得新的理念市場是一片波濤洶湧的水域，那麼智庫所面臨的更是一場大海嘯了。領導賓夕法尼亞大學智庫和公民社會計畫的詹姆斯・麥甘（James McGann）斷然指出：「除非智庫學習如何創新並且適應迅速變化的政治經濟條件，否則終將滅絕。」[45] 我們在第二章中討論的那些轉變已經對智庫如何資助和委託研究產生了深遠的影響。這些構造性的轉變引發了許多人懷疑這些組織與其捐助者相對的自主性。不少以美國為基地的智庫已經從可能以暗示或明示方法限制其知識自主性的贊助來源獲取資金。最近的報導稱那些贊助者已經影響了幾個著名智庫的研究目標。[46] 美國智庫未來能否保持其集體的適切性（還有這是否是一件好事）將取決於他們如何適應新的理念市場。狄明特領導下之傳統基金會的發展走上了一條問題重重的道路，但是「無黨無派」智庫的集體苦難則走上了另外一個方向。顯然，理念市場已經改變了智庫的知識和經濟氛圍。

美國智庫的歷史可以恰當地分為三個階段。[47]這些組織第一波出現在「進步時代」*期間。改革的領導人物認為，技術專長應該取代黨派關係以及保護策略，這才是協助政府決策者的最佳方法。渴望將專業知識導入政府的進步主義者以及因政府反覆無常的干預而受挫的企業家彼此結成聯盟。[48]國家開始按照規章施政，這帶動了隨之而來的需求，即需要外部專家就制定政策的最佳方法向政府提供諮詢。在洛克菲勒、福特和拉塞爾塞奇基金會種子資金的挹注下，智庫因此誕生了。一九一〇年，卡內基國際和平基金會成立。六年後，「政府研究所」（Institute for Government Research）成立，後來更脫胎為布魯金斯學會。第一次世界大戰過後，當美國大部分地區都呼籲實施經濟孤立時，美國金融家則幫助成立了「美國外交關係協會」，以倡導更加國際化的立場。[49]該協會於一九二二年開始出版《外交事務》。

第二代的智庫因第二次世界大戰的發生而出現。戰爭高度擴大了外交政策機構的規模，從而增加了對外交政策專門知識的需求。根據一項統計，在珍珠港事變之後的戰爭年代裡，包括「美國企業研究所」在內，總共成立了三百五十個從事軍事研究的機構。[50]這一代智庫與前一代智庫的主要區別在於資金來源。蘭德公司是誕生於這個時代的傑出智庫。蘭德最初是為美國空軍設計道格拉斯飛機的單位，但最終轉型成為接受聯邦政府資助的研發中心。蘭德與布魯金斯或卡內基不同，它主要透過政府的合約而獲得資金。在接下來的幾十年中，蘭德在國防部制定政策的過程中做出了重大貢獻。蘭德的一個專家小組在冷戰期間對美國核子政策的成形具有極其重要的影響力。蘭德還開發了「系統分析」（systems analysis）的方法以便在易變的局勢中制定決策。[51]第一代老資格的智庫在形塑早期冷戰外交政策方面也發揮了重要作用。例如，後來成為馬歇爾計畫的項目有許多都是在布魯金斯內部敲定的。[52]

前兩代創建的智庫具有許多共同特徵。那兩波浪潮都是由需求驅動的。第一波是因進步主義而起，第二波則是因政府的「專家治國論」而生，兩者都需要官僚機構以外的分析能力支持，從而為智庫打開了利基市場。這兩波浪潮都認為社會科學的專業知識是解決政策問題的關鍵。安德魯．里奇（Andrew Rich）在《智庫史》一書中指出：「為早期智庫提供財務支持的企業領袖和個人是智庫藉由客觀、科學研究進行改革之最強而有力的倡導者。」[53]因此，這種聯結前兩波智庫與學院之間的關係相對較強。在布魯金斯和卡內基的前幾十年歷史中，大多數為其工作的個人都是在名牌大學裡任職的。蘭德集團專注於建構核威懾理論這一事實表明了，這些智庫中大多數的研究員都是可隨意進出學院的人。在二十世紀中葉，智庫被描述為「沒有學生的大學」是十分貼切的。

第三代智庫始於一九六〇和一九七〇年代，其創立動機不同於前兩次浪潮中「技術治國論」

---

* Progressive Era：在美國歷史上是指一八九〇年至一九二〇年間，美國的社會行動主義和政治改良紛紛湧現的一個時代。

所發揮的影響。這些由傳統基金會領軍的智庫與前輩在關鍵點上有所不同，而這些差異正象徵塑造現代理念市場的力量。最明顯的區別在於意識型態。布魯金斯、蘭德、卡內基、美國外交關係協會以及美國企業研究所都宣稱自己的立場是無黨無派的，然而較新的智庫則公開表現自己的意識型態。傳統基金會創立之初就志在走保守主義的道路。創建於一九七七年的卡托研究所無論在思想上和信念上走的都是自由意志主義的路線。又過了一個世代的時間，自由主義者才創建出明確走自己路線的智庫，例如成立於二〇〇三年的「美國進步中心」（CAP）。

其他還有三點能將新一代智庫與他們前兩代的智庫區別開來。首先，傳統基金會和卡托研究所獲得了個人慈善家的資助，這與富裕人士在現代理念市場中的作用是一致的。在傳統基金會這個例子裡，釀酒商約瑟夫・庫爾斯（Joseph Coors）提供了大部分的啟動資金。查爾斯・科赫（Charles Koch）則為卡托研究所提供了前三年的營運資金。[54]第二，與前幾代的智庫相比，最新一波的智庫更多專注於政治宣傳上而非學術研究上。甚至在狄明特擔任傳統基金會的總裁之前，智庫的知識輸出就已經被設計來供國會的工作人員使用。就本質而言，傳統基金會首選的呈現方式是簡報而非書籍。「美國進步中心」創建時，501(c)4的遊說團體「美國進步行動基金」（American Progress Action Fund）也跟著成立。那就是二〇一〇年「傳統行動」創設的靈感源頭[55]。

最後的區別是，最新一代的智庫對學術資格的重視程度降低了。根據特維・特洛伊（Tevi Troy）的說法：[56]

較早成立的智庫今天擁有博士學位的學者往往比新一代機構裡擁有博士學位的人要多得多。例如，在一九六〇年之前成立的具代表性的智庫中，有百分之五十三的學者擁有博士學位。在一九六〇年至一九八〇年成立的具類似代表性的智庫中，有百分之二十三的學者擁有此類學位。然而在一九八〇年以後創立的智庫中，只有百分之十三的學者受過最高等教育。

即使博士學位並不是完美的衡量標準，即使沒有這種高等文憑，也有可能從事高階的政策工作，但是博士學位比例的下降確實表明，最近在華盛頓成立的智庫不再遵循「無學生大學」的模式。

對於這一波新的智庫而言，更重要的是意識型態的一貫性。「競爭企業研究所」（Competitive Enterprise Institute）的所長告訴一位採訪者：「像我們這樣的團體該如何贏得信譽呢？老實說，我們樹立了明確適用的標準。我們有很強的觀點，我們從未偏離過這一觀點。」[57]

這個第三代對整個智庫生態系統的影響是好壞參半的。一方面，不同智庫之間競爭的加劇可能有助於他們改善政治主張和效率。專門以智庫為研究對象的學者唐納・雅伯森（Donald Abelson）指出：「在過去幾十年中，智庫發生的大變化是，他們在理念市場上的投入極深。他們在政治上更精明、技術更先進、競爭能力更強。」[58]

在最近的歷史中，美國的智庫在制定美國外交政策方面確實發揮了關鍵作用。雷根上任第一年的施政劇本即是美國傳統基金會的叢書《領導職責》（*Mandate for Leadership*）。雷根政府大約落實了傳統基金會兩千多條建議的百分之六十。蘇聯解體後，兩黨的智庫開始就如何將北約擴大到東歐認真推行了第一階段的工作。「美國企業研究所」和「戰爭研究所」對二〇〇七年布希總統在伊拉克增兵戰略的制定至關重要。[59]

要是斷言智庫是支配美國外交政策制定機構的勢力，那就言過其實了。但是，智庫確實曾影響了美國外交政策中的關鍵點。更廣泛地說，智庫中的外交政策團體充當了對有意提出新想法的政府官員的有用傳聲筒。大多數的政策負責人都與智庫互動，以此作為「工作的參考」，但這種對話交流有利有弊。[60]如果兩黨智庫專家就某項具體措施達成共識，政策制定者就別無選擇，只能表示歡迎並且做出回應。無論是對是錯，這種共識改變了決策者政治算計的政治生態。這種共識的制約因素在歐巴馬任職期間以及川普競選期間都令兩人感到挫折。

然而，智庫競爭的加劇和兩極分化的加劇降低了達成這種共識的可能性。保守派無疑從親近自己的智庫的增長中獲益，但一些參與者也表示了自己的不安。「美國企業研究所」的卡爾琳・褒曼（Karlyn Bowman）告訴一位研究人員：「如果將智庫比成通貨，那麼我想知道這種通貨的後勢如何？會不會由於智庫數量大增及其公開倡議的某些事而失去價值？是否就像威瑪時代的紙鈔一樣變得很不值錢？」[61]同樣，哈德森學院（Hudson Institute）的特維・特洛伊也寫道：「新的智庫必須與其他智庫區分開來。隨著這種區別變得越來越不明顯，智庫發現自己可以藉由採取更加尖銳的意識型態立場脫穎而出，這種作法導致智庫走上日益政治化的道路。」[62]

儘管兩極分化程度不斷上升，但由於美國外交政策體系的網絡緊密交織，二十世紀的智庫仍然能夠發揮其潛力。以美國為基地的智庫，傳統上主要面對內行的精英受眾。正如「新美國基金會」（New America Foundation）負責人安妮—瑪麗．斯勞特指出的：「在我們傳統的企業模式中，我們發布的是針對決策者的專業報告。他們要麼採納要麼不予理睬。」[63]智庫的資深研究員往往是前內閣的官員和總統自選之非正式顧問團的人，他們在返回官方的權力圈子之前會暫時到智庫尋求棲身之處。這些「退場人物」與政府官員已建立起人際網絡，這使智庫能夠探得訊息並將自己的政策理念傳達給目標官員。的確，從歷史上來看，智庫的相對優勢始終是因駐點在華盛頓特區而得以打聽到一些內幕消息。若與學者相比，智庫的政策分析師往往對特定政策領域的官僚或立法狀況了解更多。依我自己的經驗來看，我想不起哪個實例可以證明我比哪個以智庫為根據地的同儕更了解某特定議題的政策內幕。

智庫比較不重視公眾參與的原因很簡單：美國公眾在外交政策問題上要麼不感興趣，要麼發揮不了什麼影響力。[64]隨著冷戰從公眾的記憶中淡出，情況尤其如此。然而，本世紀有兩個事件對智庫在理念市場中的作用產生了變革性的影響。九一一恐怖攻擊是第一個轉捩點。蓋達組織出手之後，公眾對外交事務的興趣突然激增。智庫很快發現自己被推向了公共宣傳的新角色。此時此刻，智庫不再只向政策精英獻策，而是開始向新近對於國際事務感興趣的廣大受眾發表談話。與公眾的這種互動需要外國政策專家以外的大量投資。這些支出包括新的設備、互動式的網站、公共關係資源以及溝通策略（strategic communications）人員。

後九一一年代對於國際事務研究的需求，意味外交事務智庫的流金歲月已然來臨。這反映在人員和設施的增加上。恐怖襲擊促成大量訓練有素的反恐、軍事治理以及中東政治專家的產生。他們可以為政策舖子供應人手。美國政府隨之增加了用於全球反恐戰爭以及伊拉克和阿富汗地面戰爭的開支。源源不絕的國防經費流向軍警部門、國防承包商，同時免不了要流向旨在研究全球反恐戰爭方方面面的智庫。國際事務的智庫不斷增加人員和管理費用。智庫研究員的薪資開始上漲。[65]

持續的需求再加上二〇〇八年以前資產市場的繁榮，在在造就了智庫預算的激增。例如布魯金斯學會在二〇〇三年至二〇〇七年間，年收入幾乎翻了三倍，從三千二百萬美元增至九千二百萬美元。[66] 在二〇〇八年之前的資產景氣期間，這些機構所收到的捐贈也大幅增加了。美國企業研究所的資產在二〇〇二年之後增長了兩倍多，戰略與國際研究中心也是如此。美國進步中心的資產增加了五倍。[67] 在二〇〇一年九一一恐怖攻擊之後的五年中，如果你到華盛頓特區西北部的麻薩諸塞州大道走上一遭，很難不看到某座新的智庫大廈正在破土興建。「美國外交關係協會」和「彼得森國際經濟研究所」（Peterson Institute for International Economics）都在華盛頓特區建起了豪華的新總部。卡內基國際和平基金會擴大了其全球影響力，因此在這期間他們在貝魯特和布魯塞爾設立了中心。像「外交政策倡議」（Foreign Policy Initiative）以及「新美國安全中心」（Center for New American Security）等新智庫迅速崛起，幾乎在成立後馬上對決策者產生影響。

然後來到了第二個轉捩點，亦即二〇〇八年的金融危機。大蕭條令智庫的財務發生了一些慘痛的變化。最直接的影響是它們傳統收入來源的急劇萎縮。在二〇〇八年的金融危機之後，捐助減少，而從捐助中衍生出來的收入自然也減少了。但是，另外兩個主要的資金來源也同樣受到影響。卡內基公司和麥克阿瑟基金會（MacArthur Foundation）等歷史悠久的慈善組織被迫減少捐助，因為在大蕭條期間，他們來自外界的捐助也萎縮了。同時，不斷增加的聯邦預算赤字，再加上阿富汗和伊拉克的軍費支應，在在使來自政府的資源枯竭了。正如國防部長羅伯特・蓋茲在二○一○年談到國家安全預算時所說的那樣：「事情無論大小，只要有支出便可以且應該受到更嚴格的審查。水龍頭關上了，要關上相當長的一段時間。」[68]隨後國防預算的凍結又進一步減少了智庫因政府合約而流進的油水。例如，專精國防開支議題的主要智庫「戰略與預算評估中心」收到的捐款和補貼在二○一一年至二○一三年間即減少了百分之四十以上。減少的主要原因是國防部「網路評估辦公室」*的預算經費已然捉襟見肘。[69]

雖然傳統基金會的失誤不斷，但該智庫依然堅持不懈，因為它並不那麼依賴那些傳統的資金來源。它的主要收入來自個人的捐助。根據二○一四年的年度報告，來自個人捐助者的收入約占其總收入的百分之八十五。[70]這使該基金會不再尋求新的捐助者。傳統基金會的詹姆士・傑・卡拉法諾的確認為，最好的營運模式是如下這種：「智庫利用大量私人來源的資金，完全避免政府

* Office of Net Assessment：或譯為「理論評估辦公室」、「淨評估辦公室」，係美國總統尼克森在一九七三年創建於美國國防部的內部智庫，目的在於規劃未來二十到三十年的軍事遠景，有時會與外部合約廠商合作將研究結果產出相關報告。

的補助，並且對公司捐助和機構補貼的依賴也很少。」[71]此一觀點類似於傳統基金會的資金籌措模式，這其實不足為奇。但在這類組織中相對罕見。[72]傳統基金會顯然是一個黨派色彩明顯的智庫，但它在財務上是可以照應得過來的。

傳統收入金流的萎縮導致大多數智庫選擇了更多非常態性的資源。在某些情況下，這意味與跨國公司建立更多的夥伴關係。在來自「戰略與預算評估中心」之政府資金縮減的同時，提供私人諮詢所獲得的收入在兩年內卻增長了將近十倍。[73]包括「美國外交關係協會」（CFR）、「戰略與國際研究中心」（CSIS）和布魯金斯學會在內的智庫，開創了企業贊助計畫，以便向那些企業提供專屬的專家諮詢服務。根據美國外交關係協會的說法，那些捐款金額達到美金六位數的公司能享有額外的好處：「本協會將派三名研究員基於該公司的利益量身訂做三場簡報。」[74]布魯金斯學會的「公司理事會」（Corporate Council）也給予其會員類似的特權待遇。新美國安全中心也會為類似規模的贊助提供四次簡報。[75]這項向外拓展的工作已獲得了回報。布魯金斯學會就是一個很好的例子：二〇〇三至二〇一三年間，企業捐款占其總收入的比例從百分之七提高到百分之二十五。[76]

站在公司的立場，這種結盟關係與在說客上的花費一樣值得。與傳統政治獻金的方式（例如競選捐款或是遊說國會議員）相比，對智庫金援的限制是比較少的。難怪有更多公司會將資金挹注在智庫上。這是一種「影響套利」（influence arbitrage）的形式。即使企業無法直接對智庫產生影響，但前者的贊助也使自己可以更容易探知後者的政策分析員新發展出的立場和建議。甚至智庫的人也承認這種影響。「國際政策中心」（Center for International Policy）執行主任比爾・古德費羅（Bill Goodfellow）說過：「硬說捐助者沒有發揮影響力其實很荒謬。危險在於，我們這個智庫圈子的腐敗情況並不亞於政治界。」[77]《紐約時報》記者記錄了像摩根大通和聯邦快遞等公司與布魯金斯學會和大西洋理事會（Atlantic Council）等知名智庫的合作方式。記者得出的結論是：「在獵取資金的過程中，智庫正提升對企業捐助者的重視，有時會模糊掉研究人員和說客之間的界限。」[78]

當研究員個人由於提供顧問服務或是其他類似服務而直接獲得企業資助時，這種支持免不了會影響智庫的研究。國防承包商長期以來一直在幫助智庫中的鷹派分析員進入自己公司的董事會中。傑克・基恩（Jack Keane）主要是以「戰爭研究所」所長的身分發表著作的。他出現在通用動力公司（General Dynamics）董事會的頻率已不像以前那麼高。[79]羅傑・扎克海姆（Roger Zakheim）利用自己在「美國企業研究所」擔任訪問研究員的身分推動更多的軍費開支，同時又以說客的身分效力於英國航太系統公司（BAE Systems）。「戰略與國際研究中心」旗下約有七十名專屬專家，他們也從事私營部門的顧問工作。《紐約時報》曾質疑其中的一些安排，該中心承認這是「監督上有疏漏」。[80]

金融部門同樣積極利用對於智庫研究的支持。對沖基金也會透過中間人資助某些智庫的分析員，前提是他們的主張要符合其政策偏好。[81]參議員伊麗莎白・沃倫（Elizabeth Warren）向布魯金斯學會施加壓力，迫使該學會強迫經濟學家羅伯特・利坦（Robert Litan）辭去非常駐資深研究員的職務。利坦曾就管控個人退休金帳戶一事向國會作證，但未透露曾有金融公司資助他的研究工作。在寫給布魯金斯學會主席的一封信中，參議員沃倫警告：「有些隸屬於布魯金斯學會的研究人員，其資金來源不免令外界質疑他們的研究及其結論是否公正客觀。」外部觀察家說話就不那麼含蓄了。海蘭・奧倫（Helaine Olen）直接挑明了講：「有些公司為了讓政府制定恰好符合其底線的規則，往往會爭取那些急著想增加收入的人，然後讓他們以冷靜的態度發表有利那些公司的主張。」[82]

智庫資金的另一個新來源是外國政府。僅在二〇一四年，「大西洋理事會」就宣布獲得了二十五個不同外國政府的財政支持。卡達政府是布魯金斯學院「薩班中東政策中心」（Saban Center for Middle East Policy）的主要支持者。甚至明確禁止從外國政府接收資金的智庫（例如美國外交關係協會）也確實接受外國國有企業和基金會的資金。同樣，一家與中國政府有密切聯繫的中國建築公司在戰略與國際研究中心資助一個新的「地緣戰略學」（geostrategy）研究所。[83]哈薩克斯坦、挪威和阿拉伯聯合大公國等其他小型石油出口經濟體，也同樣積極資助許多外交政策智庫。挪威政府內部的一份報告為金援行為做出解釋：「在華盛頓，一個小國很難有機會接觸到有權有勢的政客、官僚和專家，為強大智庫提供資金是獲得這種機會的一種方式，所以這證明了此種資金花得十分值得。華盛頓的一些智庫公開表示，他們只能為提供資金的外國政府服務。」[84]從二〇〇五年到二〇一四年，外國政府向布魯金斯學院捐贈的現金百分比幾乎翻了一倍。

最後一種新資金的來源是富有的個人捐助者。這些捐助者各懷各的心機。他們當中有許多人為自己資金附加較為公開的黨派立場。像謝爾頓・阿德爾森（Sheldon Adelson）、保羅・辛格（Paul Singer）和伯納德・馬庫斯（Bernard Marcus）這樣的保守派出資人已經向諸如「曼哈頓學會」（Manhattan Institute）或是「民主防衛基金會」等保守派智庫投入了大量資金。[85]此外，像「杜魯門國家安全計畫」（Truman National Security Project）等自由主義色彩較濃的機構也已尋求喬治・索羅斯或湯姆・斯蒂爾（Tom Steyer）等資金提供者的支持。有些智庫已從華爾街和矽谷的捐助人那裡覓得資金，以充實自己的財源。

智庫面臨理念市場變化的同時也面臨一些知識層面上的取捨。依靠更多來自黨派的資金會增加成本和風險。智庫的一種相對優勢是它們能夠召集更多兩黨都支持的活動和倡議，如果沒有它們，這種情況在華盛頓是不太可能發生的。例如，美國企業研究所和布魯金斯學院贊助了多個兩黨的聯合項目。在外交政策的問題上，美國政治光譜上的不同部分可以在特定的政策倡議上找到共同目標，例如貿易政策、反恐行動或是在國外宣揚宗教自由。但是，這種方法會使黨派心強的那些人感到厭惡。正如安妮—瑪麗・斯勞特和本・斯考特（Ben Scott）所指出的：「在許多議題的辯論上，專家的立場與兩黨雙方各自堅守的基礎是很不同的。」[86]比較習慣金援政治運動的贊助者會拿零和的放大鏡審視這種舉措。他們只問誰會從政治上受益，而非考慮政策實施的效果如何。結果，這些贊助者會對獲得兩黨支持的智庫計畫表達疑慮。黨派的贊助者在與一個意識型態非我族類的贊助人合作進行特定項目時，會加倍謹慎。

此外，正如傳統基金會的案例所表明的，智庫在設法保有意識型態的純淨以及政治上的作用時，可能會失去智識上的影響力。然而，一旦這些組織選擇與黨性堅強的人打交道，卻還表現出任何智識上的異質跡象時，就會招致嚴重的風險。威爾遜中心（Wilson Center）的主任簡．哈曼（Jane Harman）解釋道：「對於許多智庫來說，進行開放性的討論等於跟自己過不去。如果他們的聽眾可能把耳朵和眼睛偏轉到其他地方，他們如何敢違拗那群聽眾呢？」[87]在黨派贊助者為王的時代裡，這種顧慮也是基於對荷包的考量。[88]

更直接的憂慮是，這種資金挹注會轉化成加諸於智庫較強勁的控制力。二〇一五年九月，一批洩露出來的電子郵件顯示，傳統基金會努力設法在一些有錢贊助者的偏激觀點以及保持自己一點智識獨立性的願望之間求取平衡，其處境與走鋼索沒有兩樣。該批電子郵件顯示，傳統基金會有的贊助者對歐巴馬總統的美國公民身分表示懷疑，或是建議基金會應邀請某某特定反伊斯蘭立場的演講者。一位傳統基金會發展部門的人員以電子郵件如此回覆後面這位贊助者：「我們敢問其他智庫根本不問的問題，也敢邀請能坦誠面對你所強調之議題的演講人。」他隨後要求該贊助者加碼再捐六位數字的美金給智庫。[89]

另一個例子發生在二〇一一年：當年協助創辦卡托研究所的科赫（Koch）兄弟開始採取行動，在董事會安插自己的人，目的是為了趕走卡托的總裁埃德．克蘭（Ed Crane），並任命一位較能符合自己政治立場的新總裁。根據卡托董事會主席的轉述，大衛．科赫（David Koch）解釋說，他希望卡托「提供知性的訊息，然後我們就可以將這些訊息用在美國人促進繁榮協會*以及與我們結盟的組織上」。[90]克蘭反駁：「到底哪個該死的人會嚴肅看待由石油鉅子操控的智庫呢？」[91]科赫家族最終成功逼走了克蘭，不過他們也退了一步，不再直接控制卡托研究所了。[92]

慈善資本主義的新工具為傳統智庫帶來了另外的挑戰。這些贊助者主要是在金融或科技業賺了數十億美元的富豪。他們已習慣於競爭性的、只問成效的投資回報。他們根本不適應政府決定會嚴重影響政策成果的領域。根據其經商習性，捐助者更有可能提供資金給明確的特定項目，而對一般的財務支持較無興趣。與其資助智庫，他們寧可「自己搞個智庫」。這與過去的時代形成了鮮明對比。根據麥克甘（McGann）的說法：「以前的贊助者捐款給智庫時沒有上限，只丟一句：『你們知道自己在做什麼。想出遠大理念便是。』」如今，「斯廷森中心」（Stimson Center）一位前負責人沮喪說道：「智庫正努力適應一個似乎不再為了知識而重視知識的環境。」環境已然發生巨大變化，以至於布魯金斯學會的常務董事告訴《紐約時報》：「要是能回到二戰後慈善事業最輝煌的年代該有多棒，他們會說：『來，這裡是一百萬美元，你愛怎麼花就怎麼花吧。』」[93]

隨著這些贊助者的興趣轉移到政策界，他們傾向於將資源分配給實際營運的組織，而非智庫。麥克甘最近指出：「智庫的競爭對象包括顧問公司、律師事務所、政治行動委員會、國會說客和倡議團體。」[94]這給智庫造成壓力，令他們對贊助者做出更迅速的反應。在我與智庫的討論

* Americans for Prosperity：成立於二〇〇四年，是美國的自由意志主義／保守派政治倡議團體，由大衛・科赫和查爾斯・科赫資助，是美國最有影響力的保守派組織之一。

中，大家普遍都認識到，自己在提供政策建議這一方面正與其他實體單位處於競爭態勢。正如布魯金斯學會的特德・皮科內（Ted Piccone）對我說的：「現在我們變成智庫了。」如今，許多新舊機構都像獨立智庫那樣在同一領域中互別苗頭，我們將在下一章討論這點。天地雖然變得寬廣，但競爭環境也隨之變得激烈。

智庫很難在實現其初衷的同時取悅每個主人。卡內基國際和平基金會的例子值得業界警惕。該組織以其廣布全球的品牌為榮，例如截至二〇〇六年為止，該智庫已經在北京、貝魯特、布魯塞爾、莫斯科以及華盛頓開設了辦事處。從理論上講，它完全有資格擔任「非正式管道外交」（Track II）活動的召集者，但從實際面看，已經有人開始質疑其領導人物知識獨立性的問題。卡內基的幾位政策分析師也致力於投入獲利豐厚的顧問合作夥伴關係。儘管俄羅斯的政治氣氛比較惡劣，該智庫仍然希望留在莫斯科，這就引發了外界對其研究是否具客觀性的質疑。俄國的異議人士與以美國為基地的幾個智庫的分析員，指責卡內基犧牲其知性的自主以及嚴格的分析以維持其莫斯科總部的設置[95]。這類指控的公正性也受到其他人的強烈批判[96]。然而，由於這個領域通常把不當行為的出現視為重大問題，無黨派智庫也將面臨類似於卡內基的挑戰。美國進步中心的例子指出了屈服於黨派偏袒心態的風險。

美國進步中心在二〇一五年底經歷了一次內部抗爭，因為當時其領導階層邀請以色列總理班傑明・納坦亞胡（Benjamin Netanyahu）前來演講。這是以色列在多年來對歐巴馬政府和巴勒斯坦當局表現好鬥叫囂的態度之後，旨在改善惡化關係的努力。在該中心領導階層點頭同意的同時，其內部左傾的人員卻怒不可遏。在一場煙硝味瀰漫的公開會議上，他們詰問領導階層：「如果我們選擇與之交談的對象未能強調尊重人權，我們如何進行進步的論述？……如果我們選擇與之交談的外國領袖，其觀點和行為破壞了我們的核心原則，我們如何維護這些原則的完整性呢？」[97]包括左派的「公民」（Demos）和右派的國家利益中心在內的其他智庫，也解雇了公開發表與機構偏好相反的言論的個人[98]。

智庫面臨必須應付現代理念市場的重大挑戰，但是還不至於為智庫奏起輓歌。有些人的確這樣做了，因為他們認為智庫根本無法在二十一世紀參與競爭。分析員麥克·坦吉（Michael Tanji）宣稱，「虛擬智庫」最終將取代他們的實體先輩。他創立了僅存在於線上的「威脅意識中心」（Center for Threat Awareness），因為他深信這種「智庫 2.0 版」將比實體的智庫更精簡、更輕盈，畢竟前者不需支付如此高的薪水，沒有實體設備或是管理費用。[99]坦吉在二〇一〇年八月做出了這一預測，然而他的「威脅意識中心」僅營運了短短一年。[100]反而那些實體組織並未滅絕。

在金融海嘯後的時代裡，智庫在獲取資金上遭遇了更為嚴酷的限制。他們在尋覓新的收入來源時面臨道德困境以及權衡取捨。最重要的是，他們現在碰上的是一個競爭性更強的世界。他們不再只於彼此之間較量政策的影響力，而是必須與一系列的其他組織（包括大學裡的研究機構、法律合夥企業、顧問遊說公司以及營運中的慈善機構）進行爭奪。

智庫以企業家的適應力處理先前的衝擊，並且以類似的方式對治當前的困境。他們已在公開收入來源的這件事情上提高了透明度。彼得森國際經濟研究所、美國外交關係協會和布魯金斯學會等一些組織，也致力於將資金來源的多樣化作為明確努力的目標，希望盡可能減少對任何單一資金來源的依賴。最後，比較積極活躍的慈善家可能會意識到自己的態度是有局限性的（尤其當他們的目標在於影響政府的作為時）。這些企業家習慣乾脆避開政治來實現自己的目標。然而，對於他們現在想要推動的政策而言，政治支持是採取行動的必要條件。隨著這些新的慈善家了解華盛頓的政策影響機制，他們很可能將資金投入例如智庫等更傳統的影響力途徑。

在狄明特任職期間，「傳統行動」無疑在國會中發揮了影響力。但是，這是以犧牲傳統基金會本身利益作為代價的。諸如斯勞特之類的一些智庫管理者建議在公民參與方面更費勁地做出「先於黨派」（pre-partisan）的努力。[101]就本質言，智庫在投入政治影響與倡議時，傳統上會與活躍人士或是遊說團體結合起來。但是進行此類活動可能會削弱這些組織的核心功能。至少，智庫對於學院和政策之間那「間隙領域」的壟斷已迅速消失。若與學院相比，智庫在適應新的理念市場方面所面臨的挑戰更為巨大。

當然，這提出了一個有趣的問題：營利行為者如何避免陷入對於智庫利益衝突的指控？

第六章
公共理念欣欣向榮的私營部門

思想領導力已有充分理由主導顧問公司的營銷活動。

某家公司的廣告詞

只有傻瓜才會為錢踏入外交領域。在本世紀，科技、金融或其他眾多行業所提供的工作，其薪資都比外交政策分析員更為豐厚。這對本人關於理念市場的主張提出了一個關鍵的問題。如果沒有人能因遠大理念賺錢，那麼討論任何有關實際理念市場的事似乎都是空想。只要是市場，不管什麼市場（甚至包括理念市場），就必須要有利潤。理察．波斯納在對公共知識分子的分析中主張，理念市場如果表現不佳就不會形成市場效應：「一個公共知識分子的失敗不會危及該公共知識分子的學術工作。知識破產很少會對財務產生重大影響。」[1] 如果大學和智庫面臨動盪，那又如何呢？反正它們是非營利機構。如果風險如此小，那麼理念傳統來源的蛻變真的重要嗎？

波斯納認為，公共知識分子的工作沒有私營部門的供需問題。當他寫出《公共知識分子》一書時，就已經不準確，而十五年後，那就錯得更離譜了。說句公道話，波斯納只是跟隨政治學家的腳步前進，而後者認為私營部門主要是藉由利益集團的遊說來影響外交政策的。這種看法忽視了私營部門在向公共領域提供新情報和新理念等方面可以發揮的關鍵作用。[2]私營部門在外交政策中的力量越來越多源自於他們的理念和利益。

在第二章中，我們討論了創造新理念市場的那些快速增加的需求。本章則要介紹蓬勃發展的私營部門所供給的思想領袖。事實證明，有錢人喜歡躋身國際關係思想領袖圈子。如要真正理解波斯納所犯錯誤的嚴重性，我們就必須研究金磚國家的現象。

金磚五國（BRICS）是巴西、俄羅斯、印度、中國和南非的首字母縮寫。這些新興市場的領袖從二〇〇八年金融危機開始定期舉行領袖峰會。[3]二〇〇九至二〇一五年，金磚國家元首共舉行了十一次峰會。[4]初步證據表明，五個成員國都落實了大部分公報中所揭櫫的理念。[5]隨著五國團結的加強，它們在農業、教育、環境、金融、衛生和貿易方面也組織了部長級的首腦會議。除了峰會公報之外，該集團還透過其他方式被體制化。伴隨著金磚五國峰會也出現了整套非正式的外交運作，包括每個成員國都派出商業領袖、市長以及國會議員代表參加的論壇。一個包括智庫、研究中心和學術論壇的小型產業已然成形，其職志在於分析金磚國家。

金磚國家最重要的創舉在於金融領域。所有成員國均開始以本國貨幣開具貿易發票，目的在於打破美元作為世界儲備貨幣的局面。[6]該集團於二〇一四年成立了總部設於上海、資本額達一千億美元的「新發展銀行」（New Development Bank），目的在於向發展中國家提供貸款。金磚國家還宣布了一項一千億美元的「應急儲備安排」（Contingent Reserve Arrangement），以確保任何成員國在面臨嚴重的金融動盪時能維持財務運作的順暢。他們繼續要求自己能在像國際貨幣基金組織或世界銀行等布列敦森林體系*的傳統機構中享有更多發言權。[7]自二〇〇八年金磚國家舉行峰會以來，這一直是金磚國家成員反覆提出的主題。他們呼籲「對國際金融機構以及全球治理進行改革」。[8]

該集團的崛起勢力和意在修正的目的都引起了廣泛討論。[9]儘管目前這些金磚國家對世局的影響尚小，但有一大批評論家認為，它們已經為將來修正全球治理結構的工作奠定了基礎。[10]甚至抱持懷疑態度的人也必須承認，金磚國家是同類集團中數一數二具有影響力的。除了鼎盛時期的石油輸出國組織外，金磚五國無疑是發展中國家有史以來最重要的團結組織。

金磚五國集團的非凡之處在於其源起的過程。正如其官方網站所陳述的，[11]最初成立該集團的構想並非來自其中任何會員國的總理府，也不是來自總部設在這些國家的任何智庫。這反而是

---

* Bretton Woods system：一九四四年七月，四十四個國家的代表在美國新罕布爾州布列敦森林公園內的華盛頓山旅館（Mount Washington Hotel）召開聯合國和盟國貨幣金融會議，其會議稱為「布列敦森林會議」。至一九七三年間，世界上大部分國家均加入以美元作為國際貨幣中心的貨幣體系。

吉姆．奧尼爾（Jim O'Neill）這名高盛員工的心血結晶。他當時是高盛全球經濟研究部門的負責人。在二〇〇一年十一月的一篇論文中，奧尼爾推崇金磚四國（南非尚未名列其中）為全球經濟主要的成長中心。他總結道：「鑑於金磚四國有望繼續保持相對增長，世人應該抓住機會將中國（也許還有巴西、俄羅斯以及印度）納入全球經濟政策協調的關鍵機構中。」[12] 在短短七年內，隨著二十國集團（G-20）取代七國集團（G-7）成為全球首要的經濟論壇，奧尼爾的猜測便已成真。不過，他對金磚國家經濟增長的預測過於保守。奧尼爾的兩位高盛同事也跟著發表論文預測，到二〇五〇年，金磚國家的規模將幾乎與七國集團（G-7）旗鼓相當。[13]

需要強調一遍：金磚五國的源起是來自高盛的營銷理念。

有人可能會說，金磚集團的發展原本就銳不可當，奧尼爾只是看出徵兆罷了。但是，此一主張實難成立。金磚國家彼此的異質性使得該組織的形成遠非顯而易見的事。大多數國際機構的存在都有一定的地理、安全或經濟的依據。金磚國家卻沒有這些共同點。的確，對金磚國家這一理念的反覆批評是，世界政治的活力受到發展中世界的內部競爭以及與西方的關係所激發。[14] 那些成員國分散在三大洲，它們之間的貿易仍然十分有限。金磚國家與經合組織不同，前者的政治和安全狀況各不相同。它由兩個專制國家和三個民主政體組成。在安全議題上，印度、中國和俄羅斯的利益各不相同，有時甚至相互衝突。金磚國家除了對於自己在全球治理之傳統結構中的代表性不足感到不滿外，幾乎再沒有共同點了。[15]

也有人可能會說，奧尼爾發明金磚四國（BRICS）一詞只是為了吸引更多客戶加入高盛。奧尼爾在採訪中鄭重否認了這一點，但是無可否認，這是他理念的成果。金磚四國的概念引起了高盛公司客戶相當大的關注，特別是有興趣進入那些市場生產消費品的公司。[16]為了盡可能地善用這一概念，高盛於二〇〇六年成立了金磚四國基金，用以投資所有這些國家，而且巔峰時期曾一度吸引了超過八億美元的資金。[17]其他投資銀行和對沖基金對奧尼爾讚譽有加，同時也開始專門為金磚四國開發各種金融產品。地緣政治學的分析家也支持這一概念，認為不久將出現「沒有西方的世界」，並且拜金磚國家優越之「串聯性」所賜，發展中的經濟體將與先進的工業化國家「脫鉤」。[18]

這裡應該強調一點：高盛的經濟預測和隨之而來的對金磚國家的熱情都是無法持久的。自奧尼爾撰寫那篇論文以來，中國的增長率已經下降了一半。該國面臨嚴重的人口緊縮、高負債和金融不穩定的局面。這些趨勢中的每一項都足以對該國中期增長軌跡和政治穩定造成威脅。[19]相對而言，中國還是金磚四國中最健康的國家。儘管中國已成為世界數一數二的大國，但自二〇〇八年以來，其他金磚國家基本上卻是停滯不前的。印度和南非的經濟增速已大大放緩。從二〇一四年開始，俄羅斯和巴西都面臨嚴重的經濟收縮。情況的確與二〇〇八年之前的預測相反：金磚國家既沒有加速其經濟增長，也沒能與經合組織經濟體脫鉤。[20]摩根史丹利的魯奇爾．沙爾瑪（Ruchir Sharma）得出結論：「沒有比『金磚四國』這概念更能混淆全球的經濟了。」[21]大多數地緣政治分析家都同意，金磚國家集團對自己真正實力的理解是模糊的。[22]甚至在二〇一三年，奧尼爾也承認他所舉出的現象被極度誇大了。[23]他在高盛的雇主也心有同感。二〇一五年八月，在連續五年的慘重虧損後，高盛悄悄將其「金磚基金」與更廣大的新興市場基金合併了。[24]這是在做了進一步的投資分析後所得出的結論。這些分析得出的結論是：金磚國家和所謂「以首字母縮寫命名的基金」（acronym funds）都屬於不良的投資工具。[25]

諷刺的是，就在「金磚國家」這概念的發想者已拋棄它的時候，金磚國家卻占據了世界的政治舞台。儘管目前金磚國家在經濟上並不見得繁榮，但這構想對於決策者以及知識分子仍然具有強大的魅力。自奧尼爾提出該構想以來的十五年中，其他的投資銀行家以及地緣政治分析家都在努力創造有關新興市場的新術語。儘管沒有任何一個得以成功，不過MIKTA*、BRICSAM†和「薄荷四國」‡之類的名稱仍被創造出來以描述其他的新興經濟體。[26]正如《金融時報》吉里安・泰特（Gillian Tett）指出的：[27]

> 即使金磚四國是自利的結合，但這種結合有時可能會發展出自己的生路，超出其創造者所期待的生路。藉由造出「金磚四國」一詞，奧尼爾重新繪製了權力掮客的認知地圖，幫助他們實現根本的轉變，使其脫離西方世界的影響力。而且，如果你相信人類思考和說話的方式不僅可以反映現實，還可以形塑其未來的道路，那麼這個「金磚四國」的標籤本身就同時可以反映並且推動變革……
>
> 正如負責在里約熱內盧成立世界第一個金磚國家智庫的巴西官員費利佩・戈埃斯（Felipe Góes）所言：「〔我們使用金磚四國一詞〕有點諷刺意味……但這反映了一個事實：

在現代的世界中，只有像高盛或麥肯錫這樣的地方才有資源和心思發想理念。」像高盛這樣的大型組織如今能發揮如此的影響力，其原因不僅在於做生意的敏銳度和政治關係，還在於它能大量投資於銀行家有時所稱的「思想領導力」，亦即大量投資於分析並確保全球都能讀到它的分析結果。

金磚五國的持久性證明了私營部門思想領袖的力量正在不斷增強。無論是集投資銀行、證券和投資管理公司於一身的高盛，麥肯錫全球研究所這樣的營利性智庫，歐亞集團這樣的政治風險顧問公司，還是如拼圖公司這類的混合型公司，新的私營部門機構如雨後春筍般冒出來，扮演起新的知識經紀人角色。

理念市場的私營部門與智庫一樣，也受到許多傳統公共知識分子的強烈批評。在許多方面，這些公司的活動因具有明顯的營利性質，所以特別容易招致非難。若說大學和智庫必須牽掛如何獲取資金的問題，那麼從定義上講，這些公司必須擔心的則是利潤。由於他們的許多訊息都來自

＊ＭＩＫＴＡ：是墨西哥、印尼、韓國、土耳其和澳大利亞之間的合作夥伴關係，其目的在於使中型國家團結在一起，以突顯其在國際社會中的份量。

†ＢＲＩＣＳＡＭ：即金磚四國加上埃及、印尼、伊朗、馬來西亞、墨西哥、奈及利亞、菲律賓、南非、韓國、泰國以及土耳其。

‡ＭＩＮＴ：是指墨西哥、印尼、奈及利亞與土耳其，源自四國國名的首個字母合寫。

於其獨家專有的工作成果，因此他們的知識產品通常缺乏透明度。與學者相比，他們的演講風格令人眼花撩亂，但是看在大多數學者眼裡，這並不是件好事。對許多批評家來說，光憑這些原因就會削弱他們的知識產出成果。

然而，在過去十年中，我發現自己與這一領域的互動以及對它的參與日益增加。我曾在金融公司舉辦的會議上發表演講，也曾參加麥肯錫非正式的談話會。我曾為一些政治風險公司提供諮詢服務，甚至向拼圖公司提供一些無償建議，但更重要的是，我觀察到這些部門的思想領袖與外交政策界較為傳統成員間的互動。他們不那麼容易被反駁。他們在風格上具有明顯的相對優勢，但在一些步驟和實質領域中也同樣具有優勢。塑造現代理念市場的力量也幫助並激勵了以獲利為目標的思想領袖。

研究型大學是理念市場最古老的一環，在十九世紀後期便開始了。美國的智庫踵隨其後。理念市場中的私營部門則是後起之秀，在第一批智庫出現後不久也出現了。但是，他們可以將自己的興起歸功於全球性的經濟大衰退。

正如商業史學家克里斯多夫．麥肯納（Christopher McKenna）在《全球最新職業》一書中所解釋的，儘管最早的管理顧問公司在較早的年代即已成立，但該行業的崛起是由一九三三年《格拉斯─史塔格爾法》（*Glass-Steagall Act*）所直接促成的。[28]《格拉斯─史塔格爾法》主要因為將投資銀行與商業銀行分開而出名。像高盛和摩根史丹利等公司則將其立基點和公司認同歸因於《格拉斯─史塔格爾法》，但是該法律也限制了銀行從事其傳統上在一九二〇年代所投入的顧問諮詢以及公司重組業務。一九三三年《證券法》（*Securities Act*）頒布後，像安達信（Arthur Andersen）這樣的會計公司也受到了類似的限制，使其無法承攬非會計領域的業務，從而避免了以財務審計為主要任務的利益衝突。隨著大蕭條時期金融法律的制定，像麥肯錫、阿瑟·D·利特爾諮詢公司（AD Little）與博思艾倫諮詢公司（Booz Allen）這些新興的第一代公司得以擴張。[29]

說到營利性質的產業，我們自然而然會認為管理顧問的業者並不關心知識分子或者抽象思想。實際上，正如沃爾特·基切爾（Walter Kiechel）在其商業策略史的專書中所指出的：「如果你想讓一名管理顧問或甚至讓一位不顧品質、只求大量出版文章和書籍的寫手感到不自在，只需問問他（她）是否認為自己是知識分子就可以了。」[30]然而，管理顧問實際上是非常認真對待理念的，並且在他們大部分的歷史中一向如此。就像第一代智庫與學院保持緊密關係那樣，第一批管理顧問公司的創始人亦復如此。阿瑟·D·利特爾先生曾擔任過美國化學學會的會長，他將公司總部設在麻薩諸塞州的劍橋市，目的在與麻省理工學院建立穩固的關係。詹姆斯·麥肯錫也曾擔任「美國大學會計教師協會」會長，並在芝加哥大學擔任會計學教授期間以自身姓氏為名創立了自己的公司。埃德溫·博思（Edwin Booz）也與西北大學心理學系建立起相似的關係。[31]

博思和麥肯錫在各別成立自己的公司後不久又聯手創立了「管理諮詢工程師協會」（ACME），為這新興領域建立專業守則以及標準。麥肯錫很快就成為該行業的領頭羊，也是日後諸如科爾尼諮詢公司（AT Kearney）等後一代管理諮詢公司的榜樣。[32]這在很大程度上要歸功於詹姆斯・麥肯錫的繼任者馬文・鮑爾（Marvin Bower）。鮑爾提倡一種主要與資深高階管理階層互動的策略，避免在公司的較低層級上執行比較平凡、常規和低利潤的任務。他還將麥肯錫的文化塑造成一種類似於白鞋*公司或會計師事務所的文化。鮑爾強調專業精神並從頂尖的商學院招聘精英。[33]「管理諮詢工程師協會」明確拒絕實行諸如大眾媒體廣告、冷電†顧客或是「事成再予收費」（contingent billing）之類的「不專業作法」。[34]管理顧問那種荷包滿滿、受過良好教育、穿著考究的光鮮形象即是麥肯錫創造出來的榜樣。

管理顧問公司與智庫一樣，在第二次世界大戰期間發揮了重要作用。博思艾倫諮詢公司重組了美國海軍，使其得以繼續進行兩洋戰役。阿瑟・D・利特爾諮詢公司則幫助開展了運籌學，以便更有效率地組織軍事後勤。戰後，艾森豪的政府聘請麥肯錫重組白宮的業務。[35]過去五十年的許多大公司趨勢，例如一九五〇年代的合理化（rationalizations）、一九八〇年代資訊科技的廣泛採用、一九九〇年代的全球商業策略，以及二〇〇〇年代離岸外包的興起，都可以上溯到管理顧問業務。[36]

在二十世紀下半葉，管理顧問公司迅速成長為美國跨國公司的重要組成部分。這使它們得以充當美國所有大企業的「知識經紀人」。一九六〇年代初期，波士頓諮詢集團（BCG）的崛起也加強業務的「智能化」（intellectualization）。[37]首先，波士頓諮詢集團提出了使商業策略理論化的構想，接著其分支機構貝恩（Bain）公司、然後麥肯錫也踵隨其後，將這些理念傳達給大多數的美國大企業。他們善用進入高端公司董事會的門路來獲取更多的門路，從而爭取到長期的諮詢合約，並向公司提供其應如何運作的建議。在特定的某幾年中，麥肯錫公司年收入的百分之八十五來自回頭客（套用他們的術語便是「轉換型關係」（transformational relationships））。[38]近年來，該產業的規模增長至超過一千五百億美元。

管理諮詢公司大多為私營企業從事獨門工作。那麼，它們是如何影響外交政策理念市場的呢？第一條途徑是透過他們直接提供的諮詢服務。儘管管理諮詢的主要內容是迎合私營部門的需求，但到了二〇〇八年，其業務的五分之一以上是為政府和非營利客戶提供諮詢服務。[39]隨著聯邦政府大量將服務外包給私人承包商，無數的顧問公司已準備好要協助政府。[40]麥肯錫在英國醫療保健私有化中扮演著至關重要但有爭議的角色。[41]該公司還成為發展中國家的「當日氣候顧問」（**climate consultants** *du jour*）。它對沙烏地阿拉伯經濟改革的影響是如此普遍，以至於利雅得傳出這樣的玩笑話：「沙烏地計畫部應改稱為『麥肯錫部』」。[42]新興市場國家的政府聘用麥肯錫，以便向捐助者表明自己認真的態度。[43]一旦打開進入全球各國政府的門路，管理顧問公司便可對政策的落實產生直接影響。他們還可以從與政府的夥伴關係中獲得內幕消息。

這些公司影響理念市場更重要的方式是有意識地藉思想領導的策略來達成。許多較小的公司

---

* White-shoe：係指美國領先的專業服務公司，尤其是已經存在一個多世紀並名列《財星》前五百強的公司。它通常是指金融、法律和管理諮詢公司，而且傳統上都設在美國的東北部。

† Cold calling：一種由經紀商人撥打不相識、潛質顧客電話從而進行直接行銷的手法。英文中的「冷電」是相對於「暖電」（warm market calling）的，即「已知市場推銷」。

都以管理專家為核心，而這些專家通常透過寫書、講座和媒體熱潮來推動策略和管理方面的遠大理念。大公司也效仿這一策略，並且透過在學術機構和通俗管道發表演講以及出版文章的辦法來擴展這一策略。[44]對於公司高級職員的調查清楚表明，這種思想領導力促成了對諮詢服務的額外需求。[45]「管理諮詢」的一些理念已在公眾領域中造成影響，這從如下這些行話的風靡可以看出端倪：「跳出框框」（outside the box）、「處理、應對某種情況或完成一項任務所需的精力和心智能力」（bandwidth）和「採納意見」（buy-in）之類都源自顧問公司。[46]請看一下某位研究企業史的史學家如何定義外界眼中麥肯錫公司顧問的形象：[47]

> 他賺到了金錢、權力和威望，也賺到在企業領域中進行智識追求的浮名。他不是銀行家、會計師或律師，而是一名思想家。他有機會給權貴建議，在不必承擔責任的情況下發揮影響力……。
>
> 麥肯錫先拋出一個理念，然後利用其品牌和組織效能來「善用」那個理念……該公司能透過諮詢流程，使其顧問成為最有效率的理念傳播者。

思想領導力最重要的成就是創立了營利性質的智庫。麥肯錫一直是該領域的開拓者。該公司於一九六四年成立了管理雜誌《麥肯錫季刊》，然後又於一九九〇年成立了「麥肯錫全球研究所」（ＭＧＩ）。一切有關麥肯錫的文獻都將ＭＧＩ描述為其內部的「智庫」。根據該組織的網站所述：「ＭＧＩ的使命是為商業、公共以及社會等部門的領導人物提供事實與深刻觀點，使其能夠據以作出管理和政策的決定。」[48] ＭＧＩ報告的主題涵蓋了從中國經濟的未來到大數據的興起，再到美元仍作為世界儲備貨幣的利弊。自二〇〇九年以來，麥肯錫極大程度地提高了ＭＧＩ產品的營銷水準，並使其廣泛流通，也讓外部的觀察者可以更加自由地取用。

如表一所示，許多其他的管理諮詢公司和金融公司已經複製了麥肯錫的模式。[49] 根據賓夕法尼亞大學二〇一五年營利性質智庫的排行榜所示，ＭＧＩ是二〇一五年獲利最大的頂級智庫。安永、科爾尼、埃森哲、波士頓諮詢集團、勤業眾信和資誠在前二十名中均落後於ＭＧＩ。

但是，以營利為目的的智庫，其範圍已經超出了管理顧問公司。近年來，投資公司列格坦（Legatum）成立了「列格坦研究所」，專門以促進經濟繁榮為職志。摩根大通也成立了「摩根大通研究所」，目的在為決策者提供諮詢服務。[50] 該公司聘請了前國家安全委員會主任以及麥肯錫全球研究所前負責人戴安娜・法瑞爾（Diana Farrell）來主持該研究所。同樣，科爾伯格・克拉維斯・羅伯茨（Kohlberg Kravis Roberts）也創立了「ＫＫＲ全球研究所」，旨在「整合有關地緣政治學、宏觀經濟學、人口統計學、能源和自然資源市場、科技和貿易政策之最新發展和長期趨勢的專業知識與分析」，從而「充當思想領導界的交流平台」。[51] ＫＫＲ聘請了前四星上將和中央情報局局長戴維・彼得雷烏斯（David Petraeus）擔任負責人。此一趨勢已經變得十分流行，甚至連「絕對伏特加」（Absolut Vodka）等生產消費品的公司也成立了自己的智庫。[52]

營利性質的行為者也採取其他的策略來影響理念市場，其中有許多發展出披上學術外衣的組

表一　二〇一五年智庫最佳獲利表現排行榜

排名	智庫名稱	總部所在地
1	麥肯錫全球研究所（MGI）	美國
2	德意志銀行研究中心	德國
3	經濟學人情報部（EIU）	英國
4	牛津分析公司（Oxford Analytica）	美國
5	野村研究所	日本
6	科爾尼全球商業政策理事會（A.T. Kearney Global Business Policy Council）	美國
7	拼圖（Google Ideas）	美國
8	歐亞集團（Eurasia Group）	美國
9	安永會計師事務所（Ernst and Young）	美國
10	三星經濟研究所	韓國
11	埃森哲高性能研究所（Accenture Institute for High Performance）	美國
12	斯特拉福情報公司（Stratfor）	美國
13	思略特博斯公司（Strategy&, FKA Booz and Company）	美國
14	季辛吉同人公司（Kissinger Associates）	美國
15	古爾本基安基金會（Calouste Gulbenkian Foundation）	葡萄牙
16	IBM商業價值研究院	美國
17	治理實驗室（勤業眾信）〔GovLab（Deloitte）〕	美國
18	歐洲之家—安普洛賽提（European House– Ambrosetti）	義大利
19	波士頓諮詢集團（BCG）	美國
20	資誠（PricewaterhouseCoopers）	美國

資料來源：勞德研究所（The Lauder Institute），二〇一五年「全球智庫指數報告」（Go To Think Tank），表28

織。其中一些噱頭還是比較膚淺的，例如勤業眾信公司將其出版物標記為「勤業眾信大學出版社印行」。[53]許多投資銀行和管理諮詢公司為進一步推銷其商品，便將其報告免費提供給商業新聞。他們這樣做是希望自己的品牌能獲得更多媒體報導。

這些行為者當中有一些免費發布了對於全球經濟或世界政治未來的預測。僅在過去的幾年中，瑞士信貸就發表了關於世界政治回歸多極化的報告。安侯建業（KPMG）則勾勒出全球經濟在二〇三〇年的面貌。滙豐銀行和資誠對未來的展望甚至看得更遠，它們提供了對二〇五〇年全球經濟前景的分析。[54]這些報告中有許多都被明確地標記為思想領導力的範例。它們遠遠超出了常規的財務分析領域，包括了對地緣政治和政治經濟的猜測。

另一種策略是發展令人滿意的公共指數，以便對不同的國家、城市或其他行為者進行排名。從世界經濟論壇的全球競爭力指數到「透明國際」（Transparency International）的「貪腐感知指數」（Corruptions Perception Index），越來越多的行為者正在按照令人滿意的標準對國家進行排名。有一位諮詢行業的觀察家在其部落格中寫道：「企業若能因為特定主題出名，便會附帶得到更多宣傳。當媒體報導相關的故事時，它們便成為理所當然的評論來源，並且可以因提供排行榜、滿足世人知道『誰擊敗誰？』之好奇心的關係而廣獲媒體報導。」[55]有越來越多證據表明，當各國在這些排行榜上表現欠佳時，其因應措施便是對自己的政策進行實事求是的改變。[56]由於這些指數如此具有魅力，難怪私營部門的行為者要紛紛跟進了。列格坦研究所發展出「全球繁榮指數」（Global Prosperity Index）以評估各國的福祉水準。「全球物流」（DHL）和麥肯錫都已推出了自己的「聯網指數」（indices of connectedness），勤業眾信則拿出了「全球製造業競爭力指數」（global manufacturing competitiveness index）。

大多數其他的公司都在管理諮詢的領域中設法追趕上來。與麥肯錫等諮詢公司相比，二〇〇八年大蕭條的嚴重打擊限制了高盛等傳統金融巨頭的思想領導力。危機本身導致許多金融公司發生緊縮，但這時也是諮詢公司擴大其思想領導力的一刻。由於整個金融產業在危機中扮演的角色承受了千夫所指的恥辱，其思想領導力也隨之黯然失色。象徵性的轉捩點可能是二〇一四年，當時麥肯錫取代了高盛，贊助《金融時報》的「年度最佳商業圖書獎」。

對於管理諮詢公司而言，直接的客戶工作以及思想領導力實踐的整體知識要比那些努力的總和更大。這些公司在全球參與的無數活動能使自己具有一項特殊優勢：將隱性知識*與遠大理念結合起來。他們從事「知識套利」，將在某一部門中吸取的經驗教訓應用到另一部門中，並從他們所有的經驗中做出總結，以利提出新的思維方式。這是麥肯錫「獵才之戰」（war for talent）或波士頓諮詢集團對美國製造業「本土內包」（homeshoring）之預測的關鍵來源。[57]這些網絡化公司結合其定位與理念，使自己在理念市場中獨樹一幟。[58]

當然，管理顧問公司的思想領導力所取得的成功並非沒有瑕疵。眾多私營部門推出的排行榜以及對全球經濟的預測其實都存在不少方法學的缺陷。[59]麥肯錫、波士頓諮詢公司和其他機構所推出的那些已深印在大家心目中的許多趨勢，其實都被過分誇大。波士頓諮詢公司高估了「內包」†將創造的職缺數量。我們可以說，麥肯錫的「獵才之戰」是安隆公司（Enron）二〇〇一年破產的原因。根據麥爾坎・葛拉威爾（Malcolm Gladwell）的說法：「〔麥肯錫〕實際上創造了安隆公司的文化藍圖。」[60]麥肯錫參與了英國國民保健署民營化的項目，而這次介入卻招致了媒體大量的負面報導。[61]為了慶祝《麥肯錫季刊》誕生五十週年，該公司最優秀、最聰明的一位人士寫出一篇論文，勾勒出未來五十年該公司的管理方向。[62]《金融時報》的露西・凱拉韋（Lucy Kellaway）只覺該文索然無味，並稱其特點是「滿紙空洞吹噓，不中用的耍嘴皮子」。[63]諷刺的是，「思想領袖」一詞之所以被這樣嘲弄的原因之一是：諮詢事業過度使用，把它給用爛了。

在表一中排名較高的另一類是政治風險諮詢公司。這個部門崛起的歷史相對是新近的。當代對地緣政治風險評估的需求始於一九七〇年代初。新興世界中甫獨立的國家沒收外國直接投資的情事屢見不鮮。石油輸出國組織一九七三年的石油禁運措施證明了國家集團從根本上左右能源價格的能力。儘管這引發世人對政治風險的關切，但是對這些問題進行系統分析的作法仍不多見。[64]

一個世代之後，對政治風險評估的需求再次激增。[65]經濟的全球化為跨境投資開闢了新市

---

* tacit knowledge：隱性知識是麥克・波蘭尼（Michael Polanyi）在一九五八年從哲學領域提出的概念。他認為：「人類的知識有兩種。通常被描述為知識的，即以書面文字、圖表和數學公式加以表述的，只是一種類型的知識。而未被表述的知識，像我們在做某事的行動中所擁有的知識，是另一種知識。」

† Insourcing：外包的一種應變措施，是指將外包功能完全交給企業內部的另一部門來執行，其目的在於節省溝通成本以及保有核心技術機密。

場，並創造了複雜的全球供應鏈。這種局面反過來又導致需要評估地緣政治風險對於全球各國實體工廠以及關鍵鏈接的影響。[66]本世紀擴大實施的經濟制裁也為全球公司增加了政治的不確定性，造成某些行業尋求有關如何為其海外投資「去風險化」的建議。二〇〇八年金融危機的後果清楚地表明，無論發達市場還是發展中國家，政治風險都是一個考慮因素。的確，自二〇〇八年以來，全球金融市場所面臨的最大風險來自歐盟中歐元區的危機以及美國國會對美國債務上限危機*的攤牌。根據英格蘭銀行的調查，在二〇一三至二〇一四年間，企業管理高階將地緣政治風險作為對其業務關注點的比例，已從百分之十三上升至百分之五十七。[67]到二〇一四年九月，《金融時報》報導「政治風險現已有資格被稱為成長中的行業」。[68]

供給面的增長還有另外一個原因：政治諮詢成為卸任決策者的首選出路。如前一章所述，國務卿和副國務卿卸任後習慣上會去智庫覓個閒差。然而，以營利為目的的諮詢公司遠比智庫的利潤要高得多。亨利．季辛吉於一九八二年與布倫特．斯考克羅夫特（Brent Scowcroft）創立了季辛吉同人公司（Kissinger Associates），為企業客戶提供諮詢服務，實為這種新方法的鼻祖。在本世紀，成立於華盛頓、專門從事政治諮詢和戰略溝通的公司數量激增，其中包括石橋國際集團（Stonebridge International Group，由比爾．柯林頓政府三位前政策負責人創立）、萊斯哈德利蓋茲事務所（RiceHadleyGates，由喬治．布希政府的三位前政策負責人創立）、斯考克羅夫特集團（Scowcroft Group，由曾兩度擔任國家安全顧問的斯考克羅夫特創立）以及特內爾（Teneo，由柯林頓前政府官員創立）。[69]他們的研究工作幾乎都是「訂製的」，即由客戶直接下合約的工作，因此無法在公共領域中供人直接參考。但是，它不失為理念市場的重要組成部分。這類研究通常會影響訂製該研究之行為者的公開論述。此外，這些公司的員工經常同時扮演多種角色，在各種外交事務諮詢小組中任職，並且幫助智庫起草報告。[70]

在做出涉及跨境投資的重大決策之前，公司越來越常將政治風險評估作為自己必須盡力調查的一環。像美國「國家情報委員會」（National Intelligence Council）等公共部門機構也希望私營的顧問公司能夠支持他們的研究。市面上因之出現很多政治風險與情報公司。如表一所示，經濟學人智庫、牛津分析、歐亞集團、季辛吉同人和斯特拉福情報公司均躋身營利性質智庫的前二十名。除了經濟學人智庫以外，這些公司在一九七五年之前都尚未存在。

基本上，政治風險諮詢產業的現狀與當年管理諮詢行業剛起步時的階段頗為相似。政治風險諮詢產業尚未出現定型的產品，也就是說，還沒有「政治風險保險」之類的東西。公司通常透過一系列的子組件（subcomponents）來對沖地緣政治的風險。[71]地緣政治風險顧問公司為客戶提供諮詢和情報服務，但不提供保險服務。它們沒有專業協會，也沒有公認的最佳實踐手段。此一部門的公司折衷招募了一批國際關係分析員、卸任的情報官員以及已退休的特種行動人員。在這類

* Debt ceiling showdowns：二〇一一年美國債務上限危機係指美國國會就美國債務上限（debt ceiling）提升的一場激烈爭辯。這場爭議由民主和共和兩黨把持，兩黨在應否加稅、削減開支、提高債務上限問題上存在尖銳矛盾。由於當時美債已達十四兆美元，事件可能導致美國聯邦政府產生主權違約，多項公共服務亦有可能因缺乏營運資金而受到影響，令美國經濟進一步受到打擊，因此被廣泛視為經濟危機。

諮詢服務的公司中，此種人員混雜的情況有時會導致文化衝突。該領域裡的公司會採用管理諮詢公司創始人所瞧不起的許多激進營銷策略。

無論從內部或外部，針對地緣政治風險分析員們績效的評估都是含糊不定的。新聞裡是有一些正面的報導。位居該行業龍頭地位的斯特拉福情報公司在本世紀初即受到媒體的廣泛報導。《巴倫週刊》將其稱為「影子中央情報局」。[72]經濟學人智庫是二〇一四年排名第一的營利性質智庫，而這些公司在排行榜上名列前茅的事實意味了：其中一些公司的確拿出了高品質的分析。在回顧其中某一家公司為「國家情報委員會」所準備的地緣政治情景規劃後，我得出的結論是，他們接受「訂製」所做出的研究可以是非常嚴謹的。

儘管如此，理念市場的這一部分仍然存在問題。許多加入諮詢公司的卸任決策者都避免透露其營利行為與他們在智庫和政策委員會中所扮演角色之間可能存在的利益衝突。[73]《金融時報》毫不客氣地指出，該產業「喜歡玩弄各式各樣的奸巧伎倆」。[74]二〇一二年，維基解密公布了超過五百萬封斯特拉福公司的電子郵件，從而消除了該行業的不透明特性。維基解密宣稱，所謂的「全球情報檔案」（Global Intelligence Files）揭穿了「某家公司的內部作為：表面上以情報發布者的身分營運，背地裡卻為大型企業……和政府機構提供機密情報服務」。[75]實際上，這批電子郵件揭示了公司工作的偽劣性質，或者如《衛報》觀察到的：「出價最高的人只能獲得質量極低的訊息。」[76]某位評論員在這批電子郵件解密後開玩笑說道：「斯特拉福只是慢一星期的《經濟學人》，索價卻貴了好幾百倍。」[77]甚至業內人士也承認，地緣政治風險分析的質量參差不齊。[78]正如一位前政治風險分析員得出的結論：「雖說明顯的例外並非沒有，但是大多數的政治風險評估仍然是膚淺而主觀的。」[79]

儘管它的智識名聲岌岌可危，但是政治風險諮詢公司依然是理念市場裡營利性質區塊中最重要的部分，而這基於兩個原因。首先，地緣政治風險分析的本質意味這些公司採用了有關世界運作方式的內隱理論。正如對該行業的一項學術評估所指出的，「儘管〔風險〕評級體系很少闡明這些理論，但是這些理論還是存在」。[80]關於導致戰爭、危機或革命的原因，私營部門的理論顯然影響了公眾對這些議題的論述，而如果公部門機構以及大型跨國公司將其研究成果拿來充作自己盡職調查後所獲之地緣政治結論，而加以利用的話，情況尤其如此。[81]

第二個原因是，許多地緣政治風險公司也在從事類似於管理顧問和金融服務公司的思想領導活動。像其他部門一樣，地緣政治風險分析員也對全球經濟進行長遠的預測。經濟學人情報部已經發布了直到二〇五〇年的宏觀經濟預測。[82]這些公司還引入了足以搶占新聞頭版標題的指數。經濟學人情報部推出「民主指數」。維里斯科楓園（Verisk Maplecroft）、政治風險研究所（Political Risk Services）、歐亞集團以及其他一些公司也提供了一整套政治風險的排行榜和指數。每年一月，歐亞集團還會發布新一年的「最高風險」名單，而這一舉動常引起媒體的廣泛報導和評論。

就像其他營利部門一樣，政治風險產業也得仰仗權威專家。的確，由於這個領域興起的時間較晚，這些權威專家當中大多數也是公司的創始人。斯特拉福的創始人喬治·佛里曼（George

Friedman）擔任公司執行長期間出版了多本著作，預測未來十年和下個世紀世界政治將是何種面貌。[83]維基解密的行動令斯特拉福聲譽受損後才不到一個月，該公司已聘請普受尊敬的外交政策專家羅伯特・D・卡普蘭（Robert D. Kaplan）來提升自己的形象。[84]歐亞集團的執行長伊恩・布雷默（Ian Bremmer）也是一位多產的作家，並在不同時期為《外交政策》與《時代雜誌》撰寫專欄。布雷默與世界經濟論壇有著密切的關係，這有助於他進一步發展與客戶和影響者之間的人脈。根據該公司的網站所言，「歐亞集團」的董事和分析家都是大型會議以及閉門會議爭相邀約的演講人……他們以啟發性的宏觀觀點、實戰經驗以及量身訂做的見解吸引聽眾。他們經常出現在主題演講、高階行政簡報與小組討論中。[85]

顯然，政治風險行業的某些部門正設法利用思想領導力來模仿管理諮詢公司的發展軌跡。然而該行業的問題在於，他們思想領導力產品的質量低於其訂製研究的質量。政治心理學家菲利浦・泰德洛克（Philip Tetlock）畢生致力於研究專家是否有能力做出準確預測，他得出的結論是：「實在沒有證據（我是指通過同行審查而站得住腳的科學證據）可資證明預測員真能交付合格產品，也就是可靠精準的有關政治、經濟與科技的預測。」[86]他們行銷思想領導力的考量令他們的分析不可避免地存在一些偏見。地緣政治風險行業中某個有地位的專家告訴我：該部門所做出的一切可公開供人參閱的工作成果都應被視為行銷而非分析。這些公司藉由令人感覺大開眼界且易於消化的內容吸引住潛在的客戶，誘使他們出錢訂製更細緻化、針對公司需求的分析。這使得他們那些可公開的東西包含明顯的偏見。或者，就像他直白對我說的：「你得先把顧客嚇得屁滾尿流。這樣，他們才會找上門來。」

最後再看一下表一即可發現：前二十名的排行榜中出現一個異數，也就是脫胎自Google Ideas的拼圖公司。如前所述，二十一世紀的富豪以不同於二十世紀前輩的方式指導並安排慈善捐贈的作為。成立於二〇一一年之拼圖公司的前身Google Ideas正好呼應此一趨勢，因為當時其負責人稱自家的組織為「行動型的智庫，旨在探索科技如何能為致力於全球議題的前線工作人員帶來轉變」。[87]谷歌董事長埃里克．施密特（Eric Schmidt）在拼圖公司成立時接受《金融時報》專訪時解釋道：「拼圖是建立在如下這假設上的：世界上每一個挑戰都涉及科技，而科技也是世界上每一種解決方案的組成部分。姑且不論好壞，它使世人具有能力……作為一家科技公司，拼圖讓我們認識了什麼？它讓我們體會到，科技現在已經以某種方法、構造或形式與世界上的每一個挑戰息息相關。」[88]

這種宗旨如果拿來套在矽谷其他慈善機構上也無不妥。但是，這組織仍與其他慈善機構有著細微的差異，因為前者代表理念市場的一種新組織形式。一方面，Google Ideas與蓋茲基金會或谷歌的慈善組織Google.org不同，它既不是企業基金，也不是非營利實體。它最初是作為谷歌業務營運和策略部門中的一個單位而存在的。[89]另一個區別是谷歌任命賈雷得．科恩（Jared Cohen）為Google Ideas的第一任主管。在布希和歐巴馬政府的年代，科恩曾任職於美國國務院的政策規劃工作。先前令他一舉成名的主張是：說服推特延遲其預計於二〇〇九年夏季進行的定期維護工作，以便讓伊朗的示威者能與彼此以及外界進行交流。[90]這表明了，拼圖公司意在成為商業策略和政策倡導的催化劑。

值得注意的是，施密特和科恩在二〇一三年合著的那本關於世界政治數位化轉型的著作中，只提到過一次Google Ideas[91]。該書最初的關注似乎被特意聚焦，主要側重於打擊網路上的極端主義言論。[92]其最明顯的行動訴求是成立「打擊暴力極端主義」（AVE）網絡，以便反制暴力極端主義。該網絡成立於二〇一一年六月在都柏林舉行的高峰會議上，由改邪歸正的前幫派成員、聖戰分子以及右翼極端分子和其他激進分子組成，成立的目的在於「防止『高風險』的年輕人被人招募，並鼓勵已參與暴力組織的年輕人退出」。[93]AVE網絡背後的想法是提供一種「反敘事」（counter-narratives），以反駁在網路上大行其道的極端主義敘事。現在評估AVE在對抗暴力極端主義方面的影響為時過早，而且也不容易。然而，針對這番奮鬥所寫的一篇評論指出：拼圖的私營部門性質賦予了它比國家主導的努力更大的信譽。谷歌的支持「讓〔AVE〕行動獨立於政府之外，避免了國家參與此類倡議後通常可能引發的政治敏感」。[94]

拼圖成立後觸發了一些偏執的看法。維基解密的創始人朱利安·阿桑奇（Julian Assange）在《新聞週刊》上寫道：「科恩的主管職務似乎已經脫離了公共關係以及『企業責任』的範疇，而轉變成公司對外交事務的積極介入，但這種介入本來通常是由國家來主導的。我們不妨戲謔地說，谷歌可以把科恩任命為『政權更迭部主任』。」[95]其他批評者在施密特於二〇一六年二月宣布將Google Ideas改名為拼圖公司並轉變為「技術育成中心」時，提出了類似的指控。[96]它已推出一系列新的產品，其中包括旨在防止對易受攻擊之網站進行「分散式阻斷服務攻擊」*的「谷歌盾牌計畫」（Google Shield）。[97]

拼圖的舉措顯然具有商業成分，而且自成立以來就很清楚。例如，該公司對如何將谷歌產品出口到目前受美國嚴厲制裁的國家（例如伊朗和北韓）表示躍躍欲試。在外交關係委員會的主持下，我參加了關於這個問題的一次腦力激盪會議。儘管有些人對谷歌動機的看法有所偏執，但情況似乎再清楚不過：它的動機既利他又利己。一方面，它辯稱道，除非能夠將更新的軟體和修補程式出口到那些國家，否則當地的異議人士和人權活動人士可能容易受到其政府網路入侵攻擊。另一方面，這是谷歌擴大其全球影響力之業務戰略的重要部分，也呼應了施密特前往緬甸和北韓推動更多網路開放性的行程目的。[98]正如某項對谷歌影響力的學術批評所言：「雖說谷歌員工顯然的確認同言論自由是一項基本人權的觀念，但幾乎沒有證據可以表明這是該公司追求世界更全面連網程度的誘因……事實很簡單，谷歌的存活關鍵（從政治經濟學的角度來講）越來越取決於更多人在線上使用其免費的服務。」[99]拼圖顯然正在努力做好事，並且將它做好。

理念市場的私營部門領域可說是一個異質的大拼盤。自從賓夕法尼亞大學推出排行榜以來，

---

* Denial-of-service attack：簡稱DoS攻擊，亦稱洪水攻擊，是一種網路攻擊手法，其目的在於使目標電腦的網路或系統資源耗盡，使服務暫時中斷或停止，導致其正常用戶無法訪問。

沒有一個營利性智庫能接近所有智庫排行榜的前二十名。管理顧問與政治風險分析家的思想領導與其說是出於知性目的，倒不如說起到了行銷作用。營利性質的智庫還可能囿於某些偏見，進而可能扭曲其分析工作。市場分析家傾向於在其數據中尋找規則範式以建立短期的預測，但他們不一定具有因果邏輯的能力，使其得以理解為何某一範式特別饒富意義。結果，私營部門的思想領袖經常發生「過度擬合」*的現象：將統計上的雜音過度詮釋為潛在趨勢。正如奈特．席爾維（Nate Silver）指出的：「過度擬合代表雙重缺憾：它使我們的模型在紙面上看起來**更加漂亮**，但在現實世界中的表現卻**更加不好**。」[100]更糟的是，因為以營利為目的的思想領袖自信已經找到了真正的預測指標，因此通常會大肆宣傳遠遠超出其真實價值的價值。

私營部門在運用其工具解釋政治時也表現出一些嚴重的弱點。諷刺的是，自二〇〇八年以來，越來越多金融行為者對政治分析進行了投資，但實際的政壇行為可能令其感覺滿頭霧水。市場的參與者善於辨識可能迫使政治家採取行動的經濟壓力。他們能預測出政治家將如何應對壓力，而顧問卻看走了眼。例如，在二〇一三年國會債務上限攤牌期間，我曾與管理顧問和投資銀行家談話，他們對於政治談判一而再、再而三的失敗感到驚訝。政客與市場參與者的動機不同，而營利性質的行為者在思考世界時常會無法掌握此一事實。

非營利性質的智庫必須捍衛自己免受利益衝突的質疑，而私營部門當然應該面臨更加嚴格的檢視。諮詢界的利益衝突曾有導致刑事訴訟的案例。[101]此外，儘管像麥肯錫或高盛這種營利性質的行為者提供了許多有用的分析方法，但是他們往往傾向於向潛在的客戶強調市場機會。十年前，管理顧問誇大了離岸外包的現象，然而事實證明，這些離岸外包中有許多舉措所產生的成本節省效益低於預期，從而引發了近十年的「本土內包」反向浪潮。這一趨勢也被管理顧問拿來大肆宣傳。[102]同樣，許多財務顧問也撰寫論文以及專欄，反對「主權財富基金」†受制於更嚴格的聯邦法規。捍衛這種立場的動機其實是以下這個不可否認的事實：這些公司希望能為投資美國主權財富基金的人提供建議，並藉此賺取佣金。[103]

儘管存在這些明顯的擔憂，理念市場中的私營部門似乎成效不錯。在我對意見領袖的調查中，像布魯金斯學會和戰略與國際研究中心這樣的頂級智庫比麥肯錫全球研究所或歐亞集團更受信任。然而，如圖6.1所示，這兩個以營利為目的的智庫要比那些黨派色彩濃厚的智庫（如美國企業研究院、傳統基金會或美國進步中心）獲得更高的信任度得分。私營部門的思想領袖確實在享有盛名的會議中、在著名的雜誌上以及機場書店裡的能見度越來越高。為什麼營利性質部門的思想領導力並未與非營利性質智庫面臨同樣的挑戰呢？

暫時的答案應與風格以及實質有關。從風格上講，私營部門在傳達思想方面比大學教授或智庫團伙的表現要強得多。在「聲音傳媒」或「商業內幕」等新聞網站出現的很久之前，管理顧問

---

* Overfitting：在統計學中，擬合過度是指過於緊密或精確地匹配特定資料集，以致無法良好地擬合其他資料或預測未來的觀察結果。

† Sovereign wealth fund：通稱主權基金，指由一些主權國家政府所建立並擁有、用於長期投資的金融資產或基金，主要來自於國家財政盈餘、外匯儲備、自然資源出口盈餘等，一般由專門的政府投資機構管理。

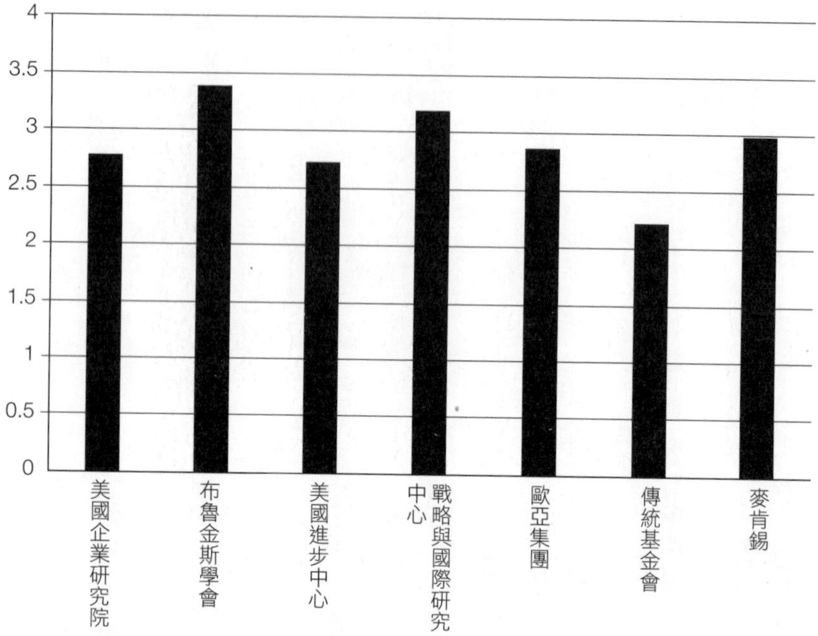

圖6.1　精英對智庫的信任度

備註：理念市場精英對如下問題的回答：「如果你要為一個新主題撰文，你的研究必定從不同的來源取材。在所有條件都相同的情況下，你對以下機構的報告所做的結論有多大信心？」（受訪人數＝193，評分區間：1到4分）

資料來源：作者調查

公司就已經意識到曲線和圖表的強大功能。外交政策界在許多方面都對數字反感，但是這種反感使他們更有可能接受資料數據呈現出的浮面價值。營利部門擅長找出一個可以吸引觀眾注意力的數字、指標或圖表，即使不懂數學的人也可以理解的數據。因此，他們對世界狀況的理念更容易理解，並且更具啟發色彩。這並不代表他們的這些想法必然正確，只是意味私營部門遠遠更有能力利用現代理念市場的結構轉變。

從實質上講，像麥肯錫和斯特拉福等組織確鑿的營利性質也讓它們在理念市場上具有更強大的優勢。[104]最明顯的優勢即是聽眾從他們的營利性質所推得的內隱結論：如果有人願意出錢換取他們的服務，那麼他們一定有其價值。外部的觀察家看到此類組織持續運作，便自然得出如下結論：「這是一門行得通的行業，而且麥肯錫或歐亞集團所提供的都是高品質的建議。」[105]這也就是為什麼有那麼多管理顧問和地緣政治風險分析員會宣揚自己和績優股公司以及官方情報機構頗有交情的原因了。他們想要顧客自己推出結論：如果大型組織信得過他們的建議，那麼這種建議必然很有價值。

這類事業的營利性質為這些公司帶來了另一個優勢：他們為客戶收集並交付的獨門訊息。這些數據資料為私營部門的思想領袖提供了雙重優勢。首先，他們可以獲取更多傳統公共知識分子可能缺乏的訊息。這使他們在提出有關世局如何運作的論據方面具有決定性的優勢。當麥肯錫全球研究所發布報告時，或是當其董事出版共同撰寫的書籍時，他們都會同時利用可公開獲得的訊息以及自家公司的獨門訊息。[106]同樣，當摩根大通成立摩根大通研究所時，它強調將會「仰賴本公司內部範圍廣泛的數據資料，將它用在有益於公眾的地方。」[107]

這種同時依靠自家獨門數據以及外部公開資料的作法，會影響潛在客戶的認知偏好。與客觀的分析相比，大家更可能珍惜來自第一手敘述的訊息。[108]這也難怪管理顧問擅長將這類敘述與他們自己的預測結合起來。[109]即使說的只是軼事，獨門資料對於公司的思想領袖而言也是優勢，而非劣勢。這是傳統知識界最缺乏的訊息。獨門訊息還為私營部門提供了保有不透明度的合理藉口。管理顧問和地緣政治風險分析員都不會透露自己獲取消息的方法及來源，以免令他們的客戶受到不必要的檢視。不過，這當然也令外部觀察者無法核實其論據的真假。

與客戶的不斷互動也使私營部門的知識分子比傳統的外交政策分析員更具「速度」這項優勢。近年來，我研究了主權財富基金的地緣政治影響、中國的相對金融實力以及二〇〇八年金融危機的政治經濟現象。對於所有的這些研究工作，市場分析家都是最早進行複雜分析的研究人員，其速度比學者或是智庫機構都快。每當出現新問題時，高盛、麥肯錫或道富集團（State Street）通常會是第一批發表實質性質報告的機構。當私營部門評估和解釋世界局勢時，它們通常會從最新的數據資料中取材。例如，我在二〇〇八年初參加了多次外交政策會議，會中學者和專家討論了下屆美國總統上任後將要做些什麼。現場所有的市場參與者都堅信，次級抵押貸款的危機要比大家想像中的嚴重許多，其後果將抑制任何雄心勃勃的政策藍圖。與華盛頓特區的外交政策知識分子相比，市場分析家提出調降中國長期增長幅度之意見的速度也快很多。

最後，驅動現代理念市場發展的構造性變化，使得競爭環境向有利於私營部門的方向傾斜。對傳統權威信任感的減弱，意味私營部門思想領袖與傳統公共知識分子之間的聲望差距已經大幅縮小。黨派心態的增強對私營部門思想領袖的影響小於對學院或智庫的影響。身為商業界的參與者，他們不若學者或中間偏左的智庫成員那麼容易引起保守派人士的懷疑。最重要的是，私營部門的思想領袖與富豪間的互動關係乃是知識分子群體中最自在的。在許多情況下，私營部門的思想領袖是捐助人階層中牢不可分的一部分。就其性質而言，管理顧問和政治風險分析家會在訂製研究中迎合這一群體的偏好。這使他們獲得了社會情報以及人脈連結，也令其得以在富裕人士的圈子裡吃得開。簡而言之，若是說到與潛在的捐助者打交道這件事，管理顧問比教授或智庫成員更容易建立人脈。

以前的情況是，外交政策專業人士只能在聲望或金錢中二擇一。那些專注於提出新理念的知識分子（例如學者）很樂意將其推廣給其他人。那些對外包和分包工作感到自在的知識分子可以贏得利潤豐厚的諮詢合約，而政策制定者則可以因採用其理念而受到讚譽。這種折衷在某種程度上依然存在，但已不那麼普遍了。現代理念市場的出現使得以營利為目的的思想領袖得以兼有兩種好處。他們可以因聲稱自己的思想領導力是一種行銷手段而出名，也可以藉由訂製的委託案賺錢。

知識分子私營部門的興起與金磚國家的興起是相類似的。它的出現不容否認，它的影響也是觀察得到的，但其真正意義卻仍引發激烈爭論。一些學者譴責以營利為目的之思想領袖的崛起。最近一位寫專欄的學者發牢騷道，這些私營部門的行為者「正在積極地向媒體宣傳他們的研究成果」，並警告說，「以營利為目的的公共知識分子，其動機和資金來源經常是可疑的」。[110]同時，這些私營部門行為者的固有商業模式就是大肆宣傳自己的重要性以及門路。管理顧問、投資銀行家和政治風險分析員對理念市場的影響力有可能已經增加了。但是這些行為者也可能誇大了這種影響力。

影響力這種商品具有相互消長的特性。如果某一個行為者獲得它，那麼另一個行為者不可避免地就會失去一些。外交政策思想的市場不斷波動，而本書最後幾章即在證明：非營利性質部門的傳統公共知識分子僅能勉強圖存，而營利性質的思想領袖卻能蓬勃發展。私營智庫、地緣政治風險分析家以及拼圖等新興組織的數量與正統性率皆增長的情況表明：較為傳統的知識分子不能再忽視這些思想領袖。

該問一個更值得注意的問題：對於理念市場而言，這究竟意味著什麼。這就是我們在接下來幾章中要談的主題。

第三部分

第七章 知識界超級巨星的前景與危境

文章和理念就算再好，
也要有人付大筆錢邀你談論它們才算真正的好。
它們不過只是廣告看板而已。

史蒂芬・馬爾區

在談論現代的理念市場時，懷舊的觀點即是有力的觀點。在我對輿論領袖的調查以及與外交政策專家的談話中，我都多次聽到「誰是我們這一代的沃爾特・利普曼？」的各種類似問法。若想了解現代理念市場不同於上世紀理念市場的地方，那麼有必要先想想二十一世紀是否有個類似利普曼的人。當然，這就帶出一個更直接的問題：誰是利普曼？

有充分理由可以證明沃爾特・利普曼就是他那一代人當中最有影響力的公共知識分子。[1]當年他是哈佛的學生，曾跟隨著名的哲學家喬治．桑塔耶那（George Santayana）學習，後來放棄研究所學業，為社會主義的報紙寫文章。他是一九一四年《新共和》的創始編輯之一，在第一次世界大戰開始時就宣揚具干預主義色彩的理念。他曾任職於威爾遜的政府並負責主持「調查團」（The Inquiry），這是為思考戰後秩序而成立的智囊團，並為出席凡爾賽和平會議的美國官員提供建議。凡爾賽會議結束後不久，利普曼重返報業。他為《紐約世界報》（*New York World*）以及後來的《紐約先驅論壇報》（*New York Herald-Tribune*）撰寫社論。一九三一年，他沒有接受出任哈佛大學教授與北卡羅萊納大學校長職位的邀請，並開始撰寫他的聯合專欄「今天與明日」。該專欄前後持續超過了三十五年，並為利普曼贏得兩次的普立茲評論獎。到了晚年，他專為《華盛頓郵報》和《新聞週刊》撰稿。他表達的理念很有影響力，以至於《讀者文摘》出版了他暢銷書的濃縮版，並讓《婦女之家雜誌》（*Ladies Home Journal*）以漫畫書的形式將他推薦給讀者。[2]

利普曼在他的職業生涯中站遍了各種政治立場。這是「他常改變主意」的一種委婉說法。他的傳記作家羅納德．斯蒂爾（Ronald Steel）寫道：利普曼的觀點總是「不要偏離公眾輿論的核心太遠」。[3]利普曼的競爭對手之一、專欄作家約瑟夫．艾爾索普（Joseph Alsop）語帶諷刺地指出：「沃爾特專欄中的看法倒是不會不斷重複，但原因很簡單，他大約每八個月就會改變一次立場。」[4]然而，人家也可以主張，利普曼的政治弧線表現了他從社會主義走向對美國和美國威權之保守的懷疑主義道路，而且其過程是漫長而多變的。在大學時代，利普曼被認為比他的同學約翰．里德（John Reed）更激進，但此後不久他就迴避了社會主義。利普曼後來迷上了泰迪．

羅斯福（Teddy Roosevelt）（編註：即老羅斯福）的進步主義主張，但在第一次世界大戰期間便與他分道揚鑣了。在利普曼為《新共和》撰稿的年代中，他是熱情支持美國加入第一次世界大戰的，但後來他對美國的策略越來越感失望。他在一九四〇年代後期反對圍堵政策，因為他認為該政策過於激進並具軍國主義色彩。在擔任專欄作家的最後幾年裡，利普曼指責詹森政府擴大越南戰爭的規模。

光憑作家的能力，利普曼便足以贏得傑出知識分子的美譽。然而，他為自己公共知識分子的角色至少又增加了兩種身分。利普曼還為許多美國總統和政客提供諮詢服務。他為威爾遜總統的十四點提供了法律諮詢，並為總統候選人溫德爾．威爾基和艾森豪拿過主意，並和甘迺迪及詹森交上朋友。他敦促共和黨參議員亞瑟．范德伯格（Arthur Vanderberg）在冷戰初期讓共和黨朝更加國際主義的路線發展下去。一般認為，利普曼在一九四〇年代時，在美國制定外交政策的過程中起到舉足輕重的作用，以至於英國大使館甚至任命一名官員負責隨時了解這位專欄作家的想法。[5] 負責密切注意華盛頓新聞界有力人士的蘇聯國家安全委員會（KGB）為利普曼取了「樞紐」的代號。[6] 甘迺迪命令新聞秘書，如果利普曼打電話到白宮來，直接請他接聽即可。[7]

利普曼還提出了日後對多個學術領域產生持久影響的論點。他那些雄心勃勃的著作尤其影響了下半個世紀的輿論研究、外交政策分析和媒體研究。[8] 他的著作，特別是《美國的外交政策：共和國的屏障與冷戰》，協助界定了美國戰後年代的外交政策辯論。利普曼被譽為是「冷戰」一詞流行起來的推手。[9] 在《冷戰》一書及收錄於其中的專欄文章裡，利普曼對喬治．肯南的圍堵學說提出了當時最著名的反駁。[10]不久之後，肯南想通了利普曼有關美國冷戰政策缺陷的世界觀。

利普曼在政治科學領域的持久影響，來自他幾個政治世界觀的其中一個：他對透過輿論以及民主手段掌控外交事務的優點表示質疑。利普曼的精英主義在他的早期著作《輿論》（*Public Opinion*）中即已昭然若揭：「代議制的政府……無論其獲選的基礎如何，除非有一個獨立的專家組織讓做決策的當政者理解那些看不見的事實，否則這種政府是無法成功運作的。」三十多年後，他在《公共哲學》（*The Public Philosophy*）一書中警告道：「令人遺憾的事實是，在緊要關頭時，公眾的主流輿論常犯了破壞性的錯誤。人民可以否決熟知情況之負責官員的判斷……公眾意見在我國力量越來越強。當國家面臨生死攸關的處境時，這個做決策的主子就變得很危險。」[11]利普曼對公眾表現的悲觀態度影響了一整個世代研究輿論的學者。那一代人的研究最終形成了所謂的「阿爾蒙—利普曼共識」（Almond-Lippmann consensus），表明大眾對外交政策的態度是不穩定、不合理又考慮欠周的。[12]

現代有沒有與利普曼旗鼓相當的人？讓我建議一個可能的人選：法理德．札卡利亞。

在我對輿論領袖所作的調查中，札卡利亞被認定是三位最具影響力的外交政策作家的其中一位，僅次於亨利．季辛吉和托馬斯．佛里曼。同樣重要的是，札卡利亞的生活和世界觀與利普曼的相像之處遠勝於季辛吉或佛里曼。兩者都出生於富裕的家庭。札卡利亞也像利普曼一樣，曾在哈佛接受教育。不過，利普曼放棄研究所的學業，而札卡利亞卻取得政治學的博士學位。他的論文導師是塞繆爾．杭廷頓，而後者也擔任他那全由重量級學者組成之論文委員會的主席。像利普曼一樣，札卡利亞本可成為一名教授，但卻選擇避開學院生涯，並在年僅二十八歲時出任《外交事務》主編（期間出版了其導師的論文〈文明之衝突〉）。他於一九九九年擔任《新聞週刊》的編輯，為《新聞週刊》和《華盛頓郵報》撰寫了一個聯合專欄。在九一一恐怖襲擊之後，札卡利亞為《新聞週刊》寫出一篇長達七千字的封面文章，內容討論中東阿拉伯世界反美情緒的根源。[13]該篇文章被廣泛引用並在首都圈內流傳，使札卡利亞得到了全新層次的好評。

札卡利亞也像利普曼一樣，其政治立場和工作地點的變動很大。許多有關他的資料將他描述為自由主義派、中間派、保守派和新保守主義派。[14]他支持二〇〇三年入侵伊拉克的計畫，到了二〇〇四年一月，他仍在主張該行動的利益大於代價。[15]然而，就在入侵即將開始之際，他卻發表了對布希政府「自由伊拉克行動」外交舉措的嚴厲批評。後來他又因布希政府入侵和占領的魯莽操作而加以譴責。[16]

在職場上，札卡利亞離開《新聞週刊》後成為了《時代》的專欄作家以及《大西洋》的特約編輯，並同時繼續為《華盛頓郵報》撰稿。他在二〇〇二年進入電視界，與喬治．史蒂芬諾伯羅斯（George Stephanopoulos）共同擔任美國廣播公司政論節目「本週」（This Week）的主持人。三年後，他開始在公共廣播電視公司（PBS）主持每週一次的「對外交流」（Foreign Exchange）節目。又過三年，他進軍有線電視新聞網。「法理德．札卡利亞的環球公共廣場」（Fareed Zakaria GPS）目前是美國唯一專注於國際事務的大型有線新聞節目。該節目於二〇一一年贏得了皮博迪（Peabody）獎。

札卡利亞在專欄作家之外的職業生涯也與利普曼從事的活動類似。札卡利亞作為外交政策的知識分子以及他在主流媒體平台的影響力，為他提供了進入權力走廊的更多途徑。他曾會見柯林頓和布希政府中眾多的高級官員。他與歐巴馬總統的互動令他不得不再三強調自己不是歐巴馬的顧問。而且，就像利普曼一樣，札卡利亞長篇幅的文章也發揮了影響力。他一九九七年發表在《外交事務》中那篇談論「不自由之民主」*的文章預示了二十一世紀美國「民主輸出」政策的問題。在那篇文章（最終擴充為二〇〇三年的〈自由的未來〉〔*The Future of Freedom*〕）中，札卡利亞對沒有民主文化做基礎的民主化表達了擔憂，這與利普曼關於公眾輿論的頻繁警告遙相呼應。儘管他不如利普曼多產，但政治學家和外交政策專家都廣泛引用了他關於世界政治的著作。

多年以來，別人在雜誌中提到札卡利亞時都是讚不絕口，這與利普曼在自己傳記中的形象相同。早在一九九九年，沃爾特·羅素·米德就將札卡利亞形容為「他這一代人當中最有影響力的外交政策顧問」。亨利·季辛吉向《紐約雜誌》（*New York*）稱讚札卡利亞：「他有一流的頭腦，喜歡講一些與公眾意見相衝突的東西。」有一篇評論札卡利亞《後美國世界》（*Post-American World*）一書的書評說道：「他可能比西方世界任何其他公共思想家都具有更多學養與洞見。」[17] 所有上述這些引文如用來描寫沃爾特·利普曼人生對等的階段似乎也說得通。

除了少數的一些次要細節外，利普曼和札卡利亞擁有相似的知識分子DNA。但是，仍有一些重要的區別值得注意。其中一個不同點是：當利普曼對外交事務發表意見時，他在公共領域中幾乎擁有壟斷的地位。札卡利亞應算得上是現代理念市場的超級巨星，但這個市場比起利普曼的時期擁擠多了。

另一個區別更為明顯：札卡利亞近年來經常要應付別人嚴肅指責他剽竊的作為，而這是利普曼從不曾經歷過的。在探討理念市場超級明星知識分子生活的本章中，我們認為這兩種差異可能相關。

沃爾特·利普曼是個有才華的人，但他在職業生涯中，比法理德·札卡利亞多一項結構性的優勢：競爭較少。利普曼之所以能卓然立於外交政策這個公共領域之上，一部分是因為他很重要，另一部分是因為在冷戰高峰時期，這個領域仍然很小。在那段時間裡，少有公共知識分子能對外交政策發揮作用。利普曼代表外交政策知識分子的鼎盛時期，也是「喬治城飯局」（Georgetown Set）的鼎盛時期（來賓在華盛頓特區的晚宴上辯論美國的外交政策）。[18] 這個由學者、專欄作家、出版商和決策者組成的團體小到足以在理念市場上發揮真正的槓桿作用。喬治·肯南對政客和政策負責人的直接影響很小。但是，他發揮軟實力的一個舞台就是喬治城飯局，因為他可以和專欄作家們進行交流。[19] 這些引導輿論的作家於是在公眾心目中鞏固了肯南外交政策方面的聲譽。[20]

冷戰早期對美國外交政策發表評論的人之間難免產生競爭和嫉妒，但是他們也共享大量的

---

* Illiberal democracy：又稱為威權復辟、民主倒退、非自由民主制、非自由主義的民主制，與自由民主制相對，是一種雖有民主卻無法保障公民自由之不完全、不成熟的民主制度，不以強調法治以及保障人權作為其民主運作的主要特徵。

社會資本，這讓他們在逆境中得以維持整個群體。他們大多數人曾在同樣的幾所學校就讀，也在第二次世界大戰中服役。這些共同的背景促使他們就算彼此不同意對方，至少也能相互信任。身為一個寡頭壟斷團體的成員，冷戰時期的知識分子還能為彼此遮掩各種醜聞，以避免引起公眾的注意。已婚的沃爾特．利普曼與長期擔任《外交事務》編輯的漢密爾頓．費須．阿姆斯壯（Hamilton Fish Armstrong）的妻子有染。這兩對夫妻最終以離婚收場。約瑟夫．艾爾索普在一九五七年出差到莫斯科期間，蘇聯國家安全委員會曾拿他的一段同性戀關係勒索他。這兩件輕率行為都沒有毀掉當事人的職業前途。[21]正如札卡利亞語帶含蓄向我所形容的：「以前是個壟斷聯盟。」[22]

冷戰時期外交政策界池塘的規模很小，而且還有點淺。歷史學家和政治學家仍繼續辯論冷戰時期共識形成的確切年代，不過他們都同意這種共識確實存在。到了一九五〇年代，冷戰期間美國外交政策界知識分子的共識程度已經跨越了意識型態的畛域。[23]格雷厄姆．艾里森（Graham Allison）將這種共識以幾個公理式的原則描述出來，例如「國際政治最醒目的特徵便是共產主義和自由世界之間的衝突」、「對美國外交政策的利益而言，最簡單而可靠的方法便是反對共產主義」，以及「美國有捍衛自由世界和維持國際秩序的**力量**、**責任**和**權利**」。[24]這種共識限制了外交政策機構內部可以接受分歧的範圍。正如安德魯．貝塞維奇（Andrew Bacevich）所指出的：「冷戰初期，美國公共知識分子的特徵不是開闊而是狹隘，不是玩興而是僵硬。說到政治，他們講的是教條主義與不可妥協。結果，他們接受的是一個過於簡化的分析框架，從而排除了可行的替代方案，並使辯論陷入貧乏。」[25]甚至連利普曼的助手也承認，他是在一個受限制的理念市場框架中運作的。[26]

舊的理念市場是上流人士的寡頭壟斷。當前的理念市場則完全是另外一回事。從某種意義上來說，如今它更具有競爭力。求文若渴的媒體管道數量急劇增加，也令可以撰寫有關外交政策文章的知識分子的數量成長（無論是以此維生或是玩票性質）。知識分子經營自己知識帝國的能力已大大提高。這個說法聽似誇大其詞，但是卻充分說明了以下之人的成就：「聲音傳媒」的艾茲拉．克萊因、「話題備忘錄」（Talking Points Memo）的喬什．馬歇爾、「五三八」的奈特．席爾維和「睡衣傳媒」（Pajamas Media）的格林．雷諾茲。

但是，就另一層意義而言，更大程度的競爭並不一定代表競爭環境更加公平。在我對外交政策界輿論領袖的調查中，我請他們說出他們認為目前最有影響力的知識分子是誰。表7.1顯示了結果。該列表說明，資歷和精英血統仍然很重要。托馬斯．佛里曼成為暢銷書作家，原因是他的名字常見諸《紐約時報》的社論版。柯勞特罕默（Krauthammer）、依納爵（Ignatius）和卡根（Kagan）都為《華盛頓郵報》專欄撰文，而克魯曼則為《紐約時報》效力。約瑟夫．奈是哈佛大學的教授。札卡利亞自己的血統證書包括哈佛大學的博士學位以及在外交事務領域的工作經驗。季辛吉和福山在外交政策上的真功夫並不需要我在這裡多費唇舌。尼爾．弗格森是牛津大學和哈佛大學屢獲殊榮的歷史學家。這不是一群新貴，而是一群擁有常春藤大學學位、對外關係委員會成員身分以及其他享有聲望之組織成員身分的人。幾乎看不到一名女性。這張名單簡直構成了二十一世紀的「老男孩俱樂部」。怎樣才能使外交政策知識分子的上層精英與降低了的進入門檻相

表7.1 最具影響力的外交政策知識分子

名次	姓名	所屬機構	母校	性別
1	亨利・季辛吉	季辛吉同人	哈佛大學	男
2	托馬斯・佛里曼	《紐約時報》	布蘭迪斯大學	男
3	法理德・札卡利亞	有線電視新聞網	耶魯大學	男
4	羅伯特・卡根	布魯金斯學會	耶魯大學	男
5	約瑟夫・奈	哈佛大學	普林斯頓大學	男
6	查理・柯勞特罕默	《華盛頓郵報》	麥基爾大學	男
7	沃爾特・羅素・米德	巴德（Bard）學院	耶魯大學	男
8	大衛・依納爵	《華盛頓郵報》	哈佛大學	男
9	法蘭西斯・福山	胡佛研究所	康乃爾大學	男
10	羅伯特・D・卡普蘭	新美國安全保障中心（Center for New American Security）	康乃狄克大學	男
11	理察・哈斯	美國外交關係協會	歐柏林學院	男
11	傑佛瑞・戈德伯格	《大西洋雜誌》	賓州大學	男
12	保羅・克魯曼	《紐約時報》	耶魯大學	男
13	威廉・克里斯托	《旗幟週刊》	哈佛大學	男
14	薩曼莎・鮑爾	哈佛大學	耶魯大學	女
14	尼古拉斯・克里斯多夫	《紐約時報》	哈佛大學	男
14	史蒂芬・沃爾特	哈佛大學	史丹佛大學	男
14	茲比格涅夫・布里辛斯基（Zbigniew Brzezinski）	戰略與國際研究中心／高級國際研究學院（SAIS）	麥基爾大學	男
15	尼爾・弗格森	胡佛研究所	牛津大學	男
15	布雷特・史蒂芬斯（Bret Stephens）	《華爾街日報》	芝加哥大學	男
15	大衛・桑格	《紐約時報》	哈佛大學	男
15	約翰・米爾斯海默	芝加哥大學	西點軍校	男

協調呢？隨著現代理念市場的發展，超級巨星的經濟學開始發揮作用。[27]超級巨星經濟學的趨勢顯而易見：在這個特定的領域中，少數高階人士在收入以及受關注的程度上所占的比例過高。在運動員的圈子裡，技巧和能力決定了超級巨星現象的啄食順序。但是，其他群體（例如外交政策界的知識分子）則受制於較多的無常因素。現代理念市場的本質是，一個遠大理念可以將任何人推向知識界的峰頂。一篇挑對發表時機的文章可能讓人一夕之間飛上枝頭。

這從表7.1列出的姓名即可看出。該列表中的大多數人就因為在一篇關鍵論文中提出了一個關鍵理念而獲得公眾廣泛的關注。法蘭西斯・福山是於冷戰即將結束之際在《國家利益》發表了〈歷史的終結〉而揚名的。查理・柯勞特罕默於冷戰結束時在《外交事務》上發表的〈單極時刻〉（*The Unipolar Moment*）從出版以來也被人大量引用。自從約瑟夫・奈在一九九〇年《外交政策》中發表介紹「軟實力」的論文以後，那便一直是國際關係論述的重要觀念。如前所述，札卡利亞在後九一一年代於《新聞週刊》所執行的評論工作也提高了他的地位。羅伯特・卡根則因在二〇〇二年《政策評論》中發表一篇文章（將美國人和歐洲人分別比喻為戰神馬爾斯和愛神維納斯的後裔）才脫穎而出的，而當時大西洋兩岸正因為伊拉克的議題關係一度緊張。

除了表7.1中列出的人名以外，還有其他例子值得注意。例如，帕拉格・卡納（Parag Khanna）曾是一位放蕩不羈的研究生，當年曾竭力勸說「新美國基金會」給他資助，以便他能環遊世界並撰寫有關世界政治變化的主題。最後，他獲得了獎學金，這使他得以寫出第一本書。[28]由於時機的湊巧以及奇特的行銷，就在美國對其超級大國地位憂心忡忡之際，卡納的書被摘錄為《紐約時報雜誌》（*New York Times Magazine*）的封面故事。[29]結果，根據卡納自己的網站所言，該書的論點變成了「自冷戰結束以來數一數二最具影響力並在全球引發辯論的著作」。[30]先別計較他這說法是否有點誇張，該書的確一下子將卡納拋向了更高層級。接著他又寫了三本書，為美國有線電視新聞網主持一檔評論節目，又為美國國家情報委員會提供諮詢。根據卡納網站上的傳記所言，他現在是「被大量引用的世界級知識分子」，也「經常在國際會議上演講，並為政府領袖和大型公司做行政簡報，議題觸及全球趨勢與現況、系統性風險與技術斷層、打入市場的策略和經濟的總體規劃」。此處的重點不在卡納配不配得上他的精英地位，而是注意他結合了技巧、意志和運氣，只用相對較短的時間便站上那個高位。

出於一個非常簡單的原因，如今的頂層階級比利普曼時代的頂層階級更具吸引力。在二十一世紀，超級知識巨星既有影響力又有錢。

就像其他具有「網路外部性」*的市場一樣，現代理念市場可以同時具有競爭力，又能將酬勞保留給頂層階級。就像其他超級明星經濟一樣，那些在理念市場中位階最高的人將獲得不成比例的巨額回報。寫書的預付金可以更豐厚、在電視節目裡現身可以支酬、會議時收到的贈品變得更多更好。他們不僅僅是知識分子，他們已經蔚為品牌。

令人驚訝的是，諸如佛里曼、札卡利亞或弗格森等外交政策知識分子的公眾形象確實大大依賴「品牌經營」的術語。佛里曼的一位老朋友告訴《紐約客》：「我很欣賞湯姆，他在廣告人所說的定位或品牌經營方面非常出色，我認為這是他最了不起的技巧。他為自己創造了一個品牌。」[31]佛里曼應會同意這種看法。他最重要的著作《世界是平的》裡的核心論點是：若想在全球經濟中蓬勃發展，你就必須「與眾不同」（像麥可．喬丹這樣的獨特品牌），因為這樣的人可以「要求世界級的薪酬」。[32]佛里曼對自己品牌的敏感度甚高：如果哪個作家沒有將借自佛里曼的新詞交代清楚，佛里曼是會把話給講明的。[33]

弗格森也展露出類似的行銷手法。他巧妙地發揮了協同技巧，因為他於本世紀撰寫的五本書在出版前都以有弗格森本人入鏡的電視紀錄片先打頭陣。[34]《衛報》形容他二〇一一年的著作《文明》是「講西方興衰史的大學課程，讀起來像看電視連續劇」。[35]埃里克．奧特曼（Eric Alterman）近年來對弗格森提出嚴厲批評，不過他也承認：「弗格森為自己建立了一個非常成功的知識分子品牌，也許做得比他這一代其他任何學者都要好。」[36]至於他在《時代雜誌》的前同事札卡利亞則指出：「這個人就是他自己的品牌。」札卡利亞在《新聞週刊》的繼任者杜恩庫．瓦拉達拉揚（Tunku Varadarajan）也寫道：「他既是記者，又是一個品牌：在他的血管裡流動的是『企業精神』。」[37]

知識分子付出巨大的心血讓自己成為品牌，然後盡力維持這個品牌。正如二〇一二年《紐約

---

* Network externality：又稱網路效應（network effect）或需求方規模經濟（demand-side economies of scale），指在經濟學或商業中，消費者選用某項商品或服務，其所獲得的效用與「使用該商品或服務的其他使用者人數」具有相關性時，此商品或服務即被稱為具有網路外部性。最常見的例子是電話或社群網路服務：採用某一種社交媒體的用戶人數越多，每一位用戶獲得越高的使用價值。

時報》有關札卡利亞的故事所述：[38]

> 才不久前，能在《時代雜誌》上寫作專欄一直是新聞記者夢寐以求的職業頂峰。但在最近幾年中，期望以及機遇都增加了。現在，許多作家將自己作為獨立的品牌進行行銷，他們的新聞事業在很大程度上已成促銷手段，目的在於推動諸如出書和公開演講等利潤豐厚的活動。

該策略的財務利益可能是巨大的。名牌知識分子可以打進頂級的演講市場，其利潤水準足以讓他們與專業的演講經紀人簽約。這樣的經紀人可以安排他們多次發表同一篇演講（每場只須因地制宜、稍加調整即可），並收取高額的費用。據《財星》雜誌報導，托馬斯．佛里曼入袋的演講費令他的年收入高到「企業執行長的級別」。札卡利亞的演講費多達五位數字。[39]弗格森甚至放棄了他在哈佛商學院的某個學術閒差（不過並未放棄在哈佛的其他學術職務），因為公開演講所獲得的酬勞超過商學院的薪水。我曾向弗格森請教，促使他為公眾寫作的動機為何，他立即回答：「都是為了錢。」[40]

酬勞頂級人士的超級巨星經濟學創造了強勁的動力，亦即促使其持續活躍於理念市場的動力。這些回報足夠豐厚，以致可以激發整個薪資微薄知識分子階級的職涯以及財務夢想。現代的理念市場如今類似於表演事業：少數超級巨星可以賺進數百萬美元，而其他那些沒沒無聞的只能做些零碎的工作，並奢想未來能日進斗金。

當然，這些酬勞也具有其他的影響。《君子雜誌》（*Esquire*）的史蒂芬·馬爾區（Stephen Marche）曾透露，弗格森每次演講可進帳五萬至七萬五千美元，而弗格森也親口告訴我，他平均每個月都做一次這類的演講。正如馬爾區所言，這種收入來源會影響一個人的知性立場：[41]

> 弗格森以及許多其他人寫作事業的整個經濟狀況已經永久改變了。非小說類的作家確實可以比從事其他任何事業（包括寫暢銷書或去哈佛教書）更容易賺更多的錢。文章和理念就算再好，也得有人捧著大筆錢邀你談論它們才算真正的好。它們僅是廣告看板而已。演講的收入代表弗格森不必看出版商的臉色，不必逢迎他的編輯，也確定無需討好學者。他只需要取悅大公司和富裕階層即可，畢竟人家願意花五萬至七萬五千美元來聽他講話。

為保持超級巨星的地位，知識分子必須能夠與富裕階層流利自在地交談。這一點對佛里曼或弗格森是沒有問題的。商界人士特別喜歡佛里曼有關科技和全球化如何改變全球經濟的著作。「銷售力」（Salesforce）網站的執行長馬克·貝尼奧夫（Marc Benioff）表示，他對佛里曼的才智感到敬畏，而且他並不是唯一有這種感受的企業大亨。風險資本家約翰·多爾（John Doerr）是這樣形容佛里曼的：「在商務對談中最被頻繁引用的思想家。」[42]同樣，弗格森在一次採訪中對我說過，他是個「典型的自由主義者」，其作品極大程度地支持自由市場和穩健的美國外交政策。[43]佛里曼和弗格森這種思想領袖真確相信那些也能引起現代理念市場重要人物共鳴的觀念。但是，對於比較沒那麼自信的知識分子而言，事情並非如此簡單。如果他們想讓潛在的贊助者開心，他們就不一定敢對錢說真話。

知識分子品牌的另一個影響是，超級巨星必須花費大量心血來維持自己的地位。最頂尖的那些人獲得了過多的機運，在其中，外界會要求超級明星說出和寫出比其他任何人都要多的東西。但是，如果他們一再拒絕這樣的提議，那麼他們的地位就會下降。理念市場中不只一位參與者告訴我，不斷發表理念作品以及接受演講邀約這兩件事為他們造成極大的壓力。如果拒絕，他們擔心邀約將會隨之變少。

佛里曼、弗格森和札卡利亞算是超級巨星，但也是非常忙碌的超級巨星。就像那些巨富階層的人一樣，他們也得拼命工作賺取收入。佛里曼除了為《紐約時報》撰寫專欄文章外，還出版了五本書，並至少主持三部電視連續紀錄片。二〇一三年，他與《紐約時報》一起籌辦自己那達沃斯論壇風格的會議，稱為「佛里曼論壇」。[44] 佛里曼的每個形象都在強調他那孜孜不倦的工作倫理。[45]

弗格森和佛里曼一樣，也致力於將自己的著作透過其他傳播方式推廣開來。弗格森在公共評論方面也是多產的，因為他每週為《每日電訊報》撰寫一篇專欄，同時也在《金融時報》、《新聞週刊》以及其他地方發表專欄。二〇〇七年，《哈佛雜誌》中弗格森的個人檔案披露了他職涯中巨大的工作量，其中包括「八本厚重專著，還有兩本正在撰寫，數百篇的學術文章，大量導讀以及書籍章節，還經常為美國、英國和德國的報紙撰寫專欄和社論，同時又擔任《當代歷史雜誌》的編輯」。[46]後來，他創辦了「綠斗篷」（Greenmantle）這家雇用了七名全職員工的宏觀經濟與地緣政治諮詢公司。二〇一二年，弗格森永久移居美國後告訴《每日電訊報》：「我是個工作狂，所以我在美國感覺適得其所，不會像在英國那樣被視為異類。」[47]

瓦拉達拉揚對札卡利亞讚譽有加，其中包括他的工作量：[48]

> 從札卡利亞職業的標準來看……他取得的成功是不可思議的：他主持一個電視秀，幾乎沒有任何知名人士會拒絕他的邀請，此外還為《時代雜誌》、CNN.com和《華盛頓郵報》撰寫專欄。他還出版了一些學術著作，每本都是總統在登機時緊緊抓在手裡的，並且發表據說每場酬勞高達七萬五千美金的演講。

我採訪札卡利亞時，他解釋自己如何將時間分配在《華盛頓郵報》專欄撰寫、準備CNN節目以及其他的業務上。他承認還找不出時間為《大西洋雜誌》撰寫他一直想寫的一篇長論文。他的時間已被壓縮到極致了。

大多數成為超級巨星的人絕不是彈指之間所有工作便同時到手的。機會的積累是緩慢的，過程中很難拒絕任何一個，直到他終於承受過多的壓力為止。該過程可能導致兩種結果。如果知識分子延續過去的作法，那麼他（她）將不可避免地因承擔越來越多的任務而變得心力交瘁。在這種情況下，超級巨星也許只顧繼續撰寫和研究，彷佛什麼事情都沒改變。但是，來自各方與日俱增的索求也有可能導致知識分子僅為存活目的而自我剽竊或是懈怠下來。弗格森曾承認這一點，比方他在接受《華盛頓月刊》採訪時說，自己那本關於帝國的書充其量只能稱為「寓教於樂」。[49]他告訴我：「我認為過度緊張是件好事。」

另一個結果是，獨立的知識分子搖身一變成為帶領一群下屬的品牌經理。當然，教授、智庫成員和管理顧問經常依靠研究助手。但是，名牌知識分子可能需要員工，然而大多數知識分子並不擅長管理下屬和員工。超級巨星於是自然而然將研究外包給助手了。例如，為了做好節目並且撰寫專欄，札卡利亞手下有八名為他提供協助的員工。他為自己專欄做大部分的研究工作，並且對此感到自豪。[50]弗格森聘請了一名全職研究員並且領導由聰明的大學生所組成的「小型產業」，以便協助他的研究。這類的超級巨星可以選擇將研究和寫作任務委託給共同作者或是研究助理。

研究和寫作任務外包出去乃是知識巨星滿足理念市場索求的自然捷徑。但是這種委託工作也增加了錯誤滲入發表作品中的可能性。如果這種抄近路的作法或是錯誤在作者第一次使用時沒有被發現，它們將來就會醞釀成更大的弊病，然後終將成為欺騙手段。很少有公共知識分子或思想領袖會故意剽竊或是造假。但是，這類知識界的醜聞已經屢見不鮮，因此才會有我們耳熟能詳的這類描述，例如註釋紊亂或者助手和作家之間溝通不良。[51]

過度膨脹的超級巨星以及渴望晉升為頂尖人才的下層知識分子的結合，創造了一個有趣的理念生態系統。評論家經常像對待音樂團體一樣對待知識界的超級巨星，推崇他們早期的作品，同時貶低他們新近的、商業色彩濃厚的成果。[52]此外，由於超級巨星在維持自己品牌的過程中較有可能犯錯，因此也不可避免地觸發了知識界的風暴，招惹批判性的詆毀。如果某位超級巨星踉蹌一步，那麼很多下層知識分子都準備好要撲上去攻擊他的錯誤。近年來，札卡利亞和弗格森都因為著作的品質而遭到強烈抨擊。那些爭議的根源以及他們對此的回應都突顯了知識界超級明星所面對的危險。不過這同時也讓我們看清，此類爭議對於弗格森這樣的思想領袖會比對札卡利亞這樣的公共知識分子更為有利。

二〇一二年八月，札卡利亞的職涯受到剽竊指控的威脅。他在未註明出處的情況下將姬兒・黎波爾（Jill Lepore）發表在《紐約客》文章中的一段文字直接裁下，並貼到他自己《時代雜誌》專欄中一篇有關槍支管制的文章中。札卡利亞立即承認並為這項「嚴重錯誤」道歉，將其歸咎於他因疏忽而把原始註釋與本文混在一起。[53]有線電視新聞網和《時代雜誌》的雇主暫時令其停職並且接受調查。等重返職場之後，札卡利亞也不諱言自己背負了一個小小醜聞。他忍受了一些嘲諷，不過聲譽的損失也止血了。[54]

然而，幾年過後，部落格「我們的壞媒體」（Our Bad Media）上的兩位匿名作者開始揭發札卡利亞其他許多涉嫌剽竊的案例，這些案例可追溯到幾十年前。這些例子包括他在《華盛頓郵報》、《時代雜誌》、《新聞週刊》與《石板》（*Slate*）上的四十多篇專欄文章。這兩位部落格作者將札卡利亞的文章與《外交事件》、《時代雜誌》以及其他來源的材料進行比對，發現這些材料似乎是他在未適當說明出處的情況下抄襲的。[55]

這些對札卡利亞知識分子立場的匿名指控，其影響有好有壞。一方面，以上所列的出版物反駁了絕大多數的責難。在一些主流媒體中，揭發者的匿名性以及他們的一些誇張說法也使許多人感到憤怒。然而，一些指控仍然無法平息。共有三家不同的媒體修改了札卡利亞總共十三篇的專欄文章，承認其註明出處的程度不足。[56]媒體評論家得出的結論是，札卡利亞確實跨越底線了。迪倫・拜爾斯（Dylan Byers）在《政治報》（*Politico*）上寫道：「多年以來，札卡利亞習慣從其他來源借用事實、語言和風格，卻沒有將其歸功於原始作者，而且他呈現材料的方式就彷彿那是他原創的。」麥克・金斯利（Michael Kinsley）在《浮華世界》（*Vanity Fair*）中得出的結論是：「剽竊和致敬之間還是有一條分隔線，法理德正好踩在上面。」[57]

尼爾・弗格森在他最近的公開辯論中也惹上了爭議，但那卻是另外一種性質。他是一位典型的思想領袖。班傑明・華萊士・威爾斯（Benjamin Wallace-Wells）早在二〇〇四年就觀察到：「在我們都為國家未來應該走的方向深感困惑時，弗格森為大家提供了極大的確定性。因為沒有人能自信和明確地提出反駁，他的主張就流行起來了。」[58]弗格森被指控的不是剽竊，而是無所不能。他致力於創造佛里曼式的新詞（例如「中美國」*、「因國內經濟困難而採取的撙節措施」〔IOU- solationism〕以及「西方文明的六大殺手級應用程式」〔the six killer apps of Western civilization〕）來解釋自己的一些觀點。[59]正如賈斯汀・福克斯（Justin Fox）在《哈佛商業評論》（*Harvard Business Review*）中觀察到的：「近年來，他已變成通才人物，並且更加關注時事……。弗格森非常擅長這方面，並且可以如此迷人、瀟灑、奔放地表達自己，以至於有人願意付錢給他、聽他長篇大論談論任何主題。」[60]

然而，他一些較有爭議的主張已經引來更多批評。在二〇〇八年金融危機之後，弗格森開始發表聲明，呼籲美國聯邦政府注意過度負債的危險。他加入二十多位保守派經濟學家和輿論領袖的行列，共同簽署一封致美國聯準會主席的公開信，目的在於警告，新一波的量化寬鬆將「增加貨幣貶值和通貨膨脹的風險，而我們認為這並無法實現美國聯準會想達成的目標」。[61]這並未使弗格森在保守派思想領袖中顯得與眾不同。然而，弗格森在其他地方把那末日預言式的話說得很重。在二〇一〇年春季《外交事務》的一篇文章中，他將美國與歷史上一些突然崩潰的帝國進行比較。弗格森認為，突然轉變的期待可能會破壞美國從危機中復甦的能力。[62]自發表該論文以來，弗格森不斷預測兩位數的通貨膨脹現象可能重演，以及債券市場將有反對量化寬鬆的抗議行為。

到了二〇一五年底，美國經濟去槓桿化[†]的現象已相當可觀，聯邦預算赤字以戰後歷史上最快的速度縮減，美國經濟已接近充分就業的理想，美元價值飆升，美國聯準會開始提高利率。這些至少證明弗格森是白擔憂了。喬．魏森塔爾（Joe Weisenthal）在《商業內幕》中得出的結論是：「你讀尼爾．弗格森的著作時，有一點應該注意：自從歐巴馬上任以來，他對經濟局勢的預

* Chimerica：這個概念集合了全球增長最快的新興市場和最發達的經濟體，它創造出驚人的財富和資本，直接塑造了世界經濟。

† Deleverage：去槓桿化中的「槓桿」是指負債經營，「槓桿率」是指負債率，「去槓桿」是指避免企業負債經營或盡量降低企業負債率，「去槓桿化」是指用股權融資代替債權融資作為企業融資的主導方式乃至唯一方式。

估一直是錯的。」[63]

弗格森不僅提倡宏觀經濟的緊縮政策，而且還大肆發表批評言論。二〇一二年八月，他在《新聞週刊》上發表了一篇題為〈巴拉克快滾蛋，別回來了〉的封面故事。[64]他拿出一堆殺傷力強的經濟統計數據抨擊歐巴馬第一屆的總統任期。然而，正如保羅・克魯曼和其他實事求是的人所觀察到的，弗格森捏造了一些不利的數據，誇大了歐巴馬醫療改革計畫對財政的影響。[65]弗格森對那些數據的辯護又引發了另一波實事求是的批評聲浪。[66]《紐約時報》的約翰・卡西迪（John Cassidy）指出：「最近的論戰讓我們清楚看到弗格森那些主張的弱點。」一位曾在《華爾街日報》任職的記者在《哥倫比亞新聞評論》（*Columbia Journalism Review*）中總結道：「我很久以來沒有看過哪一篇封面故事能引發如此普遍的噓聲。」[67]

弗格森近年來還因其他錯誤的陳述而被要求承擔責任。二〇一三年，他在投資者會議上發表演講，聲稱凱因斯的同性戀性向以及未生育孩子的原因，使他更傾向於短期而非長期的解決方案。[68]《金融時報》還被迫對二〇一五年五月弗格森的一篇專欄文章進行修正，因為其中說錯了有關英國經濟信心和薪資增長的數據，目的在使大衛・卡麥隆首相的保守黨政績看起來更漂亮一些。[69]

札卡利亞和弗格森對這些爭議的回應，以及理念市場對這些回應的回響，在在顯示出現代理念市場相對於公共知識分子更加青睞思想領袖的情況。弗格森對那些批評的態度很是強硬，並且將其歸咎於政治化。他痛斥那些嚴格核實他那篇《新聞週刊》封面故事的人，同時斷言「美國自由主義派的部落格幾乎每天都要義憤填膺地發起飆來，這番景象與其說是愚蠢可笑，不如說是有點陰險。」他總結道：「批評我的人沒有半個是針對〔我的論點〕。他們只會雞蛋裡挑骨頭，滿嘴盡是誹謗辱罵。」弗格森還拒絕收回自己關於通貨膨脹和美元貶值風險的警告。二〇一三年他堅持認為：「實際上仍存在貨幣貶值和通貨膨脹的風險。」他在二〇一四年也重申了此一擔憂。[70]直到二〇一六年，他才承認自己犯了錯。

弗格森對於自己有關凱因斯的負面評論稍有悔意，但提出的道歉實在不算合格。[71]然而，由於自由主義派的人士繼續圍剿他，弗格森最後給哈佛大學學生媒體《哈佛深紅報》（*Harvard Crimson*）寫了一封公開信，並下了這樣的結論：「自詡為言論警察的部落格界忘了一件事：偶爾犯錯乃是學習過程中不可分割的一部分」[72]弗格森忽略了，他說的「言論警察」其實主要包括經濟學和歷史學的正教授。[73]同樣，針對《金融時報》的糾正，弗格森在《旁觀者》（*Spectator*）中抒發了他對所謂「政治正確性」的悲嘆：「政治正確性的本質就是：為了摺倒一個明明無可辯駁的論點，它硬要一再高聲宣稱已挑出了錯誤。」他以不屑的態度回應批評他的那位曾經擔任政策制定者的專欄作家：「〔他〕又沒有博士學位，在同行審查的期刊上只辛苦地硬擠出幾篇東西罷了。」[74]

他的回應模式已很清楚。弗格森近年來會承認一些事實上的小小錯誤。他告訴我，自己對凱因斯那不得體的評論已教會他在公開演講中「要像中央銀行的銀行家那樣說話」，以避免不必要的爭議。[75]同時，他還辯稱，批評者的自由主義偏見使他們的抨擊不生效力。根據弗格森的說法，那些瑣瑣碎碎的事實檢核工作其實無法削弱他的宏大論據。他的那些自由派批評家沒有直接撼動這些論據，他們的枝節批評也就顯得無足輕重。他以一貫的蓬勃生氣反擊自由主義者的批評，並且為此感到自豪。[76]

這些事對於弗格森思想領袖地位的影響是微乎其微的。身為一個資深的保守派分子，他一直是自由派長期以來宣洩怒火的目標。[77]他們一再指責弗格森將他的學術良心轉變為撰寫扯謊文章的放肆手段。馬克．恩格勒（Mark Engler）在二〇〇八年寫道：弗格森「利用享有盛譽歷史學家的身分為自己的偏見論點加分，其實那些論點不脫保守派權威意見的框架。」最近，《紐約雜誌》的喬納森．查伊特（Jonathan Chait）認為：「只有〔像弗格森〕這種身分等級的人物才有能力在主流刊物上發表大錯特錯的主張。」[78]另一方面，保守派為他提供了智識上的援助。弗格森批評外界實事求是的檢驗，此舉與先前保守派對該現象的批評相互唱和。[79]在弗格森無數次身陷窘況的時候，總有許多右派名人和企業高層為他辯護。[80]

二〇一五年十月，弗格森宣布他將辭去哈佛的全職工作，轉而投向總部設在史丹佛大學的保守派智庫胡佛研究所。[81]到了胡佛，弗格森便可以放棄令他分心的所有教學義務，也可以讓他騰出更多時間來撰寫書籍以及從事公共評論。他告訴我，他不懷念教學工作，因為那「並非改變世界最有效的方法」。札卡利亞在某方面以類似於弗格森的方式應對自己的醜聞。他減少了一些任務。在為最初的剽竊案道歉後，札卡利亞辭去耶魯董事會的職務，縮減了他在外交關係委員會的活動，每年只參加一場會議。[82]他大幅削減花在社交行程以及社交媒體的時間，只優先考慮他的家庭和工作。他告訴我：「不然的話，我要被那些噪音吞沒了。」[83]。

札卡利亞的後續反應畢竟與弗格森不同，因為前者缺乏纏鬥力。如前所述，他迅速為二〇一二年《時代雜誌》那篇專欄的剽竊行為道歉。他對下一波剽竊指控的回應就比較低調了。他沒有向公眾發表任何回應，只是宣布：「我把對錯留給觀眾和讀者自行判斷，目前我只專心盡我所能做出最好的成果。」無線電視新聞台要求他不要再談論過去的任何紀錄。[84]其原因與札卡利亞是否有罪較無關連，而與他超級巨星的身分有關。正如他告訴我的，像他這樣高知名度的人可能遇到的問題是：「如果你開口回應了，那會是另外一回事。」他告訴我，現在他服膺了導師塞繆爾・杭廷頓的精神：研究一點什麼，寫寫東西，然後繼續下個主題。

整體而言，札卡利亞仍獲得許多媒體和政界人士的支持。媒體和出版商沒有將他列為拒絕往來戶。與理念市場中那些善編故事和黨性堅強的人士相比，札卡利亞的失誤似乎不是致命罪過，好像只是小事一樁而已。[85]甚至那些認為札卡利亞抄襲他們文字的記者也只是輕描淡寫地批評一下此一舉動。[86]儘管如此，札卡利亞的品牌已然失去光彩。根據本人與他在這個問題上的互動所觀察到的，這個經驗顯然留下了烙痕。部分原因可能是出於他對自己的身分認同。正如他對我所說的：「我覺得自己是一個跑去做電視的失敗學者和作家。」對他的學者身分而言，剽竊的指控傷他傷得不淺。

弗格森和札卡利亞兩人都仍在現代理念市場中蓬勃發展，只是方式有所不同。弗格森完全安於自己的思想領袖地位。他擁護保守派的世界觀，並抨擊那些批評他的人是心胸狹窄、見不得人好的自由主義者。他繼續隨心所欲地寫作、演講和挑起話題。他很樂意拋棄教授的身分，以便充分發揮其思想領袖的作用。他因公開評論所引起的爭論只會使他更受保守派同情者的歡迎，更不用說巨富階級了。札卡利亞仍然是個公共知識分子，喜歡針對各種議題提出批判。他懷抱一個無黨無派的世界觀，並與志同道合的機構結盟。他犧牲掉一些機會以保持一定的獨立性。關於他的公開評論的爭議並沒有嚴重損害他的聲譽，當然也沒幫上什麼忙。根據我的調查結果，札卡利亞這顆星仍繼續發光。即使對於超級巨星而言，成為思想領袖還是比較容易的。

我們從現代版的沃爾特·利普曼身上學到什麼？第一個教訓是，利普曼的成功之路是比較好走的。與他相比，法理德·札卡利亞必須在更加激烈、更擁擠的理念市場中與人一較長短。

第二個教訓是，被視為現代版利普曼的人能拿到更多利益。儘管當前的理念市場較具競爭壓力，但它也為那些處於智識生活中啄食順序頂端的人提高了酬勞。大衛·布魯克斯十五年前在《BOBO族：新社會精英的崛起》（*Bobos in Paradise*）一書中即已發現了這種趨勢，但這種影響在二十一世紀變得更加明顯。[87]本書第二章指出之經濟不平等加劇的現象已經以多種方式改變了理念市場。但是，最尷尬的影響是：知識分子從叫賣自己商品中所獲得回報的多樣性增加了。超級巨星可以成為自己的品牌，寫書時獲得更多的預付款、享有更大的媒體平台並且支領更豐厚的演講費。與全球經濟一樣，在當前的理念市場中，精英可以掌控絕大部分的收益。

第三個教訓是，即使攀上超級巨星的級別，成為思想領袖也比成為公共知識分子容易。札卡利亞和弗格森最近所遭遇的磨難表明了，超級巨星知識分子如何會因犯錯而面臨兇猛的批評。但是，由於弗格森已成為經濟和外交政策中保守主義的快樂戰士，他便能輕鬆抵禦對他公共著作之實質性的批評浪潮。札卡利亞更傾向於將自己定位為公共知識分子，因此使他更加謹慎地對待這類批評。

無論托馬斯．佛里曼說些什麼，知識分子的世界永遠都不是平的。現代理念市場競爭激烈，但因為裡面有巨獸和小魚苗，所以不屬於完美的競爭型。如果說知識生活對於超級知識分子巨星而言是凶險的，那麼他們的崛起會產生更加有問題的激勵結構。如今，成為思想領袖幾乎就像成為藝人或企業家一樣：最頂層的人報酬足夠豐厚，可以激勵整個低薪知識分子階級的職涯和財務夢想。獎勵頂尖人才的超級巨星經濟，能保證加入理念市場的動力不會隨著時間的流逝而消失。

通往超級明星地位的道路似乎很誘人，這足以扭曲新人進入理念市場的動機。大衛．卡爾（David Carr）在二〇一二年曾觀察到：「對於記者來說，過去那種待在小雜誌或小報社裡堅忍以待、做些瑣碎工作以換取實際經驗、等待有朝一日受人信賴的作法已經落伍，如今講究利用社交媒體熱度以及部落格的吸引力來出人頭地。」[88]同樣，賈斯汀．福克斯也指出：[89]

> 在過去的幾十年中，通往報酬豐厚之思想領導地位的道路先是構築在密集的、勤勉的工作（或一個關鍵的重要職務）上，然後才是開始說些引人注意、造成風潮的話。如今，雄心勃勃的年輕人如想闖入這競賽場，往往就直截了當說些引人注意、造成風潮的話。演講經紀人需要簡明有力的推銷宣傳，而不是複雜的博學知識……對於記者和學者而言，那種話通

常就是實實在在能讓他們獲取最高收入的不二法門。

所造成的結果似乎是：智識環境越來越常酬庸那些浮面的東西，並且不斷獎勵那些戴上頂級演講者魅力光環的人，即使他們拿不出什麼新鮮的或是值得注意的想法也無所謂。

如前幾章所述，學院、智庫和私營公司仍然存在知識分子這一中間階級。儘管如此，在超級巨星經濟裡，理念市場中的年輕成員可能會在成為真正的知識分子之前便志在成為超級巨星。比方，不管大家是否已經認同尼爾．弗格森的著作，誰都無法否認，他在從演講以及電視紀錄片獲得豐厚收益之前就已先擁有真正的學術聲譽。甚至連批評弗格森的自由主義者也讚揚他的學術成就。托馬斯．佛里曼在談論世界如何平坦之前，曾在多家報業中任職。法理德．札卡利亞成為專欄作家之前，就先取得博士學位並領導美國一流的外交政策雜誌。在攀上超級巨星的地位之前，所有頂尖的外交政策知識分子都已發表過很多文章。

現代理念市場的經濟生態鼓勵較年輕的知識分子省略能作為演講底蘊的必要研究過程，鼓勵他們直接站上講台。現代理念市場重視超級明星知識分子以及超級明星的觀念。但是，市場是否也能管控這些超級巨星？換句話說：隨著理念市場的競爭態勢越來越激烈，它是否也變得更有效率？

第八章 思想產業是否正在自我調節？

資訊網絡所帶來之顛覆性的社會、政治和經濟的變化要求外交官提出新的問題，並且應對新的挑戰。

美國國務院「二十一世紀的治國之道」網頁

理念市場的轉型創造了新贏家和新輸家。它賦予思想領袖力量的程度超過賦予公共知識分子力量的程度，同樣，因之受益較多的是經濟學家而不是政治學家，是管理顧問而不是智庫團隊，是超級巨星而不是其他的任何人。那麼，這些變化是否有利於理念呢？不可否認，與過去相比，公共領域擁有遠遠更多種類的知識分子。與冷戰高峰時期相比，進入美國外交政策辯論的門檻較低，其思想的差異性也更大。但是，如前所述，判斷一個理念市場是否運作良好的關鍵標準就是該市場的汰弱情況。不好的或是破產的理念應該退出舞台。理念市場的結構轉變是否改善了當前對於美國外交政策的辯論？

為了回答這個問題，本章將深入探討在有關美國經濟和美國外交政策的辯論中「顛覆力」的使用和濫用。我們將在下文看到，這是研究新思想如何在理念市場中傳播的理想案例。作為思考如何改變世界之「破壞性創新」的理念，其進展過程即說明了現代理念市場是如何運作的。姑且不論好壞，現代理念市場都非常類似於現代資本市場。該系統大致運行正常。但是，也可能會出現資產泡沫。

經濟學家已敏銳地察覺到自從亞當．斯密提出《國富論》以來「創新」的重要性。約瑟夫．熊彼得（Joseph Schumpeter）創造了「創造性破壞」一詞時，他很清楚，澈底的創新可能顛覆或是創造經濟增長到何種程度。熊彼得確實擔心，科技創新的巨額固定成本，加上官僚主義化之公司趨避風險的性質，將導致根本的創新逐漸減少。[1]現代增長理論家的共識是，美國至少有百分之七十五的經濟增長可以歸功於創新。從羅伯特．索洛（Robert Solow）到保羅．羅默（Paul Romer）再到羅伯特．戈登（Robert Gordon）等傑出經濟學家都致力於理解創新與增長之間的關係。[2]然而，有趣的是，大家最耳熟能詳之有關創新的理論並非來自經濟學家，而是來自一位商業策略教授。

熊彼得逝世半個世紀後，哈佛商學院教授克萊頓．克里斯汀生（Clayton Christensen）在《哈佛商業評論》上發表一篇與他人合撰的、探討顛覆性科技的文章。該文章進一步拓展了「創造性破壞」的概念。[3]克里斯汀生認為，企業的創新有兩種。隨著時間的推移，持續的創新可促進產品穩定的改善。為了留住客戶，任何產業中的領頭公司都必須落實這類的「漸進升級」（incremental upgrades）。相反地，破壞性創新則為產品導入了一組替代的功能特性。這些新特性儘管很有前景，但也會使關鍵產品的表現下降，從而疏遠了主流客戶。該產業的領頭公司將謹慎採用這類的破壞性技術。可以理解，他們會優先考慮的面向是客戶的滿意度，而非可能不會吸引許多新客戶的創新作法。

然而，新的功能特性可能會吸引所享服務並不足夠的小眾市場。隨著時間的流逝，具有破壞性創新作為的新創公司將會壟斷這一細分市場。然後，透過持續不斷的創新，新創企業可以在各個面向上提高產品的質量和效率。最終，掌握了破壞性創新的公司超越了產業中原本的領導者，分食了市場中一份可觀的份額，並成為該領域的新標準。有人可能會說，僅在過去的十年中，蘋果、網飛和愛彼迎都使用這種策略來顛覆手機、影片租賃以及旅宿業的市場。克里斯汀生及其共同作者在二〇一三年的《哈佛商業評論》文章中將破壞性創新的精髓濃縮為如下段落：[4]

> 顛覆產業的模式我們並不陌生：挾著新商業模式的新競爭對手來到；現有的領頭者選擇不理會新加入的人或是選擇避入利潤更高的活動；顛覆者的產品曾經只是勉強夠格，如今其質量已達到整個市場寬廣的中間區段所能接受的水準，因而破壞了長期領頭者的地位，並使競爭上升到新的層次。

克里斯汀生的理論對商業策略的研究和實踐產生了深遠的影響。他始終強調，使公司發展壯大的所有長期原則也是導致它們容易崩解的因素。克里斯汀生認為，這些公司由於太在意與客戶群保持協調，以致可能對改變遊戲規則的創新視而不見。正如他在自己第一本書《創新的兩難》中所寫的：「有時候不聽客戶反而是對的，有時投資開發性能較低而利潤也較低的產品是對的，有時積極鎖定小眾市場而非主流市場也是對的。」[5]這是一個看似有悖常理的想法。他的理論暗示我們，顛覆性的作為可以隨時奪走產業領頭者的市場主導地位。此外，因應顛覆可能發生而採取的必要生存策略似乎說好聽一點是違背直覺，說得難聽一點就是跟生產力過不去。正如《顛覆性困境》一書的作者約書亞・甘斯（Joshua Gans）指出的：「克里斯汀生的觀察導致商業界普遍產生恐懼和偏執。」[6]

商業策略是一個思想領袖聚集的領域。克里斯汀生將這種方法推向了新的高度。正如《經濟學人》所觀察到的，「克里斯汀生是刺猬（深諳一件關鍵大事的人），而不是狐狸（知道許多小事的人）」。[7]克里斯汀生的理論以及他本人都是一個理論如何能在現代理念市場上流行開來的典範。「破壞性創新」是一個簡單的、易於傳達的、有悖直覺的論點。克里斯汀生從單一的關鍵案例（電腦磁碟驅動器產業）構建他的理念，並且使其易於被他人消化理解，所以他的影響力是廣泛的。克里斯汀生在其關於該主題的第一篇論文中就指出，破壞性創新的概念可以用來解釋產業領頭者的普遍沒落。即使一時無法觀察得到，顛覆的可能性也足以使領頭企業的業務經理一想起來就心慌意亂了。

除了該理論內在的吸引力之外，克里斯汀生的方法還與理念市場的變革力量完美地結合在一起。克里斯汀生的論點是：有關健全之商業策略的傳統觀念其實存在致命缺陷。他的論點充滿了對於傳統商學院學術研究的懷疑。此外，克里斯汀生對自己虔誠的摩門教信仰以及共和黨的政治傾向並不羞於啟齒。[8]這使他對保守派的管理高層更具吸引力。假設他是典型的左派學者，情況就會大為改觀。

克里斯汀生有關顛覆的訊息搔到了巨富階級的癢處。他描繪了一個隨時可能發生「新新事物」（New New Thing）並且從根本上改變整個經濟領域的世界。這符合巨富階級的世界觀：在這種世界觀中，成功只保留給夠大膽、敢冒險的企業家。克里斯汀生的後續著作《創新者的解答》（*Innovator's Solution*）對於巨富階級的吸引力又更上一層樓了，因為他在書中斷言，公司的創始人要比經理人更容易應對顛覆性的問題。這個領域通常由集創業者與所有人身分於一身的人主導，克里斯汀生的主張最對他們的胃口了。正如克里斯汀生的一位共同作者所言，「破壞性創新」的想法於一九九九年真正開始大行其道。當時的英特爾執行長安迪・葛洛夫（Andy Grove）和克里斯汀生的一張合照登上了《富比士》的封面，而標題上寫著：安迪・葛洛夫的大思想家。其他矽谷的知名人士，例如史蒂夫・賈伯斯、埃里克・施密特和馬克・安德森也接受了這一論點，認為破壞性創新幾乎每個月都會撼動資訊技術產業。麥克・布隆伯格（Michael Bloomberg）等其他億萬富翁也衷心贊同克里斯汀生的理念。

在克里斯汀生之前，一些管理專家即曾提出過類似的論點，然而前者提出的時間點卻很完美。克里斯汀生闡明自己的那套理論時，正好是一九九〇年代中期網路炙手可熱的年代。成立較早的公司開始明白，如能將資訊技術整合到公司內部的流程中，即可大幅度提高生產力。破壞性創新理論似乎比電腦磁碟驅動器的案例所給出的解釋要多得多。它提供了一個觀察整個世界如何運作的視角。正如埃文．戈德斯坦（Evan Goldstein）在《高等教育紀事報》中所描述的克里斯汀生，「顛覆」這一概念「無非是資本主義蓬勃發展的背後機制……。對於真正相信此一概念的人來說，還不止於此，它更包括網路時代的進步福音，亦即一種能使更多的人享有更多東西（包括教育、航空旅行、醫療保健）的民主力量。」

自從一九九七年出版《創新的兩難》一書獲得成功之後，克里斯汀生即以「破壞性創新」的主軸建立了一個知識帝國。他撰寫或合著了八本關於這一概念的書，每本書涵蓋的領域離製造業越來越遠。[9]他與人合撰了一篇有關宗教與資本主義的論文，標題為〈顛覆地獄〉（Disrupting Hell）。他在哈佛商學院創立了「成長與創新論壇」（Forum for Growth and Innovation），其宗旨在對管理與破壞性創新之間的關係進行進一步的研究。二〇〇〇年，克里斯汀生又與他人共同設立了「顛覆性成長基金」（Disruptive Growth Fund），其目的在購買發展破壞性技術之頂尖公司的股票。同年，他成立了一家名為「英諾賽特」（Innosight）的諮詢公司，而根據《哈佛雜誌》對克克里斯汀生那光彩奪目的人物介紹，該公司旨在與「設法保護自己的核心業務並尋求適應顛覆性環境之《財星》前一百大的公司合作」。[10]二〇〇七年，他開設了名為Rose Park Advisors的投資公司。該公司的網站說：「公司成立的動機是來自克里斯汀生在破壞性創新及相關領域的理論，因此只專門投資於符合克里斯汀生獨特投資見解的標的公司。」[11]這位哈佛大學的教授創建了能抒發自己想法的非營利組織以及營利性組織，藉此他似乎同時扮演了學術界和諮詢界的最佳角色。

這些無數努力所獲得回報的方式是多樣的。克里斯汀生被譽為過去半個世紀間數一數二重要的管理理論家。自從他在《哈佛商業評論》上發表第一篇文章後的二十年間，媒體和期刊提及「破壞性創新」和「破壞性技術」等詞的次數從一九九五年的兩次激增到二〇一五年的四千五百多次。[12]《經濟學人》認為《創新的兩難》是過去半個世紀出版之數一數二優秀的商業類書籍。在過去十年中，他兩次榮登「五十大商業思想家」（Thinkers 50）的榜首，該排行被譽為「管理大師的奧斯卡」。他的演講費用遠超過四萬美元[13]。在商業界，克里斯汀生成為天王級的思想領袖。二〇一四年，《商業內幕》的亨利・布洛傑特（Henry Blodget）稱他為「當今最有影響力的現代管理思想家」。[14]

如果故事就這樣結束，那麼克里斯汀生登上知識巨星地位的過程便呼應了商業管理大師崛起的熟悉敘事。但是克里斯汀生的想法並不僅發揮在商業領域而已。與其他資產泡沫一樣，市場高估了這個想法，而且應用的範圍遠遠超出了商業。結果它就引發了批判性的反應。

隨著他這個品牌的迅速膨脹，克里斯汀生和他的追隨者都從兩方面來傳播「破壞性創新」的理論。他的支持者設法以經驗基礎來鞏固該理論。[15]克里斯汀生本人藉著將其應用到遠遠超出傳統商業的領域來推廣該理論。他後來的三本書將「破壞性創新」的模型落實於非營利的領域，例如初等教育、高等教育和衛生保健。[16]他認為自己的理論可以從微觀經濟領域擴展到宏觀經濟領域，並可以解釋二〇〇八年之後經濟增長緩慢的原因。[17]他創辦了無黨派色彩的智庫「克里斯汀生研究所」。根據其網站所述，該機構旨在「藉由傾注並推廣破壞性創新的變革力量，重新定義決策者、社群領導者和創新者解決當今問題的方式」。[18]他同時是「顛覆者基金會」（Disruptor Foundation）的共同創始人。根據其網站所言，該基金會旨在「令世人進一步認識『破壞性創新』的理論及其在社會關鍵領域中的應用，並且鼓勵其發展」。克里斯汀生還贊助了「顛覆者基金會研究生」以及「顛覆者盃」（Disruptor Cup）競賽。[19]在二〇一五年的《高等教育紀事報》中，克里斯汀生聲稱還有更多領域可以應用他的理論，包括解決衝突、環境政策、反恐事業等傳統外交政策範疇的議題。[20]在某次採訪中，他運用自己的理論解釋了伊拉克戰後在建設國家的過程中將面臨的挑戰。[21]

克里斯汀生毫無顧忌地設法將其理論應用於眾多的政策領域。但是，他絕不是唯一將破壞性創新理念應用於那些領域的人。確實有時候似乎每位思想領袖都用「顛覆」這個概念來解釋自己的專業領域。有關顛覆的論述已經澈底接收了管理諮詢的範疇。你讀任何一份管理諮詢的報告幾乎不可能不看到「中斷」、「不連續性」、「趨勢中斷」或是「革命」即將發生等警告。[22]二〇一五年，埃森哲發布了一份標題十分壯觀的報告〈成為破壞者，而非被破壞者——論遵守金融法規〉。[23]麥肯錫的三位諮詢顧問也發表幾乎成為經典的〈不尋常的顛覆〉，其中充滿風格類似的論述，包含「我們的世界幾乎是恆常不連續的」以及「〔顛覆〕造成向上突破、向下突破或單純就是突破的趨勢」。[24]媒體產業更是一直陶醉於「顛覆」。《紐約時報》二〇一四年的〈創新〉報告顯然是從克里斯汀生的理論去發想的，用它來解釋BuzzFeed、政客（Politico）和聲音傳媒等競爭對手的崛起。[25]正如哈佛歷史學家姬兒．黎波爾在《紐約客》中指出的：「自從《創新的兩難》面世以來，每個人都在顛覆或者被顛覆。」[26]

黎波爾說得沒錯。思想領袖已經將顛覆的福音傳播到了商業天地之外。近年來，它也滲透到外交和國際關係的政策討論中。對於那些相信破壞性創新理論的人來說，這種知性的飛躍是完全合理的。麥肯錫公司撰寫〈不尋常的顛覆〉的那些顧問解釋道：「趨勢突變（trend break）的時代對政府和決策者造成了不確定性與壓力，這些與給予公司和管理高層的不確定性與壓力一樣重要又有意義。」[27]實際上，只要看一眼《外交事務》與《外交政策》的封面即可明白，他們的編輯認為破壞性創新對世界政治和全球市場的影響都很大。例如，在二〇一三年《外交事務》改版之前的兩年中，其十二篇主要論文中只有一篇稍微涉及破壞性創新的議題，但是等到改版後的兩年內，一半期數的封面都出現與破壞性創新相關的議題，包括〈大數據的興起〉、〈下個世代的科技〉和〈顛覆者來了〉。[28]《外交政策》的封面設計也同樣反映「顛覆」的潮流。二〇一四年有一期旨在宣傳其選出的全球一百名主要思想家，標題就是〈被顛覆的世界〉。

有關顛覆性論述的深入程度已超過了這些雜誌的封面。谷歌的執行長埃里克．施密特與該公司的創意總監賈里德．科恩（Jared Cohen）共同撰寫了一篇發表二〇一〇年《外交事務》中、標題為〈數位化顛覆〉的論文。此篇論文採用了顛覆性的概念並將其應用於國際關係：[29]

網路技術的出現及其強大功能，使世人得以坐擁大量資訊並使他們得以相互串聯，這將使二十一世紀充滿驚喜……

這一片相連的天地是一個受不同國家法律約束、但不受疆界限制的虛擬空間，其中不可能出現類似於《西發里亞條約》的條約（一六四八年結束了三十年戰爭並建立起現代民族國家體系的協議）。取而代之的是政府、個人、非政府組織和私人公司平衡彼此利益的機制……

在這個個人以及團體力量與日俱增的年代裡，那些踏在科技浪頭上的政府顯然將最有能力發揮自己的影響力，並將其他政府納入自己的軌道。而那些沒能辦到的人則會發現自己不符本國公民的期待。

創新作為正在顛覆二十一世紀國際關係的想法並不是科技界企業家所獨有的。外交事務專家們也提出了類似的論點。[30]巴拉格・卡納的思想軌跡是從傳統地緣政治向科技決定論緩慢移轉過去的。卡納的前兩本書討論了中國或印度等發展中發達經濟體的崛起如何影響了常規的國際關係。他的第三本書《混合現實》（與妻子雅艾須〔Ayesh〕合著）由TED出版，並且有意識地向阿爾溫・托福勒（Alvin Toffler）的精神而非亨利・季辛吉的精神靠攏。卡納呼應克里斯汀生的論述，認為：「二十一世紀的巨大顛覆性趨勢（向多極化轉變、空間縮小、經濟融合以及新的合作形式）都以科技為基底。」[31]他走得更前面。在《連結力》（*Connectography*）一書中，他認為全球供應鏈已經澈底顛覆了強權政治：「我們正進入一個嶄新的時代，在這時代，城市將比國家更為重要，供應鏈將是比軍隊更重要的力量來源。將來，軍隊主要保護的對象是供應鏈而非國界。」[32]

自本世紀初以來，破壞性創新改變了世界政治的這一觀念也始終是托馬斯．佛里曼著作的主題。《世界是平的》是一本有關全球政治經濟如何面對不斷變化之世界現況的書。在二〇〇九年的專欄中，他提醒大家注意「大拐點」的來臨，其特徵是「低成本、高效能創新技術（從掌上型電腦到提供任何可以想像得到的服務性質網站）的大規模傳播外加便宜的上網費用。」二〇一三年，他重新提出了「大拐點」的說法，並指出：「世界一旦變得如此緊密連結……每種工作和產業變化的速度也將進入超能模式。」談到高等教育將如何被顛覆時，他特意引用克里斯汀生的想法。到了二〇一五年，佛里曼進一步擴大了「大拐點」影響所及的範圍，因為他在一篇專欄中總結道：「我們正處於技術、勞動力市場和地緣政治一些重大的顛覆性變化中，這將引發職場前景的根本問題，也將引發政府與人民、雇主與員工之間社會契約的根本問題。」[33]佛里曼在過去十年中的言論一直是對克里斯汀生遠大理念的致敬。

不只外交政策專家把顛覆的理念作為解釋世界政治的放大鏡，國際關係學者也利用該理念來解釋諸如軍事學說和武器採購策略等安全研究中的現象。[34]傳統的外交政策老手也用上了顛覆的隱喻。如第二章所述，大衛．羅斯科夫是藉由TED破壞性創新的福音而重生的。他警告華盛頓特區的政策制定者：「因為許多新趨勢都與科學技術的發展息息相關，而且我們的領袖人物在這方面的教育又不足夠，並且由於那歷史悠久的、幫助建構美國科技與政府的合作夥伴關係已然中斷，我們並未準備好應對這個新時代。」[35]在二〇〇九年《外交事務》的一篇論文中，安妮—瑪麗·斯勞特主張，在世界政治中網絡是一種顛覆性的創新，它「存在於國家之上、國家之下，並且貫穿國家」。[36]

這種論述影響了外交政策專業人士談論國際關係的方式。「美國國際開發署」（USAID）的官員呼應麥肯錫顧問的話語，稱讚破壞性創新可作為減輕貧困之一股力量的優點。[37]斯勞特發表在《外交事務》上的論文引起了希拉蕊·柯林頓的注意，因而促使後者聘請她擔任國務院政策規劃辦公室的第一任主任。斯勞特的手下包括後來加入Google Ideas的賈雷德·科恩以及後來轉任國務卿創新事務高級秘書的阿雷克·羅斯（Alec Ross）[38]。斯勞特建議希拉蕊採取一些公私夥伴關係以及經濟外交的措施，以便賦予公民社會活動家的權力。這些是希拉蕊「二十一世紀治國政綱」倡議的招牌項目。美國國務院的網站如此解釋該倡議：「二十一世紀治國政綱包括應對國際關係變化的新力量，這些力量無處不在、具顛覆性而且難以預測。」[39]《赫芬頓郵報》中的一篇報導宣稱，希拉蕊是歐巴馬政府「科技領域中最優秀的左右手」。[40]

希拉蕊離開國務院很久之後還繼續採用顛覆論述。這位前國務卿在二〇一五年夏季總統選戰期間，呼籲「重視創新的、顛覆性的理念以便拯救二十一世紀的資本主義」。六個月後，她在概述自己的反恐對策時主張：矽谷必須站在最前線，「我們需要讓偉大的顛覆者發揮作用以便破壞伊斯蘭國。」[41]像佛里曼這樣的專家和希拉蕊這樣的決策者都以自己的方式強調：以數位方式串聯個體乃是二十一世紀世界政治的破壞性創新。首要的議題是，世界已經經歷了真正的趨勢突破，世界政治的未來看起來將與過去《西發里亞條約》年代的秩序大不相同。

顛覆理論對外交政策界的另一個吸引力是它主張先發制人的行動。克里斯汀生的理論認為，即使一切看起來都很好，破壞性創新也可能隨時發生，從而威脅著領頭企業的生存。這一論點反映了外交政策中「採取行動強過不採取行動」的觀點。在「不對稱作戰」*以及狄克・錢尼（Dick Cheney）的「百分之一主義」環境下，顛覆的邏輯似乎完美地吸引住二十一世紀初的世界政治。諷刺的是，就在破壞性創新的術語深入到外交政策界的時候，最初的理念卻陷入了學術辯論的混戰。

多年以來，一直有人對克里斯汀生的作品提出尖銳的學術批評。他們質疑破壞性創新的因果邏輯及其普遍的適用性。[42]也有一些比較通俗的文章對顛覆性福音的傳播表示遺憾。[43]然而，這種反動既沒有影響力也沒有那麼廣泛開展。克里斯汀生的想法已超越商業策略領域而不斷受到關注。

---

* Asymmetric warfare：一九九七年美國國防部《四年防務審查報告》中提到的「美國在常規的武器競爭中的優勢，促使對手使用諸如不對稱的方式來攻擊美國」是首次公開在官方使用非對稱作戰的概念。在非對稱作戰情境下，雙方都可能在各種專案上有其優劣，時而扮演強者，時而扮演弱者，例如美軍對上蓋達組織的戰爭，在作戰力量、技術水準上美軍可能是強方非對稱，然而時間、空間、手段上卻可能是弱方非對稱。雙方都想使用自己的強勢處去抵銷對方的強勢處，從而取得勝利。

然而，二〇一四年，哈佛大學的歷史學家姬兒．黎波爾在《紐約客》上發表文章，對克里斯汀生及其破壞性創新的想法寫了六千字。[44]黎波爾毫無保留地說出自己的看法。她認為該理論之所以流行，是因為有關顛覆的那一套充滿恐慌、驚懼、不對稱和混亂的言詞非常適合二十一世紀恐怖主義盛行的時代。黎波爾認為，如果不論這層背景，該理論實際上是被嚴重超賣的。例如，克里斯汀生的第一家投資公司挑選的標的是所謂已準備好進行破壞性創新的企業，豈料該投資公司只營運不到一年就破產了，這表明他的理論也許不具預測能力。她批評克里斯汀生依賴「精選案例研究」來架構他的理論，並質疑他所描述的那些案例是否真的已經走出一片開闊天地。她評論對方學術成就的語言是任何學者都不想聽到被別人這樣批評的：「克里斯汀生的消息來源常常令人懷疑，他的邏輯同樣值得懷疑。」然而，除了所有的這些指控，黎波爾最深感憤慨的還是致力於破壞性創新的理念如何被應用到商業領域之外[45]：

創新和顛覆等理念是起源於商業領域的，但後來卻被應用到其價值和目標與商業的價值和目標無甚關連的領域……

破壞性創新是用來解釋企業為何失敗的理論。僅此而已。這不是自然法則，不能解釋其他變化。這是時間流中產生出來的歷史、觀念的東西，是當今這令人沮喪之不確定性時刻的產物。它被變化嚇呆了，以至於看不到連貫性。這是一個非常不中用的預言。

學術界之前也有人提出過黎波爾的幾個觀點。不過，她批判克里斯汀生理念的論文才是最引人注目的，而且可以肯定地說，該論文具有相當大的魅力。它被發表出來後立即引發一連串的新聞報導，還有對克里斯汀生的多次採訪。[46]黎波爾的支持者認為該理論已被過度吹噓，而且「顛覆」一詞已貶值到毫無意義的地步。[47]支持黎波爾立場之某本管理雜誌的編輯還指出：「克里斯汀生的破壞性創新概念顯然只是一個關注失敗並受焦慮驅策的理論。」[48]

矽谷的那群人則透過社交媒體強烈抨擊了黎波爾的說法。風險資本家馬克・安德森在透過推特回應黎波爾時說道：「過去二十年來，我面臨的顛覆關頭可能高達三十次。」[49]不少專欄作家也為克里斯汀生以及他的理念辯護，認為黎波爾處心積慮只想鬥垮整個理念，這樣做未免太過分了。[50]幾位曾和克里斯汀生合撰著作的人也為他辯護，聲稱黎波爾的攻擊「不合時宜」，因為破壞性創新的理論從《創新的兩難》一書面世以來已經經歷了長足的發展。[51]針對此一主題，克里斯汀生在別人採訪他的時候強調了這一點，同時指責黎波爾「說謊」，在行文中犯了「不誠實的罪過」。

這場辯論確實產生了一些共識。共識的第一點是，黎波爾闡明了克里斯汀生理論的實際問題。連那個初始案例（磁碟驅動器產業）都甚至沒有根據克里斯汀生的理論發展下去，這一事實表明，有必要對它進行更深入的實證研究。共識的第二點是，破壞性創新的理論是一個非常值得深思的理念，不應完全加以揚棄。黎波爾對這一理論在商業領域之外的適用性表示懷疑，但對它在商業領域的適用性不置可否。《石板》的威爾・歐瑞穆斯（Will Oremus）、「聲音傳媒」的提莫西・B・李（Timothy B. Lee）和英國《金融時報》的安德魯・希爾（Andrew Hill）對黎波爾的一些批評表示心有同感。即便如此，他們仍主張黎波爾批評得太過火了。正如李所言：「撇開黎波爾挑剔的那些點，克里斯汀生的理論還是具有很強的詮釋力。」[52]

最後的、也是最值得注意的共識是：克里斯汀生的想法太過隨意地被應用在其他領域。所有支持黎波爾說法的人都同意，「顛覆」一詞已淪落到毫無意義的地步。但是，捍衛破壞性創新的人竟也採取了類似的觀點，因為他們認為黎波爾批評針對的與其說是克里斯汀生的實際理論，倒不如說是那理論被醜化了的樣態。正如英國《金融時報》希爾所觀察到的：「『顛覆』已成為語意模糊的流行詞。它為各種會議、諮詢產業以及公司策略添足了火力。這個想法在運用的過程中被扭曲了……對那些把一個十七年歷史的理念捧為宗教的狂熱高級管理階層和顧問而言，《紐約客》的那篇文章正好是一個有用的糾正辦法。」說到這個主題，克里斯汀生本人在接受採訪時承認：「〔顛覆〕被用來合理化任何人（企業家或是大學生）想做的任何事。當一個重要的理念被亂用而變質時，這種事就會一遍又一遍地發生。」

當然，這樣的表述可以最大程度地減少了克里斯汀生在推廣該理念時的過失。正如本章中反覆交代的，克里斯汀生在擬定與破壞性創新有關之大量營利性和非營利性的計畫時絲毫不見顧忌。克里斯汀生聲稱破壞性創新的理念可以拿來解釋例如醫療保健和教育等非營利部門。鑑於這些部門主要是由於市場失靈才會應運而生，因此破壞性創新價值的假設是站不住腳的。就像學術界檢討該論戰後所下的結語：「克里斯汀生自己對該術語以及對該術語之應用的研究都失之寬鬆。」[53]

如果說黎波爾的文章是第一個對於克里斯汀生理念的關鍵批判、獲得了學術界關注的批判，那它卻也絕不會是最後一個。二〇一五年九月的《麻省理工學院斯隆安管理評論》（*Sloan Management Review*）刊登了一篇殺傷力更強的文章。[54]安德魯・金（Andrew King）和巴爾姬兒・巴塔托格托赫（Baljir Baatartogtokh）剖析了克里斯汀生理論的核心。他們重新審視了構成《創新的兩難》和《創新者的解答》兩本書經驗骨幹的所有樣板案例。他們採訪並調查了各個領域的產業專家，以了解這些案例是否符合克里斯汀生的破壞性創新模式。研究結果令人震驚：在受檢驗的七十七個案例中，只有七件（占總數的百分之九）符合破壞性創新理論的所有特徵。金和巴塔托格托赫特別懷疑克里斯汀生的理論真能用在非營利組織或政府組織中。[55]

這項研究對克里斯汀生理論的支持產生了更大的衝擊。[56]過去曾經讚揚克里斯汀生或保持沉默的人如今發出了批評的聲音。《經濟學人》的結論是：「〔克里斯汀生〕的刺蝟心態導致他無視或貶抑了不適合他那套模式的公司或市場力量。」[57]一位管理學教授告訴《高等教育紀事報》：「所有證據都表明，克里斯汀生真的相信自己的理論。所有證據也表明，他面對新證據時並不知道如何修正自己的理論。」[58]經濟觀察家指出，破壞性創新的理念儘管普遍推廣，但美國全國生產率未能實際增長，兩者之間存在脫節的現象。[59]克里斯汀生對這一評論並未公開做出回應，這與他對於黎波爾那篇文章的反應截然不同。他頂多只是告訴記者，如今他擔心同事會把他貶為輕量級的知識分子。[60]

克里斯汀生確實試圖藉由二〇一五年十二月發表在《哈佛商業評論》上的一篇文章來回應知識界對他的猛攻。但是，不管他的意圖如何，這篇文章讀起來都更像是策略性的撤退，而非強而有力的辯護。[61]克里斯汀生首先承認破壞性創新的概念已因草率的內容而降低了價值，接著，他和合撰者也承認「找出真正破壞性創新的案例並不是那麼簡單的事」，而且「並不是每條顛覆性的道路都能通往勝利，也並不是每一個成功的新人走的都是一條顛覆性的道路。」就本質而言，這篇論文從根本上限制了該理論的辯明能力，甚至令Uber這樣的公司都難算在顛覆性產業的行列裡了。正如對該理論的一則事後觀察所言：「克里斯汀生已將顛覆理論弄得如此糾結不清，以至於他自己甚至也被絆倒了。」[62]事實證明，克里斯汀生和批評他的人都同意，該理論在理念市場上已經過度曝光。此外，關於他的顛覆理論是否能解釋技術創新和市場動盪的現象，這仍然是一個懸而未決的問題。正如金和巴塔托格托赫總結的：「破壞性創新的故事可以警告可能會發生什麼，但是這些故事並不能替代批判性的思維。」[63]

將近二十年後，克里斯汀生的理論也在商業策略的領域遭到了知識分子新的批評。外交政策界那些同好對於它的看法呢？那些採用顛覆性話語來描述二十一世紀世界政治的人是否也遭遇了一些挫折？說句公道話，儘管顛覆的模因（meme）在外交政策討論中越來越流行，但它從未像在公共辯論的其他領域中（如教育和醫療保健）那樣普遍。例如，國際關係中破壞性創新在學術上的用途主要限於國防採購的研究。[64]這樣的框架倒是可以完全適用於該領域。

廣泛應用顛覆性話語來解釋世界政治的努力也遭到重大的批評。由於破壞性創新的論述與矽谷的信念密不可分，因此評論家埃夫根尼．莫羅佐夫（Evgeny Morozov）才單槍匹馬發動了一場針對這種論述的討伐行動（被他稱為「決裂談話」）。[65]在那本形同對科技「解決主義」（solutionism）發動聖戰的《技術至死——數位化生活的陰暗面》中，莫羅佐夫痛斥「矽谷的創新已經開啟了一個趨勢突破、一切都與過去不同之時代」的想法。他正確無誤地指出，關於網路如何改變二十一世紀政治的許多論述，聽起來都像在呼應二十世紀關於核武器如何改變國際關係的論述。籠統地說，有關顛覆的言論「與早期關於技術、資訊、創新和數位化戀物癖的話語重疊，並且從中取材」。[66]

莫羅佐夫對國際關係中有關顛覆之最尖刻的評論是針對卡納夫婦那本由《新共和》出版的書而發的。他不僅炮轟了卡納夫婦，而且大肆抨擊了他們在外交政策界所呈現的思想軌跡：[67]

> 卡納「思想」的「技術性」轉變不足為奇。他和其他人現在已發現，可以藉著向公眾提供粗糙但可口的醬汁（即網路—輝格派的歷史理論），繼續以地緣政治那詭詐的、無關歷史的悲哀故事來矇騙公眾。食譜很簡單。先找出一些特別的全球趨勢，而且越神秘越好，然後畫一條直線將其連接到應用程序、電動汽車和灣區風險投資的世界。接著提一下機器人、日本國和網路戰爭，使用包含難以理解但令人印象深刻之地圖和圖像的炫目幻燈片。好好翻炒一下，然後端上形形色色的平台。藉著喋喋不休談論推特革命之類的話題，卡納這樣的科技全球化主義者個個前途一片光明。

如果莫羅佐夫對「科技全球化主義者」之光明前景的最後斷言是正確的，那肯定是外交政策理念市場運作不良的徵兆。然而，審度情勢，我們並不清楚莫羅佐夫的預測是否已經實現。可以肯定的是，就像希拉蕊・柯林頓在競選談話中所隱示的那樣，破壞性創新的範式並未消失。然而，確有證據表明，在與顛覆有關的論述應該蓬勃發展的地方，情況卻改變了。

我們不妨想想例如外交政策辯論中關於伊斯蘭國在網路上種種作為的議題。從許多方面看，伊斯蘭國的社交媒體策略成為外交政策知識分子發表有關破壞性創新理念的樂土。伊斯蘭國似乎的確善於利用網路招募新血並且誘騙世界政治中的其他行為者。有位美國參議員在二〇一五年關於這項問題的公開聽證會上指出：「我對模因有些了解……看看他們那些別出心裁的模因，再看看我們還沒做的。」[68]

就像我們在第六章中提到的，這是拼圖公司一個特別的重點領域。其負責人賈雷德・科恩於二〇一五年十一月在《外交事務》中發表了一篇題為〈數位制暴〉（Digital Counterinsurgency）的文章，其內容討論如何應付網路上的伊斯蘭國，也為這場辯論做出了貢獻。[69]按照道理，科恩應該探討五角大廈需要如何適應網路體系的顛覆性問題，以便應對這種不對稱威脅。然而有趣的是，科恩的文章卻朝著相反的方向開展。與其使用與顛覆性相關的言詞向國家安全官員解釋他們需要做些什麼，科恩寧可使用傳統的外交政策話語來描述和提出解決這個二十一世紀問題的方法。科恩並沒有談及去中心化的網路，反而指出了伊斯蘭國在線黨羽的明確階級。他在發言中偏好「多邊聯盟建構」（multilateral coalition building）以及執法策略。他建議，任何關閉伊斯蘭國社交媒體帳戶的政策「都需要有明確的針對性，比較像是殂殺或俘獲突襲而非戰略轟炸」。[70]如果這位拼圖公司的負責人兼《數位顛覆》與《新數位時代》的共同作者在談論這個問題時並沒有強調顛覆性的創新，那麼也許這種論述已經使外交政策界陷入了困境。

隨著克里斯汀生理論的光彩不斷失色，在美國外交政策的辯論中，有關顛覆性的論述也可能消失。然而，這並不代表商業界的思想領袖會影響外交政策辯論。即使有關顛覆性的理論已處於風雨飄搖的狀態，但其他矽谷的新風尚，例如「設計思維」（design thinking），也已在外交政策界內流行起來。有位作者認為，美國的外交政策正苦於「創新赤字」（innovation deficit）的困擾，需要一個「國家安全創新實驗室」（National Security Innovation Lab）來對付像伊斯蘭國這樣的威脅。她總結道：「如果美國的政策制定者想成功對付未來的威脅，那麼他們需要開始像商業創新者那樣思考，將人類的需求與技術和經濟的可行性融為一體。」[71]即使商業界一時流行的風潮有所消長變化，私營部門的理念也會在國家安全的辯論中繼續獲得某些人的好感。

顛覆性論述的興衰說明了理念市場的什麼功用？現實呈現出的畫面有些混亂：一方面，似乎像黎波爾和莫羅佐夫這樣的公共知識分子對諸如克里斯汀生和卡納等思想領袖提供了寶貴的檢驗機會。不過可以肯定的是，破壞性創新的信徒依然存在。如下這個結論應算合理：該理念在思考商業管理上仍然保留了一些知性價值。正如經濟學家約書亞．甘斯所指出的：「不能僅因為顛覆性的科技與一間公司的失敗兩者間的假設關連很薄弱，就咬定顛覆現象不會發生。」[72]儘管如此，藉著將批評納入公共領域，公共知識分子已經證明了自己在維繫健全的理念市場上所扮演的角色至關重要。

即使讓商學學者自己去想辦法，他們在這任務上也失敗了，所以上述的說法就更真確了。二十年來，克里斯汀生在同行反饋批評少之又少的情況下，才能夠如此推廣破壞性創新的詮釋力。這使他的想法及其追隨者得以滲透到整個理念市場，其中包括國際事務領域。正如安德魯．金在《高等教育紀事報》中所說的：「理論就像雜草，除非以實際經驗的剪子加以修剪，否則它就四下蔓延開來，占據每寸空間。」[73]從這層意義上講，黎波爾、莫羅佐夫和金本人都充當了專業的園丁。其他管理學者就沒那麼警惕了。如果學者能發現該理論在其本業中甚至都有缺陷，為什麼破壞性創新會成為主流思潮？或者，正如金所問的：「他們為什麼不克制一下理論？他們為什麼不參與對話？」[74]

這個問題有幾種可能的答案。如前所述，其中的部分原因僅是理念市場中的關鍵組成部分發現破壞性創新理論如此引人入勝。克里斯汀生的理論比大多數策略管理的資料更為精確，同時在概念上也足夠模糊，以致別人很難立即痛快地挑出錯誤。另一方面，對於許多管理學者而言，如果批評該理念恐會疏遠理念市場的資助者，因此這風險便成為採取質疑行動的重要障礙。[75]矽谷仍然是破壞性創新的最後堡壘，因為有關創新對生產力成長之影響的議論仍持續不斷。[76]即使是最叛逆的思想家，做出影響收入來源的舉動也是一項冒險。此外，在一門學術領域中，挑戰該領域數一數二巨星的擔憂無疑讓人在批判的舉動上打退堂鼓。何苦冒犯這樣一位被廣泛引用的學者呢？

事實證明，當學術界的準則無法充分完成這項批判工作時，諸如黎波爾和莫羅佐夫之類的公共批評就提供了必要的知性制衡。歸根究柢，這都是由於現代理念市場對大肆流行開來的觀念產生了奇怪的影響。現代理念市場的功能有點像擴音器，會放大具有吸引力的理念。就像上一章討論過的超級明星知識分子一樣，有些超級明星的想法會吸引多到不成比例的關注。反過來看，這倒是為局外人提供了發聲的機會，彌補了局內人可能不願意說真話的缺憾。思想領袖顯然可以在理念市場界蓬勃發展，但他們也為公共知識分子提供了有用糾正的新機會。即使這些公開的思想衝突有時會令個別參與者感到不愉快，但公共領域卻從中受益匪淺。

當然，此過程需要時間，這就形成了現代理念市場無可置疑的不利因素。當公共知識分子認清有必要剪除思想領袖知識的蕪雜部分時，思想領袖的影響力必定已經超出了其應該發揮的範圍。這種現象似乎類似於金融的資產泡沫。大多數資產泡沫都是出於正當理由而開始的。就克里斯汀生的例子而言，那就是從一個值得奉行的理念開始的。隨著這個想法越變越流行，它的知識威望也跟著水漲船高。最終，思想領袖或其追隨者的知識套利，導致該理念更加廣泛地受到應用。當一個理念的長處被誇大到超過合理的估值點後，它只會引起理念市場的公眾批評。真正流行的理念會經歷繁榮然後破滅的過程。這在有關如何思考外交政策的方面可能形成知識成本。假設現代理念的市場更小、更細分，並且由公共知識分子所主導，那麼這種走過頭的現象就不太可能發生。

如前所述，現代理念市場降低了外部思想領袖進入的門檻。任何推崇彌爾《論自由》的人都可能會歡迎這種趨勢。然而，本章想強調的是，退出的門檻已經有所提高。某個理念一旦風行起來，它可以被修剪，但不能被消滅。在某些情況下，這是有正當理由的。在破壞性創新的案例裡，它在管理學理論家心目中的價值已經降低但是並未消除。在其他的案例中，這是因為那些理念在政治上似乎仍對某些知識分子群體具有吸引力。在當前理念市場的結構中，繁榮景象很多，泡沫破滅較少，知識破產的情況又更少了。

第九章

以推特傳播理念，或「社群媒體的必然景象」

推特代表言論自由，
對權勢說真話並且增強對話能力。
一切始於安全。

傑克·多西

理念市場的不同組成部分顯然具有不同的亞文化。即使哈佛大學的教授、布魯金斯大學的研究員和麥肯錫的顧問受教育方式彼此類似，他們的專業環境也無可避免地影響了他們對於理念的思考方式。他們都在乎「影響」(impact)，但是出於各種理由，而且程度各不相同。不過所有這些不同群體的思想領袖和公共知識分子都有一個共同點：他們會在推特上販賣自己的貨色。

若說理念市場的每個組成部分都有一個共同點，那就是使用網路來宣傳和辯論外交政策概念。越來越多具有同行審查機制的期刊、智庫報告和多媒體諮詢文件僅在線上呈現，因此撰寫這些長篇作品的知識分子作者便盡可能藉著上網撰寫簡短摘錄、發送大量電子郵件以及利用社交媒體來加以推廣。線上社交網路的確變成思想領袖和公共知識分子以及其他任何人可以互動的地方。即使是最古板的學者也認識到，利用線上管道來促進學術工作有其必要。[1]

從理論上講，線上互動的便利性應該可以促進理念市場的發展。很多人都認為重點在於使用社交媒體作為推銷、宣傳已完成作品的手段，然而這種聚焦使得以線上互動來改善仍不斷變化的論點的作法處於邊緣地位。部落格和社交媒體實際上是剛冒出頭之理念的筆記本。在臉書或推特上，對引文和資料來源的查詢可能比透過其他方法得到更快速的答覆。它開啟了大家對政治和政策的辯論，而且參與討論的對象遠遠超出當事人自己的觀點和專業領域。正如經濟學家布拉德・德隆（Brad DeLong）所說的，這是一所「隱形大學」。[2]在我自己的學術研究以及面向公眾的著作中，我發現作為共鳴板的社交媒體非常有用。這些互動使我認識了對外交政策感興趣的精明專業人士，而且他們的經歷和訓練與我自己的是截然不同的。他們正是我在發想新理念時可以提供多樣化反饋的人。各位正在閱讀的這本書就是藉此才得以做出無數次改進的，因為我在推特上認識的人十分好心，願意幫我讀讀草稿。

儘管具備這些好處，但是線上論述還是有其弊端。隨著社交媒體增加了理念市場的產出，這種情況變得越來越令人憂心。塑造現代理念市場的同一股力量也降低了知識分子線上辯論的品質。權威的削弱增加了線上互動的成本。政治兩極分化的加劇惡化了「團體內部意識型態衝突」

（internecine ideological conflict）的程度。最後，理念市場本身不平等現象的加劇，激發人們對知識巨星的作品做出更極端的反應。作家使用社交媒體的必要性也導致許多知識分子（包括本人在內）暴露出他們性格中不那麼討人喜歡的一面。這些綜合效果使得超級巨星更容易忽視所有的線上批評，但這對他們而言是有損無益的。

線上論述如何能引起所有這些問題呢？為了正確理解知識分子網路世界的弊端，讀者有必要先了解一個名為「政治科學謠言」（Political Science Rumors，簡稱PSR）這個令人搖頭的小型網站。

谷歌的對PSR的描述是：「政治科學家（原文如此）討論政治科學和業內謠言的論壇。」[3]其他人對於該網站的描述就沒那麼寬厚了。有位政治科學家在部落格中寫道：「PSR中所呈現的政治科學家是憤怒的、飢渴的、焦慮的人，是你不想加入其行列與之為伍的人。」他又假設道：「說實在話，描述PSR的各種誇張說法已經達到登峰造極的地步，你想不出更強的了。」當PSR與其先驅在十多年前出現時，其心態還是相當健康的。[4]

諸如PSR之類「謠言工廠」網站的創建是為了提供有關學術工作市場的資訊：政治學系真正想聘用的是什麼人、他們正在面試什麼人、誰獲得了工作機會、誰接受了工作等等。此類「情報交換所」性質網站的實用性是不容置疑的。其他社會科學學門也產生了類似於PSR的網站。[5]

然而，說到提供就業市場準確訊息的核心任務這件事，PSR卻是失敗的，因為它並沒有對工作機會提供事實檢驗的流程來追蹤後續的詳細訊息。PSR上面有關誰在何處進行面試以及誰接受或拒絕某個工作機會的消息可以說是錯誤連篇。[6]某位同事獲得了學系的終身教職，可是同一天PSR上登出的消息卻是她的申請被拒絕了。幸好錯誤一方總是PSR。

在「政治科學謠言」這網站出現之前很久就已存在假的消息。PSR的顯眼之處在於，它那放大不良訊息的能力。一個明顯的原因是可以匿名發布消息的機制。有些人明明對大家正在討論的求職之事一無所知，卻還要冒充成消息靈通的人在放消息。難怪這主要就成了一個充滿惡意八卦、胡亂猜測與卑劣之暗箭傷人的謠言源頭網站。[7]這又造成了可靠訊息缺乏的另外一個可能原因：求職者很害怕成為PSR的討論對象。PSR所提供有關何以某人找到工作的解釋，使得其他偏執妄想的陰謀網站都相形見絀了。

PSR最明顯的缺陷就是它無法實現其最初始之標的任務。它最大的失敗在於，網站百分之九十的精力沒有用於協助求職的事。十年前，隨著謠言網站的興起，美國政治科學協會主席便警告「張貼於這些網站上的匿名意見對政治科學家進行了種族主義、性別歧視以及恐同攻擊」。[8]自從PSR一枝獨秀、擠下了其他謠言工廠性質的網站後，這個問題又變得更嚴重了。PSR裡最典型的討論盡是憤怒與怨恨交織成的惡毒言語，最類似於《辣妹過招》*裡的「麻辣書」†。紐約的科學記者傑西·辛格（Jesse Singal）將該網站描述為「污水池」，教他看了「眼睛開始流血」，並得出結論：「上面的貼文往往會演變為人身攻擊、謠言亂飛以及酸楚怨恨，而這往往是受到慘烈的學術工作市場所刺激的。」[9]PSR的創建者嘗試邀請政治科學家的同行擔任網管以導正這個問題。但是，即使PSR的用戶也承認，評論的匿名性正是人身攻擊（從性別歧視的羞辱到實際的人肉搜索都有）的理想溫床。[10]那些網管也承認自己不斷在檢討自己對該網站究竟有無貢獻。[11]

政治學家公開談論起PSR時，說出的話不會是太好聽的。杜克大學教授麥克・芒格（Michael Munger）在《高等教育紀事報》中寫道：PSR是「幼稚的，充滿八卦消息和粗鄙的辱罵，專門說些例如『沒人能複製柏拉圖！』之類的話」。[12]喬治城大學政治學教授兼《國際研究季刊》（*International Studies Quarterly*）的共同編輯丹尼爾・尼克森（Daniel Nexon）這麼形容「政治科學謠言」：「這網站使我們所有人都覺身為政治科學家是丟臉的事。」[13]曾經淪為PSR刻毒攻擊目標的政治科學家對它就更反感了。約書亞・科恩上網讀了PSR上有關他最近工作異動的討論後指出：PSR的話題包含「四個斷言，每個斷言都說確有其事，但每一個都澈底錯誤」。他總結道：「這些主張不僅錯誤而已，還都胡說八道，而且是最令人憎惡的那一種……

---

* *Mean Girls*：一部於二〇〇四年上映的美國電影。由琳賽・蘿涵、瑞秋・麥亞當斯、提姆・麥道斯等人主演。本片改編自蘿瑟琳・魏斯曼（Rosalind Wiseman）撰寫的非虛構小說《女王蜂與跟屁蟲》（*Queen Bees and Wannabes*），該書描述高中女生勾心鬥角的社交小團體，以及對於這些女生的影響。

† Burn book：《辣妹過招》中的大姐頭名為蕾吉娜，她個性潑辣自私並喜愛頤指氣使，大部分同學都被她欺負過。蕾吉娜私下藏了一本「麻辣書」，裡面一頁頁都貼著從紀念冊上剪下來的大頭照，照片旁邊則寫著不堪入目的壞話，老師與學生都難逃一劫。

〔PSR〕不僅表現出對事實的不在乎。它自稱積極擁護真理的價值，卻絲毫沒有服從於真理的紀律。」[14]

我從未在PSR上發表過評論，但我也曾偶爾成為該網站討論的話題。那些批評不太好聽。有個討論的主題為「為什麼沒有人出來打德雷茲納一巴掌？」後來才被網管刪除。以下是二〇一四至二〇一六年間PSR未被刪除的一些評論樣本：

- 「德雷茲納是一個混帳冒牌貨。我認真考慮要寫一封公開信給他，詳細說明我認為他行騙的伎倆。」
- 「媽的，丹．德雷茲納，老了就認老吧。」
- 「德雷茲納，你真是個大魯蛇。沒有人喜歡你，大家都說你是不中用的爛貨。」
- 「如果國際關係理論方面的書你只讀過德雷茲納寫的，那就表示你所知甚淺。」
- 「德雷茲納已被證明是個白痴。我認為他周圍的人只是不想把這事說穿，因此他才能繼續大放厥詞，就好像他不是白痴那樣。」

坦白說，我遇到的問題不太嚴重。我是異性戀的白種男性，對於美國外交政策抱持主流觀點。正如科幻小說家約翰．斯卡齊（John Scalzi）所指出的，如果現實世界是一場電玩遊戲，那麼「異性戀的白種男性」應該就是初學者的設定。[15]如果我是女性、少數族群或是在學門中做的研究較非主流，那麼我聽到的羞辱將會更加不堪。[16]

我認為很容易就能證明「政治科學謠言」網站對我著作的分析根本站不住腳。該網站的首要目標就是對哪怕只是取得一點成就的任何人發洩恨意。PSR評論者的匿名身分使該網站成為無的放矢的園地，裡面的評論從憤世嫉俗的怒吼到火力全開的誹謗都有。PSR似乎和任何理性批評的作為全然無涉。

我們從PSR汲取的一個明顯教訓是：對於任何想為公共領域做出貢獻的人而言，學習如何過濾掉脫序的批評乃是至關重要的。外交政策或是國內政治的相關網站甚至可以產生更多的流量和謾罵。對於任何想為理念市場做出貢獻的人來說，必須培養出對誇大不實的惡評一笑置之的本事才好。但是，這種輕鬆態度卻也包含了現代理念市場一個日益嚴重問題的核心。

成功的知識分子在理念市場會產生兩個相反的影響。第一個反應就是單純的隨波逐流。理念市場中的資淺成員會推崇資深前輩的作品。這當然可能是出於真心的認同，但也有可能只是出於自利的盤算。名牌思想領袖具有吸引注意力和寫暢銷書的能耐。出版商和編輯不一定會排拒他們可疑或是靠不住的想法。例如，托馬斯．佛里曼就曾在採訪中承認，他幾乎可以出版任何他想要出版的書：「我站在一個令人既驚訝又羨慕的位置。我可以去出版商那裡對他說：『我想寫一本書。』『這是支票。』『你難道不想知道我想寫些什麼？』『無所謂，我們不在乎。』過程也許不是那麼簡單，但八九不離十了。」[17]來自各方的不斷索求意味超級巨星知識分子可以選擇發揮的場域，因此在出版之前面臨的把關人便比較少。知識分子過去的努力越成功，未來他們就越容易為自己的努力找出路。

此外，出了名的知識分子也在理念市場上發揮巨大的力量。他們可以透過自己的管道人脈來引起世人關注理念市場中其他人的作品。不妨把這視為「表揚經濟」（mention economy）。對於低階的外交政策作者而言，如能獲得前輩的公開「提攜表揚」，比方保羅．克魯曼、佩吉．諾南（Peggy Noonan）或是法蘭西斯．福山，那麼就可以提高該作者的網路點閱率以及書籍的銷售量。我的聲望比上述那些人要小得多，但近年來，我發現不少資深學者紛紛要求我在他們的新書廣告中掛名推薦，或是為他們的新書寫點什麼或發表一篇推文。名牌思想家引起注意力的本事讓那些低階的知識分子亟欲獲取他們青睞。這種情況不可避免地導致對超級巨星知識分子的批評變緩和了。為什麼要為難一個也許在一年內能為你在新書廣告中美言幾句的人呢？

對於功成名就的知識分子而言，這可能變成一個問題。如果他們聽到的只是正面反饋，那麼他們將如何改善自己的論點呢？為了使理念市場產生高質量的作品，知識界如能對他們的理念提出建設性的批評，那麼他們便能受益。高素質的批評確實應該構成理念市場健康的組成要素。但是所謂的「表揚經濟」可能會削弱許多外交政策觀察者的批判能力，這也是人類弱點的表現。

當然，並非所有的低階知識分子都會走上隨波逐流的道路。理念市場中的成功也會激起對「人捧人高」之流俗的相反反應，亦即嚴苛的批判。

理解有關二十世紀知識分子惡性競爭的人都知道，這種嚴苛的批判並非只存在於線上，只是網路加劇了其惡毒的程度。線上論述互動式的本質與以前知性交流的形式很不相同。現代網路的

先驅早在社交媒體出現之前就警覺到了這一問題。一九八五年，蘭德智庫的一項分析即曾警告線上交流的不同性質：[18]

> 也許最能使線上交流與其他形式的溝通區別開來的屬性是：前者容易挑起接受訊息的人的情緒（很可能是由於對消息的形式或者內容某些部分的誤解），而此人隨後的反唇相識則會令形勢惡化……這些媒體與其他任何交流方式都大不相同。許多舊規則都不再適用。

同樣，高德溫法則（Godwin's Law）的說法是：「當線上討論不斷拉長時，參與者把其他用戶或其言行與納粹主義或希特勒進行類比的機率會趨於百分之百。」而這想法是在一九九〇年首次提出的，比紅迪、臉書或推特出現的時間還早十多年。[19]自從網路發明以來，線上論述的不良一面就出現了。在討論負面反饋的現象時，我們需要從下開始然後逐步走高，因為知識分子在職業生涯中通常會經歷這樣的過程。最底部的是像PSR那種線上評論板的惡毒謾罵，這類評論板顯示了前面段落中提到的一切病態。這些線上論壇的攻擊是如此荒唐可笑，以至於人們不禁質疑起貼文者的精神狀態。參考一下PSR上的憤怒和怨氣，然後將其放大幾個等級，就可以得出近似巨星所承受的負面反饋。法理德．札卡利亞告訴我，他因寫作專欄而收到的所有負面反饋中，大約有三分之一是種族仇恨的。他強調，在處理負面反饋時需要有副刀槍不入之身才挺得過。他也承認：「這比大家想的要難。」[20]

札卡利亞告訴我這件事過後的一個月，他又淪為一樁線上荒唐誹謗的靶子。有個惡意網站為了吸引點閱率，竟稱札卡利亞在他的私人部落格與已刪除的推文中呼籲「對白種女人發動姦淫聖戰」。問題是他根本沒有這樣的部落格，也從來沒有發過任何哪怕只是稍有關連的推文。札卡利亞描述了接下來發生的事：[21]

成百上千的人開始鏈接到那個惡意網站，在推特上發布訊息或以推特轉發貼文，並添加自己的評論（這些評論或太粗鄙或是充滿種族仇恨，實在不宜在此轉述）。有些極右翼的網站將這當作確鑿的事實加以散播。隨著新一波謠言的流步，歇斯底里越演越烈，國人開始要求我被解雇、驅逐出境或者殺死。幾天下來，數位世界的威脅逐漸轉入了現實世界。有人深夜打電話到我家來，吵醒並威脅我那兩個只有七歲和十二歲的女兒……一般人只要稍微有點常識便知道那種指控是荒謬至極的。但這些都不重要。散步這個謠言的人對真相絲毫不感興趣，只對挑起偏見很感興趣。

尼爾．弗格森也碰上類似的遭遇，這既因為他本人，也因為他妻子阿雅恩．赫爾西．阿里（Ayaan Hirsi Ali）激進的反伊斯蘭立場。她曾因嚴厲批評伊斯蘭而受到死亡威脅，這使她和弗格森在日常生活中變得更加謹慎。如第七章所述，弗格森還必須應付自己線上所受到的挫折。他已經盡其所能了。他對推特尤其不屑，稱其為「全世界共享的一堵特大的小便牆」，並預計到二〇二〇年就會破產。弗格森承認道：「在推特的泥濘上被拖行的經驗是很令人反感的。」[22]

整體而言，這是大多數知識分子對線上批評這片污臭沼澤的感覺。對於任何公開寫文章的人來說，該奉行的金科玉律便是：「永遠不要讀評論」。高德溫法則特別適用於線上評論這部分。《石板》的賈斯汀．彼得斯（Justin Peters）指出：「每個為網路寫作的人都在某一點上被發表批評的人逼到快發瘋的地步，那些人通常是心存懷疑或是滿腹怨氣的讀者，認為自己的使命就是說服〔作者〕去投火自盡。」[23]負面批評的對象經常是女性，她們更可能成為線上謾罵的目標。

關於線上發表，大家一直在討論如何節制評論，或者該不該乾脆省去評論。[24]答案可沒那麼簡單。難題在於，發表的東西越成功，評論的品質就越有可能降低。當初我開始寫部落格時，我發現這些評論具有實質的幫助和吸引力。但是，對於能吸引更多點閱率的文章而言，情況並非如此。一旦我轉向了外交政策，尤其是在我轉到《華盛頓郵報》工作之後，網上對我的評論其品質便每況愈下了。某些網站，例如《大西洋》塔—內西．科斯（Ta-Nehisi Coates）的部落格曾有一段時間採用了嚴格的節制原則，以保持評論一定程度的品質。但是，隨著知識分子巨星科斯特的崛起，外界發表對於他看法的評論欄其品質卻降低了。[25]就算有其他評論者呼籲寫惡意評論的人自我約束，那也起不了什麼作用。最近一項對於這種自我約束機制的研究得出的結論是：這種機制「鼓勵內容受到負面評價的評論者發表更多貼文，但是他們後來評論的品質也是一樣低劣」。[26]評論貼文的作法等於格雷沙姆「劣幣驅逐良幣」定律在知識層面上的體現。

如果作家的確犯下錯誤，那麼問題就更不得了了。「推特暴民」對犯了錯的知識分子的反應可能過於猛烈，以至於有人會開始對那個犯錯的人寄予同情。例如，網民對科學作家喬納．萊勒（Jonah Lehrer）承認剽竊後所發動的誹謗風潮，甚至令發現萊勒這件詐欺案的《野獸日報》（*Daily Beast*）專欄作家麥克．莫尼漢（Michael Moynihan）感到震驚：「你一轉身，突然發現自己成了草根暴民的頭目。」[27] 維爾．果尼姆（Wael Ghonim）是二〇一一年埃及解放廣場（Tahrir Square）抗議活動背後的線上策動者之一，他承認道：「線上討論很快就會化身為憤怒的暴民……彷彿大家都忘記了，躲在螢幕後的人都是實體的人，而非虛擬化身而已。」[28]

對於許多知識分子來說，網路世界的匿名性質尤其令人憎惡。正如彼得斯（Peters）所指出的：「評論欄的匿名特性可能導致粗魯言語、嚴苛態度、幼稚駁斥、憤怒指控，沒完沒了的唇槍舌劍，反正只剩乖戾之氣以及爾虞我詐。」[29] 大多數作者的因應之道是根本不參與那些討論。如果他們還是參與討論，那就是要狠狠修理出言不遜的人。二〇一五年秋天，英國《金融時報》的愛德華．盧斯（Edward Luce）參加了《金融時報》的線上討論，以便和一位經常貼文抨擊他文章的人對話。據《金融時報》全球媒體編輯的說法，這是盧斯一次「史詩般壯闊的反擊」：[30]

> 我的同事都是專業、認真、勤奮的人。他們不應該受到這種冷嘲熱諷。你知道我們是誰，我們卻不知道你是何方神聖……。我奉勸你提出講理的、建設性的批評意見，這樣才能鼓勵而不是阻止作者和其他讀者提出回應，請你不要硬逞嘲罵之快。如果你真像自己明確認為的那樣勇敢，你應該以真面目示人。我叫愛德華．盧斯。你是什麼人？

顯然，當公共知識分子和思想領袖駁斥線上的批評時，他們這樣做的理由是正當的。對於女性而言，這又是更加值得鼓勵的行為，畢竟她們所承擔的惡意攻擊是不成比例的重。[31]在「政治科學謠言」的網站上，貼文評論的人經常質疑，政治科學領域中成功的女性是不是靠陪睡才一帆風順的。經濟學作家安妮．洛瑞（Annie Lowrey）在遭受太多性別歧視的羞辱後退出了推特。她問道：「如果你連裝出和他們好好談一談的樣子都沒機會，為什麼還要流連在那上面？如果人家攻擊的是你的人身而不是你的作品，為什麼還要奉陪到底呢？」[32]

對治這些批評的辦法最終都只有一種：眼不見為淨。當然可以嘗試勇敢迎戰。任何知識分子的本能反應都是與線上的評論者互動。大多數知識分子都很享受辯論時的你來我往。而且，任何人當然都希望自己在網路上是言之成理的。[33]然而，線上的投入本身是會帶來成本和風險的。隨著時間的推移，線上的辯論會傾向關注越來越瑣碎的枝節，比方誰誰對於最初誰誰給的那個說法反應如何如何，爭論於是就越演越烈了。社交媒體上的任何纏鬥都是不值得的。[34]對批評的回應會擴張了最初的那個批評。即使是完美的反駁（這類反駁確實有的）[35]也會將一個人最初的有力觀點變成一場辯論。這就是有線電視新聞網阻止札卡利亞回應剽竊匿名指控的原因了。

網路慢慢發展出使公共知識分子和思想領袖能比較輕鬆應付線上蠻橫之人和無知之人的方法。沒有哪個心智健全的人會期待作者真能閱讀他的評論。推特允許用戶阻止其他人閱讀針對他們而發的貼文，甚至還有更好的辦法，就是讓批評者無從得知自己的貼文是否已被閱讀。經過驗證的推特用戶可以使用更加強大的過濾功能選項。在臉書上如果你討厭一個人，你可以輕鬆將他刪除好友或是取消關注。現在，大多數的社交媒體企業都有通報機制來處理特別不講理的批評者。指名發送的奇怪電子郵件可以立刻被扔到郵件垃圾桶裡。時間一久，大家應該都可以學會如何過濾惡毒反饋的方法。不過這種應付方法會造成自己的知識盲點。

最難纏的批評者就是喜歡在網路上刻意發表激怒別人言論的巨魔（trolls）了，但是有時候巨魔也可以起到正面作用。巨魔在知識領域幹的勾當便是破壞別人正式嚴肅的論述。他們慣用的伎倆包括說出令人難堪的話、誇張指控或者乾脆持續不斷言語騷擾。正如彭博專欄作家艾利・萊克（Eli Lake）所言：「一流的巨魔最擅長挑釁。他們貼文的目的在於揭露對手立場的謬誤或是弱點，而非提供建設性的替代辦法。」[36]任何人都有當巨魔的本事，而且這現象肯定早於網路出現的時代。一九六八年在共和黨及民主黨全國代表大會舉行期間的電視轉播中，高爾・維達爾（Gore Vidal）反覆以酸言酸語刺激威廉・巴克利。後來，維達爾因稱呼他為「納粹秘密的同路人」而令他終於失去冷靜，反唇罵他「基佬」，並威脅要揍他一頓。藉著動搖以前無法征服的巴克利，維達爾實現了令對方威望受損的預期目的。

一般而言，弱者會拿酸言酸語當成挑釁武器，其目的在激怒強者，以求對方能與自己辯論。在現代世界中，許多線上巨魔提出的論點往往乏善可陳。就算他們沒祭出陰謀論，那麼種族主義、性別歧視和仇外心理也會出籠。善意批評者精心建構的論點能為公眾辯論增添價值，但是巨魔的廝纏只會增加參與理念市場的交易成本。

如果我們想更新彌爾「自由檢視」（unfettered inquiry）的論點以使其適合二十一世紀的時空

背景，那麼我們將會遇上難題。彌爾堅信，尚未受到質疑的學說一定要經常接受審視。根據他的看法，教派以及極端主義者的思想力量來自於其受屈之少數族群的地位。由於他們必須不斷向敵對的公眾捍衛自己的觀點，所以他們在捍衛知性價值方面的技能只會一直提高。[37]彌爾認為，辯論的效果具累積性質，這將促成某些問題不再引起嚴重爭議。他為這種共識感到悲哀，並認定這會削弱理念的活力。

美國外交政策中的某些辯論應該持續進行，例如，國際關係中信譽的重要性或是移民所造成的經濟影響。然而，彌爾從未正視過就基本原則進行持續辯論所產生的機會成本。在巨魔不可一世的時代裡，以前被視為標準事實的東西如今重新受人爭論：九一一恐攻是不是內奸做案？巴拉克·歐巴馬是不是美國公民？諸如此類。知識分子如果不斷與批評者過招，他就很難再思考新的事物，因為時間和精力的成本是可觀的。在網路的時代裡，彌爾若是復生，是否還會無條件支持此種爭論？這是一個值得思考的有趣課題。

我在上文引述過「政治科學謠言」網站中對我不客氣的批判，所以我是曾第一手遇到這個問題的人。我對川普總統競選活動的網上評論引來一波反猶太的反饋。因此，我了解不想搭理抨擊者和巨魔的那種心態，不過有時他們的指點可以突顯迄今為止從未受到挑戰的理念確實有些問題。不理睬巨魔與不理睬不同意識型態觀點，這兩者間僅是一線之隔。隨著社交媒體網站打擊線上的脫序行為，世人便順理成章提出如下質疑：諸如推特「信任與安全委員會」（Trust and Safety Council）的作為，是否在無意間形成了歐威爾式的操控？[38]

這就將我們導回「政治科學謠言」以及麥可・拉庫爾（Michael LaCour）的奇怪事件上。

二〇一四年十二月，加州大學洛杉磯分校的研究生麥克・拉庫爾與哥倫比亞大學教授唐・格林（Don Green）聯合在《科學》雜誌上發表一篇論文，探討了面對面與選民交談是否能使他們支持同性婚姻。[39]他們進行了一項實驗，研究同性戀遊說者的現身說法是否會對與其互動的選民產生影響。現有的學術共識是，現身說法的親身接觸對於選民的偏好不會產生顯著影響。格林和拉庫爾的研究結果令人驚訝，並與大家的直覺背道而馳：同性戀的遊說者若採取與選民面對面互動的拉票模式，對選民的偏好會產生決定性的影響，使他們更容易接受同性婚姻。此一研究成果不僅意義重大，而且後來的調查也表明，這個方法的效果並不會隨著時間的流逝而消失。拉庫爾告訴《洛杉磯時報》：「這辦法完全行得通，連我自己都非常驚訝。」[40]這項調查的發現重要到連《紐約時報》、《華盛頓郵報》、彭博社以及其他新聞媒體都加以報導。[41]其結果甚至引起全球的關注。愛爾蘭的同性戀活動家便以該項結果為基礎，擬定出二〇一五年該國同性婚姻公投的宣傳策略。[42]難怪拉庫爾於二〇一四／一五學年度能在學術工作市場上大放異彩。普林斯頓大學似乎準備聘用他。他已成為一個嶄露頭角的超級巨星。

然而，那篇論文在《科學》雜誌發表才八天後，有個署名「雷農」（Reannon）的人即在「政治科學謠言」開了一個專門針對拉庫爾和格林研究成果的討論區。[43]一剛開始，雷農「只瞄了一下數據，覺得有點怪」。他質疑數據的統計分步有些怪異之處。該評論引起了一陣爭議，但不久後即被PSR的一位網管刪除了。

雷農的真實身分是戴維．布魯克曼（David Broockman），當時是柏克萊大學政治研究所的學生。他懷疑拉庫爾數據的真確性。他的幾位論文指導教授警告他不要公開發表此類關切。他們告訴布魯克曼，這種指控是很嚴重的，如此行事可能危及到他日後身為政治科學家的職涯。[44]出於無奈的布魯克曼只好求助於PSR。

六個月後，布魯克曼和兩位共同作者在進行了類似實驗而未能獲得相似結果之後，越發仔細研究起拉庫爾的數據，並得出對方偽造調查數據的結論。他們公布的發現結果很快便在政治科學界引起軒然大波。格林教授也認定拉庫爾捏造數據的行徑，於是申請撤回了那篇發表在《科學》雜誌上的論文。[45]不久，記者發現拉庫爾也捏造了自己的學術簡歷，包括虛假的教學獲獎經歷以及不實的研究資助。[46]拉庫爾上線發表辯護，但他的文字所引發的問題多過於他所回答的問題。最終，普林斯頓大學停止了聘用拉庫爾的前置程序。

自從布魯克曼和他的共同作者發表論文以後，直到普林斯頓大學拒絕聘用拉庫爾的結局為止，該事件的情報交換站和討論園地一直是「政治科學謠言」。在此期間，我和許多同行一樣都定期檢視這個網站。杜克大學政治學教授麥克．芒格即是其中一位：[47]

在揭發拉庫爾的事件鬧得最沸沸揚揚的時候，我每小時就更新螢幕上的頁面兩到三次。從PSR那裡獲得的訊息比任何其他來源更多更好，而且每一分鐘都在刷新。形形色色反應敏捷的人就一個重要話題進行同步的公開辯論（夾雜咒罵連連、粗話不斷，這點不可否認）。

這為投身理念市場的人造成一個難題。就算訊噪比（signal-to-noise）極低，線上最低水準的批評也會包含一針見血的意見。雖然匿名批評札卡利亞犯下許多剽竊過錯的意見，最終變成過火的攻擊，不過他們所說的事也不是全然錯誤。

如果即便最低水準的批評也可以產生有用的反饋，那麼較高水準的批評又如何呢？這是事情變得更加棘手的地方。要是減少匿名批評的形式，那麼麥粒之於糟糠的比例應會提高，但是糟糠也有可觀之處。推動現代理念市場發展的一些因素，其實也會導致線上論述品質的滑落。

社交媒體削弱了對於權威的信任並且助長了政治兩極化的發展。信任的削弱使線上討論更具挑戰性，甚至對於專家而言也是如此。例如，中東問題學者馬克・林奇（Marc Lynch）指出，中東地區的政治分歧使得線上活動充滿風險：「中東是一個瀰漫各種激昂情緒的地方，人的脾氣經常失控，網上能見度高的學者都不斷在冒風險，因為他們很有可能發現自己的推文或者文章突然成為一場媒體風暴的中心。」[48]就我所知，許多美國外交政策專家因考慮到在線上發表與中東有關的意見必定惹來一身腥，因此紛紛打退堂鼓了。

社交媒體似乎是消除差別最好的工具。任何人都可以向其他任何人發送推文。的確，這些上網批評的人其用意擺明是將一位較有聲望的作家拉到自己的水準。正如某人對《時代雜誌》解釋過的：「假設我寄一封信給《紐約時報》……他們會把信扔進碎紙機裡。但我在推特上可以直接和作家交流。這是一切體制崩解的時代。」[49]很多巨魔會將知識分子超級巨星逼到動怒的地步，在他們看來，這行為本身等於一項知性成就。即使知識分子擅長與巨魔周旋，如果他那些不熟悉網上用語的同事看到這類惡意中傷，他在同事心目中的聲望也會降低。誠如林奇所言：「攻擊、發子推文*、嘲諷和愚弄在網路空間中原是正常不過的，但在學科內部突然變得十分危險。」[50]此外，社交媒體的自發性質使得情緒壓倒理性，導致受尊敬的人說出自己不久之後便後悔莫及的話。這種錯誤只會進一步削弱知識的權威，尤其是對那些處於理念市場頂端的人，直接與線上批評者互動可能會為他們的時間、精力和理智造成沉重的負擔。唯一的致勝法寶就是不要隨之起舞。[51]

即使線上巨魔是一個認真的知識分子，這個法寶同樣適用。例如，納西姆・塔雷伯（Nassim Taleb）是教授兼暢銷書《隨機騙局》（*Fooled By Randomness*）、《黑天鵝效應》和《反脆弱》（*Antifragile*）的傑出作者。但是，在推特上，塔雷伯說好聽一點只能是一頭「頑固的驢」。只要線上出現不同意其看法的人（包括我自己在內），就會立刻被他貶損為「賣大便的」。[52]他對各門社會科學學科的全面譴責使他聽起來更像巨魔而非學者。他像許多巨魔一樣，只會質疑那些與他意見相左的人的動機，而非進行實質性的辯論。與塔雷伯經過數次網上劍拔弩張的交手後，我們終於在二〇一五年見面一起喝了杯咖啡。他提到我們在網上一直爭論的某件事，並禮貌地解釋他

* Subtweet：子推文是一個單獨的推文，其內容是對其他人推文的回應，但並不會提醒那個人或者連到那個人的推文。同時關注兩個推主的人會看到子推文，並做相關連繫，而原推主不會收到提醒。

自己的觀點。我雖然並不完全同意他的說法，卻也更理解了他的知識立場。在這次收效頗豐的交流之後，我直截了當地請教他，為什麼他在網上如此惹人厭。他笑了笑，聳聳肩膀，將推特比喻成淩晨兩點一間擠滿醉鬼的骯髒酒吧。[53]對他來說，好勇鬥狠乃是網上生存的最佳方式。也許大多數時候這對他而言都能奏效。但是，這種幼稚的交流方式使得外界很難認真看待塔雷伯具有實質意義的介入。當塔雷伯投身推特的惡搞之戰時，他同時也鑽進了無益於研究成績的窄巷。[54]

社交媒體加劇了政治的兩極化，而政治的兩極化又反過來令線上行為惡化。在推特上，保守派和自由派都更有可能注意並重申政治上具一致性的消息來源。[55]自由主義人士更有可能由於政治立場的差異而上臉書將人刪除好友。[56]

近年來，這種兩極分化造成了巨魔的風氣越演越烈，但其方式並不是各位讀者想的那樣。酸言尋釁是弱者的武器，但也是好鬥知識分子的策略。正如哲學家拉潔兒・巴尼（Rachel Barney）所指出的：「有人單純為了好玩而當巨魔，少數是因有利可圖，但大多數是作為派系的敵人或黨人而當巨魔的。」自由主義者和保守派彼此攻訐的情況比較少。[57]但是極左派和「另類右派」（Alt-rights）在知識界的爭執宿仇中，比較容易祭出這種策略來對付意識型態與其較近的人。

左翼激進民主派（雅各賓派）的雜誌復振了美國政治界的社會主義思想。[58]然而，以階級觀念為基底之馬克思主義知識分子的精神，卻與其他優先考慮解決種族和性別障礙的左翼精神相衝突。這些爭端導致濫用指控和反指控的威脅。有證據表明，由於左翼內部的分歧，左派作家策劃了針對其他進步主義人士的線上騷擾行為。有位成為騷擾目標的人警告道：[59]

必須承認，握有真實權力和威勢的人正在鼓動網上的騷擾行為。這樣的公共知識分子可能甚至更加危險，一方面因為他們帶給網上騷擾行為更多又更主流的受眾，二方面因為他們使這些行為披上道德或知性的嚴肅外衣。

的確，智庫「公民」由於自家內部一位部落格主馬特・布魯尼格（Matt Bruenig）好鬥的行為而將他開除。在布魯尼格針對「美國進步中心」主任尼拉・坦登（Neera Tanden）發出許多攻擊性推文並拒絕為此事道歉後，「公民」即宣布「不認同在推特上發文攻擊的價值觀」。[60] 布魯尼格以及諸如線上新聞刊物《攔截》裡格倫・格林瓦爾德之類的意識型態盟友認為，他們的政治訊息正被以「語調控制」* 的幌子進行審查。

故意排拒文明行為乃是「另類右派」（由白人民族主義者、舊保守主義者〔paleoconservatives〕和其他歡迎川普政治崛起之反動派分子所組成的鬆散聯盟集團）的共同特徵。另類右派人士認為，文化與種族存在著內在固有的關連，因此，當不同種族之間存在一定程度的區隔時，社會就運作得最好。有人是這樣形容「另類右派」運動的：「觀點激進、徹頭徹尾種族歧視以及反猶太主義的誹謗，而且通常以現代網路揶揄的、諷刺的口氣包裝起來。」一些由另類右派領袖寫出來

---

* Tone policing：一種批評別人表達情感方式的反辯論策略。「語調控制」會攻擊論述的語氣，而非訊息本身，從而減損語句的有效性。

的、自詡有知性內涵的宣言承認，該運動已經「挑釁成癮」，同時認為，「那些長期稱霸的落伍思想受到公開批判，那亂成一片和怒氣沖天的場面還真逗人」。[61]難怪那些淪為挑釁目標的人感受會很不同。另類右派將他們的怒火集中到線上騷擾那些「孬種」（另類右派分子口中那些認為另類右派違反現代保守主義價值的保守主義者）。[62]

意識型態光譜的兩端都提高了他們在推特和臉書等社交媒體中的有害特性。有人可能辯稱，他們吵的比較不是理念，而是「下流政治」（raw politics）裡的東西。然而，在外交政策方面，黨派內部同室操戈的衝突可以同樣有害。現實主義者傳統上一直處在政治光譜右側，他們的怨氣更多集中在新保守主義者而不是自由主義者身上。同樣，左派民主黨人對自由主義國際主義鷹派的怒意強過對保守派的怒意。[63]

不平等現象對線上互動的影響，還加劇了我們在前幾章所討論的對於超級知識巨星的恨意。例如，托馬斯·佛里曼帶動了專門以抨擊他為職志的小型產業。十多年前，馬特·泰比（Matt Taibbi）即已針對佛里曼的《世界是平的》撰寫出一篇極缺德的陰狠評論，稱這本書為「最下等、最無聊的中產階級糟粕」。從那以後，泰比經常嘲弄佛里曼的理念。[64]《沙龍》的亞歷克斯·帕雷內（Alex Pareene）每年都編出一份「三十大蹩腳寫手」的名單，其中臚列了他認為最不足取的三十位美國專家，而佛里曼總榜上有名。這兩個例子幾乎沒能就事論事剖析佛里曼所寫的評論文章。[65]甚至還有www.thomasfriedmanopedgenerator.com這麼一個網站，專門線上自動生成佛里曼式的文章。這些由電腦製作出來的東西其幾可亂真的程度實在匪夷所思。

大多數頂尖的知識分子都有自己的負面形象和一幫專門批評他的人。然而這些批評中有許多可能罵得過於難聽或是刻薄，但這不表示它們必然一無是處。但是，任何成為攻訐靶子的知識分子都更有可能在意批評者的心機，而非理解批評所反映的實質內涵。正如愛麗絲．格里高利（Alice Gregory）在《紐約時報書評》中談起年輕一輩的評論家時所說的，那種咄咄逼人的批判往往缺乏一層關鍵的理解：[66]

> 從某種意義上說，這種沒有包袱的情況能造就出最公正的批評。這種批評可以冷酷地、不帶私人情感地執行，受審視的作品幾乎可以被視為沒有作者介入的產物。但是，讓那些年輕的人寫出一些措辭驚人之讚美以及大膽粗魯之辯駁的境況是相同的，反正他們都無法真正看待一個事實：他們所面對的是他人耗費時間、精神與智力所產出的東西。

儘管貶損的話擺明就是為了傷人，但那其中也可能包含令人受用的知性批評。從心理上來講，知識分子比較容易忍受匿名攻擊，只要當下將這類攻擊歸於智識世界的巨魔，一笑置之就好。

任何成功的知識分子都可以不理睬存在於現代理念市場中刺耳嘈雜的意見。正如本章所表明的那樣，這些知識分子想忽略粗暴批判的動機是不難理解的。如能將社交媒體上的討厭鬼以及巨魔拋在腦後，那麼他們將能保持頭腦的清醒。但是抹除負面批評也會產生滑坡效應。一旦所有巨魔、損人高手、黨性頑強分子以及其他吵吵嚷嚷的人被踢開了，誰能接手批評？[67]當頂尖的知識分子繼續發表高見時，他們只會遇到逢迎的稱頌或輕易便可駁斥的批評。如果他們只聽得進去讚美，往往對自己的想法就會變得過於自信。現代理念市場可以運作，但它遠非完美。有抱負的知識分子有什麼辦法可以在現代理念市場中生存並蓬勃發展？有什麼辦法可以改善市場？這就是最後一章將要探討的內容。

結論

思想產業的《黑暗騎士》理論

改革專制統治我們可能力有未逮，
但始終保持知性上的自我節制卻不難辦到。
這就是為什麼發現自己被政治和思想腐敗
所包圍之哲學家的首要責任可能就是抽身。

馬克．利拉

理念市場的規模大於以往任何時代。如果它能稍微改善，那就太好了。理念市場可以為世界帶來很多好處，但這些並不是全然質純的東西。正如本書所希望證明的，二十一世紀的理念市場的確產生一些明顯的影響。對異類思想家而言，進入其中的門檻降低了。思想領袖比公共知識分子受益更多。超級巨星的獲利遠遠超過所有其他的人。總體看來，這些影響意味著，儘管知識分子的人數眾多，但是某些思想領袖發揮的影響過大，而在功能完善的市場中，情況不應該是這樣的。

如前幾章所述，公共知識分子仍然可以作為思想領袖重要的牽制力量。但是，對權威信任的削弱、政治兩極分化的加劇以及經濟不平等的惡化等因素，也減低了公共知識分子向其他觀點講真話的能力。服從權威人士主張的這條捷徑不再像以前那樣好走，因為大家對所有形式之權威的信任都下降了。自由主義思想領袖可以僅僅因為黨派關係而對保守派的公共知識分子嗤之以鼻，反之亦然。藉著大手筆的資助，巨富階級可以確保對上自己胃口的思想領袖不會褪色。公共知識分子想在公共領域裡爭取別人認同自己的批評時，這每一個因素都會造成妨礙。

知識分子寶貴的辯論顯然仍在現代理念市場中進行。本書依序詳細介紹了薩克斯與伊斯特利關於經濟發展的辯論、各界反對尼古拉斯．克里斯多夫關於學院遭邊緣化的主張、姬兒．黎波爾和克萊頓．克里斯汀生之間關於破壞性創新的鬥爭，以及尼爾．弗格森與其批評者之間的衝突。若與以前的時代相比，現在進入理念市場的門檻要低很多。這使更多的人能夠在有關公共政策和外交政策的辯論中提出比以往更多的想法。儘管如此，知識界食物鏈頂端的攪動卻低於你我的預期。前文提到的所有那些最有影響力的外交政策思想家在檯面上發揮影響力的時間已經相當長了。破壞性創新對理念市場本身的影響不大。

造成的結果便是一個運作得不完善的理念市場。超級巨星級的思想領袖應付得比超級巨星級的公共知識分子要好。破壞性創新等流行理念的沒落和金融市場資產泡沫的下場一樣。這種理念太快吸引了過多不具批判能力的關注，然後在知識界嚴重肆虐一番之後被打倒了。現代理念市場使思想領袖忽略公共知識分子，等到想要改變，為時已晚。線上世界激勵批評者成為網路巨魔，令他們的言語更加刺人。巨魔戰術短期之內可能奏效，但從長遠看，這種行為只會誘使知識界的超級巨星更不理睬外界的負面反饋。

這裡總結一下：事情並不比過去更糟糕，只是其缺陷的性質不同以往。

情況會不會有所改善？大家若能齊心協力提高論述水準，這樣能否出現新的氣象？在一個有缺陷的體制中，知識分子應該如何安身立命？可以肯定的是，能使理念市場運作得更良好的結構轉變以及體制改革確實存在。另一股理念市場變革的動力可能來自成功的知識分子從內部進行調節的能力。但是《新共和》最近的動盪表明，個人想改變事物的努力是有限的，即使那人是非常有錢的資助者也一樣。

無論我們如何劃定理念市場的界限，《新共和》雜誌必然穩當地位於其內。根據其共同創辦人赫伯特・克勞利（Herbert Croly）的說法，從一九一四年創刊以來，該雜誌的宗旨始終是「為美國的輿論界帶進一些理想以及觀點。如果這些理想和觀點已是被接受的事實，我們也沒有必要撰寫本文。我們嘗試的便是讓盲目或者不情願的人接受一些看法。」[1]《新共和》發表了上世紀一些最偉大知識分子的理念，例如約翰・杜威、沃爾特・利普曼、路易・梅南（Louis Menand）、漢斯・摩根索（Hans Morgenthau）、雷茵霍爾德・尼布爾（Reinhold Niebuhr）、瑪莎・納思邦（Martha Nussbaum）、喬治・歐威爾、伯特蘭・羅素（Bertrand Russell）、安德魯・

沙利文（Andrew Sullivan）、麥可・瓦爾澤（Michael Walzer）和瑞貝卡・韋斯特（Rebecca West）都曾在該雜誌發表文章。該雜誌也是其編輯人員的重要跳板。經過一段時間的磨練後，TNR最出色的人可能轉換跑道，繼續為提升《紐約客》、《哈潑》、《評論》、《大西洋》、《紐約時報書評》、《紐約時報》和《華盛頓郵報》等刊物的知性水準而奉獻。它是印刷刊物中最穩健以及歷時最長的文化批評園地。

在描述《新共和》對思想界的貢獻之餘，也應交代它的眾多缺陷。它在一九三〇年代過於迷戀史達林主義的經濟學，並在一九五〇年代陷入蘇聯的間諜圈。隨著該雜誌在一九八〇年代恢復了學術的活力，它還發表對於美國種族的一些編狹看法。[2]《新共和》在最近幾十年間主張採取強勢的干預主義外交政策，這使一些人興奮不已，但也激怒另一些人。然而，即使是像塔－奈西希・科特斯這樣猛烈批評《新共和》的人也承認該雜誌在知識傳承上的軸心地位。[3]沒有人會指責它沒能認真地對待理念。《新共和》面臨的問題在於，它雖然是知識界的驅動力，但更是一個無利可圖的機構。《新共和》的前任編輯漢德里克・何茲伯格（Hendrik Hertzberg）解釋道：「《新共和》的經營只遵循一種商業模式：始終有個偏執的富翁願意支付收入和支出間的差額。」[4]此一贊助傳統始於韋拉爾・斯崔特（Willard Straight），然後歷經像馬提・佩雷茲（Marty Peretz）以及一些願意為該雜誌在非盈利之重大成就方面提供資金的古怪富翁，而這些人通常藉此爭取該雜誌在政治、文學和學術界所能享有的盛名。然而，損失會越積越多，導致《新共和》的業主被迫求助於下一個慷慨的贊助者。[5]

臉書的共同創辦人克里斯・休斯（Chris Hughes）在二〇一二年收購《新共和》時，最新的資助者似乎有著落了。儘管休斯具有賺進好幾億的本事，但是打從一開始他就明確表示，自己不想將《新共和》知識文化的角色轉變成類似於科技新創公司的東西。購買《新共和》後不久，休斯告訴《紐約時報》，他對招募社交媒體明星不感興趣，只對保留該雜誌的一流作家感興趣，以「確保《新共和》不是一個他們努力付出十年後就得走人的地方」。[6]《紐約》裡的一篇人物側寫指出：「休斯想要出品有思想的人該讀的東西，而不是急就章粗製大多數人喜歡的東西。」[7]他在二〇一三年的一次受訪中指出：「我們不是矽谷的下一個大趨勢」，並發誓道：「《新共和》不會在短期內進行首次的公開募股。」[8]休斯收購《新共和》後，該雜誌的文學編輯萊昂・維瑟爾蒂埃（Leon Wieseltier）同樣向媒體誇口：「我敢自信地說，我們不會一味求快或是迷失方向，把目標模糊掉。我們正在恢復往日的標準。」[9]

在休斯主理的頭幾年，《新共和》對其網站進行了更新，再度聘用著名的編輯富蘭克林・富爾（Franklin Foer）來經營該雜誌，同時網羅許多優秀的作家來加強其工作人員的陣容。[10]《新共和》出品了一些上乘的報導和評論，這些作品引發了各界對於中東和平進程、俄國政治、科技烏托邦主義和政治貪腐等議題的廣泛討論。[11]《新共和》在富爾的主持下多次獲得「國家雜誌獎」的決選入圍資格。有位曾在《新共和》工作過的人稱讚休斯是「二十一世紀的沃爾特・利普曼」。[12]二〇一四年秋天，該雜誌舉辦一場眾星雲集的晚會以慶祝一百歲的生日。

儘管如此，《新共和》賺不了錢的問題仍然存在。的確，根據休斯所言，在他入主該雜誌的頭兩年裡，虧損是以驚人的速度惡化的。[13]他向雜誌投入了大量資金，而且花在做報導的錢遠遠多於花在重新設計辦公室空間以及公關的錢。[14]這種支出令《新共和》快守不住底線了。

就這一點而言，在過去的週期中，《新共和》的東家都會開始尋覓新的資助者。然而，休斯卻改採了不同的路線。他聘請了「雅虎新聞」（Yahoo News）的前總經理蓋伊．維德拉（Guy Vidra）來改變現狀。休斯在宣布聘用維德拉的新聞稿中稱讚對方富有企業家的精神，並解釋道：「過去這兩年我學到的一件事是，如要維持並強化一個優秀機構的水準，就必須改變它。」在同一份新聞稿中，休斯還宣布創立「新共和基金」這一新的投資工具，以便為處於早期階段的科技公司提供資金。[15]他隨後在一次受訪的場合中解釋道：「在蓋伊加入公司後，我們正在努力為『數位故事創作』*的新型態……創造支點。」[16]

根據許多報導，維德拉引進了很多有關顛覆和思想領導力的論述。《紐約客》的瑞安．里札（Ryan Lizza）披露了維德拉與《新共和》員工之間第一次重大會談最可靠的描述：[17]

> 〔維德拉〕提出了一系列的聲明，目的在論述得以使該雜誌轉虧為盈的方法，然而聽在幾位編輯的耳裡，那不過只是陳詞濫調以及科技行話的雜亂累疊罷了。他說：「我們將成為一家擁有百年歷史的新創公司。」該雜誌需要「從新陳代謝的觀點自我調整」，為「內容和產品設計創造神奇的經驗」，同時「在創新和實驗的過程中無所畏懼」，並且「抽換組織的某些基因」。他說很想建立「年度評鑑機制」，並實現「專注於創新、試驗和跨功能之合作

的文化變革」，還要編輯、作家和業務部門「在我們相聚的場合中更有效率地互相交流」，以便「將我們導入下一個階段」……

維德拉結束論述前所說的那幾句話足以讓《新共和》的作家和編輯以嘲弄的語氣轉述了好幾個禮拜。維德拉說：「執行長有兩種類型：承平時期的和戰爭時期的。現在正是戰爭時期，我這說法絕非過度誇大。這意味我們需要改變很多事情。我們只需打破常規、清掉狗屎。容我再說一次，打破常規、清掉狗屎，還要欣然接受偶爾出現的不適。這是一個恐怖經驗，實行起來絕對教你膽戰心驚。但這也很有趣，站起來靠著牆，把牆推倒吧。」

儘管當時《新共和》的員工對維德拉的術語感到疑惑不解，但本書的讀者現在對此應該不陌生了。他採用的是破壞性創新的論述，也就是主張該雜誌應該朝思想領袖的方向發展，而不是留在《新共和》鼎盛時期的公共知識分子傳統裡。

維德拉和富爾之間持續不斷的失和關係，最終導致休斯開始暗地裡找人來取代後者。風聲走漏之後，富爾便辭職了，而維瑟爾蒂埃也跟著求去，這在《新共和》其餘的員工間引發的動盪可

---

* Digital storytelling：又稱數位故事創作、數位自述故事，承自美國北加州舊金山灣區「數位故事創作中心」，是一種結合人類說故事的傳統，將自己的人生經驗、想法和感受，以數位媒體形式傳播的故事敘述。數位說故事是傳統「說書、說故事」的現代表現方式。

謂不小。維德拉宣布該雜誌的年度出版量將減少一半，而且《新共和》這品牌也將更名，成為「一家垂直整合的數位媒體公司」。[18]在隨後的媒體風暴中，列在出版資訊欄中的編輯已有三十多位辭職了。

在那次人員大量出走之後，《新共和》的新編輯寫道：「《新共和》的任何一位新編輯應該如何自己尊重這份雜誌機構的精神呢？那就是首先要認清，它最重要的特徵便是不斷創新的習慣。」[19]休斯為自己的行為辯護時解釋道：「我買下《新共和》的用意不在擔任一份小型紙本雜誌的保管人。」[20]幾個月後，該雜誌聘用了新的「盈收主管」，負責「建立一個有品牌內容、能為廣告客戶製造故事的企業」。[21]有位新聘的資深編輯把加入《新共和》工作團隊的引人之處形容為「成為一家百年新創公司的一分子」。這正好呼應了維德拉的口頭禪。《新共和》再次進行了改版設計，網站也更新了，並且喊出新的信條。新的《新共和》將成為「一個以任務為導向的媒體組織」，該組織「為當今最重大的問題提倡新穎的解決方案」。[22]這種精神與管理諮詢公司的精神究竟有何不同？我們目前還看不清楚。

《新共和》蛻變成一個提供更多可預見的、自由主義色彩明顯的分析管道。新的《新共和》主要聚焦在種族和性別認同的議題，而較少關注世界政治。它在這個最拿手的領域中，出版了一些預設議題的學術論文。[23]富爾向我表示，此舉可使《新共和》在一個「爭取受眾之軍備競賽」的世界中，得以更清晰地塑造自己的品牌，同時呼應其他雜誌編輯「競爭越演越烈」的說法。[24]但最大的問題是，受眾也越來越不感興趣。那次人員大量求去之後，網站流量立即下降百分之五十以上，而在隨後一年中也恢復得相當有限。[25]二〇一六年一月，休斯決定出售該雜誌，並且承認：「在當今這瞬息萬變的時代中，我低估了將舊傳統機構轉變為數位媒體公司的難度。」[26]六個星期後，它宣布將《新共和》賣給了溫．麥科馬克（Win McCormack）。在休斯（Hughes）的領導下，《新共和》是被徹底顛覆了，但創新並未帶來任何益處。

《新共和》的變革對理念市場產生什麼影響呢？情況尚難評估。以前曾經為《新共和》效命的人共同簽署了一份請願書，並且對該雜誌寫下悼詞，哀嘆休斯褻瀆了《新共和》百年歷史的知性招牌。[27]保守派遺憾《新共和》那批評自由主義教條的意願已一去不復返了。前東家馬蒂．佩雷茲也從半退隱的狀態中跳出來，抨擊休斯不認真對待思想。[28]維瑟爾蒂埃投書《紐約時報書評》，指責休斯及其同僚是「後人類主義者」（posthumanists），說他們「否認『人類施為』*的重要性，甚至否認它的正統性」。

但是，許多出面抗議《新共和》的前員工都堅決主張，該雜誌應被視為公共信託而非企業。不過他們並沒有提出解決《新共和》財務惡化狀況的可行建議。與該雜誌沒有私下交情的作家所提出的觀點則較風涼。例如，聲音傳媒聯合創始人艾茲拉．克萊恩指出，這個問題並非《新共和》獨有的：總體而言，諸如《新共和》、《美國前景》和《華盛頓月刊》等政策雜誌「不再是華盛頓政策對話的核心。對話如今轉移到了線上，內容也已超出了他們頁面的範圍」。[29]取而

* Human agency：指人類進行選擇和以選擇來影響世界的能力，通常與「自然力」相對。

代之的包括BuzzFeed和五三八等新的網站以及「邊緣革命」（Marginal Revolution）和「結局」（Upshot）等部落格，或賈梅勒・布伊（Jamelle Bouie）、梅甘・麥克阿德勒（Megan McArdle）或拉美緒・彭努如（Ramesh Ponnuru）等個別的專欄作家。與富爾和維瑟爾蒂埃一起離開《新共和》的人也在其他地方找到了理想的工作。

如果說《新共和》的故事並非像某些人所主張的那樣，是知識分子窮途末路的象徵，那麼它至少代表二十一世紀思想產業的發展趨勢。一個多世紀以來，該雜誌一直是傳統知識分子的堡壘。在《新共和》的創刊號中，瑞貝卡・韋斯特提到了「嚴厲批評的責任」，這正是《新共和》往後的一百年間滿懷熱情所履行的責任。[30]《新共和》長期以來的相對優勢是其剖析和質疑那些被人廣泛接受而固化成傳統智慧的觀念，亦即彌爾所說的「死教條」（dead dogma）。《新共和》甚至在拼命爭取思想領袖地位的過程中，被迫放棄其作為公共知識分子喉舌的身分。這個故事闡明了理念市場面臨嚴重動盪的程度。目前，《新共和》幾乎不是唯一承受這種壓力的媒體[31]。

《新共和》的傳奇故事為理念市場提供了一些催人清醒的教訓。首先，富豪階級可能會在理念市場上發揮更大的影響力，但也只有在願意承擔財務損失的前提下，這種影響力才存在。其次，試圖改變具有深厚知識文化傳統的實體，將引起嚴重摩擦甚至可能導致失敗。第三，即使顛覆了理念市場數一數二歷史悠久的出版物，也不會從根本上影響現代的理念市場。

那麼，該如何改善現代的理念市場呢？知識分子該如何在理念市場中生存和發展呢？

寫這樣一本書的危險是陷入懷舊觀點（也就是認為一切今非昔比）的陷阱。希望我已經清楚證明了現代理念市場所具有的明顯優勢。但是我也不想宣稱今日一切強過昨日。以前，理念市場較受人嬌寵，而且雖受一些限制，卻能對真正分歧的意見兼容並蓄。有時，歷經辯論之後，確實有人會改變自己的觀念立場。在現代的理念市場中，TED的演講雖已舉辦了一千場，但是每場結束都沒有討論，演講者似乎也沒有習慣相互傾聽，而聽眾也只選擇性地參加其中幾場。

在思考如何使現代理念市場運作得更好的問題上，我們可以列出三個重要的指導原則。首先，我們不能也不應設法回到過去。現代理念市場的某些面向是不可逆的，比方媒體平台的大幅成長是無法改變的事實。更重要的是，儘管理念市場有種種缺陷，但也有其顯著優點。過去那個權威人士高高在上、罕有兩極分化、不平等現象也比較少的世界聽起來似乎不錯，但在知識的層面上似乎也較平淡。假設理念市場可將權力交回守門人的手裡，那就會使思想領袖無法施展。如今所需要的是不同風格知識分子間的平衡關係，而非一個由公共知識分子主導的世界。

第二條準則是，在未來十年中，一些塑造現代理念市場的驅動力很可能會自我翻轉。對權威的信任度在幾年前創下歷史新低後，如今又稍有回升了。至少，很難看到不信任感再有上升的趨勢。也有一些新出現的證據表明，政治兩極分化的現象可能正在減弱。[32]川普的崛起表明，保守派的正統路線將在共和黨內部面臨嚴重的問題。現在似乎還難遽下定論，但是黨派的對峙情況不可能一直都這麼明顯。就像歷史上一些「信條激情」（creedal passions）發作的浪潮一樣，終將隨著時間的流逝而消退。[33]何況，有些富裕的捐助者可能決定投入資金來改善真正的公共知識分子的處境。已有證據表明，以學習為動機而捐助理念市場的人正在減少。一些慈善資本家放棄了立即影響政治變革的努力，轉而投資於更傳統的區塊，以資助大學和智庫中的知識分子。其他人則開始資助傳統的公共知識分子，以求抵銷思想領袖的勢力。[34]如果上述力量中的每一種都減弱了，那麼對理念的需求將維持在一定的高度，而這對於思想領袖而言就不那麼有利了。

可以導正現代理念市場弊端最有影響力的行為者還是傳統的非營利部門。大學和智庫都需要加倍努力來獲取來自外部的捐贈。捐贈的收入是兩類組織賴以確保知性自主的最佳方式。這也使這些機構減少了對痴迷於「影響力」之慈善資本家的仰賴。

大學和智庫也需要努力恢復其機構的聲譽。懷疑論者可能辯稱，他們的威望一旦降低了就永遠不可能恢復，但是我親眼見證的事實並非如此。在過去的兩年中，我加入了弗萊徹學院（Fletcher School）的團隊。該團隊獲得了卡內基公司的捐款，專注於縮小學院與政策之間的差距。為了善用這筆贈款，弗萊徹學院組建了一個跨學科的學者小組，重點研究政治正統性與決策者之間的關係。從那次經歷中我獲得的最重要啟發是：整個團隊所發揮的力量大於個別成員私下力量的總和。每個參與其中的學者在自己的學術領域中都享有很高的聲譽。然而，一旦相互結合起來，學術界和政策界的受眾似乎就對弗萊徹學院的統合能力留下極深的印象。正如我的公共政策學校能夠利用其聲譽來發揮更大的影響力那樣，戰略與國際研究中心、喬治城大學、布魯金斯學會、傳統基金會等也應該辦得到。具有強勢大學和智庫的理念市場將成為賦予傳統公共知識分子更大力量的市場。如果慈善基金會能不要那麼強調即時影響，轉而關注長期投資，那麼它們也可能助長這一趨勢。保守的慈善事業最近幾十年之所以能取得更大的成就，恰恰是因為他們在給予捐助的時候表現更多耐心。[35]

還可以採取一些小小步驟來確保外交政策界中能聽見更多批評的聲音。近年來，人們齊心協力，開展了更具包容性的外交政策對話（亦即不僅僅由白種人主導的對話）。大量研究表明，男性占據了那些最受矚目的發表管道。二〇一一年的一項研究發現，《華爾街日報》的專欄文章出自女性之手的比例不到百分之二十，而在《紐約時報》的專欄文章中，此一比例也僅為百分之二十三。二〇一四年，智庫所有的主講人中只有不到四分之一是女性。同年，在所有星期天上午的脫口秀節目中，只有不到四分之一的受邀人是女性。[36]諸如「專欄計畫」（Op-Ed Project）和「外交政策中斷」（**Foreign Policy Interrupted**）這樣的組織便是成立來宣傳和解決這些失衡問題的。

乍看之下，改善理念市場中種族和性別多樣性的問題似乎與本書所討論的內容沾不上邊。誰也無法保證種族或性別的多樣性可以促進更健全的知性辯論（當僅僅基於身分認同的論點勝於基於其他理論和證據的論點時尤其如此）。不過，擴大外交政策研討會的範圍是提供更多觀點的一種可行方式。如先不管別的因素，多樣性的提升將成為對超級巨星勢力的有效制衡。只要在各種知性對話的場合中導入更多不同的聲音，就可以促進更加公平的競爭。

如果結構性的因素澈底扭轉，或者大型組織進行自我改造，那將只是碰巧如此。然而，基於社會科學家的明顯背景，我實在很難認為這種現象會自然發生。這些改變需要時間。在那之前，我擔心未來會發生如下的事：現代理念市場的缺陷會抵銷一切好處。在本世紀這短短的一、二十年中，美國兩場最扣人心弦的政策災難首推二〇〇三年的伊拉克戰爭以及對於次貸危機的過慢反應。在這兩種情況下，都有批評家直指霸權理念為政策制定者下指導棋的問題。但是，在每個例子中，這些批評家都被邊緣化為怪胎或是極端主義者。在一個最佳的理念市場中，當一個機構面對更好的論據以及證據時，其主事者倡導的觀念如果有缺陷，那麼他就應該被迫重新考慮自己的原則。

讓我來為這個聽起來天真的建議下個結論。理念市場如欲產生變革，那麼成功的知識分子本身就必須更加了解自己所專注從事的領域。外交政策界應該從內部抵制理念市場那種不理睬建設性批評的態度。在外部檢驗能力薄弱的情況下，內部檢驗能力的重要性於是更顯突出。可以鼓勵有責任心的知識分子積極聽取別人對其著作的明智批判（如果讀它的是有錢有勢的人更應如此）。

要求知識分子自我制約，這聽起來好像強人所難，好像要求貓不要去捉老鼠似的。就定義而言，思想領袖本質上就不相信自己有犯錯的可能。期望這些人主動聽取批判性的反饋可能要求太多。而且，傑出的公共知識分子（尤其是一流大學、智庫或諮詢公司中的那一些）並不都是最謙虛的人。正如尼爾．弗格森告訴我的：「在知識分子的生活中，沒有人會宣布破產。」[37]

儘管如此，若要說知識分子最擅長什麼事，那就是他們認為自己具有自我意識。要求政客遂行政治意志但是放棄短效激勵措施，那就等於要求政客不要從政。要求知識分子放棄唾手可得的物質利益同樣沒那麼簡單。他們和其他中產階級分子一樣，也有房貸和學貸要付。也就是說，只須強調理念市場的動能即可幫助成功的知識分子（包括最具自信心的思想領袖）認清，如果不理會批評的反饋，那麼他們將招致什麼樣的長期風險。

正如理察．霍夫士達特指出的：「知識分子的宿命要麼是痛陳自己被排除在財富、成功和聲譽之外，要麼是當自己克服這種排除時又被罪惡感所征服。」[38]雖說物質回報可以敗壞一般的知識分子，但是內在的恐懼和罪惡感常可抵銷這種誘惑。隨著功成名就而來的罪惡感可以善加利用，並被導向自我約束。對失敗的恐懼也是理念市場中一股強大的驅動力。知識分子很少破產，但他們確實很在意自己在啄食次序中的位置。正如本書所證明的，的確經常會有外交和公共政策的思想家失去光環，情況就和資產泡沫破滅沒有兩樣。外交政策知識分子希望自己避免淪為可悲故事的主角，淪為資深智庫成員告誡研究助理的實例。

然而，如要形成這種自我認知，成功的知識分子須改掉一些不良習慣。這點說來容易、做起來難。理念市場的擴大也提高了在這種環境下蓬勃發展的人的酬勞。隨著個人在知識食物鏈上位階的升高，誘惑和酬勞也隨之增加。身為一名成功的思想領袖，其生活顯然十分忙碌，但是個人和經濟上的回報也很可觀。

早在克里斯多夫．諾蘭（Christopher Nolan）的《黑暗騎士》（*The Dark Knight*）中，那位具有超凡魅力的地方檢察官哈維．丹特（Harvey Dent）即告訴和他一起吃晚餐的同伴：「要麼你以英雄身分死去，要麼活得夠久，久到看見自己淪為狗熊。」這句話除了為丹特這角色的發展提供鋪陳預告之外，稍加修改之後還適用於理念市場中知識分子的身上：「要麼你沒沒無聞死去，要麼活得夠久，久到你變成自己原本厭惡之理念市場的那個樣子。」

本人有幸避免（至少截至目前為止）籍籍無名死去，我可為這一歷程提供一些見證。從我踏入職場開始，我就立志將自己的研究成果與學者和一般公眾分享。在我早期發表的一篇論文中寫道：[39]

社會科學家的一個有用功能〔便是扮演〕評論家的角色。政治家在政治上為了應急或權宜，會有動機運用不可靠的理論。學者基於嚴格的理論和經驗對理論進行檢驗，以濾除也許在情感上引人入勝但卻是錯誤的論點。這對決策者很有用，因為這能告訴他們應該忽略哪些理論，應該進一步關注哪些理論。學術界的批評可以大有作為。

隨著職業生涯向前發展，我繼續在具同儕審稿制度的期刊上發表論文，但我也開始為更廣泛的公眾寫作。我在二〇〇二年九月開設一個部落格，也同時為《紐約時報》和《外交事務》以及具同儕審稿制度的政治科學期刊撰稿。在面對更廣泛的受眾群體時，我會處理一些比較通俗的主題。我的一個心願是，批評更多傑出公共知識分子對世界政治的錯誤比喻。這個主題也反覆出現在我的學術著作中。[40]

政治經濟專家和外交政策專家在反週期波動的領域中工作。世局看上去越糟糕時，對這類專家的需求就越大。因此，其他人眼中乏善可陳的十年於我而言卻是一片榮景。我的學術生活相當平順：我已晉升為正教授，獲得一些享有聲望的獎助金和研究金，發表大量具同儕審稿制度的期刊論文，並且受邀擔任許多期刊編輯委員會的成員。作為公共知識分子，我的生活過得甚至更好：我那些塗塗寫寫的東西也找到更大的發表管道。外國政府邀請我向他們的官員講課，偶爾我也向美國政府提供諮詢服務。我寫的一本關於國際關係理論的教科書曾被廣泛指定為教材。大學的管理階層希望校內教授在經濟緊縮的時代發揮「影響」。我在這一些指標上得分不錯。謝天謝地，此刻我正有幸住在義大利貝拉吉奧（Bellagio）洛克菲勒基金會的別墅裡校對本段文字。

有件事再清楚不過了：我與法理德．札卡利亞或克萊頓．克里斯汀生或尼爾．弗格森的層級相去甚遠。不過，隨著我自己職涯的發展，我也喜歡偶爾享受大多數超級巨星知識分子的待遇。我發表酬勞五位數的演講。我可以與他們當中的佼佼者一起談論飛行常客里程獎勵計畫。如有機會，我可以在充滿異國情調的地方參加奢華的會議，或是在機場商務艙休息室吃吃東西。我最美好的回憶肯定是參加一次在葡萄牙舉行的會議，因為那次我得以帶著妻子同行。這點意義非凡，因為她通常無法陪我這樣出差。我們抵達里斯本機場後，會議的許多工作人員都來迎接我們。他們迅速送我們去坐一輛黑色的休旅車，並讓我們入住卡斯凱什的一家豪華飯店。該飯店靠近一間賭場，那正是激發伊恩．弗萊明（Ian Fleming）寫出《皇家賭場》（*Casino Royale*）之靈感的地方。小鎮上矗立一面巨大的廣告看板，上面可以看到所有與會者的照片，其中包括法蘭西斯．福山、努里爾．魯比尼（Nouriel Roubini）和我自己。[41]當我妻子在小鎮廣場附近看到我那十英呎的巨幅照片時，她轉頭對我說：「好吧，總算見識到了。」

在《BOBO族：新社會精英的崛起》一書中，大衛・布魯克斯完美抓住了像TED演講會、迪奇利公園周末（Ditchley Park weekends）、薩爾茲堡研討會和世界經濟論壇這種「半專業、半社交機構」的生態。在這類場合中，成功人士與影響力人士得以相互交流知識[42]。我還稱不上品牌，也沒有去過達沃斯參加世界經濟論壇，但也許我在理念市場上還算占個中上階層的地位。與在矽谷或華爾街能取得的報酬相比，在理念市場發跡所獲得的物質回報根本是小巫見大巫。但是，對於那些選擇過知性生活的個人而言，其收益已經比他們期望的要多得多。賺的錢可以付房貸，可以送孩子上大學，可以過上優渥的生活。然而，無論是對於個人還是對理念市場而言，成功和知名度對知識分子的影響都是個問題。

在現代創意產業中，除非你吸引住一票評論家，否則不算真正的成功。在上一章中，我提到了一些自己在「政治科學謠言」網站中不太像樣的粉絲。其他人則在社交媒體上折磨我，灌爆我在《華盛頓郵報》的評論板或是寄給我教人看了發火的電子郵件。[43]這些批評者當中有些人是被動攻擊型人格，但許多人單純是攻擊型人格。有一次我在有線電視新聞接受採訪後，某些陰謀論者便咬住我的一句話斷章取義，暗指我已經透露了歐巴馬總統與伊斯蘭國結盟的證據。[44]保守派的「華盛頓自由燈塔」（Washington Free Beacon）新聞網站聲稱我替否認大屠殺的人說好話。[45]左派作家有人指責我對美國外交政策表達立場是出於「投機心態」。[46]

這些指責倒沒有哪一個特別教人頭疼，因為那些都是罵罵就算，沒有下文。有些知識分子因為自己身分特殊或是曾說過什麼而不斷遭受騷擾，與之相比，我所受的指責就顯得無關緊要。然而，它們會令心靈長出一層厚繭。這雖然讓我更加容易發表意見和撰寫文章，但也意味我對外界批評的重視程度不如我應該有的那樣多。大衛．布魯克斯曾警告過：「中年成名的悲哀是，當一個人已敏銳意識到自己的平庸時，竟反而能引起最大關注。」[47] 然而，還有比這更糟糕的：獲得外界關注，卻渾然不知自己的缺陷。參與公共領域所需要的那層心靈厚繭，使得上述結果更有可能發生。

而且，有時我自己的批判能力也減弱了。我仍批評其他外交事務界的專家，但也許沒有以前那麼頻繁了。這可能是因為我越來越清楚，要經常拿出有創見的論證是多麼困難的事。但是這可能單純出於人性的弱點。我發現很難公開批評自己認識的作者。[48] 我希望在寫書評的時候兼顧嚴格以及公平，但我不敢確定，如果親身見過這些作者，自己是否還能堅持這種立場。身為知識分子，如果你越成功，遇到的人也就越多。

隨著事業的開展，我已經體驗到更大的知識成就所帶來的好處，然而這種影響坦白說也嚇到我了。我的知性風格不斷發展，然而並不總是往好的方向走。成功帶來自信，自信難免伴隨一點驕傲。以前我答應人家撰寫的文章現在回想起來其實本應拒絕，因為我沒有足夠的時間或是專業知識來讓自己不辱使命。我寫得越多、演講得越多，讀東西的時間就隨之變少了。除了在研討會上聽別人發表看法之外，我越來越難補充自己的知識資本。我越頻繁搭乘國際航班的商務艙，我對每日面臨的各種義務就越沒耐性承擔。

在「政治科學謠言」對我的各種批評中，我自己最喜歡的一則是：「百分之九十九說到他著作的人都叫他混蛋。」這很好玩，有點誇大其詞，但是有的時候我還真擔心PSR的批評者果然挑出實在的毛病。我有一次正好讀到亞倫・詹姆斯（Aaron James）對「自命不凡的混蛋」（smug asshole）這說法的哲學定義：「自認別人低他一等……自認別人應該很期待他的表現會比他們更好。」[49]難怪詹姆斯會舉拉里・薩默斯和伯納德・亨利—勒維（Bernard Henri-Lévy）這類知識分子作為該說法的最佳範例。

理念市場如果想要更加理想，對於職涯的觀念則必須改變。成功的知識分子有必要承認謬誤。犯錯的可能性肯定是存在的。學生接觸到的首要做學問原則是，整個社會科學專業都以「挑錯」這件事為軸心開展。[50]藉著證明現有觀點的錯誤，我們才能進一步理解，我們的理念能解釋什麼以及不能解釋什麼。

知識分子的問題在於，他們總是急於證明別人是錯誤的，不過這完全是人之常情。正如凱瑟琳・舒爾茨（Kathryn Schulz）在《犯錯》（*Being Wrong*）一書中所言：「認為自己站在對的一邊，那種快意是難以抗拒的、普遍的，而且（也許是最奇怪的）幾乎完全沒有鑑別力……賭對正確的外交政策比賭對跑得最快的賽馬更為重要，但不管是哪種情況我們都會沾沾自喜。」[51]

同時，即時寫作（社交媒體以及部落格文章等）的增加也有其積極的一面。身為一個已有十多年經驗的部落格主，我犯了很多錯，有時甚至犯了大錯，比方二〇〇三年支持政府入侵伊拉克的決定。我對自己犯錯的感覺變得更加自在。我當然不想犯錯。但是，如果我在推特或是部落格上發表了一個欠成熟的假設，結果證明我是錯的，那麼我會對自己為何犯錯更感興趣。那種經驗上和理論上的亡羊補牢，似乎比加碼堅持自己最初的觀點更有價值。我最初誤以為二〇〇八年的金融危機將破壞自由主義的國際經濟秩序。後來我寫出了《體系行得通》（*The System Worked*）一書，以探究為何早先認定的情況並未發生。年輕一代的知識分子在網路的耳濡目染中長大，對於社交媒體辯論的你來我往更加自在，他們可能會有類似感受。

我的故事可以藉由兩種方式收尾。第一種是我成為了反面角色。成功的知識分子無論是思想領袖還是公共知識分子，都有能力成為大聯盟級的混蛋。如果我成為品牌了，那麼一切都會變得比較容易，輕鬆發表、輕鬆演講、輕鬆經營人脈、輕鬆送孩子讀名牌大學、輕鬆忽略學生、同事以及朋友。直到後來我所說的或是我所寫的已糟糕到終於有人挺身而出揭露我的缺點，從而開始他自己的知識分子生涯。這種事曾發生在比我更聰明、更會說話、更有才華的知識分子身上。本書中討論過的許多人都經歷了這種情況。在現代的理念市場中，將有許多知識分子自覺或不自覺地走上這條路。

我的故事可能的第二種收尾方式是哈維・丹特從未想到的選項：永續性。如果我相信自己在本書中所提出的論點是正確的，那麼我有必要少寫一些東西，多讀一點，多想一點。永續性的知識分子必須更常自我反省。他們主動傾聽並設法理解別人對自己的批判，但又不至於因此覺得綁手綁腳。他們學會平衡知識事業應該兼有的玩興和虔誠這兩種推動力。若從短期來看，這是一條不那麼光輝燦爛的道路。然而，隨著越來越多的學者、智庫成員和私營部門的分析員了解到理念市場的現狀，他們可能更傾向於選擇長期的永續性，而非短期的超級明星身分。這種選擇將使他們自己的職業生涯和理念市場都能更普遍地受益。

為了滿足急迫情況而犧牲掉重要的事，絕非只有決策者才會面臨這種誘惑。它也潛藏在雄心勃勃的知識分子內心裡。

我不確定自己的故事終究會以哪種方式結束。但我已經拿定主意。

致謝

這是一本寫作進度頗快、過程頗傷腦筋的書。進度之所以快，那是因為我很快了解到自己思考理念市場核心主題的時間已有十多年了。本書包含的論點、證據和軼事都來自於我在現代理念市場中探索二十多年的經驗。說寫作過程頗傷腦筋，那是因為在初稿寫到一半的階段時，我意識到這不過只是一本講國際關係的書。儘管本書的主題一直是外交政策的理念市場，但是其中提出的論點實際上是關於美國政治的變化。就像傳統的公共知識分子那樣，我的論點會與我主要的專業知識有點距離。

這個新天地讓我比平常更感謝許多在本書撰寫過程中幫助過我的人。首先，我必須感謝牛津大學出版社的大衛・麥克・布萊德（David McBride）和尼科・芬德（Niko Pfund），因為當我提出的寫作計畫尚欠成熟時，他們早早就給我鼓勵以及熱情支持。

撰寫本書的過程中，我一直受益於許多機構的大力支持。在弗萊徹學院裡，行政長詹姆斯・斯塔夫里迪斯（James Stavridis）以及學術長史蒂文・布洛克（Steven Block）為我創造了一個可以思考知識事務之充滿活力的空間。我也感謝弗萊徹的同事澤內埔・布魯特吉（Zeynep Bulutgil）、南希・希特—魯賓（Nancy Hite-Rubin）、凱利・席姆斯・賈拉格（Kelly Sims Gallagher）、蘇爾曼・坎（Sulmaan Khan）、巴斯卡・查克拉佛爾提（Bhaskar Chakravorti）和傑特・努德森（Jette Knudsen）的反饋和高見。拉潔兒・布朗（Rachel Brown）、寶來特・佛爾金斯（Paulette Folkins）、麥格・格利福（Meg Guliford）、亞隆・梅拉斯（Aaron Melaas）、埃斯特法尼亞・馬爾昌（Estefania Marchan）和莫哈拿德・阿勒—蘇威丹（Mohannad Al-Suwaidan）均在行政上和研究上提供了寶貴的支持。身為布魯金斯學會非常駐的資深研究員，我從布魯斯・瓊斯（Bruce Jones）、湯姆・賴特（Tom Wright）和塔瑪拉・科夫曼・維特斯（Tamara Cofman Wittes）的反饋中受益匪淺。在「芝加哥全球事務委員會」上，狄娜・斯梅爾茨（Dina Smeltz）引導我參加了一些與輿論相關的討論。

基金會的支持除了是理念市場的主要推動力，也是有關理念市場之寫作的主要推動力。「麥克與安德烈・萊文基金會」（The Michael and Andrea Leven Foundation）在本書撰寫期間提供了至關重要的財務支持。卡內基公司的「嚴格與適切倡議計畫」（Rigor and Relevance Initiative）給予弗萊徹學院一筆贈款，並在我修改稿件時幫助傳達我的想法。洛克菲勒基金會邀請我到他們位在義大利的貝拉吉奧中心（Bellagio Center）居留訪問，讓我得以對本書進行最後的潤飾。

在過去的幾年中，我在弗萊徹學院舉辦了一系列四次理念市場的會議，討論了理念市場的方方面面。無論是會議本身或是座談會上的非正式對談，於我而言都是異常寶貴的，因為我當時一直在描述現代的理念市場。我感謝所有參加和協助那幾場會議的人。我還在二〇一六年春季「治國政策」的課堂用上了本書的初稿。我很感謝學生們的反饋。丹妮絲・巴爾圖斯康尼（Denise Baltuskonis）、瓊・其特伍德（Jon Cheatwood）、凱特・喬丹（Kate Jordan）、依昂・卡普薩（Ian Kapuza）、馬特・凱勒（Matt Keller）、克爾尼・佩爾里克（Kerney Perlik）、賽斯・透納（Seth Turner）和麥可・威肯魯伊特（Mike Wackenreuter）等人提出的觀點尤其犀利。

本書中的許多想法、理念和實際的段落都源自於我的部落格貼文以及透過其他管道發表的文章。我要感謝《外交政策》的班傑明・包克（Benjamin Pauker）、《政治》的蘇珊・格拉瑟（Susan Glasser）和布雷克・霍恩薛勒（Blake Hounshell）、《高等教育紀事報》的戈德斯坦（Goldstein）以及《華盛頓郵報》的麥克・麥登（Mike Madden）和亞當・庫須納（Adam Kushner）。由於他們在編輯專業上的指引，我才能看起來像一個比實際要強的作家。

我透過正式和非正式的訪談與眾多理念市場的參與者進行了交流，以便更深入地了解我處理的主題。我特別感謝吉迪恩・羅斯、法理德・札卡利亞、尼爾・弗格森和約瑟夫・奈撥出時間來回答我的許多問題。我也感謝富蘭克林・富爾、尼古拉斯・克里斯多夫、傑佛瑞・薩克斯和納西姆・塔雷伯向我吐露的想法。我那二百零九位「精英調查計畫」的受訪者也令我的工作得以順利進行，我感謝那些在百忙之中還願意花時間回答我問卷的人。

我遠非唯一對此主題感興趣的學者。在撰寫本書的過程中，我收到了許多關係緊密之讀者非常有用的反饋。伯大尼・艾伯森（Bethany Albertson）、貝爾・布勞默勒（Bear Braumoeller）、喬什・巴斯比（Josh Busby）、史蒂芬妮・卡文（Stephanie Carvin）、查理・卡彭特（Charli Carpenter）、萊斯利・約翰斯（Leslie Johns）、麥克・德施（Michael Desch）、亨利・法雷爾（Henry Farrell）、蘇爾曼・坎（Sulmaan Khan）、羅恩・克雷布斯（Ron Krebs）、麥克・霍洛維茨（Michael Horowitz）、麥克・列維（Michael Levi）、約納珊・克理施納（Jonathan Kirshner）、凱特・麥克納馬拉（Kate McNamara）、杰弗瑞・艾薩克（Jeffrey Isaac）、丹尼爾・內克森（Daniel Nexon）、米雷納・羅德班（Milena Rodban）、伊麗莎白・桑德斯（Elizabeth Saunders）、蘿拉・西伊（Laura Seay）、蘭迪・史威勒（Randy Schweller）、狄娜・斯梅爾茨（Dina Smeltz）和姬兒・烏爾坦（Jill Ultan）等人貢獻的意見使本書得以更臻完善。本書若有任何錯誤，責任全由本人承擔。

最後，我必須感謝家人。身為創意產業的參與者與觀察者，我必須經常出席這場演講、那場專題討論會或是另一個工作坊。經過反覆實驗以及錯誤嘗試，我才明白如何在照應這些職務以及對家人付出關懷之間找到平衡。我如何都無法道盡我對艾莉卡（Erika）、山姆（Sam）以及勞倫（Lauren）的謝意。每次我動身出差或是必須專心寫作之際，他們總是對我那麼親切、那麼有耐心。他們讓我明白，生活中的確有比理念更重要的東西。

註釋

導論　澈底改變

1 James Kloppenberg, Reading Obama: Dreams, Hope, and the American Political Tradition (Princeton: Princeton University Press, 2011).

2 Barack Obama, "Renewing American Leadership," Foreign Affairs 86 (July/ August 2007), p. 3.

3 Sam Stein, "Obama And Conservatives Break Bread At George Will's House," Huffington Post, February 13, 2009; Michael Calderone, "How Obama Plays the Pundits," Politico, March 8, 2009; Paul Starobin, "All the President's Pundits," Columbia Journalism Review, September/ October 2011; Dylan Byers, "President Obama, off the record," Politico, November 1, 2013.

4 Ryan Lizza, "The Consequentialist," The New Yorker, May 2, 2011.

5 Mike Allen, " 'Don't do stupid sh-' (stuff)", Politico, June 2, 2014.

6 Michael Grunwald, "The Selling of Obama: the inside story of how a great communicator lost the narrative," Politico, May/ June 2016.

7 希拉蕊的此一說法被引用於：Jeffrey Goldberg, "Hillary Clinton: 'Failure' to Help Syrian Rebels Led to the Rise of ISIS," The Atlantic, August 10, 2014.

8 Colin Campbell, "Ted Cruz: 'The world is on fire,' " Business Insider, December 2, 2014; Jake Sherman, "Boehner in Israel: 'The world is on fire,' " Politico, April 2, 2015; Charles Krauthammer, "Obama's ideological holiday in Havana," Washington Post, March 24, 2016.

9 Grunwald, "The Selling of Obama." See also Byers, "President Obama, off the record."

10 Derek Chollet, The Long Game (New York: PublicAffairs, 2016), p. xvi.

11 羅德斯的此一說法被引用於：Robert Draper, "Between Iraq and a Hawk Base," New York Times Magazine, September 1, 2015.

12 羅德斯的此一說法被引用於：David Samuels, "The Aspiring Novelist Who Became Obama's Foreign-Policy Guru," New York Times Magazine, May 5, 2016.

13 Daniel W. Drezner, "Swing and a Miss," Foreign Policy, September 16, 2013; Max Fisher, "The Credibility Trap," Vox, April 29, 2016.

14 例如可以參考：Mark Landler, "For President, Two Full Terms of Fighting Wars," New York Times, May 15, 2016。

15 Tom Wright, "Donald Trump's 19th Century Foreign Policy," Politico, January 20, 2016; Jeet Heer, "Donald Trump's Foreign Policy Revolution," The New Republic, March 26, 2016.

16 Ashley Parker, "Donald Trump Says NATO is 'Obsolete,' UN is 'Political Game'," New York Times, April 2, 2016.

17 Binyamin Appelbaum, "On Trade, Donald Trump Breaks With 200 Years of Economic Orthodoxy," New York Times, March 10, 2016.

18 Tevi Troy, "How GOP Intellectuals' Feud with the Base Is Remaking U.S. Politics," Politico, April 19, 2016; Victoria McGrane, "Trump's policy stances baffle think tanks," Boston Globe, May 27, 2016.

19 在經濟學家方面請參考：Ben Leubsdorf, Eric Morath, and Josh Zumbrun, "Economists Who've Advised Presidents Are No Fans of Donald Trump," Wall Street Journal, August 26, 2016.在歷史學者方面請參考：http://www.historiansagainsttrump.org。

20 Molly Ball, "The Republican Party in Exile," The Atlantic, August 18, 2016.

21 該封公開信見於：http://warontherocks.com/2016/03/open-letter-on-donald-trump-from-gop-national-security-leaders/。本人當時亦為聯署人。

22 Tim Mak, Andrew Desidero, and Alexa Corse, "GOP National Security Experts Are #ReadyForHer," The Daily Beast, June 30, 2016; Michael Crowley and Alex Isenstadt, "GOP foreign policy elites flock to Clinton," Politico, July 6, 2016; Michael Hirsh, "Role Reversal: The Dems Become the Security Party," Politico, July 28, 2016; David Sanger, "50 G.O.P. Officials Warn Donald Trump Would Put Nation's Security 'at Risk'," New York Times, August 8, 2016.

23 Jeremy Herb, "Will Trump flunk the commander-in-chief test?" Politico, January 22, 2016; McGrane, "Trump's policy stances baffle think tanks."

24 完整的演講詞請參考：https://www.donaldjtrump.com/press-releases/donald-j.-trump-foreign-policy-speech。

25 Jacob Heilbrunn, "The GOP's New Foreign-Policy Populism," The National Interest, February 17, 2016; John Allen Gay, "Trump vs. Conservative Intellectuals," The National Interest, June 7, 2016。說句對川普公平的話，他的主張在較主流的政治言論中獲得一些回響。例如歐巴馬也抱怨過，盟國在美國所提供的全球安全上是「搭便車的」。參見Goldberg, "The Obama Doctrine;" Eli Lake, "The Trump-Obama Doctrine," BloombergView, March 11, 2016。

26 例如可以參考：Peggy Noonan, "A Party Divided, and None Too Soon," Wall Street Journal, June 2, 2016。

27 科克爾的此一說法被引用於：Gregory Krieg, "Corker praises Trump for 'challenging the foreign policy establishment'" CNN, April 29, 2016; Felipe Cuello, "A Defense of Donald Trump's Foreign Policy Chops," Foreign Policy, February 26, 2016; Maggie Haberman and David Sanger, "Donald Trump's Trial Balloons are Catching Up With Him," New York Times, April 9, 2016.

28 Max Fisher, "Twilight of the neoconservatives," Vox, March 10, 2016.

29 Matthew Continetti, "The Coming Conservative Dark Age," Commentary, April 12, 2016; Yuval Levin, "The Next Conservative Movement," Wall Street Journal, April 15, 2016; Zack Beauchamp, "A Republican intellectual explains why the Republican Party is going to die," Vox, July 25, 2016.

30 Daniel W. Drezner, "Why can't Donald Trump close the deal with any foreign policy advisers?" Washington Post, March 9, 2016. 有關各界對他所宣布之外交政策團隊的批評，請參考：Michael Crowley, "Trump's foreign policy team baffles GOP experts," Politico, March 22, 2016; Alan Rappaport, "Top Experts Confounded by Advisers to Donald Trump," New York Times, March 22, 2016; Brendan Bordelon, "D.C.'s Foreign-Policy Establishment Spooked By 'Bizarro' Foreign Policy Team," National Review, March 24, 2016. 讀者也可參考比較一般性的論述：Darren Samuelsohn and Ben White, "Trump's Empty Administration," Politico, May 9, 2016.

31 Stephen Walt, "No, @realDonaldTrump Is Not a Realist," Foreign Policy, April 1, 2016; Walt, "Donald Trump: Keep Your Hands Off the Foreign-Policy Ideas I Believe In," Foreign Policy, August 8, 2016; Emma Ashford, "The unpredictable Trump doctrine,"

Philadelphia Inquirer, April 1, 2016; Ryan Cooper, "Donald Trump's Deranged Foreign Policy," The Week, August 17, 2016.

32 Gabriel Sherman, "Operation Trump," New York, April 3, 2016; Fred Barnes, "Trump's Intellectuals," Weekly Standard, June 6, 2016; Jonah Goldberg, "Trump's Missing Intellectuals," National Review, May 31, 2016; Peter Beinart, "Why Are Some Conservative Thinkers Falling for Trump?" The Atlantic, September 2016.

33 Mary Jordan, "Anxious about Trump? Try being a foreign ambassador," Washington Post, March 17, 2016; Edward Isaac-Dovere and Bryan Bender, "Trump Terrifies World Leaders," Politico, April 21, 2016; Renae Merle, "Why the rise of Donald Trump has even Wall Street worried," Washington Post, March 23, 2016。

34 請參考經濟學人情報部刊登在如下網站中的說明：https://gfs.eiu.com/Article.aspx?articleType=gr&articleId=2866.

35 "A transcript of Donald Trump's meeting with The Washington Post editorial board," Washington Post, March 21, 2016; Maggie Haberman and David Sanger, "Transcript: Donald Trump Expounds on His Foreign Policy Views," New York Times, March 26, 2016; Bob Woodward and Robert Costa, "Transcript: Donald Trump interview with Bob Woodward and Robert Costa," Washington Post, April 2, 2016; Maggie Haberman and David Sanger, "Transcript: Donald Trump on NATO, Turkey's Coup Attempt and the World," New York Times, July 21, 2016.

36 Haberman and Sanger, "Donald Trump's Trial Balloons are Catching Up With Him"; Zack Beauchamp, "Republican foreign policy experts are condemning Trump. It matters more than you think," Vox, August 8, 2016

37 例如可以參考各界對他最早幾次有關外交政策之主要演講的反應: Fareed Zakaria, "Trump's head-spinning and secret plans for foreign policy," Washington Post, April 28, 2016; Fred Kaplan, "A Mess of Contradictions," Slate, April 27, 2016; Julia Ioffe, "On Trump, Gefilte Fish, and World Order," Foreign Policy, April 27, 2016; Charles Krauthammer, "The World According to Trump," Washington Post, April 28, 2016; Joseph Nye, "How Trump Would Weaken America," Project Syndicate, May 10, 2016; "Look Out, World," Economist, April 27, 2016.

38 Kathy Frankovic, "After nearly a year, Trump makes GOP gains–but that's all," YouGov, May 12, 2016; Shane Goldmacher, "Donald Trump is Not Expanding the GOP," Politico, May 17, 2017.

39 Daniel W. Drezner, "The beginning of the end for Donald Trump?" Washington Post, April 1, 2016; Michael Tesler, "Donald Trump is making the border wall less popular," Washington Post, August 16, 2016.

40 該民意調查結果被引用於如下資料：William Galston, "Clinton Is Still the Favorite," Wall Street Journal, May 24, 2016.

41 一些自認為知識分子的人非常不喜歡「理念市場」一詞，因為它使用一種經濟隱喻來刻畫他們認為應該擺脫新自由主義、資本主義（或他們想使用的其他任何貶義標籤）之束縛的現象。這些知識分子應該接受他們在這個問題上的傅柯式失敗，或者不必再讀任何東西。

42 Friedrich A. von Hayek, "The Intellectuals and Socialism," University of Chicago Law Review, 16 (Spring 1949): 417-433。

43 請參考網頁：http://www.google.com/trends/explore#q=public%20intellectual%2C%20thought%20leader,accessed September1,2016.

44 David Brooks, "The Thought Leader," New York Times, December 17, 2013.

45 例如在妮娜・蒙克（Nina Munk）的著作《理想主義者》（*The Idealist*）中傑佛瑞・薩克斯（Jeffrey Sachs）所扮演的角色明顯是思想領袖。但當薩克斯在為關鍵評論網和全球頂尖評論網站Project Syndicate撰寫撙節開支以及外交政策專欄時，則擺出公眾知識分子的身段。我們在下一章將進一步探討薩克斯。

46 Isaiah Berlin, "The Hedgehog and the Fox," p. 437.

47 請參考David Brooks, Bobos in Paradise (New York: Simon and Schuster, 2000)一書中的第四章。我們在下一章也將談到，布魯克斯對於一九五〇年代知識分子的描述稍有誇大之嫌。

48 關於弗格森請參考："The history man and fatwa girl," Daily Mail, February 12, 2010. 關於克魯曼在ＩＭＤＢ的頁面請參考：http://www.imdb.com/name/nm1862259/. 關於哈里斯・佩里請參考：Harris-Perry's MSNBC departure, see Josh Koblin, "After Tense Weeks, Melissa Harris-Perry's MSNBC Show Is Cancelled," New York Times, February 28, 2016.

49 Philip Tetlock and Dan Gardner, Superforecasters: The Art and Science of Prediction (New York: Crown Books, 2015), p. 231. 亦請參考：Daniel Kahneman, Thinking, Fast and Slow (New York: Farrar Strauss Giroux, 2011)中的第十章以及Kathryn Schulz, Being Wrong (New York: Ecco, 2010).

50 當然，有些知識分子討厭這兩個詞，因為它們用的是經濟的隱喻。這類讀者應該直接閱讀第四章，或者乾脆不要再讀本書了。

51 Eygeny Morozov, "The Naked and the TED"; Morozov, To Save Everything, Click Here (New York: PublicAffairs, 2013); Felix Salmon, "Jonah Lehrer, TED, and the Narrative Dark Arts," Reuters, August 3, 2012. 亦請參考：Justin Fox, "Niall

Ferguson and the Rage Against the Thought-Leader Machine," Harvard Business Review, August 23, 2012.

52 例如可以參考：David Landes, The Unbound Prometheius (Cambridge: Cambridge University Press, 1969); Nathan Rosenberg and L.E. Birdzel Jr., How the West Grew Rich (New York: Basic Books, 1986); Andrew Clark, A Farewell to Alms (Princeton: Princeton University Press, 2007).

53 Nathan Heller, "Listen and Learn," The New Yorker, July 9, 2012.

54 George Will, "An anti-authority creed," Washington Post, January 23, 2011.

55 David Milne, "America's 'intellectual' diplomacy," International Affairs 86 (January 2010), p. 50.

56 貝爾傑的此一說法被引用於：David Rothkopf, "The Urgent vs. the Important," Foreign Policy, December 2, 2015.

57 Ronald Krebs, Narrative and the Making of US National Security (New York: Cambridge University Press, 2015).

58 Bruce Russett, "Bushwhacking the Democratic Peace," International Studies Perspectives 6 (September 2005), p. 396.

59 參見：Jack Snyder, "Imperial Temptations," The National Interest 71 (Spring 2003), pp. 33-34; Daniel W. Drezner, "The Realist Tradition in American Public Opinion," Perspectives on Politics 6 (March 2008), pp.99-100.

60 Benjamin Barber, The Truth of Power (New York: W.W. Norton, 2001), p. 35.

61 Richard Hofstadter, Anti-Intellectualism in American Life (New York: Knopf, 1962), p. 45.

62 Paul Johnson, Intellectuals (New York: Harper & Row, 1989); Thomas Sowell, Intellectuals and Society (New York: Basic Books, 2009); Walter Russell Mead, "The Crisis of the American Intellectual," The American Interest, December 8, 2010.

63 關於二十世紀知識分子的殘暴紀錄，請參考：Mark Lilla, The Reckless Mind: Intellectuals in Politics (New York: NYRB, 2001).

64 這段話被引用於如下的著作：Daniel Byman and Matthew Kroenig, "Reaching Beyond the Ivory Tower: A How To Manual," Security Studies 25 (May 2016), p. 317.

65 最後一個是我過去兩年中在弗萊徹學院所組織之一系列「思想產業」會議上與一群學者、新聞工作者、業者和思想領袖進行的對話。

66 我為教學公司開設了「經濟繁榮之基礎」的課程，請參考：http://www.thegreatcoursescom/courses/foundation-of-economic-prosperity.html.1

67 Michael Polanyi, "The Tacit Dimension."

68 讓我們面對現實吧，如果你認為理念並不重要，那麼或許你也不會讀到這條腳註。

第一章　理念是否依然重要？

1 Jeffrey Sachs, The End of Poverty: Economic Possibilities for Our Time (New York: Penguin, 2005), p. 90-91.

2 Paul Starobin, "Does It Take a Village?" Foreign Policy, June 24, 2013.

3 Louis Uchitelle, "Columbia Gets Star Professor from Harvard," New York Times, April 5, 2002

4 Starobin, "Does It Take a Village?"

5 Nina Munk, The Idealist: Jeffrey Sachs and the Quest to End Poverty (New York: Signal, 2013), p. 32.

6 同上，p.2。

7 Starobin, "Does It Take a Village?"

8 Munk, The Idealist.

9 William Easterly, The Tyranny of Experts (New York: Basic Books, 2013), p. 6.

10 Munk, The Idealist; Abhijit Banerjee and Esther Duflo. Poor Economics (New York: PublicAffairs, 2011)

11 Starobin, "Does It Take a Village?"

12 二〇一五年二月十四日傑佛瑞・薩克斯寄予本人的電子郵件，參見：the World Health Organization's World Malaria Report 2015

13 Paul M. Pronyk, Jeffrey Sachs, et al, "The effect of an integrated multisector model for achieving the Millennium Development Goals and improving child survival in rural sub-Saharan Africa: a non-randomised controlled assessment," The Lancet 379 (May 8, 2012): 2179-2188.

14 Jeffrey Sachs, "Global health within our grasp, if we don't give up," CNN. com, September 12, 2012.

15 Munk, The Idealist.

16 Gabriel Demombynes, and Sofia Karina Trommlerova, "What has driven the decline of infant mortality in Kenya?" World Bank Policy Research Working Paper 6057, May 2012.

17 Gabriel Demombynes, "The Millennium Villages Project Impacts on Child Mortality," Development Impact, May 10, 2012.

18 Paul M. Pronyk, "Errors in a paper on the Millennium Villages project," The Lancet, May 21, 2012.

19 Jeff Tollefson, "Millennium Villages Project launches retrospective analysis," Nature, August 12, 2015.

20 Starobin, "Does It Take a Village?"

21 Bill Gates, "Why Jeffrey Sachs Matters," Project Syndicate, May 21, 2014.

22 二〇一六年二月十六日傑佛瑞・薩克斯寄予本人的電子郵件。

23 Munk, The Idealist, p. 230 and 232.

24 例如可以參考：Jeffrey Sachs, "Hillary Clinton and the Syrian Bloodbath," Huffington Post, February 15, 2016.

25 Robert Kagan, "Power and Weakness," Policy Review 113 (June/ July 2002): 3-28; G. John Ikenberry, "Is American multilateralism in decline?" Perspectives on Politics 1 (September 2003): 533-550; David Skidmore, "Understanding the unilateralist turn in US foreign policy," Foreign Policy Analysis 1 (July 2005): 207-228.

26 John Mearsheimer and Stephen Walt, "The Israel Lobby," London Review of Books 28 (March 2006): 3-12.

27 可以參考：Brian C. Schmidt and Michael C. Williams, "The Bush Doctrine and the Iraq War: Neoconservatives Versus Realists," Security Studies 17 (June 2008): 191-220; Francis Fukuyama, America at the Crossroads: Democracy, Power, and the Neoconservative Legacy (New Haven: Yale University Press, 2006); Eric Van Rythoven, "The perils of realist advocacy and the promise of securitization theory: Revisiting the tragedy of the Iraq War debate," European Journal of International Relations.

28 David Frum, "Foggy Bloggom," The National Interest 93 (January/ February 2008): 46-52; Jacob Heilbrunn, "Rank Breakers: Anatomy of an Industry," World Affairs 170 (Spring 2008): 36-46.

29 Michael Desch, The Relevance Question: Social Science's Inconstant Embrace of Security Studies.

30 參見：Dina Smeltz and Ivo Daalder, Foreign Policy in the Age of Retrenchment (Chicago: Chicago Council on Global Affairs, 2014).. See also, more generally, Daniel W. Drezner, "The Realist Tradition in American Public Opinion," Perspectives on Politics 6 (March 2008): 51-70; Benjamin Page with Marshall Bouton, The Foreign Policy Disconnect (Chicago: University of Chicago Press, 2006)

31 二〇一五年十二月九日與吉迪恩・羅斯的訪談。

32 Catherine Ho, "Mega-donors opposing Iran deal have upper hand in fierce lobbying battle," Washington Post, August 13, 2015; Julie Hirschfield-Davis, "Lobbying Fight Over Iran Nuclear Deal Centers on Democrats," New York Times, August 17, 2015.

33 Pew Research Center, "Support for Iran Nuclear Agreement Falls," September 8, 2015.

34 Smeltz and Daalder, Foreign Policy in the Age of Retrenchment, chapter three; Stephen Kull and I.M. Destler, Misreading the Public (Washington, DC: Brookings Institution, 1999).

35 參見：See Daniel W. Drezner "Foreign Policy Goes Glam," The National Interest 92 (November/ December 2007): 22-29.

36 例如可以參考：Martin Wolf, "The economic losers are in revolt against the elites," Financial Times, January 26, 2016; Roger Cohen, "The Know-Nothing Tide," New York Times, May 16, 2016.

37 David Freedman, "The War on Stupid People," The Atlantic, July/ August 2016; Edward Luce, "The end of American meritocracy," Financial Times, May 8, 2016.

38 P.J. O'Rourke, "Let's Cool It With the Big Ideas," The Atlantic, July/ August 2012.

39 David Halberstam, War in a Time of Peace (New York: Scribner, 2001), p. 408-9.

40 John Lewis Gaddis, "A Grand Strategy of Transformation," Foreign Policy 133 (November/ December2002), p. 51 and 57

41 Craig Kafura and Dina Smeltz, "Who Matters for US Foreign Policymaking?" Chicago Council on Global Affairs, June 19, 2015.

42 參見：Jacob Heilbrunn, "The GOP's New Foreign Policy Populism," The National Interest (March/ April 2016).

43 Charles Murray, "The tea party warns of a New Elite. They're right," Washington Post, October 24, 2010. See, more recently, Thomas Edsall, "How the Other Fifth Lives," New York Times, April 27, 2016

44 Kull and Destler, Misreading the Public. 比較新的資料有：Peter Moore, "Foreign Aid: most people think America gives too much away," YouGov, March 11, 2016.

45 Daniel Brouwer and Catherine Squires, "Public Intellectuals, Public Life, and the University," Argument and Advocacy 39 (Winter 2003), p. 203. 也可參考：Amitai Etzioni and Alyssa Bowditch, eds., Public Intellectuals: An Endangered Species? (New York: Rowman & Littlefield, 2006); Heilbrunn, "Rank-Breakers. "

46 Eric Lott, The Disappearing Liberal Intellectual (New York: Basic Books, 2006); Howard Jacob Karger and Marie Theresa

Hernández, "The Decline of the Public Intellectual in Social Work," Journal of Sociology & Social Welfare 31 (September 2004): 51-68; Charlotte Allen, "Feminist Fatale," Los Angeles Times, February 13, 2005. 不過，如下的作品是例外：Michael Eric Dyson, "Think Out Loud," The New Republic, September 8, 2015.

47 Jacob Heilbruinn曾寫道：「當今的知識分子經常屈服於名人文化，喜歡在福斯（FOX）新聞和微軟全國廣播公司節目（MSNBC）上大喊大叫，而不是在書或雜誌的頁面上辯論理念。」算是呼應了這種看法。參見：Heilbrunn, "Rank Breakers," p. 42.

48 Sam Tanenhaus, "Requiem for Two Heavyweights," New York Times, April 13, 2008; Ezra Klein, "RIP, William F. Buckley," The American Prospect, February 27, 2008; David Brooks, "The Smile of Reason," New York Times, November 19, 2006.

49 例如可以參考：Ian Bremmer, "George Kennan's lessons for the war on terror," International Herald Tribune, March 24, 2005; Ian Lustick, Trapped in the War on Terror (Philadelphia: University of Pennsylvania Press, 2006); James Goldeiger and Derek Chollet, "The Truman Standard," The American Interest 1 (Summer 2006): 107-111; Ian Shapiro, Containment: Rebuilding a Strategy Against Global Terror (Princeton: Princeton University Press, 2007); Aziz Huq, "The Ghost of George Kennan," The American Prospect, May 15, 2007.

50 Richard Haass, The Opportunity (New York: PublicAffairs, 2005); Derek Chollet and James Goldgeier, America Between the Wars: From 11/ 9 to 9/ 11 (New York: PublicAffairs, 2008); John Mearsheimer; "Imperial by Design," The National Interest 111 (January/ February 2011): 16-34.

51 Ronald Krebs. Narrative and the Making of US National Security (New York: Cambridge University Press, 2015), chapters 5-7.

52 同上，亦可參考：Zbigniew Brzezinski, Second Chance: Three Presidents and the Crisis of American Superpower (New York: Basic Books, 2008).

53 Glenn Greenwald, "The foreign policy community," Salon, August 8, 2007.

54 G. John Ikenberry and Anne-Marie Slaughter, Forging A World Of Liberty Under Law: U.S. National Security In The 21st Century (Princeton: Princeton Project for National Security, 2006), p. 58. 當年有許多人參加普林斯頓計畫，本人亦為其中一員。

55 W.W. Rostow, The Stages of Economic Growth: A Non-Communist Manifesto (Cambridge: Cambridge University Press, 1960), p. 4.

56 例如可以參考：Peter Hall, "Policy Paradigms, Social Learning, and the State: the Case of Economic Policymaking in Britain," Comparative Politics 25 (April 1993): 275-296; Stephen Teles, The Rise of the Conservative Legal Movement (Princeton: Princeton University Press, 2008); Jennifer Burns, Goddess of the Market: Ayn Rand and the American Right (New York: Oxford University Press, 2009); Angus Burgin, The Great Persuasion: Reinventing Free Markets since the Depression (Cambridge: Harvard University Press, 2012); Dani Rodrik, "When Ideas Trump Interests: Preferences, Worldviews, and Policy Innovations," Journal of Economic Perspectives 28 (January 2014); Deirdre McCloskey, Bourgeois Equality: How Ideas, Not Capital or Institutions, Enriched the World (Chicago: University of Chicago Press, 2016).

57 Judith Goldstein and Robert Keohane, eds., Ideas and Foreign Policy (Ithaca: Cornell University Press, 1993).

58 Mark Blyth, Great Transformations: Economic Ideas and Institutional Change in the Twentieth Century (New York: Cambridge University Press, 2002).

59 Peter Haas "Banning Chlorofluorocarbons: Epistemic Community Efforts to Protect Stratospheric Ozone." International Organization (Winter 1992): 187-224; Daniel Hirschman, "Stylized Facts in the Social Sciences." Sociological Science 3 (July 2016): 604-626.

60 Krebs. Narrative and the Making of US National Security; Michael Barnett and Raymond Duvall, "Power in International Politics," International Organization 59 (January 2005): 39-75.

61 On free trade, see Douglas Irwin, Against the Tide: An Intellectual History of Free Trade (Princeton: Princeton University Press, 1996); and Daniel Yergin and Joseph Stanislaw, The Commanding Heights (New York: Simon and Schuster, 1998). See also, more generally, Daniel W. Drezner, The System Worked (New York: Oxford University Press, 2014), chapter six.

62 Andrew Sullivan, "Here Comes the Groom," The New Republic, August 28, 1989.

63 Tom Ricks, The Gamble (New York: Penguin Press, 2009).

64 引自：http://www.bartleby.com/268/9/23.html.

65 Keynes, The General Theory of Employment, Interest, and Money (London: MacMillan and Co., 1936), p. 383.

66 Paul Krugman, "The Outside Man," New York Times, January 7, 2013.

67 Rachel Weiner, "Jim DeMint Leaving the Senate," Washington Post, December 6, 2012.

68 David Welna, "Outside The Senate, DeMint Appears More Powerful Than Ever," NPR, September 26, 2013.

69 69. Felix Salmon, "Is There a Wonk Bubble?" Politico, April 8, 2014.

70 70. Jessica Tuchman Matthews, "Why think tanks should embrace 'new media,' " Washington Post, October 8, 2015.

71 Eliot Cohen, "How Government Looks at Pundits," Wall Street Journal, January 23, 2009.

72 例如可以參考：Simon Owens, "How a hobby foreign affairs blog became a paywalled news destination— and a business," NiemanLab, March 25, 2015.

73 Justin McCarthy, "Americans Remain Upbeat About Foreign Trade," Gallup, February 26, 2016; Pew Research Center, Bruce Stokes, "Republicans, especially Trump supporters, see free trade deals as bad for U.S." Pew Research Center, March 31, 2016; Matthew Yglesias, "Donald Trump is counting on an anti-trade backlash that doesn't appear to exist," Vox, March 18, 2016.

74 Smeltz and Daalder, Foreign Policy in the Age of Retrenchment, p. 30.

75 Richard Hofstadter, Anti-Intellectualism in American Life (New York: Vintage, 1963); see also Louis Menand, The Metaphysical Club: A Story of Ideas in America (New York: Farrar, Straus, and Giroux, 2001)

76 Hofstadter, Anti-Intellectualism in American Life, p. 21.

77 Chaim Kaufmann, "Threat Inflation and the Failure of the Marketplace of Ideas: The Selling of the Iraq War," International Security 29 (Summer 2004), p. 5.

78 例如可以參考：Jack Snyder, Myths of Empire: Domestic Politics and International Ambition (Ithaca: Cornell University Press, 1991).

79 Evan Thomas, "Why We Need a Foreign Policy Elite," New York Times, May 4, 2016.

80 Ezra Klein, "The budget myth that just won't die: Americans still think 28 percent of the budget goes to foreign aid," Washington Post, November 7, 2013.

81 同上，Kull and Destler, Misreading the Public.

82 Richard Posner, Public Intellectuals (Cambridge: Harvard University Press, 2001), p. 33. 此外也可參考：Rick Perlstein, "Thinkers in Need of Publishers," New York Times, January 22, 2002

83 Thomas Wright, "Learning the Right Lessons from the 1940s," in Daniel W. Drezner, ed., Avoiding Trivia: The Role of

Strategic Planning in American Foreign Policy (Washington: Brookings Institution Press, 2008).

84 George Kennan, Around the Cragged Hill (New York: W.W. Norton, 1993), p. 144.

85 William Easterly, The Elusive Quest for Growth (Cambridge: MIT Press, 2001).

第二章　悲觀分子、黨派意識以及富豪階級如何改變理念市場？

1 David Rothkopf, "Dis Town," Foreign Policy, November 28, 2014.

2 關於批評，參見：Alex Pareene, "Don't mention income inequality please, we're entrepreneurs," Salon, May 21, 2012;; Evgeny Morozov, "The Naked and the TED," The New Republic, August 2, 2012; Felix Salmon, "Jonah Lehrer, TED, and the narrative dark arts," Reuters, August 3, 2012; Ted Frank, "TED talks are lying to you," Salon, October 13, 2013, Benjamin Bratton, "We Need to Talk About TED," The Guardian, December 30, 2013; Umaire Haque, "Let's Save Great Ideas from the Ideas Industry," Harvard Business Review, March 6, 2013. 關於諷刺，參見：Betsy Morais, "The Onion Tees up TED Talks," The New Yorker, October 17, 2012.

3 羅斯科夫在ＴＥＤ的演講可以參考如下網站：http://www.ted.com/talks/david_rothkopf_how_fear_drives_american_politics?language=en.

4 David Rothkopf, "Objects on Your TV Screen Are Much Smaller than They Appear," Foreign Policy, March 20, 2015.

5 同上。

6 Carmine Gallo, Talk Like TED: The Public-Speaking Secrets of the World's Top Minds (New York: St. Martin's Press, 2014), p. 5.

7 David Rotthkopf, "Davos Haters Gonna Hate, but It's not Going Anywhere," Foreign Policy, January 29, 2016.

8 Michael Barber and Nolan McCarty. "Causes and Consequences of Polarization," in Jane Mansbridge and Cathie Jo Martin, eds, Negotiating Agreement in Politics (Washington: American Political Science Association, 2013).

9 參見：Malcolm Fairbrother and Isaac W. Martin. "Does Inequality Erode Social Trust? Results from Multilevel Models of US States and Counties." Social Science Research 42 (March 2013): 347-360. 也可以參考如下的相反意見：Dido Kuo and Nolan McCarty, "Democracy in America, 2015," Global Policy 6 (June 2015): 49-55.

10 Pew Research Center, "Public Trust in Government: 1958-2014," 可在如下網址找到這項資料：http://www.people-press.

org/2014/11/13/public-trust-in-government/.

11 Gallup, "75% in U.S. See Widespread Government Corruption," 可在如下網址找到這項資料：http://www.gallup.com/poll/185759/widespread-government-corruption.aspx.

12 12. Pew Research Center, Beyond Red & Blue: The Political Typology, June 26, 2014, 可在如下網址找到這項資料：http://www.people-press.org/files/2014/06/6-26-14-Political-Typology-release1.pdf,p.37.

13 Gallup, "Trust in U.S. Judicial Branch Sinks to New Low of 53%," September 18, 2015, 可在如下網址找到這項資料：http://www.gallup.com/poll/185528/trust-judicial-branch-sinks-new-low.aspx.

14 Tom W. Smith and Jaesok Son, "Trends in Public Attitudes about Confidence in Institutions," National Opinion Research Center, University of Chicago, May 2013, 可在如下網址找到這項資料：http://www.norc.org/PDFs/GSS%20Reports/Trends%20in%20Confidence%20Institutions_Final.pdf.

15 Institute of Politics, "Survey of Young Americans' Attitudes Toward Politics and Public Service: 25th Edition," Harvard University, April 29, 2014, 可在如下網址找到這項資料：http://www.iop.harvard.edu/sites/default/files_new/Harvard_ExecSummarySpring2014.pdf,p.17-20. 亦可參考：Yascha Mitchell and Roberto Foa, "The Democratic Disconnect," Journal of Democracy 27 (July 2016): 5-17.

16 Gallup, "75% in U.S. See Widespread Government Corruption."

17 Gallup, "Honesty/ Ethics in Professions," accessed at http://www.gallup.com/poll/1654/honesty-ethics-professions.aspx.

18 Smith and Son, "Trends in Public Attitudes about Confidence in Institutions.

19 同上。

20 National Science Board, Science and Engineering Indicators 2014, 可在如下網址找到這項資料：http://www.nsf.gov/statistics/seind14/content/chapter-7/chapter-7.pdf,p.32.

21 Cary Funk and Lee Rainie, "Public and Scientists' Views on Science and Society," Pew Research Center, January 29, 2015, 可在如下網址找到這項資料：http://www.pewinternet.org/2015/01/29/public-and-scientists-views-on-science-and-society/.

22 National Science Board, Science and Engineering Indicators 2014.

23 Funk and Rainie, "Public and Scientists' Views on Science and Society"; Gabriel R. Ricci, "The Politicization of Science and

the Use and Abuse of Technology." International Journal of Technoethics 6 (Fall 2015): 60-73.

24 Bryan Caplan, Eric Crampton, Wayne Grove, and Ilya Somin, "Systemically Biased Beliefs about Political Influence," PS: Political Science and Politics 46 (October 2013): 760-767.

25 該簡短調查是在二〇一六年一月二十日至二月七日之間透過「調查猴子」（SurveyMonkey）以電子郵件的方式進行的。答覆率超過百分之四十七，對於精英調查而言，該調查的效益是很高的。

26 OECD, Government at a Glance (Paris: Organization for Economic Cooperation and Development, 2013), 可在如下網址找到這項資料：http://www.oecd.org/governance/governments-can-do-more-to-regain-trust-says-oecd-report.htm.

27 Roberto Foa and Yascha Mounck, "Across the Globe, a Growing Disillusionment With Democracy," New York Times, September 15, 2015.

28 The 2015 Edelman Trust Barometer，可在如下網址找到這項資料：http://www.edelman.com/2015-edelman-trust-barometer/trust-around-world/.

29 關於專家反對英國脫歐的調查請參考：Keith Breene, "What would Brexit mean for the UK economy?" World Economic Forum, March 23, 2016. 關於戈夫的談話請參考：Robert Colville, "Britain's Truthiness Moment," Foreign Policy, June 9, 2016.

30 Tobias Buck, "Middle England drives Brexit revolution," Financial Times, June 15, 2016.

31 Steven Teles, Heather Hurlburt and Mark Schmitt, "Philanthropy in a Time of Polarization," Stanford Social Innovation Review (Summer 2014), p. 47.

32 Christopher Hayes, Twilight of the Elites: America After Meritocracy (New York: Crown Books, 2012), p. 13 and 25.

33 Yuval Levin, "The Next Conservative Movement," Wall Street Journal, April 15, 2016.

34 Tom Nichols, "The Death of Expertise," The Federalist, January 17, 2014.

35 參見：Benjamin Page with Marshall Bouton, The Foreign Policy Disconnect (Chicago: University of Chicago Press, 2006).

36 Lawrence Jacobs and Benjamin Page, "Who Influences U.S. Foreign Policy?" American Political Science Review 99 (February 2005), p. 113.

37 有關新聞記者部分，參見：Zixue Tai and Tsan-Kuo Chanfe, "The Global News and the Pictures in their Heads," Gazette: The International Journal For Communications Studies 64 (June 2002): 251-265. 有關學者部分，參見：Susan Peterson,

Michael Tierney, and Daniel Maliniak, "Inside the Ivory Tower," Foreign Policy 151 (November/ December 2005): 58-63. 有關企業人士部分，參見：PriceWaterhouseCoopers, "9th Annual Global CEO Survey," January 2006.

38 Francis Fukuyama, America at the Crossroads (New Haven: Yale University Press. 2006); Jacob Heilbrunn, They Knew They Were Right: The Rise of the Neocons (New York: Doubleday, 2008).

39 Richard Burt and Dmitri Simes, "Foreign Policy by Bumper Sticker," The National Interest, August 17, 2015.

40 參見：Mill, On Liberty for more on dead dogma.

41 Christopher Hitchens, "The Plight of the Public Intellectual," Foreign Policy 166 (May/ June 2008), p. 64.

42 Gordon Gauchat; "Politicization of science in the public sphere a study of public trust in the United States, 1974 to 2010." American Sociological Review 77 (April 2012): 167-187; Gauchat, "The Political Context of Science in the United States: Public Acceptance of Evidence-Based Policy and Science Funding." Social Forces (February 2015): 1-24.

43 For the former, see Jacob Hacker and Paul Pierson, Off Center: The Republican Revolution and the Erosion of American Democracy (New Haven: Yale University Press, 2005), and Thomas Mann and Norman Ornstein, It's Even Worse than it Looks: How the American Constitutional System Collided with the New Politics of Extremism (New York: Basic Books, 2012). For a taste of the latter, see Stefan Halper and Jonathan Clarke, The Silence of the Rational Center (New York: Basic Books, 2007).

44 例如參見：Peter Wehner, "Have Democrats Pulled Too Far Left?" New York Times, May 27, 2015.

45 Barber and McCarty, "Causes and Consequences of Polarization," p. 21.

46 普爾的此一說法被引用於：Frank James, "Political Scientist: Republicans Most Conservative They've Been In 100 Years," NPR, April 13, 2012.

47 Marina Azzimonti, "Partisan Conflict," Federal Reserve Bank of Philadelphia Working Paper No. 14-19.

48 http://www.people-press.org/2014/06/12/political-polarization-in-the-american-public/.

49 Joseph Bafumi and Michael C. Herron, "Leapfrog representation and extremism: A study of American voters and their members in Congress," American Political Science Review 104 (September 2010): 519-542; 也可參考：Marc J. Hetherington, "Resurgent mass partisanship: The role of elite polarization." American Political Science Review.95 (September 2001): 619-631.

50 Pew Research Center, “Political Polarization in the American Public,” June 12, 2014, 可在如下網址找到這項資料：http://www.people-press.org/2014/06/12/political-polarization-in-the-american-public/.

51 Andrew Garner and Harvey Palmer, “Polarization and issue consistency over time,” Political Behavior 33 (June 2011): 225-246; Edward Carmines, Michael Ensley, and Michael Wagner, “Who Fits the Left-Right Divide? Partisan Polarization in the American Electorate,” American Behavioral Scientist 56 (October 2012: 1631-53; Seth J. Hill and Chris Tausanovitch, “A Disconnect in Representation? Comparison of Trends in Congressional and Public Polarization,” Journal of Politics 77 (December 2015): 1058-1075.

52 Lilliana Mason, “ ‘I Disrespectfully Agree’: The Differential Effects of Partisan Sorting on Social and Issue Polarization,” American Journal of Political Science 59 (January 2015): 128-145.

53 Shanto Iyengar, Gaurav Sood, and Yphtach Lelkes. “Affect, not Ideology: A Social Identity Perspective on Polarization.” Public Opinion Quarterly 76 (Fall 2012): 405-431.

54 Daron Shaw, “If Everyone Votes Their Party, Why Do Presidential Election Outcomes Vary So Much?” The Forum 10 (October 2012).

55 Pew, “Political Polarization in the American Public.”

56 Shanto Iyengar and Sean Westwood, “Fear and Loathing across Party Lines: New Evidence on Group Polarization,” American Journal of Political Science 59 (July 2015): 690-707.

57 Quoted in Marc Fisher, “The Evolution of David Brooks,” Moment, January/ February 2016.

58 Cass Sunstein, Republic.com 2.0 (Princeton: Princeton University Press, 2009).

59 Julian Sanchez, “Frum, Cocktail Parties, and the Threat of Doubt,” March 26th, 2010, 可在如下網址找到這項資料：http://www.juliansanchez.com/2010/03/26/frum-cocktail-parties-and-the-threat-of-doubt/.

60 Paul Krugman, “Other Stuff I Read,” New York Times, March 8, 2011.

61 Andrea Nuesser, Richard Johnston, and Marc A. Bodet. “The Dynamics of Polarization and Depolarization: Methodological Considerations and European Evidence,” presented at the American Political Science Association annual meeting, Washington DC, August 2014; Larry M. Bartels, “Party Systems and Political Change in Europe.” presented at the American Political

Science Association annual meeting, Chicago, August. 2013.

62 Tom Pepinsky, "The Global Economic Crisis and the Politics on Non-Transitions," Government and Opposition 47 (April 2012): 135-161.

63 Clifford Bob, The Global Right Wing and the Clash of World Politics. (New York: Cambridge University Press, 2012).

64 Gabrielle Tétrault-Farber, "Russian, European Far-Right Parties Converge in St. Petersburg," Moscow Times, March 22, 2015; Rosie Gray, "U.S. Journalist Regrets Attending Conspiracy Conference In Tehran," BuzzFeed, October 6, 2014.

65 如下的情況明顯是個例外：一個來自政治光譜另一端的知識分子會跳出框架同意對方的某個特定議題。

66 Brendan Nyhan and Jason Reifler. "When Corrections Fail: The Persistence of Political Misperceptions." Political Behavior 32 (June 2010): 303-330.

67 Dinesh D'Souza, Illiberal Education: The Politics of Race & Sex in Campus (New York: Free Press, 1991).

68 Mark Stricherz, "What Happened to Dinesh D'Souza?" The Atlantic, July 25, 2014.

69 Dinesh D'Souza, The End of Racism (New York: Free Press, 1995); D'Souza, The Enemy at Home: The Cultural Left and its Responsibility for 9/ 11 (New York: Doubleday, 2007); D'Souza, The Roots of Obama's Rage (New York: Regnery, 2010); D'Souza, Obama's America: Unmaking the American Dream (New York: Regnery, 2012).

70 Evgenia Peretz, "Dinesh D'Souza's Life After Conviction," Vanity Fair, May 2015. 根據安德魯・沙利文的說法，德索薩在《新共和》雜誌社的辦公室裡已被取了「新聞扭曲王」的綽號了。

71 Andrew Ferguson, "The Roots of Lunacy," The Weekly Standard, October 25, 2010.

72 同上。

73 Stricherz, "What Happened to Dinesh D'Souza?"

74 Sam Tannenhaus, "Dinesh D'Souza Is Planning His Prison Memoir," The New Republic, September 16, 2014.

75 參考本書第七章。

76 Jonathan Mahler, "Heady Summer, Fateful Fall for Dinesh D'Souza, a Conservative Firebrand," New York Times, July 24, 2014.

77 David Weigel, "Dinesh D'Souza and the Soft Bigotry of Low Expectations," Slate, July 25, 2014.

78 例如可以參考：Ramesh Ponnuru, "Explaining Obama," Claremont Review, May 2, 2011.

79 Pamela Geller, "The Political Persecution of Dinesh D'Souza," Breitbart, July 15, 2015; Andrew McArthy, "How Dinesh D'Souza Became a Victim of Obama's Lawless Administration," National Review, December 19, 2015.

80 Charles A. Kupchan and Peter L. Trubowitz. "Dead Center: The Demise of Liberal Internationalism in the United States," International Security 32 (Fall 2007): 7-44.; Joshua W. Busby and Jonathan Monten. "Without Heirs? Assessing the Decline of Establishment Internationalism in US Foreign Policy." Perspectives on Politics 6 (September 2008): 451-472.; Helen V. Milner and Dustin H. Tingley. "Who Supports Global Economic Engagement? The Sources of Preferences in American Foreign Economic Policy." International Organization 65 (January 2011): 37-68.

81 Kupchan and Trubowitz, "Dead Center," p. 9.

82 Dina Smeltz, Ivo Daalder, Karl Friedhoff, and Craig Kafura, America Divided: Political Partisanship and US Foreign Policy (Chicago: Chicago Council on Global Affairs, 2015).

83 Alexandra Guisinger and Elizabeth Saunders, "Mapping the Boundaries of Elite Cues: How Elites Shape Mass Opinion Across International Issues," working paper, George Washington University, April 2016.

84 Thomas Piketty, Capital in the Twenty-First Century (Cambridge: Belknap Press, 2014), Figure 8.5.

85 同上，圖8.6。

86 Brenda Cronin, "Some 95% of 2009-2012 Income Gains Went to Wealthiest 1%," Wall Street Journal, September 10, 2013.

87 Atif Mian and Amir Sufi, "Measuring Wealth Inequality," House of Debt, March 29, 2014, accessed at http://houseofdebt.org/2014/03/29/measuring-wealth-inequality.html; see also Derek Thompson, "How You, I, and Everyone Got the Top 1 Percent All Wrong," The Atlantic, March 30, 2014.

88 Credit Suisse Research Institute, Global Wealth Report 2014, pp. 28-30.

89 同上，頁27。

90 Elhannan Helpman, The Mystery of Economic Growth (Cambridge, MA: Belknap Press, 2004); Piketty, Capital in the Twenty-First Century.

91 關於這個問題，有個值得注意的討論：Daron Acemoglu and James Robinson, "The Rise and Decline of General Laws of Capitalism." Journal of Economic Perspectives 29 (January 2015): 3-28, and Thomas Piketty, "Putting Distribution Back at

the Center of Economics: Reflections on Capital in the Twenty-First Century." Journal of Economic Perspectives 29 (January 2015): 67-88.

92 Fay Lomax Cook, Benjamin I. Page, and Rachel Moskowitz. 2014. "Political Engagement by Wealthy Americans." Political Science Quarterly 129 (Fall 2014), p. 396.

93 Benjamin I. Page., Larry M. Bartels, and Jason Seawright. "Democracy and the Policy Preferences of Wealthy Americans." Perspectives on Politics 11 (March 2013), p. 54-55.

94 Nicholas Confessore, "The Families Funding the 2016 Election," New York Times, October 10, 2015. See also, more generally, Benjamin I. Page, Jason Seawright, and Matthew LaCombe, "Stealth Politics by U.S. Billionaires," paper presented at the 2015 annual meeting at the American Political Science Association, San Francisco, CA.

95 Matea Gold and Anu Narayanswany, "The new Gilded Age: Close to half of all super-PAC money comes from 50 donors," Washington Post, April 15, 2016.

96 該項蓋洛普資料請參見：The Gallup data can be accessed at http://www.gallup.com/poll/1669/general-mood-country.aspx.97.

97 David Rothkopf, Superclass (New York: Farrar Strauss Giroux, 2008); Rubin Rogers, "Why Philanthro-Policymaking Matters," Society 48 (September 2011): 376-381; Chrystia Freeland, Plutocrats (New York: Penguin, 2012); Gara Lamarche, "Democracy and the Donor Class," Democracy 34 (Fall 2014): 48-59; Alessandra Stanley, "Silicon Valley's New Philanthropy," New York Times, October 31, 2015; Kristin Goss, "Policy Plutocrats: How America's Wealthy Seek to Influence Governance," PS: Political Science & Politics 49 (July 2016): 442-448.

98 有關「大歷史計畫」的內容以及他對「共同核心」的愛好，請參考：Andrew Ross Sorkin, "So Bill Gates Has This Idea for a History Class..." New York Times Magazine, September 5, 2014. On Common Core, seeLyndsey Layton, "How Bill Gates pulled off the swift Common Core revolution," Washington Post, June 7, 2014.

99 Richard Pérez-Pena, "Facebook Founder to Donate $100 Million to Help Remake Newark's Schools," New York Times, September 22, 2010; Amit Chowdhry, "Mark Zuckerberg Starts A Book Club As His New Year's Resolution," Forbes, January 5, 2015.

100 Stephen Foley, "Lunch with the FT: Charles Koch," Financial Times, January 8, 2016.

101 例如可以參考：Carnegie, "Wealth," North American Review 148 (June 1889): 653-664.

102 引用於如下資料中：Paul Weingarten, "Chicago's Billion-Dollar Baby," Chicago Tribune, May 9, 1982. 這裡應當指出，第一代富豪堅信「活著就要付出」的理念，並促使自己的基金會追求特定政策的目標，參見：Andrew Carnegie, "The Gospel of Wealth," North American Review 183 (September 21, 1906): 526-537. 至於比較激進的看法則可參考：Inderjeet Parmar, Foundations of the American Century (New York: Columbia University Press, 2012).

103 Adam Meyerson, "When Philanthropy Goes Wrong," Wall Street Journal, March 9, 2012. See also Naomi Schaefer Riley and James Piereson, "What Today's Philanthropoids Could Learn from Andrew Carnegie," National Review, December 22, 2015.

104 Sean Parker, "Philanthropy for Hackers," Wall Street Journal, June 26, 2015.

105 關於風險慈善事業更全面的說明，參見：Matthew Bishop and Michael Green, Philanthrocapitalism: How the Rich Can Save the World (New York: Bloomsbury Press, 2008); and Darrell West, Billionaires: Reflections on the Upper Crust (Washington, DC: Brookings Institution Press, 2014).

106 Rogers, "Why Philantho-Policymaking Matters," p. 378.

107 Quoted in Stanley, "Silicon Valley's New Philanthropy."

108 Gautam Mukunda, "The Price of Wall Street's Power," Harvard Business Review 92 (June 2014), p. 77.

109 Steven Teles, "Foundations, Organizational Maintenance, and Partisan Asymmetry," PS: Political Science & Politics 49 (July 2016), p. 457. 亦請參考：Jeffrey Berry, "Negative Returns: The Impact of Impact Investing on Empowerment and Advocacy," PS: Political Science & Politics 49 (July 2016): 437-441.

110 Kavita Ramdas, "Philanthrocapitalism: Reflecions on Politics and Policy Making," Society 48 (September 2011), p. 395.

111 West, Billionaires, p. 9.

112 Page, Bartels, and Seawright, "Democracy and the Policy Preferences of Wealthy Americans."

113 例如可以參考：Robert Frank, "For the New Superrich, Life is Much More Than a Beach," New York Times, June 20, 2015.

114 Freeland, Plutocrats, p. 67.

115 Freeland, Plutocrats, p. 238. See also West, Billionaires.

116 Rael J. Dawtry, Robbie M. Sutton, and Chris G. Sibley, "Why Wealthier People Think People are Wealthier, and Why It Matters: From Social Sampling to Redistributive Attitudes." Psychological Science (2015).

117 Stéphane Côté, Julian Hose, and Robb Willer, "High economic inequality leads higher-income individuals to be less generous," Proceedings of the National Academy of Sciences 112 (November 2015): 15838-15843.

118 馬斯克的談話被引用於：Leila Janah, "Shouldn't We Fix Poverty Before Migrating to Mars?" Medium, May 27, 2015, 可在如下網址找到這項資料：https://medium.com/@leilajanah/migration-is-the-story-of-my-life-my-parents-and-grandparents-journeyed-across-four-continents-to-2ef2ced74bf#.yx7wtrxyq.

119 Thomas Perkins, "Progressive Kristallnacht Coming?" letter to the Wall Street Journal, January 24, 2014. 相關例子請參考：For a related example, see Monica Langley, "Texas Billionaire Doles Out Election's Biggest Checks," Wall Street Journal, January 22, 2013.

120 所有結果均出自：Greg Ferenstein, "What Silicon Valley Really Thinks About Politics," Medium, November 6, 2015, 可在如下網址找到這項資料：https://medium.com/the-ferenstein-wire/what-silicon-valley-really-thinks-about-politics-an-attempted-measurement-d37ed96a9251#.yvzcssoo2.

121 Freeland, Plutocrats, p. 75.

122 參見：Daniel W. Drezner, All Politics Is Global (Princeton: Princeton University Press, 2007).

123 George Packer, "Change the World," The New Yorker, May 27, 2013. 也可參考：Evgeny Morozov, To Save Everything, Click Here (New York: PublicAffairs, 2013), and David Roberts, "Tech nerds are smart. But they can't seem to get their heads around politics," Vox, August 27, 2015.

124 David Frum, "The Great Republican Revolt," The Atlantic, January-February 2016.

125 Richard Hoftstadter, Anti-Intellectualism in American Life (New York: Random House, 1962); Samuel Huntington, American Politics: The Promise of Disharmony (Cambridge: Belknap, 1981).

126 Edward G. Andrew, Patrons of Enlightenment (Toronto: University of Toronto Press, 2006).

127 Daniel Hirschman, "Stylized Facts in the Social Sciences." Sociological Science 3 (July 2016): 604-626.

128 Daniel W. Drezner, The System Worked (New York: Oxford University Press, 2014), p. 191.

129 Nathan Heller, "Listen and Learn," The New Yorker, July 9, 2012.

第三章　對學院的標準控訴

1 Nicholas Kristof, "Professors, We Need You!" New York Times, February 15, 2014.

2 Alan Wolfe, "Reality in Political Science," Chronicle of Higher Education, November 4, 2005; Joseph Nye, "Scholars on the Sidelines," Washington Post, April 13, 2009; Robert Gallucci, "How Scholars Can Improve International Relations," Chronicle of Higher Education, November 26, 2012.

3 Vernon Louis Parrrington, Main Currents in American Thought, Volume III (New York: Harcourt, Brace, 1930), p. xxvii. Quoted in Robert S. Lynd, Knowledge for What: The Place of Social Science in American Culture (Princeton: Princeton University Press, 1939), p. 4.

4 Josh Marshall, "Goodbye to All That-Why I Left the Academic Life," Talking Points Memo, February 24, 2014.

5 這篇推特發文可在如下網頁找到：https://twitter.com/RichardHaass/status/435605662199201793;https://twitter.com/djrothkopf/status/435028506984980480..

6 Erik Voeten, "Dear Nicholas Kristof: We are right here!" Washington Post, February 15, 2014.

7 同上，亦請參考：Samuel Goldman, "Where Have All the Public Intellectuals Gone?" The American Conservative, February 17, 2014; Corey Robin, "Look Who Nick Kristof's Saving Now," February 16, 2014, 可在如下網址找到這項資料：http://coreyrobin.com/2014/02/16/look-who-nick-kristofs-saving-now/; Wei Zhu, "Are Academics Cloistered?" The Immanent Frame, March 5, 2014, accessed at http://blogs.ssrc.org/tif/2014/03/05/are-academics-cloistered/.

8 關於這點，請參考：Michael Horowitz, "What is Policy Relevance?" War on the Rocks, June 17, 2015.

9 Erica Chenoweth, "A Note on Academic (Ir)relevance," Political Violence at a Glance, February 17, 2014, 可在如下網址找到這項資料：http://politicalviolenceataglance.org/2014/02/17/a-note-on-academic-irrelevance/.

10 克里斯多夫的第一段引文出自他在自己「臉書」中對該專欄的回應，可在如下網址找到這項資料：https://www.facebook.com/kristof/posts/10153827908840389; Joshua Rothman, "Why is Academic Writing so Academic?" The New Yorker, February 20, 2014; 二〇一五年七月十日我與克里斯多夫私人的電子郵件通信。

11 Russell Jacoby, The Last Intellectuals: American Culture in the Age of Academe (New York: Basic Books, 1987), p. 5. 關於此

一問題較新的評論，參見：Craig Timberg, Culture Crash: The Killing of the Creative Class (New Haven: Yale University Press, 2015).

12 Jacoby, The Last Intellectuals, p. 220.

13 Bruce Kuklick, Blind Oracles: Intellectuals and War from Kennan to Kissinger (Princeton: Princeton University Press, 2006), chapter one; Michael Desch, The Relevance Question: Social Science's Inconstant Embrace of Security Studies.

14 Rebecca Lowen, Creating the Cold War University (Los Angeles: University of California Press, 1997).

15 C. Wright Mills, The Power Elite (New York: Oxford University Press, 1958), p. 217.

16 Lowen, Creating the Cold War University; Edward Shils, "Intellectuals, Tradition, and the Traditions of Intellectuals: Some Preliminary Considerations," Daedalus 101 (Spring 1972): 21-34; Thomas Mahnken, "Bridging the Gap Between the Worlds of Ideas and Action." Orbis 54 (Winter 2010): 4-13.

17 Robert Jervis. "Security Studies: Ideas, Policy, and Politics," in Edward Mansfield and Richard Sisson, eds. The Evolution of Political Knowledge: Democracy, Autonomy and Conflict in Comparative and International Politics, (Columbus: The Ohio State University Press, 2004), p. 101.

18 Charles King, "The Decline of International Studies," Foreign Affairs 94 (July/ August 2015), p. 90.

19 Fred Kaplan, The Wizards of Armageddon.(New York: Simon and Schuster, 1983); William Poundstone; Prisoner's Dilemma (New York: Doubleday, 1992); Lowen, Creating the Cold War University; S.M. Amadae, Rationalizing Capitalist Democracy: The Cold War Origins of Rational Choice Liberalism (Chicago: University of Chicago Press, 2003).

20 Theodore White, "The Action Intellectuals," Life, June 9, 1967, p. 48.

21 Irving Howe, "This Age of Conformity," Partisan Review 21(1), p. 13 and 26.

22 Seymour Martin Lipset and Richard Dobson, "The Intellectual as Critic and Rebel: With Special Reference to the United States nd the Soviet Union," Daedalus 101 (Summer 1972): 137-198. 紐約知識分子從市場上消失的情形也有點被誇大了。關於這點，請參考：Irving Howe, "The New York Intellectuals: A Chronicle and a Critique," Commentary, October 1, 1968.

23 Noam Chomsky, "The Responsibility of Intellectuals," New York Review of Books, February 23, 1967.

24 請參考：David Brooks, Bobos in Paradise (New York: Simon and Schuster, 2000), p. 142-145.

25 Andrew Bennett and G. John Ikenberry "The Review's Evolving Relevance for US Foreign Policy 1906-2006," American Political Science Review 100 (November 2006): 651-658.

26 謝林的此一說法被引用於：Gregg Herken, Counsels of War (New York: Knopf, 1985), p. 313.

27 Jacoby, The Last Intellectuals, p. 190.

28 Shils, "Intellectuals, Tradition, and the Traditions of Intellectuals"; Mark Lilla, The Reckless Mind: Intellectuals in Politics (New York: NYRB, 2001).

29 Lipset and Dobson, "The Intellectual as Critic and Rebel," pp. 146-47.

30 也請參考：Stephen Walt "The Relationship between Theory and Policy in International Relations," Annual Review of Political Science 8 (2005), p. 41; Ernest J. Wilson III, "Is There Really a Scholar-Practitioner Gap? An Institutional Analysis," PS: Political Science & Politics 40 (January 2007): 147-151.

31 Daniel Byman and Matthew Kroenig, "Reaching Beyond the Ivory Tower: A How To Manual," Security Studies 25 (May 2016), p. 309.

32 Francis Fukuyama, "The End of History?" The National Interest 16 (Sumer 1989): 3-18; Fukuyama, The End of History and the Last Man (New York: Free Press, 1992); John J. Mearsheimer, "Why We Will Soon Miss the Cold War." The Atlantic Monthly 266 (August 1990): 35-50; Mearsheimer, "Back to the future: instability in Europe after the Cold War." International Security 15 (Summer 1990): 5-56; Joseph Nye, "Soft Power," Foreign Policy 80 (Autumn 1990): 153-171; Nye, Bound to Lead: The Changing Nature of American Power (New York: Basic Books, 1990); Samuel Huntington, "The Clash of Civilizations?" Foreign Affairs 72 (Summer 1993): 22-49; Huntington, The Clash of Civilizations and the Remaking of World Order (New York: Simon and Schuster, 1996); Michael Brown, Sean Lynn-Jones, and Steven Miller, eds., Debating the Democratic Peace (Cambridge: MIT Press, 1996); Charles Krauthammer, "The Unipolar Moment," Foreign Affairs 70 (1990/ 1991): 23-33.

33 Stephen Walt, "Theory and Policy in International Relations: Some Personal Reflections," Yale Journal of International Affairs 7 (September 2012), p. 39.

34 奈發表了許多有關「軟實力」的論文。杭廷頓參加多次關於文明衝突的研討會，並為該著作撰寫出更具爭議性的後續文字。福山受委託撰寫紀念「歷史終結」出版週年的論文。幾十年來，關於民主和平之可持續性的辯論一直是國際關係學界的主要議題。

35 Christopher J. Fettweis, "Evaluating IR's Crystal Balls: How Predictions of the Future Have Withstood Fourteen Years of Unipolarity," International Studies Review 6 (Winter 2004): 79-104.

36 Steven Pinker, The Better Angels of Our Nature: The Decline of Violence in History and Its Causes. (London: Penguin 2011); Joshua S. Goldstein, Winning the War on War: The Decline of Armed Conflict Worldwide (New York: Penguin, 2011).

37 引自下列作品：Steven Del Rosso, "Our New Three Rs: Rigor, Relevance, and Readability," Governance 28 (April 2015), p. 127.

38 Francis Fukuyama, Political Order and Political Decay (New York: Farrar Strauss Giroux, 2014).

39 Joseph Nye, "The Decline of America's Soft Power," Foreign Affairs 83 (May/ June 2004): 16-21.

40 King, "The Decline of International Studies."

41 Daniel W. Drezner, "The Realist Tradition in American Public Opinion," Perspectives on Politics 6 (March 2008): 51-70; John E. Rielly, ed., American Public Opinion and U.S. Foreign Policy 1999 (Chicago: Chicago Council on Foreign Relations, 1999), p. 8.

42 David Abel, "War's Fall From Grace," Boston Globe, January 30, 2001.

43 Chaim Kaufmann, "Threat Inflation and the Failure of the Marketplace of Ideas: The Selling of the Iraq War," International Security 29 (Summer 2004), p. 45.

44 Fred Kaplan, The Insurgents: David Petraeus and the Plot to Change the American Way of War (New York: Simon and Schuster, 2013).

45 蓋茲二〇〇八年四月十四日對美國大學協會演講的內容請參考如下網址：http://archive.defense.gov/Speeches/Speech.aspx?SpeechID=128. 也可參考：Patricia Cohen, "Pentagon to Consult Academics on Security," New York Times, June 18, 2008.

46 Cohen, "Pentagon to Consult Academics on Security." See also Scott Jaschik, "Embedded Conflicts," Inside Higher Ed, July 7, 2015.

47 David Milne, "America's 'intellectual' diplomacy," International Affairs 86 (January 2010): 49-68.

48 Lynn Vavreck and Steve Friess, "An Interview with Lynn Vavreck," PS: Political Science & Politics 48 (September 2015): 43-46; Stephen M. Walt, "How to Get Tenure," Foreign Policy, February 17, 2016.

49 即使在表面上裝得很關注學界政策影響力的公共政策學派也是如此。

50 一些有生意頭腦的大學相關人員如願意充當學術出版物和有興趣閱讀這些刊物之記者間的管道，那是可以賺錢的。或者，商業記者可以向感興趣的學者提供金融公司的研究筆記作為回報。

51 例如可以參考：Douglas A. Borer, "Rejected by the New York Times? Why academics struggle to get published in national newspapers." International Studies Perspectives 7 (September 2006): vii-x.

52 Steven Pinker, "Why Academics Stink at Writing," Chronicle of Higher Education, September 26, 2014, quoted in Victoria Clayton, "The Needless Complexity of Academic Writing," The Atlantic, October 26, 2015.

53 例如可以參考：Peter Dreier, "Academic Drivel Report," The American Prospect, February 22, 2016.

54 我曾為通俗刊物寫了夠多文章，以致認識像lede、tk和kicker之類的報紙用語，但外行人看了或許不明就理。

55 Vavreck and Friess, "An Interview with Lynn Vavreck," p. 43

56 Rose McDermott, "Learning to Communicate Better with the Press and the Public," PS: Political Science & Politics 48 (September 2015), p. 86.

57 George Orwell, "Politics and the English Language," in Why I Write (New York: Penguin Books, 1984), p. 120.

58 我離開《外交政策》後他們也聘用了我。They also hired me after I quit Foreign Policy.

59 例如可以參考：Kieran Healy, "Public Sociology in the Age of Social Media," Perspectives on Politics.

60 Walt "The Relationship between Theory and Policy in International Relations," p. 38.

61 我的遭遇並非孤例。凱撒琳・麥納馬拉（Kathleen McNamara）也早我五年因為向《外交事務》投稿而受到普林斯頓大學類似的責怪，參見：Alexander Kafka, "How the Monkey Cage Went Ape," Chronicle of Higher Education, January 10, 2016.

62 Scott Jaschik, "Too Much Information?" Inside Higher Ed, October 11, 2005; Steve Johnson, "Did blogging doom prof's shot at tenure?" Chicago Tribune, October 14, 2005; Robert Boynton, "Attack of the Career-Killing Blogs," Slate, November 16, 2005.

63 Ivan Tribble, "Bloggers Need Not Apply," Chronicle of Higher Education, July 8, 2005; Tribble, "They Shoot Messengers, Don't They?" Chronicle of Higher Education. September 2, 2005; Jeffrey Young, "How Not to Lose Face on Facebook, for Professors. Chronicle of Higher Education, February 6, 2009. 這些警告包括冒犯資深學者，暴露其政治黨派的危險，以及被視為在非學術活動中投入過多時間而損及傳統學術責任的危險，參見：Christine Hurt and Tung Yin, "Blogging While Untenured and Other Extreme Sports," Washington University Law Review 84 (April 2006): 1235-1255. 有些人不再寫部落格，因為他們承受來自學院傳統工作的壓力，參見：James Lang, "Putting the Blog on Hold," Chronicle of Higher

Education, January 12, 2007. 其他人則表示，擔心將新形式的訊息技術融入其專業活動中會令他們得不償失，參見：Brandon Withrow, “Not Your Father’s Ph.D.” Chronicle of Higher Education, April 18, 2008.

64 Cheryl Boudreau, “Read but Not Heard? Engaging Junior Scholars in Efforts to Make Political Science Relevant,” PS: Political Science & Politics 48.(September.2015), p. 51.

65 Vavreck and Friess, “An Interview with Lynn Vavreck,” p. 44. 亦請參考：Walt, “How to Get Tenure.”

66 Boudreau, “Read but Not Heard?”

67 Charli Carpenter and Daniel W. Drezner, “International Relations 2.0: The Implications of New Media for an Old Profession.” International Studies Perspectives 11 (August 2010): 255-272.

68 John Kenneth Galbraith, “Writing, Typing, and Economics,” The Atlantic, March 1978, p. 104.

69 Boudreau, “Red But Not Heard?” p. 52

70 Galbraith, “Writing, Typing, and Economics.” 亦請參考：Kieran Healy, “Fuck Nuance,” Sociological Theory.

71 根據我的經驗，教授們如果有什麼不願大聲說出的事，那就是：「我很困惑。」

72 Theda Skocpol, “How the Scholars Strategy Network Helps Academics Gain Public Influence,” Perspectives on Politics 12 (September 2014): 695-703.

73 Lawrence Mead, “Scholasticism in Political Science.” Perspectives on Politics 8 (June 2010), p. 459.

74 相關成果請參考如下網址：https://trip.wm.edu/reports/2014/rp_2014/index.php.

75 Daniel Maliniak, Sue Peterson, and Michael Tierney, “TRIP Around the World,” accessed at http://www.wm.edu/offices/itpir/_documents/trip/trip_around_the_world_2011.pdf..

76 James Fearon, “Data on the relevance of political scientists to the NYT,” Washington Post, February 23, 2014, 可在如下網址找到這項資料：http://www.washingtonpost.com/blogs/monkey-cage/wp/2014/02/23/data-on-the-relevance-of-political-scientists-to-the-nyt/.

77 Ezra Klein, “Poli Sci 101: Presidential speeches don’t matter, and lobbyists don’t run D.C.” Washington Post, September 12, 2010; Klein, “How Political Science Conquered Washington,” Vox, September 2, 2014, 可在如下網址找到這項資料：http://www.vox.com/2014/9/2/6088485/how-political-science-conquered-washington.

78 參見：Morton Schapiro, "The New Face of Campus Unrest," Wall Street Journal, Marc 18, 2015; Judith Shulivetz, "In College and Hiding From Scary Ideas," New York Times, March 21, 2015; Edward Schlosser, "I'm a liberal professor, and my liberal students terrify me," Vox, June 3, 2015; Nathan Heller, "The Big Uneasy," The New Yorker, May 30, 2016.

79 Laura Kipnis, "My Title IX Inquisition," Chronicle of Higher Education, May 29, 2015; Jake New, "Defunding for Diversity," Inside Higher Ed, September 23, 2015; Catherine Rampell, "Free speech is flunking out on college campuses," Washington Post, October 22, 2015.

80 如下作品為一些抽樣：Louis Menand, The Marketplace of Ideas (New York: W.W. Norton, 2010); Benjamin Ginsberg, The Fall of the Faculty: The Rise of the All-Administrative University and Why it Matters (New York: Oxford University Press, 2011); Mark C. Taylor, Crisis on Campus (New York: Knopf, 2011); Arum and Roska, Academically Adrift; Deresiewicz, Excellent Sheep.

81 Deresiewicz, Excellent Sheep.

82 Fredrik DeBoer, "Closed Campus," New York Times Magazine, September 13, 2015. 也請參考：Rebecca Schuman, "College Students are Not Customers," Slate, May 20, 2015; Jeffrey Di Leo, "Public Intellectuals, Inc." Inside Higher Ed, February 4, 2008; Ginsberg, The Fall of the Faculty.

83 Jessica Carrick-Hagenbarth and Gerald A. Epstein, "Dangerous interconnectedness: economists' conflicts of interest, ideology and financial crisis," Cambridge Journal of Economics 36 (January 2012): 43-63. 亦請參考：Neil Parmar, "Beware of 'Independent' Investing Research," Wall Street Journal, August 15, 2010

84 Benedict Carey and Pam Belluck, "Doubts About Study of Gay Canvassers Rattle the Field," New York Times, May 25, 2015.

85 Adam Marcus and Ivan Oransky, "What's Behind Big Science Frauds?" New York Times, May 22, 2015.

86 Chang, Andrew C., and Phillip Li, "Is Economics Research Replicable? Sixty Published Papers from Thirteen Journals Say 'Usually Not.' " Finance and Economics Discussion Series 2015-083, Board of Governors of the Federal Reserve System, October 2015. http://dx.doi.org/10.17016/FEDS. 2015. 083, p.3

87 Open Science Collaboration, "Estimating the reproducibility of psychological science," Science 349 (28 August 2015): 4716. 有關該研究成果的新聞報導，參見：Benedict Carey, "Many Psychology Findings Not as Strong as Claimed, Study Says,"

New York Times, August 27, 2015. 相關批評請參考：Daniel Gilbert, Gary King, Stephen Pettigrew, and Timothy Wilson, "Comment on 'Estimating the reproducibility of psychological science,'" Science 351 (March 4, 2016): 1037a.

88 例如可以參考：Jeffrey Isaac, "For a More Public Political Science." Perspectives on Politics 13 (June 2015): 269-283.

89 Nicholas Kristof, "A Confession of Liberal Intolerance," New York Times, May 9, 2016.

90 關於選舉捐款，請參考：Andy Kierscz and Hunter Walker, "These Three Charts Confirm Conservatives' Worst Fears About American Culture," Business Insider, November 3, 2014.

91 Heterodox Academy, "The Problem," 可在如下網址找到這項資料：http://heterodoxacademy.org/problems/. 亦請參考：Scott Jaschik, "Moving Further to the Left," Inside Higher Ed, October 24, 2012.

92 Max Weber, "Science as a Vocation."

93 Phoebe Maltz-Bovy, "Straight Outta Chappaqua," Tablet, January 7, 2015.

94 José L. Duarte et al, "Political Diversity Will Improve Social Psychological Science," Behavioral and Brain Sciences 38 (January 2015), p. 5.

95 Chris Martin, "How Ideology Has Hindered Sociological Insight," The American Sociologist 47 (March 2016): 115-130.

96 有關國際關係部分，請參見：Brian Rathbun, "Politics and Paradigm Preferences: The Implicit Ideology of International Relations Scholars," International Studies Quarterly 56 (September 2012): 607-622. 有關法律部分，請參見：Adam S. Chilton and Eric A. Posner, "An Empirical Study of Political Bias in Legal Scholarship," Coase-Sandor Institute for Law & Economics Research Paper no. 696, University of Chicago, August 2014.

97 Anemona Hartocollis, "College Students Protest, Alumni's Fondness Fades and Checks Shrink," New York Times, August 4, 2016.

98 Paul Brest and Hal Harvey, Money Well Spent (New York: Bloomberg Press, 2008).

99 West, Billionaires, p. 85

100 Glenn Reynolds, "Scott Walker's national education effect," USA Today, February 15, 2015. 有關支持大學文憑具有經濟效益的主張，參見：Pew Research Center, "The Rising Cost of Not Going to College," February 11, 2014, 可在如下網址找到這項資料：http://www.pewsocialtrends.org/2014/02/11/the-rising-cost-of-not-going-to-college/.

101 參見他在提爾獎學金二〇一五年六月的新聞發布會上的談話，可在如下網址找到這項資料：http://www.thielfellowship.

org/2015/06/2015-thiel-fellows-press-release/.

102 克里斯多夫採訪提爾的稿子可在如下網址找到：Transcript of Kristol's interview with Thiel can be accessed at http://conversationswithbillkristol.org/wp-content/uploads/2014/09/Thiel_conversations_transcript.pdf.

103 Peter Thiel, "Thinking too highly of higher ed," Washington Post, November 21, 2014; Conor Friedersdorf, "Peter Thiel Compares Elite Education to a Night Club With a Long Line," The Atlantic, June 1, 2015.

104 Weber, p. 125 and 128.

105 Corey Robin, "How Intellectuals Create a Public," Chronicle of Higher Education, January 22, 2016.

106 Tom Wolfe, "In the Land of the Rococo Marxists," Harper's, June 2000, p. 82.

第四章　為何經濟學一枝獨秀而政治學卻僅勉強圖存？

1 Nicholas Kristof, "Professors, We Need You!" New York Times, February 15, 2014.

2 Tom Ricks, "Given All that is Going On, Why is International Security So Damn Boring?" Foreign Policy, September 15, 2014.

3 Robert Putnam "The Public Role of Political Science." Perspective on Politics 1 (June 2003), p. 250.

4 Steven Van Evera, "U.S. Social Science and International Relations," War on the Rocks, February 9, 2015..

5 Michael Desch, "Technique Trumps Relevance: The Professionalization of Political Science and the Marginalization of Security Studies." Perspectives on Politics 13 (June 2015), p. 378.

6 Charles Beard, "Time, Technology, and the Creative Spirit in Political Science," American Political Science Review 21 (February 1927), p. 8; Robert S. Lynd, Knowledge for What: the Place of Social Science in American Culture (Princeton: Princeton University Press, 1939), p. 138-39; David Easton, "The decline of modern political theory," Journal of Politics 13 (February 1951), p. 48.

7 Paul Krugman, "Economic Culture Wars," Slate, October 25, 1996.

8 Beard, "Time, Technology, and the Creative Spirit in Political Science," p. 10; John Kenneth Galbraith, "Power and the Useful Economist," American Economic Review 63 (March 1973), p. 6; Gordon Tullock, "Economic Imperialism," in James

Buchanan, ed., Theory of Public Choice (Ann Arbor: University of Michigan Press, 1972), p. 325.

9 Marion Fourcade, Etienne Ollion, and Yann Algan. “The Superiority of Economists,” Journal of Economic Perspectives 29 (January 2015), p. 89.

10 Dani Rodrik, Economics Rules: The Rights and Wrongs of the Dismal Science (New York: W.W. Norton, 2015), p. 80.

11 同上，p. 110.

12 John Balz, “The Absent Professor,” Washington Monthly, January/ February/ March 2008.

13 Melissa Harris-Perry and Steve Friess, “An Interview with Melissa Harris-Perry,” PS: Political Science & Politics 48 (September 2015), p. 28.

14 Economist, “Pushback,” March 5, 2016; Kieran Healy, “Public Sociology in the Age of Social Media,” Perspectives on Politics, Figures 1 and 2.

15 Paul C. Avey and Michael C. Desch, “What Do Policymakers Want from Us? Results of a Survey of Current and Former Senior National Security Decision Makers,” International Studies Quarterly 58 (December 2014): 227-246.

16 Richard Posner, Public Intellectuals: A Study of Decline (Cambridge: Harvard University Press, 2000), p. 215.

17 Karin Frick, Detlef Guertler, and Peter A. Gloor, “Coolhunting for the World’s Thought Leaders,” arXiv preprint arXiv:1308.1160, 可在如下網址找到這項資料：http://www.ickn.org/documents/COINs13_Thoughtleaders4.pdf.

18 Thomas Piketty, Capital in the Twenty-First Century (Cambridge: Belknap, 2014).

19 Henry Farrell and John Quiggin, “Consensus, Dissensus and Economic Ideas: The Rise and Fall of Keynesianism During the Economic Crisis,” manuscript, George Washington University, fall 2013; Daniel W. Drezner, The System Worked: How the World Stopped Another Great Depression (New York: Oxford University Press, 2014), chapter six.

20 Patrick Thaddeus Jackson and Stuart J. Kaufman, “Security Scholars for a Sensible Foreign Policy: A Study in Weberian Activism,” Perspectives on Politics 5 (March 2007), p. 96.

21 Avey and Desch, “What Do Policymakers Want from Us?”

22 Bruce W. Jentleson and Ely Ratner, “Bridging the Beltway–Ivory Tower Gap,” International Studies Review 13 (March 2011), p. 8.

23 American Political Science Association, Improving Public Perceptions of Political Science’s Value (Washington: APSA, 2014), p. 15.

24 Stephen Walt, "Theory and Policy in International Relations: Some Personal Reflections," Yale Journal of International Affairs 7 (September 2012), p. 35.

25 Stephen D. Krasner, "The Garbage Can Framework for Locating Policy Planning." In Daniel W. Drezner, ed., Avoiding Trivia: The Role of Strategic Planning in American Foreign Policy (Washington: Brookings Institution Press, 2009).

26 Andrew Bennett and G. John Ikenberry "The Review's Evolving Relevance for US Foreign Policy 1906-2006," American Political Science Review 100 (November 2006): 651-658; Daniel Maliniak, Amy Oakes, Susan Peterson, and Michael J. Tierney, "International Relations in the US Academy." International Studies Quarterly 55 (June 2011): 437-464.

27 APSA, Improving Public Perceptions of Political Science's Value, p. 11.

28 科恩的此一說法被引用於：Alexander Kafka, "How the Monkey Cage Went Ape," Chronicle of Higher Education, January 10, 2016.

29 Robert E. Lucas, "Macroeconomic Priorities," American Economic Review 93 (March 2003), p. 1.

30 Olivier Blanchard, "The State of Macro," NBER Working Paper 14259, August 2008, p. 2.

31 Nate Silver, The Signal and the Noise (New York: Penguin, 2012), p. 20.

32 例如可以參考：John Quiggin, Zombie Economics (Princeton: Princeton University Press, 2012).

33 Richard H. Thaler, Misbehaving: The Making of Behavioral Economics. (New York: W.W. Norton, 2015), p. 4.

34 Davide Furcer et al, "Where are We Headed? Perspectives on Potential Output." In World Economic Outlook (Washington: International Monetary Fund,, 2015).

35 Noah Smith, "Economists' Biggest Failure," BloombergView, March 5, 2015.

36 Paul Romer, "Mathiness in the Theory of Economic Growth." American Economic Review 105 (May 2015): 89-93.

37 此段文字引自：David Colander, "Intellectual Incest on the Charles: Why Economists are a little bit off," Eastern Economic Journal 41 (January 2015), p. 156.

38 Alberto Alesina and Silvia Ardagna, "Large Changes in Fiscal Policy: Taxes Versus Spending," NBER Working Paper no. 15438, October 2009; Carmen Reinhart and Kenneth Rogoff, "Growth in a Time of Debt." NBER Working Paper no. 15639, January 2010.

39 Paul Krugman "How the Case for Austerity Has Crumbled," New York Review of Books, June 6, 2013.

40 Mark Blyth, Austerity: The History of a Dangerous Idea (New York: Oxford University Press, 2013); Drezner, The System Worked, chapter six.

41 Luigi Zingales, "Does Finance Benefit Society?" AFA Presidential Address, January 2015, p. 3. 可在如下網址找到這項資料：http://faculty.chicagobooth.edu/luigi.zingales/papers/research/Finance.pdf.

42 Paul Pfleiderer, "Chameleons: The misuse of theoretical models in finance and economics." Revista de Economía Institucional 16 (July/ December 2014): 23-60.

43 Barry Ritholz, "Why don't bad ideas ever die?" Washington Post, December 15, 2012; Ritholz, "Zombie Ideas that Keep on Losing," BloombergView, October 20, 2014.

44 Raghuram Rajan, Fault Lines (Princeton: Princeton University Press, 2010); Simon Johnson and James Kwak, 13 Bankers (New York: Pantheon, 2010).

45 Alan Blinder, Hard Heads, Soft Hearts. (Boston: Addison-Wesley, 1988).

46 在對精英經濟學家所做的調查中，提出的問題幾乎完全就是這麼措辭的，請參考：This is almost the exact way the question was phrased in this survey of elite economists: http://www.igmchicago.org/igm-economic-experts-panel/poll-results?SurveyID=SV_0dfr9yjnDcLh17m.

47 Rodrik, Economics Rules.

48 David Autor, David Dorn, and Gordon Hanson, "The China Shock: Learning from Labor Market Adjustment to Large Changes in Trade," NBER Working Paper No. 21906, January 2016.

49 Dani Rodrik, Economics Rules: The Rights and Wrongs of the Dismal Science (New York: W.W. Norton, 2015); Noah Smith, "Free Trade With China Wasn't Such a Great Idea for the U.S." BloommbergView, January 26, 2016.

50 Binyamin Appelbaum, "On Trade, Donald Trump Breaks With 200 Years of Economic Orthodoxy," New York Times, March 10, 2016.

51 Dani Rodrik, "Economists vs. Economics," Project Syndicate, September 10, 2015; Rodrik, Economics Rules, and Romer, "Mathiness in the Theory of Economic Growth."

52 Paul Krugman, "How Did Economics Get It So Wrong?" New York Times Magazine, September 2, 2009; Barry Eichengreen

"The Last Temptation of Risk," The National Interest 101 (May/ June 2009), p. 8.

53 Clive Crook, "The Trouble with Economics," BloombergView, October 11, 2015.

54 Federico Fubini, "The Closed Marketplace of Ideas," Project Syndicate, January 4, 2016.

55 John Lewis Gaddis, "International Relations Theory and the End of the Cold War," International Security 17 (Winter 1992/ 93): 5-58."; Marc Morjé Howard and Meir Walters, "Explaining the Unexpected: Political Science and the Surprises of 1989 and 2011," Perspectives on Politics 12 (June 2014): 394-408.

56 Christopher J. Fettweis, "Evaluating IR's Crystal Balls: How Predictions of the Future Have Withstood Fourteen Years of Unipolarity." International Studies Review 6 (Winter 2004): 79-104; Philip Tetlock, Expert Political Judgment (Princeton: Princeton University Press, (2005).

57 Benjamin Valentino, "Why We Kill: The Political Science of Political Violence against Civilians," Annual Review of Political Science 17 (2014): 89-103.

58 James Long, Daniel Maliniak, Sue Peterson, and Michael Tierney, "International Relations Scholars, U.S. Foreign Policy, and the Iraq War," working paper, William & Mary College, December 2013.說坦白話，我並不和那些機敏的政治學家一樣反對戰爭。

59 與政治科學有關的部分請參考：Thomas Pepinsky and David Steinberg, "Is International Relations Relevant for International Money and Finance?" working paper, Cornell University, December 2014.

60 Thaler, Misbehaving, p. 5.

61 Harris-Perry and Friess, "An Interview with Melissa Harris-Perry," p. 28

62 Daniel T. Rodgers, Age of Fracture (Cambridge: Belknap, 2011), chapter two; Blinder, Hard Heads, Soft Hearts.

63 亦請參考：Deirdre McCloskey, Knowledge and Persuasion in Economics (New York: Cambridge University Press, 1994).

64 請參考fn. 394 中的引文以及：Barry Eichengreen, "Dental Hygiene and Nuclear War: How International Relations Looks from Economics," International Organization 52 (1998), 993-1061; Noah Smith, "Why Economists Are Paid So Much," BloombergView, December 2, 2014.

65 請參考Rodrik, Economics Rules, p. 31. See also p. 30, 78-79以及Freeman, "It's Better Being an Economist (But Don't Tell

Anyone).”

66 Carmen Reinhart and Kenneth Rogoff, This Time is Different: Eight Centuries of Economic Folly (Princeton: Princeton University Press, 2009), p. 30

67 Freeman, “It’s Better Being an Economist (But Don’t Tell Anyone).

68 Lawrence Mead, “Scholasticism in Political Science.” Perspectives on Politics 8 (June 2010), p. 460.

69 APSA, Improving Public Perceptions of Political Science’s Value, p. 11.

70 “A Different Agenda,” Nature 487(271), July 18, 2012; Kenneth Prewitt, “Is Any Science Safe?” Science 340(6132), May 3, 2013, p. 525.

71 John Sides, “Why Congress should not cut funding to the social sciences,” Washington Post, June 10, 2015.

72 Jeffrey Isaac, “For a More Public Political Science.” Perspectives on Politics 13 (June 2015), p. 269.

73 例如可以參考：David A. Lake “Why “isms” Are Evil: Theory, Epistemology, and Academic Sects as Impediments to Understanding and Progress,” International Studies Quarterly 55 (June 2011): 465-480.

74 此一方法的最佳例子可以在下列著作中看到：The best example of this approach can be seen in Jeffry Frieden, David A. Lake, and Kenneth Schultz, World Politics: Interests, Interactions, Institutions, second edition (New York: W.W. Norton, 2012).

75 Mead “Scholasticism in Political Science.” p. 454.

76 Lynn Vavreck and Steve Friess, “An Interview with Lynn Vavreck,” PS: Political Science & Politics 48 (September 2015), p. 43.

77 Eliot Cohen, “How Government Looks at Pundits,” Wall Street Journal, January 23, 2009. 隨著時間的流逝，這情況可能有所改變，因為比較熟悉經濟學的年輕外交事務官員會將這些方法視為理所當然。關於這點，請參考：Tanisha Fazal, “An Occult of Irrelevance? Multimethod Research and Engagement with the Policy World,” Security Studies 25 (January 2016): 34-41.

78 Robert Jervis, “Bridges, Barriers, and Gaps: Research and Policy,” Political Psychology 29 (Summer 2008), p. 576

79 Susan Jacoby, The Age of American Unreason (New York: Vintage Books, 2008), p. 228.

80 Rodgers, Age of Fracture, p. 63.

81 Rodrik, Economics Rules, p 170.

82 Piketty, Capital in the Twenty-First Century, p. 296. See also N. Gregory Mankiw, "Yes, the Wealthy Can Be Deserving," New York Times, February 15, 2014; Mankiw, "Defending the One Percent," Journal of Economic Perspectives 27 (Summer 2013): 21-24.

83 Chrystia Freeland, Plutocrats, (New York: Penguin, 2012), p. 268.

84 這段文字引自：Alan Jay Levinovitz, "The New Astrology," Aeon, April 4, 2016.

85 每次我為媒體撰文談論這個主題時，在評論欄裡總會看到像「政治科學並非真正的科學，光看他們用上『科學』這字眼便可證明」這一類的留言。

86 Nature, "A Different Agenda."

87 Brendan P. Foht, "Who Decides What Scientific Research to Fund?" National Review, July 25, 2012. 這裡應當指出，有些傑出的政治學家也同意這種說法。就像亞瑟・魯比亞說過的：「國會沒有義務在科學研究上花費一分錢。它只負責在憲法的框架下對美國人民的義務。」Arthur Lupia, "What is the Value of Social Science? Challenges for Researchers and Government Funders," PS: Political Science & Politics 47 (January 2014), p. 5.

88 Daniel B. Klein and Charlotta Stern, "Economists' Policy Views and Voting," Public Choice 126 (March 2006): 331-342.; Neil Gross and Solon Simmons, "The Social and Political Views of American Professors," Harvard University working paper, September 2007; Jon Shields and Joshua Dunn, Passing on the Right: Conservative Professors in the Progressive University (New York: Oxford University Press, 2016).

89 Daniel B. Klein and Charlotta Stern, "Professors and Their Politics: The Policy Views of Social Scientists," Critical Review 17 (March 2005), p. 278.

90 Zubin Jelveh, Bruce Kogut, and Suresh Naidu, "Political Language in Economics," Columbia Business School Research Paper No. 14-57, December 2014.

91 Rogers Smith, "Political Science and the Public Sphere Today," Perspectives on Politics 13 (June 2015), p. 369.

92 Ibid., p. 372.

93 Ronald Rogowski, "Shooting (or Ignoring) the Messenger," Political Studies 11 (May 2013), p. 216.

94 Robert Jervis, "Bridges, Barriers, and Gaps: Research and Policy," Political Psychology 29 (August 2008), p. 574.

95 例如可參考：Steven F. Hayward, "Is Political Science Dying?" The Weekly Standard, December 21, 2015.

96 Michael Stratford, "Symbolic Slap at Social Sciences," Inside Higher Ed, June 2, 2014.

97 APSA, Improving Public Perceptions of Political Science's Value, p. 31

98 Michael C. Horowitz, "Joe Public v. Sue Scholar: Support for the Use of Force," Political Violence at a Glance, July 27, 2015, 可在如下網址找到這項資料：http://politicalviolenceataglance.org/2015/07/27/joe-public-v-sue-scholar-support-for-the-use-of-force/; Institute for the Theory and Practice of International Relations, "Opinions of IR scholars, public differ on world crises," July 9, 2015, 可在如下網址找到這項資料：http://www.wm.edu/offices/itpir/news/Opinions-of-ir-scholars,-public,-differ-on-world-crises.php.

99 Charles Lane, "Congress should cut funding for political science research," Washington Post, June 4, 2012.說句公道話，政治學家之間也存在一些對保守主義世界觀較有好感的共識。例如，大多數政治科學研究對如下的觀點抱持懷疑的態度：最高法院的「聯合公民」（Citizens United）裁決對立法選舉產生深遠影響。

100 Ezra Klein, "How Political Science Conquered Washington," Vox, September 2, 2014.

101 Bryan Caplan, Eric Crampton, Wayne Grove, and Ilya Somin, "Systemically Biased Beliefs about Political Influence," PS: Political Science and Politics 46 (October 2013): 760-767.

102 不過，這種情況近幾年來也有所改變。有名的例外包括：Allan C Stam, Michael C Horowitz, and Cali M Ellis, Why Leaders Fight (New York: Cambridge University Press, 2015) 以及Elizabeth Saunders, Leaders at War: How Presidents Shape Military Interventions (Ithaca: Cornell University Press, 2011).

103 Kenneth Waltz, Theory of International Politics (New York: McGraw Hill, 1979); p. 66 and 110.

104 關於開放經濟政治的入門著作，可參考：David A. Lake, "Open economy politics: A critical review," Review of International Organizations 4 (September 2009): 219-244. 至於利用開放經濟政治來解釋美國外交政策的著作，可參考：Helen Milner and Dustin Tingley, Sailing the Water's Edge: The Domestic Politics of American Foreign Policy (Princeton: Princeton University Press, 2016).

105 Stephen Walt "The Relationship between Theory and Policy in International Relations," Annual Review of Political Science 8 (2005), p. 37.

106 Keren Yarhi-Milo, Knowing the Adversary: Leaders, Intelligence, and Assessment of Intentions in International Relations,

(Princeton: Princeton University Press, 2014).

107 Alexander George, Bridging the Gap (Washington: US Institute for Peace, 1993), p. 6-7.

108 George Packer, "Change the World," The New Yorker, May 27, 2013.

109 許多總統候選人對風險持有相同的態度，比方如下作品中所描述的政治家即是如此：McKay Coppins, The Wilderness (Boston: Little, Brown, 2015).

110 Rodrik, Economics Rules, p. 151.

111 同上，p. 175.

112 Smith, "Political Science and the Public Sphere Today," p. 369. Charli Carpenter, " 'You Talk Of Terrible Things So Matter-of-Factly in This Language of Science': Constructing Human Rights in the Academy," Perspectives on Politics 10 (June 2012): 363-383.

第五章　這不是你爸的智庫

1 克萊恩的這段話被引用於如下著作：Lee Edwards, Leading the Way: The Story of Ed Feulner and the Heritage Foundation (New York: Crown Books, 2013), p. 372; 馬歇爾的這段話被引用於如下著作：Lee Edwards, The Power of Ideas: The Heritage Foundation at 25 Years (New York: Jameson Books, 1997), p. 200.

2 這些引文依序出現於如下著作：Molly Ball, "The Fall of the Heritage Foundation and the Death of Republican Ideas," The Atlantic, September 25, 2013; Julia Ioffe, "A 31-Year-Old Is Tearing Apart the Heritage Foundation," The New Republic, November 24, 2013; Jenifer Steinhauser and Jonathan Weisman, "In the DeMint Era at Heritage, a Shift From Policy to Politics," New York Times, February 23, 2014. 此外亦可參考：Edwards, Leading the Way, pp. 372-75. 至於持相反意見的著作，請參考：Jacob Weisberg, "Happy Birthday, Heritage Foundation," Slate, January 9, 1998.

3 Josh Barro, "The Odd Choice of Jim DeMint at Heritage," BloombergView, December 6, 2012.

4 John Podhoretz, "DeMint Takes Over the Heritage Foundation," Commentary, December 6, 2012; 克里斯托的這段話被引用於如下著作：Dylan Byers, "With a new leader, Heritage rising," Politico, December 6, 2012.

5 Ezra Klein, "Jim DeMint and the death of think tanks," Washington Post, December 6, 2012.

6 Mike Gonzalez, "Jim DeMint to Become Heritage's Next President," December 6, 2012, 可在如下網址找到這項資料：

http://dailysignal.com/2012/12/06/jim-demint-to-become-heritages-next-president/

7 Rachel Weiner, "Jim DeMint Leaving the Senate," Washington Post, December 6, 2012; Daniel Henninger, "Sen. Jim DeMint to Head Heritage Foundation," Wall Street Journal, December 6, 2012.

8 Suzy Khimm, "The right's latest weapon: think-tank lobbying muscle," Washington Post, January 24, 2013.

9 Steinhauser and Weisman, "In the DeMint Era at Heritage,"

10 同上。

11 Joshua Green, "The Tea Party Gets Into the News Biz," BloombergBusiness, May 8, 2014.

12 Steinhauser and Weisman, "In the DeMint Era at Heritage,"

13 Jim DeMint, Falling in Love with America Again (New York: Center Street, 2014).

14 包括傳統基金會在內的大多數智庫都屬於美國國稅局（Internal Revenue Service）分類中的501(c)。具有該身分的組織可以教育立法者有關廣泛政策的事宜，但不能針對特定的立法直接進行遊說。但是，法律允許501(c)4的組織遊說立法者。這裡應當指出，「美國進步中心」（Center for American Progress）率先將501(c)3智庫與501(c)4的倡導組織結合起來。參見：Khimm, "The Right's latest weapon," and Ioffe, "A 31-Year-Old Is Tearing Apart the Heritage Foundation."

15 Edward Feulner and Michael Needham, "New Fangs for the Conservative 'Beast,' " Wall Street Journal, April 12, 2010.

16 Ioffe, "A 31-Year-Old Is Tearing Apart the Heritage Foundation."

17 Robert Rector and Jason Richwine, "The Fiscal Cost of Unlawful Immigrants and Amnesty to the U.S. Taxpayer," Heritage Foundation Special Report no. 133, May 6, 2013.

18 Walter Hickey, "Here's The Massive Flaw With The Conservative Study That Says Immigration Reform Will Cost Taxpayers Nearly $7 Trillion," Business Insider, May 6, 2013.

19 Keith Hennessey, "Eight problems with the Heritage immigration cost estimate," May 9, 2013,可在如下網址找到這項資料：http://keithhennessey.com/2013/05/09/heritage-immigration-study-problems/.

20 Tim Kane, "Immigration Errors," May 6, 2013, 可在如下網址找到這項資料：http://balanceofeconomics.com/2013/05/06/immigration-errors/

21 Daniel W. Drezner, "Regarding Richwine," Foreign Policy, May 11, 2013, 可在如下網址找到這項資料：http://foreignpolicy.

com/2013/05/11/regarding-richwine/

22 Jennifer Rubin, "Jim DeMint's destruction of the Heritage Foundation," Washington Post, October 21, 2013, 可在如下網址找到這項資料：https://www.washingtonpost.com/blogs/right-turn/wp/2013/10/21/jim-demints-destruction-of-the-heritage-foundation/; Shane Harris, "How the NSA Scandal is Roiling the Heritage Foundation," Foreign Policy, October 16, 2013, 可在如下網址找到這項資料：http://foreignpolicy.com/2013/10/16/how-the-nsa-scandal-is-roiling-the-heritage-foundation/.

23 Rubin, "Jim DeMint's destruction of the Heritage Foundation."; Lauren French, Anna Palmer, and Jake Sherman, "GOP lawmakers confront DeMint over ratings," Politico, January 28, 2015, 可在如下網址找到這項資料：http://www.politico.com/story/2015/01/gop-lawmakers-jim-demint-heritage-foundation-ratings-114672.html.

24 Jake Sherman, "Heritage will honor Ryan's top staffer even as it tries to upend GOP budget," Politico, February 9, 2016, 可在如下網址找到這項資料：http://www.politico.com/story/2016/02/heritage-foundation-paul-ryan-219028#ixzz3zosoEfHb.

25 例如可以參考：Weisberg, "Happy Birthday, Heritage Foundation."

26 請參考前註中的說明。

27 Harris, "How the NSA Scandal is Roiling the Heritage Foundation."

28 Jim DeMint, "Free Trade in Name Only," The National Interest, June 16, 2015.

29 Matt Fuller, "Donald Trump And The Heritage Foundation: Friends With Benefits," Huffington Post, August 10, 2016.

30 請比較二〇一二年的Go To Think Tank Report（可在如下網址找到這項資料：http://repository.upenn.edu/cgi/viewcontent.cgi?article=1006&context=think_tanks）與二〇一五年的報告（可在如下網址找到這項資料：accessed at http://repository.upenn.edu/think_tanks/10/.）

31 John B. Judis, "The Little Think Tank That Could," Slate, August 18, 2015.

32 Ball, "The Fall of the Heritage Foundation and the Death of Republican Ideas."

33 James Jay Carafano, "Think Tanks Aren't Going Extinct. But They Have to Evolve," The National Interest, October 21, 2015.

34 在二〇一二年「全球智庫指數」（Go To Think Tank Index）的報告中，傳統基金會在倡議方面排名第十五，而在其二〇一五年的報告中，其排名已升至第三。在影響方面，它從第十上升到第八。

35 Amanda Bennett, "Are think tanks obsolete?" Washington Post, October 5, 2015.

36 Tom Medvetz, Think Tanks in America (Chicago: University of Chicago Press, 2012), p. 18

37 參見：Donald Abelson, Do Think Tanks Matter? Assessing the Impact of Public Policy Institutes (Montreal: McGill-Queens Press, 2009); Andrew Selee, What Should Think Tanks Do? A Strategic Guide to Policy Impact (Stanford: Stanford University Press, 2013)

38 Christopher DeMuth, "Think-Tank Confidential," Wall Street Journal, October 17, 2007

39 Nathan Russell, "An Introduction to the Overton Window of Political Possibilities," Mackinac Center for Public Policy, 2006, 可在如下網址找到這項資料：http://www.storyboardproductions.com/ehc/circle6/3overton-window.pdf. 由於保守派格倫・貝克（Glenn Beck）將該術語用作他自己一部小說的標題，因此保守派對該術語更為熟悉。

40 It is noteworthy that during the debate over Iraq in the fall of 2002, academics had much less influence than a Brookings Institution scholar named Kenneth Pollack, whose book, The Threatening Storm, was the go-to citation for Democrats to justify their support for invasion. 41. David Rothkopf, National Insecurity: American Leadership in an Age of Fear (New York: PublicAffairs, 2014), p. 15-17.

41 David Rothkopf, National Insecurity: American Leadership in an Age of Fear (New York: PublicAffairs, 2014), p. 15-17

42 例如可以參考：Tevi Troy, "Devaluing the Think Tank," National Affairs 10 (Winter 2012): 75-90; Ezra Klein, "Jim DeMint and the Death of Think Tanks," Washington Post, December 6, 2012; Anne-Marie Slaughter and Ben Scott, "Rethinking the Think Tank," Washington Monthly, November/ December 2015. 這種懷舊也可能用錯了地方。參見：Medvetz, Think Tanks in America, 第二章及第三章。

43 David Rothkopf, "Dis Town," Foreign Policy, November 28, 2014, 可在如下網址找到這項資料：http://foreignpolicy.com/2014/11/28/dis-town/.

44 高級官員將有許多外國智庫總部設立的麻薩諸塞大道稱為「阿拉伯占領區」。Jeffrey Goldberg, "The Obama Doctrine," The Atlantic, April 2016.

45 James McGann, "For think tanks, it's either innovate or die," Washington Post, October 6, 2015

46 Bryan Bender, "Many DC Think Tanks Now Players in Partisan Wars" Boston Globe, 11 August 2013; Eric Lipton, Brooke Williams, and Nicholas Confessore, "Foreign Powers Buy Influence at Think Tanks," New York Times, 6 September 2014;

Tom Hamburger and Alexander Becker, "At Fast-Growing Brookings, Donors May Have an Impact on Research Agenda," Washington Post, 30 October 2014; Eric Lipton and Brooke Williams, "How Think Tanks Amplify Corporate Influence," New York Times, August 7, 2016

47 例如可以參考：James A. Smith, The Idea Brokers (New York: Free Press, 1991); Andrew Rich, Think Tanks, Public Policy, and the Politics of Expertise (Cambridge: Cambridge University Pres, 2004).

48 Richard Hoftstadter, Anti-Intellectualism in American Life (New York: Random House, 1962), p. 199.

49 Jeffry Frieden, Banking On the World (New York: Harper & Row, 1987), p. 33-34; Slaughter and Scott, "Rethinking the Think Tank."

50 Bruce Smith, The RAND Corporation: Case Study of a Nonprofit Advisory Corporation (Cambridge: Harvard University Press, 1966), p. 6.

51 Rich, Think Tanks, p. 42; Smith, The Idea Brokers; David R. Jardini, "Out of the blue yonder: The RAND Corporation's diversification into social welfare research, 1946-1968" (Ph.D. dissertation, Carnegie Mellon University, 1996); David Hounshell, "The Cold War, RAND, and the Generation of Knowledge, 1946-1962," Historical Studies in the Physical and Biological Sciences 27 (Spring 1997): 237-267.

52 Peter W. Singer, "Factories to Call Our Own," The Washingtonian, August 2010.

53 Rich, Think Tanks, p. 37.

54 同上，p. 56. 亦可參考：Lee Edwards, Leading the Way: The Story of Ed Feulner and the Heritage Foundation (New York: CrownForum, 2013).

55 55. Khimm, "The Right's latest weapon,"; Ioffe, "A 31-Year-Old Is Tearing Apart the Heritage Foundation."

56 Troy, "Devaluing the Think Tank," p. 86..

57 這段話被引用於如下著作：Medvetz, Think Tanks in America, p. 138.

58 Donald Abelson, "Old world, new world: the evolution and influence of foreign affairs think-tanks." International Affairs 90 (January 2014), p. 129

59 Tom Ricks, The Gamble (New York: Penguin Press, 2009). 第三章及第四章。

60 關於這種情況的詼諧描述，請參考：Jeremy Shapiro, "Who Influences Whom? Reflections on U.S. Government Outreach to

Think Tanks," Brookings Institution, June 4, 2014, 可在如下網址找到這項資料：http://www.brookings.edu/blogs/up-front/posts/2014/06/04-us-government-outreach-think-tanks-shapiro. 至於表示失望的描述，請參考：Shadi Hamid, "What is Policy Research For? Reflections on the United States' Failures in Syria," Middle East Law and Governance 7 (Summer 2015): 373-386.

61 這段話被引用於如下著作：Rich, Think Tanks, p. 72-73.

62 Troy, "Devaluing the Think Tank," p. 87

63 Slaughter and Scott, "Rethinking the Think Tank."

64 Benjamin I. Page with Marshall M. Bouton. The Foreign Policy Disconnect (Chicago: University of Chicago Press, 2008); Joshua Busby and Jonathan Monten, "Republican Elites and Foreign Policy Attitudes," Political Science Quarterly 127 (Spring 2012): 105-142.

65 Ken Silverstein, "The Great Think Tank Bubble," The New Republic, February 19, 2013

66 Hamburger and Becker, "At Fast-Growing Brookings..."

67 Ken Silverstein, "Pay to Play Think Tanks: Institutional Corruption and the Industry of Ideas." Edmund J. Safta Institute for Ethics, Harvard Unicersity, June 2014.

68 Robert Gates, speech as delivered at the Eisenhower Library, Abilene, KS, May 8, 2010. 可在如下網址找到這項資料：http://www.defense.gov/speeches/speech.aspx?speechid=1467

69 Marcus Weisgerber, "Shake-Up Underway at Prominent Washington Think Tank," Defense One, July 15, 2015

70 參見傳統基金會二〇一四年年度報告，可在如下網址找到這項資料：https://s3.amazonaws.com/thf_media/2015/pdf/2014annualreport.pdf,p.46. 傳統行動的資金似乎主要來自小額捐款，參見：Robert Maguire, "More than Kochs, Small Donors Fueled Heritage Action in 2012," OpenSecrets, October 14, 2013, 可在如下網址找到這項資料：http://www.opensecrets.org/news/2013/10/more-than-kochs-small-donors-fueled/.

71 Carafano, "Think Tanks Aren't Going Extinct."

72 Steven Teles, "Foundations, Organizational Maintenance, and Partisan Asymmetry," PS: Political Science & Politics 49 (July 2016): 455-460.

73 Weisgerber, "Shake-Up Underway at Prominent Washington Think Tank,"

74 CFR, "Benefits of Corporate Membership," accessed at http://www.cfr.org/about/corporate/corporate_benefits.html.

75 Brookings Institution, "Brookings Corporate Council Donor Privileges," 可在如下網址找到這項資料：http://www.brookings.edu/~/media/About/development/Brookings-Donor-PrivilegesCorporate.pdf. Center for New American Security, "Corporate Partnership Program," 可在如下網址找到這項資料：http://www.cnas.org/sites/default/files/CNAS%20Corporate%20partnership%20program_042815.pdf.

76 Hamburger and Becker, "At Fast-Growing Brookings..."

77 Lipton and Williams, "How Think Tanks Amplify Corporate America's Influence."

78 同上。

79 Dylan Matthews, "Elizabeth Warren exposed a shocking instance of how money corrupts DC think tanks," Vox, September 30, 2015.

80 Nicholas Confessore, Eric Lipton, and Brooke Williams, "Think Tank Scholar or Corporate Consultant? It Depends on the Day," New York Times, August 8, 2016.

81 Ryan Grim and Paul Blumenthal, "The Vultures' Vultures: How A Hedge-Fund Strategy Is Corrupting Washington," Huffington Post, May 16, 2016.

82 沃倫的這段話出自二〇一五年九月二十八日他寫給斯特羅比・塔勒波特（Strobe Talbott）的信，可在如下網址找到這項資料：http://www.warren.senate.gov/files/documents/2015-9-28_Warren_Brookings_ltr.pdf; Helaine Olen, "Wonks for Hire," Slate, October 2, 2015

83 John B. Judis, "Foreign Funding of Think Tanks Is Corrupting Our Democracy," The New Republic, September 9, 2014.

84 這段話被引用於如下著作：Lipton, Williams and Confessore, "Foreign Powers Buy Influence at Think Tanks."

85 Judis, "The Little Think Tank That Could,"; Eli Clifton, "Home Depot founder's quiet $10 million right-wing investment," Salon, August 5, 2013; Eric Lichtblau, "Financier's Largess Shows G.O.P.'s Wall St. Support," New York Times, August 27, 2010.

86 Slaughter and Scott, "Rethinking the Think Tank."

87 Jane Harman, "Are think tanks too partisan?" Washington Post, October 7, 2015.

88 Steven Teles, Heather Hurlburt, and Mark Schmitt, "Philanthropy in a Time of Polarization," Stanford Social Innovation Review, Summer 2014, 44-49.

89 J.K. Trotter, "Leaked Files Show How the Heritage Foundation Navigates the Reactionary Views of Wealthy Donors," Gawker, September 9, 2015

90 David Weigel, "Cato Goes to War," Slate, March 5, 2012.

91 David Weigel, "Cato at Peace," Slate, June 25, 2012.

92 David Weigel, "Cato Shrugged: Panic About An Incoming Leader's Admiration for Ayn Rand," Slate, August 30, 2012.

93 麥克甘的這段話被引用於如下著作：Bennett, "Are think tanks obsolete?" Ellen Lapison, "Why our demand for instant results hurts think tanks," Washington Post, October 9, 2015. 布魯金斯學院常務董事這段話被引用於如下著作：Lipton and Williams, "How Think Tanks Amplify Corporate America's Influence."

94 這段話被引用於如下著作：Silverstein, "Pay to Play Think Tanks," 10. See also Slaughter and Scott, "Rethinking the Think Tank."

95 Jamie Kirchick, "How a U.S. Think Tank Fell for Putin," The Daily Beast, July 27, 2015.

96 例如可以參見：Leonid Bershidsky, "Putin Hurts a Think Tank By Not Banning It," BloombergView, July 29, 2015.

97 Ali Gharib and Eli Clifton, "Dissent Breaks Out at the Center for American Progress Over Netanyahu's Visit," The Nation, November 10, 2015. 亦可參考：John Hudson, "Netanyahu Visit Sparks Internal Backlash at Powerhouse D.C. Think Tank," Foreign Policy, November 9, 2015.

98 關於國家利益中心，請參考：John Hudson, "Think Tank Fires Employee Who Questioned Ties to Donald Trump," Foreign Policy, May 20, 2016. 關於「公民」，請參考：Kevin Drum, "The Great Matt Bruenig-Neera Tanden Kerfuffle Sort of Explained," Mother Jones, May 20, 2016.

99 Michael Tani, "The Think Tank is Dead. Long Live the Think Tank," http://www.haftofthespear.com/wp-content/uploads/2010/08/The-Think-Tank-is-Dead-Final-Online.pdf, August 2010.

100 Carafano, "Think Tanks Aren't Going Extinct."

101 Slaughter and Scott, "Rethinking the Think Tank."

第六章　公共理念欣欣向榮的私營部門

1 Richard Posner, Public Intellectuals: A Study of Decline (Cambridge: Harvard University Press, 2000), p. 58.

2 關於私營部門如何影響外交政策的標準論述，請參考：Helen Milner and Dustin Tingley, Sailing the Water's Edge: The Domestic Politics of American Foreign Policy (Princeton: Princeton University Press, 2015);比較側重情報面的文章，請參考：Mathew McCubbins and Thomas Schwartz, "Congressional Oversight Overlooked: Police Patrols versus Fire Alarms," American Journal of Political Science 28 (February 1984): 165-179.

3 南非直到二〇一〇年才加入。在本章中，BRICS是指金磚五國。BRICs則指二〇一〇年以前原來的「金磚四國」。

4 多倫多大學「金磚五國訊息中心」的網站可以取得更多的參考資料：http://www.brics.utoronto.ca/docs/index.html.

5 Christian Brütsch and Mihaela Papa, "Deconstructing the BRICS: Bargaining Coalition, Imagined Community, or Geopolitical Fad?" Chinese Journal of International Politics 6 (Autumn 2013), p. 300.

6 Barry Eichengreen Exorbitant Privilege: The Rise and Fall of the Dollar and the Future of the International Monetary System (New York: Oxford University Press, 2011), p. 142-45.

7 BRICS Fortaleza Declaration, July 15, 2014, 可在如下網址找到這項資料：http://brics.itamaraty.gov.br/media2/press-releases/214-sixth-brics-summit-fortaleza-declaration; Simon Romero, "Emerging Nations Bloc to Open Development Bank," New York Times, July 16, 2014..

8 可在如下網址找到該峰會的公報資料：http://www.brics.utoronto.ca/docs/081107-finance.html.

9 Drezner, The System Worked, pp. 149-150, and Miles Kahler, "Conservative Globalizers: Reconsidering the Rise of the Rest," World Politics Review, February 2, 2016.

10 有關金磚五國被誇大之現象的研究，參見：Harsh V. Pant, "The BRICS Fallacy." The Washington Quarterly 36 (Summer 2013): 91-105; Daniel W. Drezner, The System Worked (New York: Oxford University Press), pp. 149-150, and Bruce Jones, Still Ours to Lead: America, the Rising Powers, and the Myths of the Coming Disorder (Washington: Brookings Institution Press, 2014). 有關金磚五國之潛力，參見：Parag Khanna, The Second World: Empires and Influence in the New Global Order (New York: Random House, 2008); Moisés Naim, End of Power (New York: Basic Books, 2013); Naazneen Barma, Ely Ratner, and

Steven Weber, "Welcome to the World Without the West," The National Interest, November 12, 2014; Helmut Reisen, "Will the AIIB and the NDB Help Reform Multilateral Development Landing?" Global Policy 6 (September 2015): 297-304.

11 資料出處：http://infobrics.org/history-of-brics/, 上網日期：二〇一五年十月十五日。

12 Jim O'Neill, "Building Better Global Economic BRICs," Goldman Sachs Global Economics Paper No. 66, November 30, 2001, p. 3 and 10. 值得稱道的是，奧尼爾當時即指出：二十國財長集團「可以說是該提案擴展版的俱樂部」。

13 Dominic Wilson and Roopa Purushothaman, "Dreaming with BRICs: The Path to 2050," Goldman Sachs Global Economics Paper no. 99, October 1, 2003.

14 例如可以參考：Philip Stephens, "A story of Brics without mortar," Financial Times, November 24, 2011; Pant, "The BRICS Fallacy."

15 Brütsch and Mihaela Papa, "Deconstructing the BRICS." Drezner, The System Worked, 第六章及第七章。

16 Gillian Tett, "The Story of the Brics," Financial Times, January 15, 2010.

17 Ye Xie, "Goldman's BRIC Era Ends as Fund Folds After Years of Losses," BloombergBusiness, November 8, 2015.

18 Barma, Ratner and Weber, "Welcome to the World Without the West"; Parag Khanna, Connectivity (New York: Random House, 2016).

19 Evan Osnos, "Born Red," The New Yorker, April 6, 2015; David Shambaugh, "The Coming Chinese Crackup," Wall Street Journal, March 6, 2015; Kahler, "Conservative Globalizers."

20 Drezner, The System Worked, 第六章; "The headwinds return," Economist, September 13, 2014.

21 Ruchir Sharma, "Broken BRICs: Why the Rest Stopped Rising," Foreign Affairs 91 (November/ December 2012), p. 4. 亦請參考：Ruchir Sharma, "How Emerging Markets Lost Their Mojo," Wall Street Journal, June 26, 2013.

22 Pant, "The BRICS Fallacy"; Marcos Degaut, "Do the BRICS Still Matter?" CSIS Americas Program, October 2015.

23 Sinead Cruise and Chris Vellacott, "Emerging markets mania was a costly mistake: Goldman executive," Reuters, July 4, 2013; Luciana Megalhanes, "China only BRIC Country Worthy of the Title–O'Neill," Wall Street Journal, August 23, 2013.

24 Xie, "Goldman's BRIC Era Ends as Fund Folds After Years of Losses."

25 同上。亦請參考：Michael Patterson and Shiyin Chen, "BRIC Decade Ends With Record Fund Outflows as Growth Slows,"

BloombergBusiness, December 28, 2011; Ye Xie, "As Emerging-Market Debt Crisis Talk Grows, Some Investors Scoff," BloombergBusiness, April 1, 2015; Mohammed El-Erian, "Rethinking Emerging Markets," BloombergView, April 3, 2015; Eric Balchunas, "ETF Investors Are Unbundling Emerging Markets," BloombergBusiness, November 4, 2015.

26 關於BRICSAM，請參見：Alan Alexandroff and Andrew Cooper, eds., Rising States, Rising Institutions: Challenges for Global Governance (Washington: Brookings Institution Press, 2010); 關於MIKTA，請參見：Scott Snyder, "Korean Middle Power Diplomacy: The Establishment of MIKTA," Asia Unbound, Council on Foreign Relations, October 1, 2013, 可在如下網址找到這項資料：http://blogs.cfr.org/asia/2013/10/01/korean-middle-power-diplomacy-the-establishment-of-mikta/; for MINTs, see Jim O'Neill, "Who You Calling a BRIC?" BloombergView, November 12, 2013.

27 Tett, "The Story of the Brics".

28 Christopher McKenna, The World's Newest Profession: Management Consulting in the Twentieth Century (New York: Cambridge University Press, 2006), p. 16-17.

29 同上。

30 Walter Kiechel, The Lords of Strategy: The Secret Intellectual History of the New Corporate World (Cambridge: Harvard Business Press, 2010), p. x

31 Robert J. David, Wesley D. Sine, and Heather A. Haveman. "Seizing Opportunity in Emerging Fields: How Institutional Entrepreneurs Legitimated the Professional Form of Management Consulting." Organization Science 24 (March/ April 2013), pp. 367-68.

32 McKenna, The World's Newest Profession; Duff McDonald, The Firm: The Inside Story of McKinsey (London: OneWorld, 2013).

33 McDonald, The Firm; McKenna, The World's Newest Profession, chapter eight; Joe O'Mahoney and Andrew Sturdy, "Power and the diffusion of management ideas: The case of McKinsey & Co." Management Leaning.

34 David, Sine, and Haveman, "Seizing Opportunity in Emerging Fields," p. 369

35 同上，p. 370-71.

36 McDonald, The Firm, p. 5.

37 Kiechel, The Lords of Strategy.

38 McDonald, The Firm, 第六章。

39 Andrew Gross and Jozef Poor, "The Global Management Consulting Sector," Business and Economics 43 (October 2008), p. 62.

40 Alison Stanger, One Nation Under Contract: The Outsourcing of American Power and the Future of Foreign Policy (New Haven: Yale University Press, 2009).

41 O'Mahoney and Sturdy, "Power and the diffusion of management ideas."

42 Anjli Raval and Neil Hume, "Saudi Aramco listing presents challenges for investors," Financial Times, January 10, 2016; Nick Butler, "Saudi Arabia–the dangers of a fanciful vision," Financial Times, May 9, 2016; Adel Abdel Ghafar, "Saudi Arabia's McKinsey reshuffle," Brookings Institution, May 11, 2016.

43 Sebastian Bock, "Politicized expertise–an analysis of the political dimensions of consultants' policy recommendations to developing countries with a case study of McKinsey's advice on REDD+ policies," Innovation: The European Journal of Social Science Research 27 (December 2014), p. 387.

44 Gross and Poor, "The Global Management Consulting Sector," p. 65.亦請參考：O'Mahoney and Sturdy, "Power and the diffusion of management ideas."

45 Fiona Czerniawska and Edward Haigh," Understanding the Impact of Thought Leadership," Source Point Global, September 21, 2014, 可在如下網址找到該項資料：http://www.sourceglobalresearch.com/blog/2014/09/21/understanding-the-impact-of-thought-leadership; Big impact thought leadership, Source Point Global, July 2015.

46 David Leonhardt, "Consultant Nation," New York Times, December 10, 2011.

47 McDonald, The Firm, p. 7 and 289.

48 請參考ＭＧＩ，網站「關於我們」的說明：http://www.mckinsey.com/insights/mgi/about_us, 上網日期：二〇一五年十月十六日。

49 Anne-Marie Slaughter and Ben Scott, "Rethinking the Think Tank," Washington Monthly, November/ December 2015.

50 http://www.jpmorganchase.com/corporate/institute/about.htm, 上網日期：二〇一五年十月十六日。

51 http://www.kkr.com/our-firm/kkr-global-institute, 上網日期：二〇一五年十月十六日。

52 請參考絕對伏特加實驗室的網站：http://www.theabsolutlabs.com/

53 請參考如下網站：http://dupress.com/, 上網日期：二〇一五年十月二十一日。

54 Credit Suisse, The End of Globalization or a more Multipolar World? (London: Credit Suisse Research Institute, 2015); KPMG International, Future State 2030: The Global Megatrends Shaping Governments (Toronto: Mowatt Centre for Policy Innovation, 2014); HSBC, The World in 2050 (London: HSBC Global Research, 2011); PriceWaterhouseCoopers, The World in 2050: Will the Shift in Global Economic Power Continue? (London: PriceWaterhouseCoopers, 2015);

55 Rachel Ainsworth, "Annual publications in financial services: how to avoid yours going bad," Source Point Global, February 5, 2015, 可在如下網址找到該項資料：http://www.sourceglobalresearch.com/blog/2015/02/05/annual-publications-in-financial-services-how-to-avoid-yours-going-bad.

56 Judith Kelley and Beth Simmons. "Politics by Number: Indicators as Social Pressure in International Relations." American Journal of Political Science 59 (January 2015): 55-70; Kelley and Simmons, "The Power of Performance Indicators: Rankings, Ratings and Reactivity in International Relations," presented at the annual meeting of the American Political Science Association, August 27-September 1, 2014, Washington DC.

57 Harold Sirkin, Michael Zinser, and Douglas Hohner, "Made in America, Again," Boston Consulting Group, August 2011, 可在如下網址找到該項資料：https://www.bcg.com/documents/file84471.pdf; Malcolm Gladwell, "The Talent Myth," The New Yorker, July 22, 2002.

58 參見：Ronald S. Burt, Neighbor Networks (New York: Oxford University Press, 2010); Leonard Seabrooke, "Epistemic arbitrage: Transnational professional knowledge in action," Journal of Professions and Organization 1 (January 2014): 49-64.

59 關於前者，請參考：Kelley and Simmons, "The Power of Performance Indicators"; 關於後者，請參考：Daniel W. Drezner, "Five Known Unknowns About the Next Generation Global Economy," Brookings Institution, May 2016

60 Gladwell, "The Talent Myth."

61 O'Mahoney and Sturdy, "Power and the diffusion of management ideas."

62 Richard Dobbs, Sree Ramaswamy, Elizabeth Stephenson, and Patrick Viguerie, "Management intuition for the next 50 years, McKinsey Quarterly (September 2014).

63 Lucy Kellaway, "McKinsey's airy platitudes bode ill for its next half century," Financial Times, September 14, 2014.

64 Rudolph J. Rummel and David A. Heenan, "How multinationals analyze political risk." Harvard Business Review 56 (January/

February 1978): 67-76; Mark Fitzpatrick, "The Definition and Assessment of Political Risk in International Business: A Review of the Literature." Academy of Management Review 8 (April 1983): 249-254.

65 Brian Bremmer and Simon Kennedy, "Geopolitical Risk Rises for Global Investors," Bloomberg, July 29, 2014.

66 Malini Natarajarathinam, Ismail Capar, and Arunachalam Narayanan, "Managing supply chains in times of crisis: a review of literature and insights." International Journal of Physical Distribution & Logistics Management 39 (July 2009): 535-573.

67 John Chipman, "Why Your Company Needs a Foreign Policy," Harvard Business Review 94 (September 2016), p. 36.

68 Barney Thompson, "Political risk is now a growth industry in its own right," Financial Times, September 28, 2014.

69 Jeffrey Birnbaum, "Taking Costly Counsel From A Statesman," Washington Post, March 29, 2004.

70 Bartholomew Sparrow, The Strategist: Brent Scowcroft and the Call for National Security (New York: PublicAffairs, 2015), p. 501. See also Jeff Gerth and Sarah Bartlett, "Kissinger and Friends And Revolving Doors," New York Times, April 30, 1989; Eric Lipton, Nicholas Confessore, and Brooke Williams, "Think Tank Scholar or Corporate Consultant? It Depends on the Day," New York Times, August 8, 2016.

71 Llewellyn D. Howell, "Evaluating Political Risk Forecasting Models: What Works?" Thunderbird International Business Review 56 (July/ August 2014): 305-316.

72 Jonathan R. Laing, "The Shadow CIA," Barron's, October 15, 2001; see also Sam C. Gwynne, "Spies Like Us," Time, January 25, 1999.

73 Gerth and Bartlett, "Kissinger and Friends And Revolving Doors"; Gerth and Sarah Bartlett, "Kissinger and Friends And Revolving Doors"; Alec MacGillis, "Scandal at Cliinton, Inc," The New Republic, September 22, 2013; Rachel Bade, "How a Clinton insider used his ties to build a consulting giant," Politico, April 13, 2016; Lipton, Confessore, and Williams, "Think Tank Scholar or Corporate Consultant?" 關於比較廣泛性的討論，請參考：Mark Leibovich, This Town (New York: Blue Rider Press, 2013).

74 Thompson, "Political risk is now a growth industry in its own right." 75.

75 參見維基解密於下列網址中的聲明：http://wikileaks.org/the-gifiles.html, 上網日期：二〇一五年十月十八日。

76 Pratap Chatterjee, "WikiLeaks' Stratfor dump lifts lid on intelligence-industrial complex," Guardian, February 28, 2012.

77 Max Fisher, "Stratfor Is a Joke and So Is Wikileaks for Taking It Seriously," The Atlantic, February 27, 2012.

78 例如可以參考Milena Rodban對於該產業的分析：http://www.milenarodban.com/myths-vs-realities-series, 上網日期：二〇一五年十月十八日。

79 Bruce Gale, "Identifying, assessing and mitigating political risk," INSEADKnowledge, http://knowledge.insead.edu/economics-finance/identifying-assessing-and-mitigating-political-risk-2013,February26,2008.

80 Howell, "Evaluating Political Risk Forecasting Models," p. 309.

81 Chipman, "Why Your Company Needs a Foreign Policy."

82 Economist Intelligence Unit, Long-term Macroeconomic Forecasts: Key Trends to 2050 (London: The Economist, June 2015).

83 George Friedman, The Next 100 Years (New York: Doubleday, 2009); Friedman, The Next Decade (New York: Doubleday, 2011).

84 斯特拉福公司的新聞稿請參考如下網站：Stratfor's press release can be accessed at http://www.prnewswire.com/news-releases/stratfor-hires-best-selling-author-and-international-affairs-expert-robert-d-kaplan-142452125.html, 上網日期：二〇一五年十月十八日。卡普蘭不到三年後便離開了斯特拉福公司。

85 參考歐亞集團如下的網頁：http://www.eurasiagroup.net/client-services/speaking-engagements, 上網日期：二〇一五年十月十八日。

86 Philip Tetlock, "Reading Tarot on K Street," The National Interest 103 (September/ October 2009), p. 57.

87 Jared Cohen, "Tech for Change," think with Google, https://www.thinkwithgoogle.com/articles/tech-for-change.html, October 2012.

88 Shawn Donnan, "Think again," Financial Times, July 8, 2011

89 同上。

90 Mark Landler and Brian Stetler, "Washington Taps Into a Potent New Force in Diplomacy," New York Times, June 17, 2009.

91 Eric Schmidt and Jared Cohen, The New Digital Age: Reshaping the Future of People, Nations and Business (New York: Knopf, 2013), p. 176.

92 比較新近的資料可以參考：Jared Cohen, "Digital Counterinsurgency," Foreign Affairs 94 (November/ December 2015): 53-58.

93 Rachel Briggs and Sebastien Feve, "Review of Programs to Counter Narratives of Violent Extremism," Institute for Strategic Dialogue, April 2013, 可在如下網址找到該項資料：http://www.againstviolentextremism.org/faq, p. 19.

94 Rachel Briggs and Sebastien Feve, "Review of Programs to Counter Narratives of Violent Extremism," Institute for Strategic Dialogue, August 2013, p. 19.

95 Julian Assange, "Google Is Not What It Seems," Newsweek, October 13, 2014. 比較廣泛的探討請參考：Julian Assange, When Google Met WikiLeaks (New York: OR Books, 2014).

96 關於該項聲明，請參考：Eric Schmidt, "Google Ideas Becomes Jigsaw," Medium, 可在如下網址找到該項資料：https://medium.com/jigsaw/google-ideas-becomes-jigsaw-bcb5bd08c423#.fr3jbfy7q. 比較批判性的見解請參考：Julia Powles, "Google's Jigsaw project has new ideas, but an old imperial mindset," Guardian, February 18, 2016.

97 有關「盾牌計畫」的描述，請參考如下網站：https://www.google.com/ideas/products/project-shield/, 上網日期：二〇一五年十月十八日。

98 Bruce Einhorn, "In India, Google's Eric Schmidt Explains Why He Went to North Korea," BloombergBusiness, March 23, 2013.

99 Shawn Powers and Michael Jablonski, The Real Cyberwar: The Political Economy of Internet Freedom (Urbana: University of Illinois Press, 2015), p. 97

100 Nate Silver, The Signal and the Noise (New York: Penguin, 2012), p. 167.

101 John Gapper, "McKinsey model springs a leak," Financial Times, March 9, 2011; Andrew Hill, "Inside McKinsey," Financial Times, November 25, 2011; Leonhardt, "Consultant Nation."

102 Sirkin, Zinser, and Hohner, "Made in America, Again,".

103 Daniel W. Drezner, "Sovereign Wealth Funds and the (In)Security of Global Finance," Journal of International Affairs 62 (Fall/Winter 2008): 115-130.

104 政府的服務機構與私營部門之間的旋轉門也為該部門提供了幫助。高盛和財政部之間的人事互流是眾所周知的事，而政府中曾擔任過管理顧問之官員的數量更令人驚訝。截至二〇一五年十二月，僅麥肯錫的卸任人員就占了兩個內閣級的職位與兩個美國聯準會主席職位。其他諮詢公司在政府中也有曾經為其效勞過的前員工。

105 Gautam Mukunda, "The Price of Wall Street's Power." Harvard Business Review 92 (June 2014): 70-78.

106 例如，在最近出版的一本書中，麥肯錫的三位顧問解釋說：「我們的思想源於如下四個部分：麥肯錫與全球公司和組織的合作；與企業、政府和非政府組織領導人就我們世界固有的挑戰和機遇進行之有意義的對話；過去二十五年中麥肯錫全球研究所進行之深入的、獨門的定量研究：個人廣泛而多樣的經驗。」參見：Richard Dobbs, James Manyika, and Jonathan Woetzel, No Ordinary Disruption (New York: PublicAffairs, 2015), p. 11.

107 Owen Davis, "JPMorgan Chase & Co Launches Think Tank: The JPMorgan Chase Institute," International Business Times, May 21, 2015..

108 Keren Yarhi-Milo, Knowing the Adversary: Leaders, Intelligence, and Assessment of Intentions in International Relations (Princeton: Princeton University Press, 2014).

109 例如可以參考：Dobbs, Manyika and Woetzel, No Ordinary Disruption.

110 Ryanne Pilgeram and Russell Meeuf. "For-Profit Public Intellectuals." Contexts 13 (Fall 2014), p. 84.

第七章　知識界超級巨星的前景與危境

1 利普曼最完整、最可靠的傳記當屬如下這本：Ronald Steel, Walter Lippmann and the American Century (Boston: Little, Brown, 1980).

2 同上p. 406.亦請參考：Patrick Porter, "Beyond the American Century: Walter Lippmann and American Grand Strategy, 1943-1950," Diplomacy & Statecraft 22 (July 2011), p. 569

3 Steel, Walter Lippmann and the American Century, p. 496.

4 Gregg Herken, The Georgetown Set: Friends and Rivals in Cold War Washington (New York: Knopf, 2014), p. 58.

5 Eric Alterman, Sound and Fury: The Washington Punditocracy and the Collapse of American Politics (New York: Harper & Collins, 192), pp. 43-4.

6 Herken, The Georgetown Set, p. 64.

7 其他能直接與總統通話的也只有Joe Alsop、Phil Graham以及Scotty Reston等三人。Herken, The Georgetown Set, p. 256-57. 另可參考："The Columnists JFK Reads Every Morning," Newsweek, December 18, 1961, pp. 65-70.

8 Steel, Walter Lippmann and the American Century; Stephen Blum, Walter Lippmann: Cosmopolitanism in the Century of Total War (Ithaca: Cornell University Press, 1984).

9 Steel, Walter Lippmann and the American Century, p. 445.

10 同上，p. 444-446.

11 Walter Lippmann, The Public Philosophy (Boston: Little, Brown, 1955), p. 20.

12 同上，另可參考：Gabriel Almond, The American People and Foreign Policy (New York: Praeger, 1950); Almond, "Public Opinion and National Security," Public Opinion Quarterly 20 (Summer 1956): 371-378; V.O. Key, Public Opinion and American Democracy (New York: Knopf, 1961); James Rosenau, Public Opinion and Foreign Policy (New York: Random House, 1961); and Philip Converse, "The Nature of Belief Systems in Mass Publics," in David Apter, ed., Ideology and Discontent (New York: Free Press, 1964); Christopjer Achen and Larry Bartels, Democracy for Realists (Princeton: Princeton University Press, 2016).

13 Fareed Zakaria, "The Politics of Rage: Why Do They Hate Us?" Newsweek, October 14, 2001.

14 關於自由主義派的部分，請參考：'The 25 Most Influential Liberals in the U.S. Media,' Forbes, January 22, 2009. 關於中間派的部分，請參考：Zakaria, "Republicans are the Party of Gridlock," Washington Post, February 14, 2014. For 'conservative,' see Marion Maneker, "Man of the World," New York, April 14, 2003. 關於新保守主義派的部分，請參考：Joy Press, "The Interpreter," The Village Voice, August 9, 2005.

15 參見：Fareed Zakaria, "Changing the Middle East," Slate, January 20, 2004, as well as Maneker, "Man of the World."

16 Zakaria, "The Arrogant Empire," Newsweek, March 23, 2003; Zakaria, ""Rethinking Iraq: The Way Forward," Newsweek, November 5, 2006; Zakaria, "Who Lost Iraq? The Iraqis did, with an assist from George W. Bush," Washington Post, June 12, 2014.

17 可在如下網址找到米德的引文：http://www.esquire.com/news-politics/a127/twenty-one-more-1199/. 季辛吉的引文請參考：Maneker, "Man of the World." 最後的那句引文摘自：David M. Shribman, "Globalization, its discontents, and its upside," Boston Globe, June 1, 2008.

18 Herken, The Georgetown Set. 也請參考：Robert Merry, Taking on the World: Joseph and Stewart Alsop, Guardians of the American Century (New York: Viking, 1996); Maureen Orth, "When Washington Was Fun," Vanity Fair, December 2007.

19 Wilson D. Miscamble, George F. Kennan and the Making of American Foreign Policy, 1947-1950 (Princeton: Princeton University Press, 1992), p. 36; Walter Hixson, George F. Kennan: Cold War Iconoclast (New York: Columbia University Press, 1989.), p. 134; Herken, The Georgetown Set, p. 51.

20 參見：John Lewis Gaddis, George F. Kenan: An American Life (New York: Penguin, 2011), pp. 270-75.
21 Steel, Walter Lippmann and the American Century, pp. 346-363; Herken, The Georgetown Set, pp. 204-209. 這些醜聞對於雙方當然都造成傷害。在這個事件之後，阿姆斯壯在自己於《外交事務》任職的期間不准人家提及或引用利普曼。
22 與法理德・札卡利亞的訪談，紐約市，二〇一五年十二月八日。
23 Rob Krebs, Narrative and the Making of US National Security (New York: Cambridge University Press, 2015), 第六章。
24 Graham Allison, "Cool It: The Foreign Policy of Young America," Foreign Policy 1 (Winter 1970/ 71), p. 150. 另外也可參考：Krebs, Narrative and the Making of US National Security, p. 192.
25 Andrew Bacevich, "American Public Intellectuals and the Early Cold War, or, Mad about Henry Wallace," in Michael Desch, ed., Public Intellectuals in the Global Arena (South Bend: University of Notre Dame Press, 2016), p. 83.
26 Alterman, Sound and Fury, p. 46-47.
27 Sherwin Rosen, "The Economics of Superstars," American Economic Review 71 (December 1981): 845-858.
28 Parag Khanna, The Second World (New York: Random House, 2008) .
29 Parag Khanna, "Waving Goodbye to Hegemony," New York Times Magazine, January 27, 2008.
30 http://paragkhanna.com/about-parag-khanna/, 上網日期：二〇一五年十二月十四日。
31 該引文見於如下作品：Ian Parker, "The Bright Side," The New Yorker, November 10, 2008.
32 Thomas Friedman, The World Is Flat: A Brief History of the Twenty-First Century (New York: Farrar Strauss Giroux, 2005), p. 238.
33 佛里曼明確讓鮑布・伍德瓦（Bob Woodward）知道，發明侵略他國之「陶瓷倉規則」（Pottery Barn rule）一詞的人是他自己，而非國務卿柯林・鮑威爾。Parker, "The Bright Side,"
34 取自弗格森的傳記資料，請參考如下網址：http://www.niallferguson.com/about. 弗格森本人在《金錢崛起》（*The Ascent of Money*）一書中明確提到這點 (New York: Penguin, 2008), p. 360.
35 弗格森《文明》一書的這段描述來自二〇一二年六月二十六日與《衛報》的訪談。可在如下網址找到這項資料：http://www.theguardian.com/books/2012/jun/26/niall-ferguson-civilization-paperback-q-a.
36 Eric Alterman, "Niall Ferguson's Gay Theory for the World's Economic Problems Is Nothing If Not Novel," Huffington Post, July 9, 2013. 亦請參考：Thorsten Pattberg, "The Public Intellectual and The Marketing of World History," Global Research,

September 6, 2013;

37 同上; Varadarajan, “Fareed Zakaria’s Plagiarism and the Lynch Mob.”

38 Christine Haughney, “A Media Personality, Suffering a Blow to His Image, Ponders a Lesson,” New York Times, August 19, 2012.

39 Justin Fox, “Rockin’ in the Flat World,” Fortune, September 19, 2005; 關於專家講者演講費的高漲現象，也可參考：Ben Smith, “Paid to Speak,” Politico, October 11, 2010; Jason Horowitz, “At the Washington Speakers Bureau, talk isn’t cheap,” Washington Post, October 10, 2011.

40 與尼爾・弗格森的訪談, 二〇一六年四月二十二日。

41 Stephen Marche, “The Real Problem with Niall Ferguson’s Letter to the 1%” Esquire, August 21, 2012.

42 貝尼奧夫這段話的出處如下：Felix Salmon, “What on Earth was Thomas Friedman Talking About?” Fusion, January 23, 2015; Doerr quoted in Parker, “The Bright Side.”

43 二〇〇二年四月二十二日與尼爾・弗格森在麻州劍橋的訪談。也請參考：Mark Engler, “The ascent of Niall Ferguson,” Dissent (Spring 2009): 118-124.

44 「佛里曼論壇」二〇一三和二〇一二年舉辦過會議，但之後便停辦了。

45 Parker, “The Bright Side.”

46 Janet Tassel, “The Global Empire of Niall Ferguson,” Harvard Magazine, May-June 2007, 可在如下網址找到這項資料：http://harvardmagazine.com/2007/05/the-global-empire-of-nia.html.

47 Richard Eden, “Historian Niall Ferguson: Why I am quitting Britain for ‘intellectual’ America,” Daily Telegraph, February 5, 2012.

48 Tunku Varadarajan, “Fareed Zakaria’s Plagiarism and the Lynch Mob,” Newsweek, August 20, 2012.

49 Benjamin Wallace-Wells, “Right Man’s Burden,” Washington Monthly, June 2004.

50 專訪札卡利亞，二〇一五年十二月八日。

51 參見：Alexander Abad-Santos, “We’ve Heard Fareed Zakaria’s Excuse Before,” Atlantic Wire, August 20, 2012, 可在如下網址找到該項資料：http://www.thewire.com/business/2012/08/weve-heard-fareed-zakarias-excuse/55952/;DavidPlotz,“ThePlagiarist,”Slate,January11,2002, 可在如下網址找到該項資料：http://www.slate.com/articles/news_and_politics/assessment/2002/01/the_plagiarist.html.

52 所有對於佛里曼的生平簡介或是對其作品的評論都一致讚揚他的第一本書《從貝魯特到耶路撒冷》。同樣，討論弗格森的文章也推崇他的第一本重要著作《十九世紀羅斯柴爾德家族的歷史》。

53 Haughney, "A Media Personality, Suffering a Blow to His Image, Ponders a Lesson,"; 專訪札卡利亞，二〇一五年十二月八日。

54 有關對札卡利亞最嚴厲的指責，請參考：Steven Brill, "Stories I'd Like to See: Fareed Zakaria's 'mistake'" Reuters, August 21, 2012; and Ta-Nehisi Coates, "How Plagiarism Happens," The Atlantic, August 27, 2012.

55 例如可以參考：https://ourbadmedia.wordpress.com/2014/11/10/newsweek-corrected-7-of-fareed-zakarias-plagiarized-articles-the-washington-post-needs-to-do-the-same-for-these-6/.

56 Dylan Byers, "Fareed Zakaria's anonymous pursuers: We're not done yet," Politico, November 13, 2014, 可在如下網址找到該項資料：http://www.politico.com/story/2014/11/our-bad-media-not-done-yet-112866.html#ixzz3ujKmRRQN.

57 Dylan Byers, "The Wrongs of Fareed Zakaria," Politico, September 16, 2014; Michael Kinsley, "Parsing the Plagiarism of Fareed Zakaria," Vanity Fair, February 28, 2015.

58 Wallace-Wells, "Right Man's Burden."

59 Niall Ferguson, "Not two countries, but one: Chimerica," The Daily Telegraph, March 4, 2007; Ferguson, "The Real Costs of Isolationism," Newsweek, June 26, 2011.

60 Fox, "Niall Ferguson and the Rage Against the Thought-Leader Machine."

61 可在如下網址找到該信件的全文：http://www.hoover.org/research/open-letter-ben-bernanke.

62 Niall Ferguson, "Complexity and Collapse," Foreign Affairs 89 (March/ April 2010): 18-32

63 Joe Weisenthal, "Niall Ferguson Has Been Wrong On Economics," Business Insider, August 19, 2012.

64 Niall Ferguson, "Hit the Road, Barack," Newsweek, August 19, 2012.

65 參見：Paul Krugman, "Unethical Commentary, Newsweek Edition," New York Times, August 19, 2012; Matthew O'Brien, "A Full Fact-Check of Niall Ferguson's Very Bad Argument Against Obama," The Atlantic, August 20, 2012; Dylan Byers, "Niall Ferguson's ridiculous defense," Politico, August 20, 2012; Joe Weisenthal, "Niall Ferguson Publishes Embarrassing Defense Of Newsweek Article," Business Insider, August 20, 2012.

66 關於弗格森的辯解，請參考："Correct This, Bloggers," The Daily Beast, August 21, 2012. 關於對弗格森辯解的回應，

請參考：Dylan Byers, "Niall Ferguson ducks, nitpicks, vilifies," Politico, August 21, 2012, and David Weigel, "Leave Niall Ferguson Alone!" Slate, August 21, 2012.

67 John Cassidy, "Ferguson vs. Krugman: Where are the Real Conservative Intellectuals?" The New Yorker, August 20, 2012; Ryan Chittum, "Newsweek's Niall Ferguson debacle," Columbia Journalism Review, August 21, 2012.

68 Henry Blodget, "Harvard's Niall Ferguson Blamed Keynes' Economic Philosophy On His Being Childless And Gay," Business Insider, May 4, 2013.

69 "Correction: UK Confidence," Financial Times, June 2, 2015; 亦請參考：Greg Callus' adjudication of Ferguson's column for the FT，可在如下網址找到該項資料：http://aboutus.ft.com/files/2010/09/Ferguson-Adjudication-with-PS.pdf

70 Niall Ferguson, "Quantitative Teasing," http://www.niallferguson.com/blog/quantitative-teasing, December 5, 2013; Caleb Melby, Laura Marcinek and Danielle Burger, "Fed Critics Say '10 Letter Warning Inflation Still Right," BloombergBusiness, October 2, 2014.

71 Niall Ferguson, "An Unqualified Apology," http://www.niallferguson.com/blog/an-unqualified-apology, May 4, 2013.

72 Niall Ferguson, "An Open Letter to the Harvard Community," Harvard Crimson, May 7, 2013.

73 Daniel W. Drezner, "Oh, Niall...." Foreign Policy, May 9, 2013.

74 Ferguson, "Jonathan Portes, master of the political correction."

75 二〇一六年四月二十二日與尼爾・弗格森的訪談。

76 例如可以參考：Niall Ferguson, "Civilizing the Marketplace of Ideas," Project Syndicate, October 14, 2013

77 Jonathan Chait, "Niall Ferguson Fights Back Against Smear Campaign by Fact-checkers, Facts," New York, June 11, 2015. 也請參考：Fox, "Niall Ferguson and the Rage Against the Thought Leader Machine."

78 Mark Hemingway, "Lies, Damned Lies, and 'Fact Checking,' " Weekly Standard, December 19, 2011.

79 例如可以參考：the contemporaneous defenses of Ferguson's Newsweek essay，可在如下網址找到該項資料：http://www.newsweek.com/ responses-niall-fergusons-newsweek-cover-story-obama-64559, including from the donor of Ferguson's endowed chair at Harvard; Glenn Beck為弗格森所做的辯護可在如下網址收聽：http://www.glennbeck.com/2012/08/20/newsweek-hit-the-road-barack/; Jonah Goldberg, "Niall Ferguson's Real Mistake," National Review online, http://www.

nationalreview.com/article/347651/niall-fergusons-real-mistake-jonah-goldberg, May 8, 2013.

80 Meg P. Bernhard and Mariel A. Klein, "Historian Niall Ferguson Will Leave Harvard for Stanford," Harvard Crimson, October 8, 2015. 82.

81 在《金融時報》不得不更正他二〇一五年一篇專欄文章中所犯的事實錯誤時，他的回答是：「人都會犯錯，尤其忙起來的時候更是如此，像我又要教學生又要寫書就是這樣。」參見：Niall Ferguson, "Jonathan Portes, master of the political correction," The Spectator, June 13, 2015.

82 札卡利亞依然參加的會議是達沃斯的「世界經濟論壇」。

83 與札卡利亞的訪談。

84 麥可・金斯利（Michael Kinsley）在與札卡利亞電子郵件往返之後寫道：「在有線電視新聞網老闆的授意下，任何有關剽竊的事不可見諸於紀錄」，參見：Kinsley, "Parsing the Plagiarism of Fareed Zakaria," 本人訪談札卡利亞所聽到的說法亦是如此。

85 David Carr, "Journalists Dancing on the Edge of Truth," New York Times, August 19, 2012.

86 參見：Jeffrey Goldberg, "Fareedenfreude (or, Alternatively, Schadenfareed)," The Atlantic, August 14, 2012

87 David Brooks, Bobos in Paradise (New York: Simon & Schuster, 2000), 第四章。

88 Carr, "Journalists Dancing on the Edge of Truth."

89 Fox, "Niall Ferguson and the Rage Against the Thought Leader Machine."

第八章　思想產業是否正在自我調節？

1 Joseph Schumpeter, Capitalism, Socialism, and Democracy (New York: Harper and Row, 1950).

2 Robert Solow, "Technical Change and the Aggregate Production Function," Review of Economics and Statistics 39 (August 1957): 312-320; Paul Romer, "Endogenous Technological Change," Journal of Political Economy 98 (October 1990): S71-S102; Robert Gordon, The Rise and Fall of American Growth: The U.S. Standard of Living since the Civil War (Princeton: Princeton University Press, 2016).

3 Joseph L. Mower and Clayton Christensen, "Disruptive Technologies: Catching the Wave," Harvard Business Review 73

(January/ February 1995): 43-53.

4 Clayton Christensen, Dina Wang, and Derek van Bever, “Consulting on the Cusp of Disruption,” Harvard Business Review 91 (October 2013), p. 109

5 Clayton Christensen, The Innovator’s Dilemma (Cambridge: Harvard Business School Press, 1997), p. xii.

6 Joshua Gans, “Keep Calm and Manage Disruption,” MIT Sloan Management Review, February 22, 2016.

7 “Disrupting Mr. Disrupter,” Economist, November 28, 2015.

8 有關克里斯汀生更多的信念，請參考：http://www.claytonchristensen.com/beliefs/; 有關他政治世界觀的簡介，請參考：Nicholas Fandos, “Conversations: Clayton Christensen,” Harvard Crimson, November 1, 2012. 9.

9 例如可以參考：Clayton Christensen, James Allworth, and Karen Dillon, How Will You Measure Your Life? (New York: Harper Business, 2012).

10 Craig Lambert, “Disruptive Genius,” Harvard Magazine, July-August 2014.

11 參見：http://www.claytonchristensen.com/ideas-in-action/rose-park-advisors/.

12 Lexis/ Nexis news search; see also Economist, “Disrupting Mr. Disrupter.”

13 Goldstein, “The Undoing of Disruption”; Jena McGregor, “The world’s most influential management thinker?” Washington Post, November 12, 2013.

14 Henry Blodget, “Harvard Management Legend Clay Christensen Defends His ‘Disruption’ Theory, explains The Only Way Apple Can Win,” Business Insider, November 2, 2014.

15 例如可以參考：Michael Raynor,” Disruption theory as a predictor of innovation success/ failure,” Strategy & Leadership 39 (July 2011): 27-30.

16 Clayton Christensen, Jerome Grosman, and Jason Hwang, The Innovator’s Prescription (New York: McGraw-Hill, 2008); Clayton Christensen, Curtis Johnson, and Michael Horn, Disrupting Class (New York: McGraw-Hill, 2008); Clayton Christensen and Henry Eyring, The Innovative University (San Francisco: Jossey-Bass, 2011).

17 Clayton Christensen, “A Capitalist’s Dilemma, Whoever Wins on Tuesday,” New York Times, November 3, 2012; Christensen and Derek Van Bever, “The Capitalist’s Dilemma, Harvard Business Review 92 (June 2014): 60-68.

18 參見：http://www.claytonchristensen.com/ideas-in-action/christensen-institute/.

19 參見：http://disruptorfoundation.org/.

20 Goldstein, "The Undoing of Disruption."

21 Blodget, "Harvard Management Legend Clay Christensen Defends His 'Disruption' Theory."

22 例如可以參考：McKinsey Global Institute, "Big Data: The Next Frontier for Innovation, Competition, and Productivity," or "Disruptive Technologies: Advances that will transform life, business, and the global economy."

23 Accenture, "Be the Disruptor, not the Disrupted," 可在如下網址找到該項資料：https://www.accenture.com/ae-en/insight-compliance-risk-study-2015-financial-services.aspx.

24 Richard Dobbs, James Manyika, and Jonathan Woetzel, No Ordinary Disruption: The Four Global Forces Breaking All The Trends (New York: PublicAffairs, 2015), p. 3 and 8.

25 可在如下網址找到《時代雜誌》有關創新的報告：https://www.scribd.com/doc/224332847/NYT-Innovation-Report-2014. 亦請參考：Rhys Grossman, "The Industries That Are Being Disrupted the Most by Digital," Harvard Business Review, March 21, 2016.

26 Jill Lepore, "The Disruption Machine: What the Gospel of Innovation Gets Wrong," The New Yorker, June 23, 2014.

27 Dobbs, Manyika, and Woetzel, No Ordinary Disruption, p. 199. 33.

28 可在如下網址看到這些封面：https://www.foreignaffairs.com/issues/2016/95/1#browse-past-issues.

29 Eric Schmidt and Jared Cohen, "The Digital Disruption," Foreign Affairs 89 (November/ December 2010), p. 75 and 85.

30 例如亦可參見：Mohamed El-Erian, "Governments' Self-Disruption Challenge," Project Syndicate, October 13, 2015.

31 Parag Khanna and Ayesh Khanna, Hybrid Reality (TED Conferences, 2012).

32 Parag Khanna, Connectography (New York: Random house, 2016), p. 6.

33 Thomas Friedman, "The Do-It-Yourself Economy," New York Times, December 12, 2009; Friedman, "It's P.Q. and C.Q. as Much as I.Q.," New York Times, January 29, 2013; Friedman, "The Professors' Big Stage," New York Times, March 5, 2013; Friedman, "Hillary, Jeb, Facebook and Disorder," New York Times, May 20, 2015.

34 Peter J. Dombrowski and Eugene Gholz, Buying Military Transformation: Technological Innovation and the Defense Industry (New York: Columbia University Press, 2006); Gautam Makunda, "We Cannot Go On: Disruptive Innovation and the First

World War Royal Navy," Security Studies 19 (February 2010): 124-159; Jonathan Caverley and Ehan Kapstein, "Disruptive Innovation and the Global Arms Trade," working paper, University of Minnesota, April 2015.

35 David Rothkopf, "Objects on Your TV Screen Are Much Smaller Than They Appear," Foreign Policy, March 20, 2015.

36 Anne-Marie Slaughter, "America's Edge," Foreign Affairs 88 (January/ February 2009), p. 94-95.

37 Alex Thier, "Disruptive Innovations Bringing Nepal Closer to Ending Extreme Poverty," USAID Impact Blog, January 5, 2015, 可在如下網址找到該項資料：https://blog.usaid.gov/2015/01/disruptive-innovations-bringing-nepal-closer-to-ending-extreme-poverty/.

38 Hillary Clinton, Hard Choices (New York: Simon & Schuster, 2014), p. 550.

39 U.S. Department of State, "21st Century Statecraft," 可在如下網址找到該項資料：http://www.state.gov/statecraft/overview/index.htm. 亦請參考：Clinton, Hard Choices, 第二十四章; Alec Ross, "Digital Diplomacy and US Foreign Policy," The Hague Journal of Diplomacy 6.3-4 (2011): 451-455.

40 Marvin Ammori, "Obama's Unsung Tech Hero: Hillary Clinton," Huffington Post, May 25, 2011.

41 希拉蕊的第一段話引自：Natalie Kitroeff, "Is the Theory of Disruption Dead Wrong?" BloombergBusiness, October 5, 2015; 希拉蕊的第二段話引自：David Sanger, "Hillary Clinton Urges Silicon Valley to 'Disrupt' ISIS," New York Times, December 6, 2015.

42 例如可以參考：Andrew King, and Christopher Tucci. "Incumbent Entry into New Market Niches: The Role of Experience and Managerial Choice in the Creation of Dynamic Capabilities." Management Science 48 (February 2002): 171-186; Erwin Danneels, "Disruptive Technology Reconsidered: A Critique and Research Agenda." Journal of Product Innovation Management 21 (July 2004): 246-258; Vijay Govindarajan and Praveen Kopalle, "The Usefulness of Measuring Disruptiveness ofInnovations Ex Post in Making Ex Ante Predictions," Journal of Product Innovation Management 23 (January 2006): 12-18; Constantinos Markides, "Disruptive Innovation: In Need of Better Theory*" Journal of Product Innovation Management 23 (January 2006): 19-25.

43 Maxwell Wessel, "Stop Reinventing Disruption," Harvard Business Review, March 7, 2013; Judith Shulevitz, "Don't You Dare Say 'Disruptive," The New Republic, August 16, 2013.

44 Lepore, "The Disruption Machine."

45 同上。

46 Richard Feloni, "The New Yorker's takedown of disruptive innovation is causing a huge stir," Business Insider, June 19, 2014;Steven Syre, "Harvard professors clash over rebuke of business theory," Boston Globe, July 8, 2014; Drake Bennett, "Clayton Christensen responds to New Yorker Takedown of 'Disruptive Innovation,' " BloombergBusiness, June 20, 2014; MaryAnne M. Gobble, "The Case Against Disruptive Innovation," Research Technology Management 58 (January/ February 2015): 59-61.

47 Paul Krugman, "Creative Destruction Yada Yada," New York Times, June 16, 2014; Kevin Roose, "Let's All Stop Saying 'Disrupt' Right This Instant," New York, June 16, 2014; Timothy B. Lee, "Disruption is a dumb buzzword. It's also an important concept," Vox, June 17, 2014.

48 Gobble, "The Case Against Disruptive Innovation," p. 61.

49 https://twitter.com/pmarca/status/479297963831738368.

50 Blodget, "Harvard Management Legend Clay Christensen Defends his 'Disruption' Theory."; Drake Bennett, "Clayton Christensen responds to New Yorker Takedown of 'Disruptive Innovation,' " BloombergBusiness, June 20, 2014; Andrew Hill, "Attack on Clayton Christensen's theory falls wide of the mark," Financial Times, June 23, 2014; Clive Crook, "An Incompetent Attack on the Innovator's Dilemma," Bloomberg, June 30, 2015; Irving Wladawsky-Berger, "A Growing Backlash Against the Relentless Advances in Technology?" Wall Street Journal, July 3, 2014. 說句公道話，黎波爾對克里斯汀生用歸納法所得到之概括論述的批評似乎特別有毛病。的確，社會科學通常不贊成用歸納法來建立演繹的理論。儘管如此，運用歸納法的案例研究也曾出現過許多出色之理論建構的實例。關於這個方法論問題，請參考：Alexander George and Andrew Bennett, Case Studies and Theory Development in the Social Sciences (Cambridge: MIT Press, 2005).

51 Raynor, "Of waves and ripples."

52 Lee, "Disruption is a dumb buzzword."

53 Michael R. Weeks, "Is disruption theory wearing new clothes or just naked? Analyzing recent critiques of disruptive innovation theory." Innovation: Management, Policy & Practice.

54 Andrew King and Baljir Baatartogtokh, "How Useful Is the Theory of Disruptive Innovation?" MIT Sloan Management Review 57 (Fall 2015): 77-90.

55 同上。p. 82.

56 Goldstein, "The Undoing of Disruption"; Bhaskar Chakravorti, "The problem with the endless discussion of disruptive innovation," Washington Post, November 24, 2015.

57 Economist, "Disrupting Mr. Disrupter."

58 該段文字被引用於：Goldstein, "The Undoing of Disruption."

59 Greg Ip, "Beyond the Internet, Innovation Struggles," Wall Street Journal, August 12, 2015; James Heskett, "What Happened to the 'Innovation, Disruption, Technology' Dividend?" August 5, 2015, 可在如下網址找到該項資料：http://hbswk.hbs.edu/item/what-happened-to-the-innovation-disruption-technology-dividend.

60 同上。

61 Clayton Christensen, Michael Raynor, and Rory McDonald, "What Is Disruptive Innovation?" Harvard Business Review (December 2015):??-??

62 Frank Rose, "Disruption… Disrupted." Milken Institute Review 18 (Third Quarter 2016), p. 34.

63 King and Baatartogtokh, "How Useful Is the Theory of Disruptive Innovation?" p. 88

64 請參考前註中的引文。

65 Evgeny Morozov, To Save Everything, Click Here: The Folly of Technological Solutionism (New York: PublicAffairs, 2013), p. 44. 亦請參考：Morozov, "Beware: Silicon Valley's cultists want to turn you into a disruptive deviant," The Guardian, January 3, 2016.

66 Morozov, To Save Everything, Click Here, p. 35.

67 Evgeny Morozov, "The Naked and the TED," The New Republic, August 2, 2012.

68 被引用於下列作品：Daniel W. Drezner, "How trolling could become the new international language of diplomacy," Washington Post, May 15, 2015.

69 Jared Cohen, "Digital Counterinsurgency," Foreign Affairs 94 (November/ December 2015): 53-58.

70 同上，p. 55.

71 Elizabeth Radziszewski, "Foreign Policy Has Lost Its Creativity. Design Thinking Is the Answer," Wilson Quarterly (Winter 2015), 可在如下網址找到該項資料：http://wilsonquarterly.com/stories/foreign-policy-has-lost-its-creativity-design-thinking-is-the-answer/.

72 Gans, "Keep Calm and Manage Disruption.

73 Goldstein, "The Undoing of Disruption."

74 同上。

75 有一位管理學的專家告訴我，由於過去這十年來，克里斯汀生出現的各種健康問題也成了一種嚇阻力，以至於沒有哪個學者願意和他這個病重的人過不去。s

76 Timothy Aeppel, "Silicon Valley Doesn't Believe U.S. Productivity is Slowing Down," Wall Street Journal, July 16, 2015.

第九章　以推特傳播理念，或「社群媒體的必然景象」

1 John Sides, "The political scientist as a blogger," PS: Political Science and Politics 44 (April 2011): 267-271.

2 J. Bradford DeLong, "The Invisible College," Chronicle of Higher Education, July 28, 2006. 亦請參考：Henry Farrell, "The Blogosphere as a Carnival of Ideas," Chronicle of Higher Education, October 7, 2005.

3 可在如下網址找到該項資料：https://www.google.com/search?q=political+science+rumours&rlz=1C1CHFX_enUS529US529&oq=political+science+rumours&aqs=chrome..69i57j69i59j0l3j69i64.6965j0j4&sourceid=chrome&es_sm=0&ie=UTF-8.

4 Chris Barker, "Surfing the Cesspool: Political Science Rumors and the LaCour Scandal," Duck of Minerva, June 16, 2015, 可在如下網址找到該項資料：http://duckofminerva.com/2015/06/surfing-the-cesspool-political-science-rumors-and-the-lacour-scandal.html.

5 例如可以參考如下網站：http://www.econjobrumors.com/ and http://www.socjobrumors.com/.

6 Scott Jaschik, "Job Market Realities," Inside Higher Ed, September 8, 2009.

7 Megan MacKenzie, "Why I Don't Participate at Political Science Rumors," Duck of Minerva, April 12, 2014, 可在如下網址找到該項資料：http://duckofminerva.com/2014/04/why-i-dont-participate-in-political-science-rumors.html.

8 美國政治科學協會主席羅伯特・雅克塞（Robert Axelrod）二〇〇七年四月三日寫給各系所主任的公開信，可在如下網址找到該項資料：http://irrumormill.blogspot.com/2007/04/robert-axelrod-on-academic-rumor-mills.html.

9 引文出自如下網站：https://twitter.com/jessesingal/status/604739770200276992andJesseSingal, "The Case of the Amazing Gay-Marriage Data: How a Graduate Student Reluctantly Uncovered a Huge Scientific Fraud," New York, May 29, 2015.

10 「政治科學謠言」網站上關於此一主題的討論請參考：http://www.poliscirumors.com/topic/this-site-has-to-go.

11 Steve Saideman, "Why I Participate at Political Science Rumors," Duck of Minerva, April 20, 2014, 可在如下網址找到該項資料：http://duckofminerva.dreamhosters.com/2014/04/why-i-participate-at-political-science-rumors.html.

12 Michael Munger, "L'Affaire LaCour," Chronicle of Higher Education, June 15, 2015.

13 Daniel Nexon, " 'Overheard' on Political Science Job Rumors," Duck of Minerva, March 13, 2013, 可在如下網址找到該項資料：http://duckofminerva.com/2009/03/overheard-on-political-science-job.html.

14 Joshua Cohen, "On Bullshit, and Especially Execrable Bullshit," September 1, 2015, 可在如下網址找到該項資料：http://leiterreports.typepad.com/ files/ cohenonbullshit. pdf.

15 John Scalzi, "Straight White Male: The Lowest Difficulty Setting There Is," Whatever, May 15, 3012, 可在如下網址找到該項資料：http://whatever.scalzi.com/2012/05/15/straight-white-male-the-lowest-difficulty-setting-there-is/ .

16 參見：Megan MacKenzie, "You Make My Work (Im)Possible: Reflections on Professional Conduct in the Discipline of International Relations," Duck of Minerva, April 9, 2014, 可在如下網址找到該項資料：http://duckofminerva.dreamhosters.com/2014/04/you-make-my-work-impossible-reflections-on-professional-conduct-in-the-discipline-of-international-relations.html;MacKenzie, "WhyIDon'tParticipateatPoliticalScienceRumors.".

17 以下是佛里曼這段話的出處：Ian Parker, "The Bright Side," The New Yorker, November 10, 2008.

18 Norman Shapiro and Robert Anderson, "Toward an Ethics and Etiquette for Electronic Mail," RAND report R-3283-NSF/ RC, July 1985, 可在如下網址找到該項資料：http://www.rand.org/pubs/reports/R3283/index1.html.

19 Mike Godwin, "I created Godwin's Law in 1990, but it wasn't a prediction-it was a warning," International Business Times, May 27, 2016.

20 與法理德・札卡利亞的訪談，二〇一五年十二月九日。

21 Fareed Zakaria, "Bile, venom and lies: How I was trolled on the Internet," Washington Post, January 14, 2016.

22 與尼爾・弗格森的訪談，二〇一六年四月二十二日。
23 Justin Peters, "I Was Afraid of Slate Commenters. So I Became One," Slate, November 5, 2015.
24 Elizabeth Jensen, "NPR Website To Get Rid Of Comments," NPR, August 17, 2016.
25 Eva Holland, " 'It's Yours': A Short History of the Horde," Longreads, Febeuary 4, 2015, 可在如下網址找到該項資料：http://blog.longreads.com/2015/02/04/its-yours-a-short-history-of-the-horde/.
26 Justin Cheng, Christian Danescu-Niculescu-Mizil, and Jure Leskovec, "How community feedback shapes user behavior." arXiv preprint arXiv:1405.1429. May 6, 2014, p. 9.
27 莫尼漢的這段話引自如下著作：Jon Ronson, So You've Been Publicly Shamed (New York: Riverfront Books, 2015), p. 50.
28 該引文取自如下著作：Thomas Friedman, "Social Media: Destroyer or Creator?" New York Times, February 3, 2016.
29 Peters, "I Was Afraid of Slate Commenters. So I Became One."
30 https://twitter.com/mattgarrahan/status/664104973735694336
31 例如可以參考：Amanda Hess, "Why Women Aren't Welcome on the Internet," Pacific Standard, January 6, 2014; Maeve Duggan, "Online Harrassment," Pew Research Center, October 22, 2014.
32 Annie Lowrey and Abraham Riesman, "Goodbye to All That, Twitter," New York, January 19, 2016.
33 Rachel Barney, "[Aristotle], On Trolling," Journal of the American Philosophical Association, Available on CJO 2016 doi:10.1017/ apa.2016.9, p. 3.
34 Sonny Bunch, "How to use Twitter without going insane," Washington Post, January 20, 2016
35 最擅於線上反駁的作家非羅琳（J.K. Rowling）莫屬。例如可以參考：Amanda Taub, "JK Rowling had the best possible reaction to Rupert Murdoch's anti-Muslim tweet," Vox, January 11, 2015.
36 Eli Lake, "How Ted Cruz Trolls Obama's Foreign Policy," The Daily Beast, July 29, 2014.
37 John Stuart Mill, On Liberty, p. 40-41.
38 例如可以參考：Robert Tracinski, "#FreeStacy: The Old Regime and the Twitter Revolution," The Federalist, February 22, 2016.
39 Michael LaCour and Don Green, "When contact changes minds: An experiment on transmission of support for gay equality,"

Science 346 (December 12, 2014): 1366-1369.

40 Monte Morin, "Doorstep visits change attitudes on gay marriage," Los Angeles Times, December 12, 2014.

41 Sasha Issenberg, "How Do You Change Someone's Mind About Abortion? Tell Them You Had One," BloombergPolitics, October 6, 2014, Benedict Carey, "Gay Advocates Can Shift Same-Sex Marriage Views," New York Times, December 11, 2014.

42 Carl Bialik, "As a Major Retraction Shows, We're All Vulnerable to Faked Data," FiveThirtyEight, May 20, 2015.

43 可在如下網址找到該項資料：http://www.poliscirumors.com/topic/gelmans-monkey-cage-post/page/2#post-240222.

44 Singal, "The Case of the Amazing Gay-Marriage Data."

45 David Broockman, Joshia Kalla, and Peter Aronow, "Irregularities in LaCour (2014)," working paper, May 19, 2015, 可在如下網址找到該項資料：http://stanford.edu/~dbroock/broockman_kalla_aronow_lg_irregularities.pdf. On Green's reaction, see Bialik, "As A Major Retraction Shows, We're All Vulnerable to Faked Data,"; Singal, "The Case of the Amazing Gay-Marriage Data."

46 Jesse Singal, "Michael LaCour Made Up a Teaching Award, Too." New York, May 27, 2015.

47 Munger, "L'Affaire LaCour."

48 Marc Lynch, "Political Science in Real Time: Engaging the Middle East Policy Public," Perspectives on Politics 14 (March 2016), p. 128

49 該段引文出自如下著作：Joel Stein, "How Trolls are Ruining the Internet," Time, August 18, 2016.

50 同上，p. 128.

51 Lowrey and Riesman, "Goodbye to All That, Twitter."

52 例如可以參考：Matthew Boesler, "Nassim Taleb Gets Into Historic Twitter Brawl, Shows Everyone How ANTIFRAGILE He Is," Business Insider, April 23, 2013; Joe Weisenthal, "Nassim Taleb Tells Us Why He Goes Nuclear On His Critics On Twitter," Business Insider, January 4, 2014. 他羞辱本人的例子可以參考：https://twitter.com/nntaleb/status/755051465719283712.

53 與尼古拉斯．納西姆．塔雷伯（Nicholas Nassim Taleb）的談話，二〇一五年六月二日。

54 David Weigel, "Watch Nassim Taleb Debate Twitter's Greatest Tech Jargon Parody Account," Slate, August 12, 2014.

55 M. D. Conover, J. Ratkiewicz, M. Francisco, B. Gonc,alves, A. Flammini, and F. Menczer, "Political Polarization on Twitter,"

Proceedings of the Fifth International AAAI Conference on Weblogs and Social Media, 2011，可在如下網址找到該項資料：https://www.aaai.org/ocs/index.php/ICWSM/ICWSM11/paper/viewFile/2847/3275.

56 Pew Research Center, "Political Polarization & Media Habits," October 21, 2014，可在如下網址找到該項資料：http:// www.journalism.org/2014/10/21/political-polarization-media-habits/.

57 Barney, "[Aristotle,] On Trolling," p. 2.

58 Dylan Matthews, "Inside Jacobin: how a socialist magazine is winning the left's war of ideas," Vox, March 21, 2016.

59 參見：Sady Doyle, "Beware of the angry white male public intellectual," Quartz, February 16, 2016.

60 Kevin Drum, "The Great Matt Bruenig-Neera Tanden Kerfuffle Sort of Explained," Mother Jones, May 20, 2012.

61 這段描述另類右派的文字引自：Rosie Gray, "How 2015 Fueled The Rise Of The Freewheeling, White Nationalist Alt Right Movement," Buzzfeed, December 27, 2015.至於那篇宣言，請參考：Allum Bokhari and Milo Yiannopoulos, "An Establishment Conservative's Guide to the Alt-Right," Breitbart, March 29, 2016.

62 參見：Jesse Singal, "Explaining Ben Shapiro's Messy, Ethnic-Slur-Laden Breakup With Breitbart," New York, May 26, 2016; Jonathan Weisman, "The Nazi Tweets of 'Trump God Emperor'," New York Times, May 26, 2016; Jamie Kirchick, "Donald Trump's Little Boy Is a Gay Half-Jew With Jungle Fever," Tablet, June 1, 2016.

63 套句米德的說法，傑佛遜主義者最氣的是威爾遜主義者，而傑克遜主義者則最看不慣漢密爾頓主義者。參見：Walter Russell Mead, Special Providence: American Foreign Policy and How It Changed the World (New York: Knopf, 2001).

64 Matt Taibbi, "Flathead," New York Press, April 26, 2005.

65 關於湯姆・佛里曼遭抨擊過程的詳盡檔案，請參考如下網址中吉里安・約克所蒐集到的資料：http://jilliancyork.com/2011/12/14/the-definitive-collection-of-thomas-friedman-takedowns/. 該網站的資料持續更新。本人有幾篇文章也被收錄在這檔案中：Daniel W. Drezner, "Suffering from Friedman's Disease in Beijing," Foreign Policy, June 9, 2011; Drezner, "An Open Letter to the New York Times Concerning Thomas Friedman," Foreign Policy, January 23, 2013

66 Alice Gregory, "When Is Criticism Unfair?" New York Times Book Review, February 2, 2016.

67 也許是出現在相同會議場合的其他超級巨星。然而這種關係具有惺惺相惜的特質，有可能弱化了本來應該有的批評力度。

結論　思想產業的《黑暗騎士》理論

1 克勞利的這段話被引用於如下作品：Franklin Foer, "The Story of How The New Republic Invented Modern Liberalism," The New Republic, November 8, 2014.

2 有關種族的議題可以參考：Jeet Heer, "The New Republic's Legacy on Race," The New Republic, January 29, 2015.

3 Ta-Nehisi Coates, "The New Republic: An Appreciation." The Atlantic, December 9, 2014.

4 何茲伯格的這段話被引用於如下著作：Lloyd Grove, "Is This The End of 'The New Republic'?" The Daily Beast, January 11, 2016.

5 此一模式並非《新共和》所特有，只是它呈現的週期最為規律罷了。參見：Jack Shafer, "The New Vanity Press Moguls," Slate, February 27, 2004

6 Julie Bosoman and Christina Haughney, "Foer Returns to New Republic as Editor," New York Times, May 20, 2012.

7 Carl Swanson, "Chris Hughes is About to Turn 100," New York, December 2, 2012.

8 David Holmes, "The New Republic's Chris Hughes in 2013: 'We are not the next big trend in Silicon Valley.' " Pando, http://pando.com/2014/12/05/the-new-republics-chris-hughes-in-2013-we-are-not-the-next-big-trend-in-silicon-valley/, December 5, 2014.

9 維瑟爾蒂埃的這段話被引用於如下著作：Paul Farhl, "Chris Hughes, one a new media pioneer, makes bet on old media with The New Republic," Washington Post, July 8, 2012. 亦請參考：Bosoman and Haughney, "Foer Returns to New Republic as Editor"; David Weigel, "How #Disruption Broke The New Republic," Bloomberg Politics, December 5, 2014.

10 休斯聘用富爾之後卻把編輯理察・賈斯特冷落了。諷刺的是，休斯兩個月之前正是被後者說動後才買下該雜誌的。

11 Evgeny Morozov, "The Naked and the TED," The New Republic, August 2, 2012; Alec MacGillis, "Scandal at Clinton Inc." The New Republic, September 22, 2013; Ben Birmbaum and Amir Tohon, "The Explosive, Inside Story of How John Kerry Built an Israel-Palestine Peace Plan— and Watched It Crumble," The New Republic, July 20, 2014; Julia Ioffe, "Vladimir Putin Might Fall. We Should Consider What Happens Next," The New Republic, August 6, 2014.

12 Dana Milbank, "The New Republic is dead, thanks to its owner, Chris Hughes," Washington Post, December 8, 2014.

13 Ellison, "The Complex Power Coupledom of Chris Hughes and Sean Eldridge," Vanity Fair, July 2015.

14 Erik Wemple, “Chris Hughes at the New Republic: A wasteful experiment in modern design,” Washington Post, January 22, 2016.
15 可在如下網址找到該新聞稿：http://www.newrepublic.com/article/119470/press-release-guy-vidra-general-manager-yahoo-news-tnr-ceo. 有關「新共和基金」的說明請參考：http://fund.newrepublic.com/.
16 Ellison, “The Complex Power Coupledom of Chris Hughes and Sean Eldridge.”
17 Ryan Lizza, “Inside the Collapse of The New Republic,” The New Yorker, December 12, 2014. See also Dylan Byers, “Implosion of a DC Institution, Politico, http://www.politico.com/story/2014/12/the-new-republic-moves-to-new-york-city-113343.html, December 4, 2014
18 Ravi Somaiya, “Shake-Up at The New Republic: Franklin Foer and Leon Wieseltier Are Out,” New York Times, December 4, 2014.
19 Gabriel Snyder, “A Letter from the Editor,” The New Republic, December 22, 2014.
20 Chris Hughes, “Crafting a sustainable New Republic,” Washington Post, December 7, 2014.
21 Lukas I. Alpert, “New Republic to Start Producing Content for Advertisers,” Wall Street Journal, March 19, 2015.
22 最後兩則引文出自：Benjamin Mullin, “The (new) New Republic: How the magazine’s bosses are building a company around ‘novel solutions’ ” Poynter, August 11, 2015, 可在如下網址找到該項資料：http://www.poynter.org/news/mediawire/364679/the-new-new-republic-how-the-magazines-bosses-are-building-a-company-around-novel-solutions/.
23 Michael Eric Dyson, “The Ghost of Cornel West,” The New Republic, April 19, 2015.
24 與富爾的訪談，二〇一五年十二月二十四日；與吉迪恩・羅斯的訪談，二〇一五年十二月八日。
25 Lukas Alpert, “New Republic Owner Chris Hughes Puts Magazine Up For Sale,” Wall Street Journal, January 11, 2016.亦請參考：Megan McArdle, “Next Owner of the New Republic Needs a Better Vision,” BloombergView, January 11, 2016.
26 Chris Hughes, “The New Republic’s Next Chapter,” Medium, January 11, 2016, 可在如下網址找到該項資料：https://medium.com/@chrishughes/the-new-republic-s-next-chapter-69f6772606#.usb0t78c9.
27 Michael Calderone, “New Republic Exodus: Dozens Of Editors Resign Over Management Changes,” Huffington Post, December 5, 2014; Jonathan Chait, “A Eulogy for The New Republic,” New York, December 4, 2014; Lizza, “Inside the Collapse of The New Republic.”
28 Martin Peretz, “Why doesn’t the New Republic’s new owner take ideas seriously?” Washington Post, December 10, 2014.

29 Ezra Klein, "Even the liberal New Republic needs to change," Vox, December 5, 2014.

30 Rebecca West, "The Duty of Harsh Criticism," The New Republic, November 7, 1914.

31 Kelsey Sutton and Peter Sterne, "The fall of Salon.com," Politico, May 27, 2016.

32 Lee Drutman, "What Paul Ryan's House budget woes tell us about the continued crack-up of the Republican Party," Vox, April 11, 2016;

33 有關「信條激情」的現象，請參考：Samuel Huntington, American Politics: The Promise of Disharmony (Cambridge: Belknap Press, 1981). 有關杭廷頓最近的論點，請參考：George Will, "An anti-authority creed," Washington Post, January 23, 2011.

34 關於前者的舉例，請參考：Tim Alberta and Eliana Johnson, "In Koch World 'Realignment,' Less National Politics," National Review, May 16, 2016. 關於後者的舉例，請參考：Carl Swanson, "Leon Wieseltier Is Not Buying The New Republic— But He Is Teaming Up With Steve Jobs's Widow to Start a New Publication," New York, January 21, 2016.

35 Steven Teles, "Foundations, Organizational Maintenance, and Partisan Asymmetry," PS: Political Science & Politics 49 (July 2016): 455-460.

36 Tamara Cofman Wittes and Marc Lynch, "The mysterious absence of women from Middle East policy debates," Washington Post, January 20, 2015; Elmira Bayrasli and Lauren Bohn, "Binders Full of Women Foreign Policy Experts," New York Times, February 10, 2015; Jane Greenway Carr, "The underrepresentation of women in foreign policy is a huge problem," Vox, February 16, 2015.

37 與尼爾．弗格森的訪談，二〇一六年四月二十二日。

38 Richard Hofstadter, Anti-Intellectualism in American Life (New York: Knopf, 1962), p. 417.

39 Daniel W. Drezner, "Globalizers of the World, Unite!" The Washington Quarterly 21 (Winter 1998), pp. 222-23.

40 Daniel W. Drezner, "Bad Debts: Assessing China's Financial Influence in Great Power Politics." International Security 34 (Fall 2009): 7-45; Drezner, "The System Worked: Global Economic Governance during the Great Recession." World Politics 66 (January 2014): 123-164.

41 出於我永遠無法完全理解的原因，那次的主講者是賴利．金（Larry King）。順帶一提，他那個人很棒。

42 David Brooks, Bobos in Paradise (New York: Simon and Schuster, 2000), p. 175.

43 我甚至收到透過郵局寄來的一封飽含敵意的實體信，然其文體古樸甚至迷人。

44 Daniel W. Drezner, "An open letter to the conspiracy theorists of 2016," Washington Post, October 5, 2015.

45 Alana Goodman, "Antiwar Conference Featured Panelist Who Spoke at Holocaust Denial Conference," Washington Free Beacon, July 3, 2014; Michael Goldfarb, "Not All Liberty Conservatives Are Jew-Baiting Paleocons," Washington Free Beacon, July 11, 2014.

46 有關對於我的諷刺，請參考："Dan Drezner Has a Cold," Journal of American Greatness, May 2016.有關「投機心態」，請參考如下網站的資料："careerist posturing" accusation, https://twitter.com/adamjohnsonNYC/status/736626454935392256.

47 David Brooks, "The Thought Leader," New York Times, December 16, 2013.

48 不過，我本人在各種學術會議和同行審查的情況下都能秉公評論學術論文，這點完全沒有問題，也許這是因為前者是各方接受的規範，而後者採用雙盲辦法。

49 Aaron James, Assholes: A Theory (New York: Anchor Books, 2012), pp. 39-41.

50 Imre Lakatos, "Falsification and the Methodology of Scientific Research Programmes," in Lakatos and Alan Musgrave, eds., Criticisms and the Growth of Knowledge (Cambridge: Cambridge University Press, 1970).

51 Kathryn Schulz, Being Wrong: Adventures in the Margin of Error (New York: HarperCollins, 2010) p. 3

The Ideas Industry by Daniel W. Drezner

國家圖書館出版品預行編目（CIP）資料

話語權的世紀角力：從TED、論壇到智庫，公共知識分子及意見領袖面對「思想產業」的理念拉鋸與道德考驗／丹尼爾・德雷茲納（Daniel W. Drezner）著；翁尚均譯. -- 初版. -- 臺北市：麥田, 城邦文化出版：家庭傳媒城邦分公司發行, 民109.08
面；　公分. --（麥田叢書；102）
譯自：The Ideas Industry：How Pessimists, Partisans, and Plutocrats are Transforming the Marketplace of Ideas
ISBN 978-986-344-798-6（平裝）
1. 知識分子　2. 政治思想
546.1135　　109009558

麥田叢書 102

話語權的世紀角力

從TED、論壇到智庫，公共知識分子及意見領袖面對「思想產業」的理念拉鋸與道德考驗

The Ideas Industry : How Pessimists, Partisans, and Plutocrats are Transforming the Marketplace of Ideas

作　　者／丹尼爾・德雷茲納（Daniel W. Drezner）
譯　　者／翁尚均
責任編輯／江灝
主　　編／林怡君

國際版權／吳玲緯
行　　銷／巫維珍　蘇莞婷　何維民
業　　務／李再星　陳紫晴　陳美燕
編輯總監／劉麗真
總 經 理／陳逸瑛
發 行 人／凃玉雲
出　　版／麥田出版
10483臺北市民生東路二段141號5樓
電話：(886)2-2500-7696　傳真：(886)2-2500-1967
發　　行／英屬蓋曼群島商家庭傳媒股份有限公司城邦分公司
10483臺北市民生東路二段141號11樓
客服服務專線：(886) 2-2500-7718、2500-7719
24小時傳真服務：(886) 2-2500-1990、2500-1991
服務時間：週一至週五09:30-12:00・13:30-17:00
郵撥帳號：19863813　戶名：書虫股份有限公司
讀者服務信箱E-mail：service@readingclub.com.tw
麥田網址／https://www.facebook.com/RyeField.Cite/
香港發行所／城邦（香港）出版集團有限公司
香港灣仔駱克道193號東超商業中心1/F
電話：(852)2508-6231　傳真：(852)2578-9337
馬新發行所／城邦（馬新）出版集團Cite (M) Sdn Bhd.
41-3, Jalan Radin Anum, Bandar Baru Sri Petaling, 57000 Kuala Lumpur, Malaysia.
電話：(603)9056-3833　傳真：(603)9057-6622
讀者服務信箱：services@cite.my

封面設計／兒日設計
印　　刷／前進彩藝有限公司

■2020年8月　初版一刷
Printed in Taiwan.

定價：480元

ISBN 978-986-344-798-6